贺 兰 年 鉴

HE LAN NIAN JIAN

2021

贺兰县档案馆 编

方志出版社
Publishing House of Local Records

图书在版编目（CIP）数据

贺兰年鉴. 2021 / 贺兰县档案馆编. —北京 ： 方志出版社，2023.4
ISBN 978-7-5144-5739-1

Ⅰ. ①贺… Ⅱ. ①贺… Ⅲ. ①贺兰县－2021－年鉴
Ⅳ. ①Z524.34

中国国家版本馆 CIP 数据核字(2023)第 182001 号

责任编辑：王海荣
责任校对：刘玉霞
责任印制：梅中英
出 版 者：方志出版社
地　　址：北京市朝阳区潘家园东里 9 号（国家方志馆 4 层）
邮　　编：100021
网　　址：http://www.zgfzcb.cn
发　　行：方志出版社图书营销中心（010-67110500）
印　　刷：宁夏凤鸣彩印广告有限公司
开　　本：889 毫米×1194 毫米　1/16
印　　张：16.5
字　　数：560 千字
版　　次：2023 年 4 月第 1 版
印　　次：2023 年 4 月第 1 次印刷
定　　价：268.00 元

《贺兰年鉴（2021）》编纂委员会

《贺兰年鉴（2021）》编辑人员

主　　编：彭虎

副 主 编：吴学良

编　　辑：吴学良　王琪川

编　　务：李金明　董　芳　朱玉洁　倪嘉君　徐　丽

编辑说明

一、《贺兰年鉴》是由中共贺兰县委、贺兰县人民政府主办，贺兰县档案馆编纂出版的年度资料性文献，旨在记述贺兰县自然、政治、经济、文化、社会和生态文明建设等方面的情况。

二、《贺兰年鉴（2021）》以马克思列宁主义、毛泽东思想、邓小平理论、“三个代表”重要思想、科学发展观、习近平新时代中国特色社会主义思想为指导，坚持辩证唯物主义和历史唯物主义的立场、观点和方法，力求全面反映贺兰县2020年重要事项的发展和变化。

三、《贺兰年鉴（2021）》所收录的资料上限起自2020年1月1日，下限至2020年12月31日。为了较完整地保存和积累地方文献资料，对某些史实做了简要的上溯。所收录的先进集体和个人，是2020年度获县级以上表彰的先进集体和个人。

四、《贺兰年鉴（2021）》所收集的资料和数据由各有关单位和部门提供，由于统计时间、统计口径等原因，个别数据不尽一致，反映全县国民经济和社会发展的数据以《2020年贺兰县国民经济和社会发展统计公报》为准。

五、《贺兰年鉴（2021）》中所称区为宁夏回族自治区、市为银川市、县为贺兰县。

六、《贺兰年鉴（2021）》采用分类编辑法。主体内容分为类目、分目、条目3个层次。卷首编排反映贺兰县经济社会发展成就的专题图片，正文设置特载、专记、大事记、贺兰综览、中国共产党贺兰县委员会、贺兰县人民代表大会常务委员会、贺兰县人民政府、中国人民政治协商会议贺兰县委员会、中国共产党贺兰县纪律检查委员会贺兰县监察委员会、群众团体、法治、经济事务管理、社会事务管理、工业园区建设、农林经济、城乡建设与环境保护、交通运输管理、财政、税务、商贸、流通、教育科技体育、气象服务、卫生健康、文化旅游和广播影视事业、乡镇场与街道、荣誉等。正文后附录《2020年贺兰县国民经济和社会发展统计公报》及重要文献选编。

七、《贺兰年鉴（2021）》所采用的专题图片，除标注外，均来源于“贺兰发布”微信公众号。

八、《贺兰年鉴（2021）》数字用法、标点符号用法分别采用国家标准《出版物上数字用法》（GB/T 15835—2011）、《标点符号用法》（GB/T 15835—2011），计量单位采用国家技术监督局1993年2月发布的《量和单位》系列国家标准。

2020 贺兰数字

区域面积：1197.57平方公里
常住人口：341507人
城镇人口：222070人
乡村人口：119437人
城镇化率：65.03%

完成地区生产总值：143.29亿元
第一产业完成增加值：21.29亿元
第二产业完成增加值：37.56亿元
第三产业完成增加值：84.44亿元

工业企业主营业务收入：102.90亿元
工业企业实现利润总额：3亿元
具有资质等级建筑业企业：29个
建筑业总产值：33.21亿元

城镇居民人均可支配收入：35195元
农村居民人均可支配收入：17249元
城镇居民人均生活消费性支出：22156元
农村居民人均生活消费性支出：15266元

社会消费品零售总额：140.59亿元
城镇实现消费品零售额：133.93亿元
乡村实现消费品零售额：6.66亿元

粮食作物播种面积：31.11万亩
粮食总产量：16.35万吨
肉类总产量：9789吨
牛奶产量：24.43万吨
农林牧渔业总产值：45.16亿元

种植业总产值：25.49亿元

一般公共预算收入：12.60亿元
税收收入：9.93亿元
一般公共预算支出：35.60亿元

交通运输、仓储和邮政业增加值6.06亿元
文化馆1个
公共图书馆1个
广播电台1座
电视台1座
艺术表演团体10个
房地产开发投资完成46.22亿元
商品房销售面积135.92万平方米
商品房待售面积124.42万平方米

小学25所
中学8所
中等职业学校1所
幼儿园70所

医院和乡镇卫生院14个
卫生机构床位1099张
疾病预防控制中心1个
妇幼保健机构1个
卫生监督检验机构1个
社区卫生服务站11个
村卫生室52个

（资料来源：贺兰县统计局）

2020年1月14日，中国人民政治协商会议贺兰县第十届委员会第四次会议召开（贺兰县委宣传部供图）

2020年1月15日，贺兰县第十八届人民代表大会第四次会议开幕（贺兰县委宣传部供图）

2020年3月21日，全县2020年政法组织宣传统战工作会议召开（贺兰县委宣传部供图）

2020年3月27日，中国共产党贺兰县第十四届纪律检查委员会第六次全体会议召开（贺兰县委宣传部供图）

2020年6月20日，贺兰县政协组织农业界别、科技界别委员开展认真学习宣传贯彻习近平总书记视察宁夏重要讲话精神活动（贺兰县委宣传部供图）

2020年12月15日，贺兰县工会第十次代表大会开幕（贺兰县委宣传部供图）

贺兰县洪广镇欣荣村繁荣的集市贸易（摄于2020年1月18日，贺兰县委宣传部供图）

2020年2月4日，宁夏贺兰工业园区复工企业疫情防控工作调度会召开（贺兰县委宣传部供图）

2020年3月26日，宁夏贺兰工业园区内，复工职工返回厂区（贺兰县委宣传部供图）

贺兰县宁浙电商创业园（摄于2020年4月8日，贺兰县委宣传部供图）

2020年5月11日，贺兰县招商团到四川、浙江开展招商推介活动（贺兰县委宣传部供图）

宁夏厚生记枸杞饮品股份有限公司的智能化生产线（摄于2020年7月22日，贺兰县委宣传部供图）

贺兰县洪广镇欣荣村红树莓种植基地（摄于2020年7月23日，贺兰县委宣传部供图）

位于贺兰县境内的宁夏全农农业科技有限公司供港蔬菜基地（摄于2020年8月21日，贺兰县委宣传部供图）

2020年10月21日，贺兰县优化营商环境促进经济高质量发展。图为政务大厅窗口工作人员为办事群众宣传税收政策（贺兰县委宣传部供图）

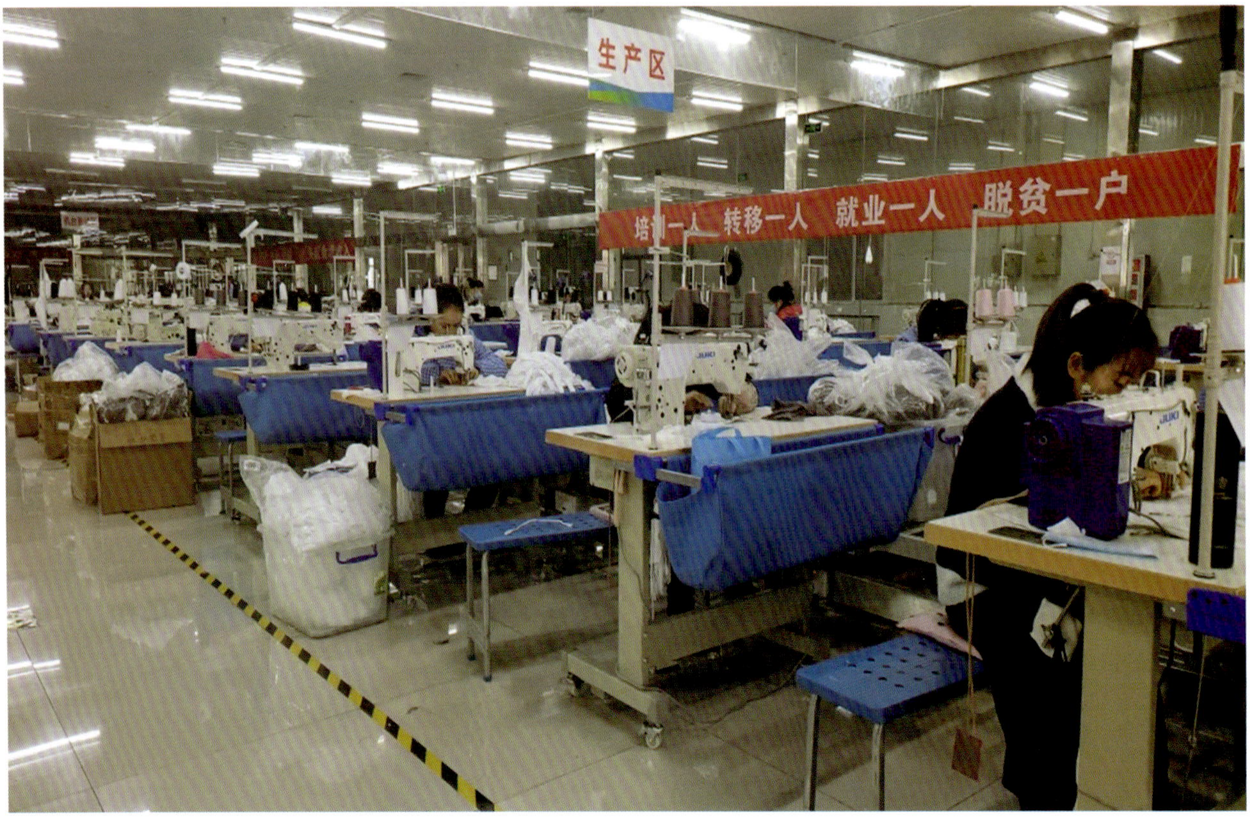

2020年12月31日，贺兰县洪广镇欣荣村引进欣惠丰农副产品加工、江门荣耀制衣等企业，每年实现产值600余万元，让移民群众不出村就能创业就业，脱贫增收。图为位于贺兰县洪广镇欣荣村的扶贫项目：荣耀制衣公司生产车间（贺兰县委宣传部供图）

传统秦腔戏剧表演（摄于2020年1月2日，贺兰县委宣传部供图）

贺兰县非物质文化遗产传承项目传统剪纸艺术（摄于2020年1月2日，贺兰县委宣传部供图）

2020年1月2日，中国传统腊八节，贺兰县文化科技卫生“三下乡”活动在金贵镇兰健欢乐谷启动
（贺兰县委宣传部供图）

2020年1月18日，“金鼠迎春　欢乐贺兰”贺兰县首届乡村春晚在贺兰县常信乡四十里店村十八社演出
（贺兰县委宣传部供图）

2020年6月6日，游美丽乡村·赏田园风光·寻乡愁记忆，宁夏银川市首届乡村文化旅游节暨2020年农业嘉年华活动在贺兰县稻渔空间生态休闲观光园启幕（贺兰县委宣传部供图）

2020月9月22日，贺兰县在“稻渔空间”生态观光园举办2020中国农民丰收节开幕仪式（贺兰县委宣传部供图）

2020年11月23日，贺兰县习岗镇沙渠村村民脑袋“富” 了，口袋富了，农家书屋成文化扶智主阵地
（贺兰县委宣传部供图）

2020年12月31日，表彰贺兰县“美丽庭院”示范户（贺兰县委宣传部供图）

2020年1月18日，贺兰县法院获“全国模范法院”称号（贺兰县委宣传部供图）

2020年1月22日，贺兰县洪广镇欣荣村摘掉贫困帽 欢欢喜喜过大年（贺兰县委宣传部供图）

2020年2月1日，贺兰县医疗专家组疫情研判会议召开（贺兰县委宣传部供图）

2020年2月5日，贺兰县热心志愿者投入乡镇防疫一线（贺兰县委宣传部供图）

2020年3月2日，贺兰县2020年脱贫攻坚领导小组第一次会议暨“四查四补”工作会议召开
（贺兰县委宣传部供图）

2020年4月28日，贺兰县南梁台子隆源村党员认领“责任田”，铺出助农“致富路”
（贺兰县委宣传部供图）

2020年6月17日，贺兰县黄河流域生态保护和高质量发展项目谋划研讨座谈会（贺兰县委宣传部供图）

贺兰山下的葡萄长廊（摄于2020年6月18日，贺兰县委宣传部供图）

典农河洪西干沟桥段河道（摄于2020年8月22日，贺兰县委宣传部供图）

贺兰县立岗镇银星村生态美丽庭院（摄于2020年8月15日，贺兰县委宣传部供图）

2020年9月1日，　2020年自治区“民族团结月”启动仪式在贺兰县欣兰广场举行（贺兰县委宣传部供图）

2020年9月24日，贺兰县开展民族团结进校园教育活动（贺兰县委宣传部供图）

目　录

Mulu

特　载

专　记

大事记

贺兰综览

国民经济和社会发展

中国共产党贺兰县委员会

综　述

常委会会议

专题会议

组织工作

宣传工作

统战工作

政策研究

机构编制

党校工作

老干部工作

贺兰县人民代表大会

综　述

重要会议

视察调研

贺兰县人民政府

中国人民政治协商会议贺兰县委员会

综　述

重要会议

考察调研学习

中国共产党贺兰县纪律检查委员会 贺兰县监察委员会

群众团体

贺兰县总工会

共青团贺兰县委员会

经济事务管理

经济发展和改革

市场监督管理

审 计

统 计

自然资源管理

民政工作

脱贫攻坚

退役军人事务管理

工业园区建设

宁夏贺兰工业园区

军民融合产业服务中心

农林经济

农业与农村

道路管理

财政　税务

财　政

税　务

商贸　流通

招商引资

供销合作

教育　科技　体育

教　育

深入学习宣传贯彻习总书记视察宁夏重要讲话精神全力以赴打赢打好三大攻坚战

——在县委十四届九次全体会议上的报告

贺兰县委书记　赵　波

（2021 年 1月 7 日）

过去的一年，是决胜全面建成小康社会、决战脱贫攻坚的收官之年，面对突如其来的新冠肺炎疫情严重冲击和经济持续下行的双重压力，县委常委会坚持以习近平新时代中国特色社会主义思想为指导，坚决贯彻落实党中央重大决策部署和区市党委各项工作要求，坚决贯彻落实习近平总书记视察宁夏重要讲话精神，围绕建设黄河流域生态保护和高质量发展先行区贺兰走在前、做表率的目标，团结带领全县广大干部群众，牢固树立新发展理念，坚持稳中求进工作总基调，坚定高质量发展方向不动摇，举全县之力打赢疫情防控阻击战、脱贫攻坚决胜战、全面小康收官战，统筹推进疫情防控和经济社会发展，紧抓“六稳”“六保”工作不放松，贺兰高质量发展迈出新步伐，纵深推进全面从严治党，为开启社会主义现代化建设新征程打下了坚实基础。

一、深入学习宣传贯彻习近平总书记视察宁夏重要讲话及莅临贺兰重要指示精神

2020 年 6 月 8 日至 10 日，习近平总书记亲临宁夏视察并发表重要讲话，其间于 6 月 9 日莅临我县视察稻渔空间生态观光园并作出重要指示，这也是时隔四年总书记再次到我县视察，为贺兰各项事业发展指明了前进方向、提供了根本遵循、注入了强大动力。县委常委会把学习宣传贯彻习近平总书记视察宁夏重要讲话和莅临我县视察重要指示精神作为首要政治任务始终抓在手中，精心安排部署，广泛组织动员，迅速掀起了学习宣传热潮，狠抓贯彻落实。

认真系统学习领会。县委常委会坚持领导带头学、全面系统学、联系实际学，确保领会精神实质，精准把握精髓要义，力求学深悟透弄懂做实。第一时间召开县委常委会（扩大）会议传达精神、安排部署工作，切实发挥好县委常委会以上率下、示范带动作用，深刻学习领悟。坚持把总书记视察宁夏重要讲话精神作为县委理论学习中心组和全县各级干部理论学习的重要内容，通过领导讲党课、理论大讲堂、专题大讨论等方式，分层次、分领域、分阶段开展深入系统学习，提升学习效果。全县开展干部教育培训轮训 12 次，400 多个基层党组织 1.2 万余名党员干部实现集中学习全覆盖。结合学习讲话精神，县委常委会围绕乡村振兴、脱贫攻坚、生态环保、产业发展、民族团结、基层治理等领域组织开展深入调研、专题研讨，确保在吃透上情、摸透下情的基础上，准确把握全县各领域工作的短板和不足，集思广益提出符合全县发展实际的举措，为积极投身黄河流域生态保护和高质量发展先行区建设夯实思想基础。

广泛深入开展宣传。始终保持宣传的热度力度、强化宣传的广度深度，真正把总书记的亲切关怀传递到千家万户，让总书记的深情期望入脑入心。坚持县级带动、三级联动，组建县乡村三级宣讲队伍，深入企业、农村、机关、学校、社区广泛开展专题宣讲和集中宣讲，营造全覆盖、全面学的良好氛围。通过融媒体、微传播等新手段和社区小园地、乡村文化大集等方式，丰富创新宣传形式、提升巩固宣传效果。围绕总书记对宁夏的高度重视和亲切关怀、对宁夏工作提出的总目标总要求、赋予宁夏的使命担当和六个方面重点任务，邀请中央主流媒体、区市各大媒体，开展多角度、高频次的采访报道活动。县融媒体中心开设专栏专题,推出主题报道，全景式、立体化、多层次反映总书记视察宁夏重要讲话精神的学习宣传情况，确保总书记重要讲话精神家喻户晓、人人皆知，使广大干部群众思想上更加升华、政治上更加坚定、行动上更加有力。

全面扎实贯彻落实。坚持把总书记视察宁夏重要讲话精神作为行动指南，在贯彻落实上下功夫。结合区市党委全会工作部署，召开县委十四届八次全会，全面安排部署贯彻落实工作。做出了《关于深入学习贯彻习近平总书记视察宁夏重要讲话精神，在继续建设经济繁荣民族团结环境优美人民富裕的美丽新宁夏的奋斗实践中勇立潮头守正创新贡献贺兰力量的决定》，研究制定《关于贯彻落实建设黄河流域生态保护和高质量发展先行区的实施方案》，对标区市党委全会部署的重点工作、重点任务，提出具体落实举措、明确目标要求，分步骤、分阶段推进落实。特别是在学深悟透、深入领会总书记莅临贺兰视察重要指示精神的基础上，对全县现代农业发展再审视、再谋划，研究制定《关于加快现代农业高质量发展的实施方案》，进一步明确了发展路径和实现途径，从 5 个方面形成 18 项具体目标任务和落实措施，确保总书记莅临贺兰视察重要指示精神全面落实。县委常委会紧扣总书记重要讲话和重要指示精神，进一步厘清当前和今后一个时期全县发展的目标思路、任务举措，切实用总书记重要讲话精神统一思想、引领发展，确保贺兰的发展始终沿着总书记指引的方向前进。

二、全力打好新冠肺炎疫情防控人民战争、总体战、阻击战,取得“零发生”重大阶段性成果

坚持人民至上、生命至上理念，认真落实总书记“坚定信心、同舟共济、科学防治、精准施策”的总要求，坚决守好“零输入、零感染、零死亡”目标，疫情防控平稳有序、扎实有效，受到区市党委、政府的充分肯定。

组织体系高效运转快速响应。坚决服从党中央指挥和区市党委统一调度，按照统筹、灵敏、迅速、全面的原则，县委第一时间成立疫情防控工作领导小组，组建 12 个工作组，划定 9 个防控工作片区，建立完善疫情防控指挥链、责任链、协同链、传导链，进行全面安排部署，切实做到全县疫情防控“一盘棋”。科学制定全县疫情防控总体工作方案、常态化防控方案，细化阶段性工作方案及具体防控措施，确保党中央决策部署、区市党委各项工作要求落实落细落地。反应灵敏及时调度，对人员调配、医疗救治、物资保障、措施制定、信息发布等工作实行统一部署、统一指挥、统一调度，坚持一二级响应每日调度、三级响应每周例会调度，召开领导小组调度会56次、常态化会商协调会30次，有效确保了县乡村(社区)各级防控责任的全面落实。

防控措施扎实有效全面覆盖。严格落实“外防输入、内防反弹”各项措施，按照全面防控、系统防控、闭环防控要求，坚决做到“五有三严”。全力抗击疫情阶段，迅速构建县乡设卡全防全控、社区与物业联防联控信息共享、医药机构购药就诊实名登记、境外入贺全过程闭环管理等防控机制，2660名党员干部冲锋在前，万名志愿者昼夜守护，百名民兵坚守一线，细化重点人群、场所、区域、活动、时段的监管措施，开展地毯式“大起底”排查，落实“四包一”“五到家”“六不准”管控机制。坚持早发现、早报告、早隔离、早治疗，及时启用县医院传染病区，组建医疗专家团队，设立13个集中观察点，成立安全、医疗、后勤、卫生等9个专项工作小组，有效控制传染源头、切断传播途径。进入常态化疫情防控阶段以后，始终保持“慎终如始”的工作状态，有序推进秋冬季疫情防控和物资保障等各项工作，提升监测预警能力，做好流调准备工作，进一步完善全县应急调度机制，形成梯次配置和人员储备。积极开展防控应急演练、流感疫苗接种，建立医用物资医院储备和渠道储备相结合的机制。持续加大对农贸市场、物流市场、大型商超等人员密集重点场所环境卫生整治和风险排查，加强人员出入管理和健康监测，严控人员和车辆无序流动，做好进口冷冻冷藏肉类检测，确保全面落实疫情防控常态化工作要求。

统筹好疫情防控和经济社会发展。按照党中央统一指挥和区市党委的安排部署，县委坚持两手抓、两不误、两促进，在坚决做好疫情防控的同时，安排县级领导、部门工作人员组成工作组，深入园区企业、大型商贸市场等开展指导帮助，分区分类分阶段推进复工复产，全面落实援企稳岗、减税降费等政策，园区企业、餐饮住宿、商贸零售、集贸市场等领域全面有序复工复产。扎实稳妥做好社会舆论引导、民众情绪疏导，依法严查哄抬物价、制假售假等涉疫违法犯罪行为，确保防疫期间全县经济秩序良好、社会大局稳定。开展“我身边的战‘疫’模范”评选活动，县公安局交警党支部荣获自治区防疫先进集体，马立坤等4人获评自治区防疫先进个人，表彰县级先进党组织15个、优秀共产党员30名，提拔重用23名在疫情防控一线表现突出的干部，弘扬伟大的抗疫精神，汇聚起“同舟共济、众志成城”的强大合力。

三、全力以赴打赢打好三大攻坚战，确保与全国同步建成全面小康社会

聚焦与全国同步建成全面小康社会目标，突出抓重点、补短板、强弱项，统筹推进精准脱贫、污染防治、防范化解重大风险三大攻坚战，确保全面小康的底色更好、成色更足。

全面打赢精准脱贫攻坚战。坚持县级领导挂牌督战，全面督导广荣村、隆源村、江南村、银光村脱贫攻坚突出问题及时有效解决。对标“两不愁三保障”标准，深入推进“四查四补”，启动县区互检普查工作，全面查找不足、补齐短板，紧盯未脱贫村和剩余贫困人口，持续发力、逐个突破，控辍保学落实到位，住房饮水安全有效保障，基本医疗和大病保险参保实现全覆盖。全县1720户8035人建档立卡贫困人口全部脱贫，广荣村、隆源村如期高质量脱贫出列。突出解决好移民群众就业问题，实现收入有效增加，预计2020年全县移民村人均收入突破万元大关，增幅达30%以上。强化产业培育带动脱贫，欣荣村宁夏荣耀制衣、广荣村枸杞芽菜种植、隆源村线椒基地等项目产业带动作用日益增强，利益联结机制不断完善。持续关注和加强移民搬迁后续扶持，坚决落实“四个不摘”要求，对脱贫易返贫户、边缘易致贫户、政策兜底保障户等重点群体做好动态监测、强化增补措施，真正实现不落一户、不漏一人，推动全面脱贫与乡村振兴有效衔接。

持续打好污染防治攻坚战。牢固树立“绿水青山就是金山银山”的发展理念，纵深推进生态保护和环境治理，牢牢守住改善生态环境生命线。蓝天碧水净土保卫战取得阶段性成效，中央环保督察"回头看"转办问题及自治区党委环保督察交办事项加快整改。全面拆除建成区内20蒸吨以下燃煤锅炉，加大重点涉气企业监管力度，扎实推进挥发性有机物专项治理，2020年全县空气质量优良天数290天，优良比例79.7%,同比增加13天。压紧压实河（湖）长制责任，全面完成南梁水源地水产养殖清理,实施贺兰工业园区暖泉片区污水管网改造、宁夏鸿泽净水公司承接原暖泉污水处理厂提标改造等工程，实行污水处理收费差别化政策。提升银新干沟、四二干沟、滨河湿地等5个人工湿地运营管护水平，入黄水质稳定达标。规划实施固废处置中心等项目，扎实开展危险废物申报备案工作。大力实施农业"两减"行动，化肥、化学农药用量同比分别下降10.4%.12.4%,畜禽粪污资源化利用率达97.6%o积极开展森林城市创建，大力实施植树造林、生态修复工程，绿色空间不断拓展、生态环境持续改善。

坚决打好防范化解重大风险攻坚战。统筹发展和安全，加大重点领域风险研判、监测、预警、处置力度，牢牢守住不发生系统性风险的底线。严格落实"八个一批"要求，争取限额内债券资金5.54亿元，超额完成自治区年度隐性债务化解目标任务；落实国务院、自治区关于化解民营企业中小企业欠款工作要求，年度完成清欠2.95亿元，全县政府债务风险总体可控。着力规范金融行为、治理金融乱象、强化金融监管，充分运用大数据思维，坚持深度排查、打早打小的工作理念，持续开展非法集资、网络借贷、民间高利借贷等非法融资问题专项整治，全县85家投资公司、小额贷款公司全部实现建档排查监管，金融市场持续健康发展。加强全县房地产市场调控监管，房地产去库存周期保持在合理区间。

四、坚持以新发展理念引领高质量发展，经济运行稳中有进稳中向好

坚持以供给侧结构性改革为主线，认真落实黄河流域生态保护和高质量发展重大战略目标，坚持不懈推动高质量发展，努力实现经济发展量的合理增长和质的稳步提升。预计全年地区生产总值与去年持平，固定资产投资同比增长2.5%,地方一般公共财政预算收入同比增长4.17%,城镇和农村居民人均可支配收入预计分别增长4%和6.7%左右。

助企纾困保稳市场成效显著。扎实做好"六稳"工作，全面落实"六保"任务，主要经济指标由负转正、逐月回升。强化复工复产政策支持，制定《贺兰县疫情防控期间支持中小企业发展政策措施汇编》，全面用好中央抗疫特别国债、地方政府专项债券，积极落实自治区"六保36条""工业稳增长24条"、银川市"工业稳增长40条"等助企纾困政策，兑现奖补企业5303户（次），企业享受补贴金额2.4亿元，兑现企业技改奖补资金325万元。从减免、延期缴纳税款、及时提供便捷服务等方面积极帮助企业解决好产业链条恢复、产品销售、资金周转等问题。减税降费3.4亿元，兑现援企稳岗资金1653万元，受益市场主体1.4万余户，用"真金白银"助企业减负稳岗。举办一系列促进消费活动，组织"云车展""云销售""云旅游"等活动27场次，积极培育新的消费热点，消费市场平稳回暖。

推动产业转型升级持续用力。持续推进产业结构调整、发展动能转换，加快经济发展质量变革、效率变革、动力变革。深入贯彻落实自治区推动重点特色产业发展政策，在积极承接自治区确定的九大重点特色产业的基础上，结合我县实际，确定了新型材料、葡萄酒、电子信息、绿色食品、奶产业等"6+3"重点特色产业发展方向，按照"一个产业、一个专班、一个方案、一套政策"的工作机制，持续推进重点特色产业提档升级、做大做强。麦尔乐食品、北方高科等8家企业获评自治区各类示范、技术标杆、隐形冠军等10项荣誉称号；厚生记食品、百瑞源枸杞分别被认定为自治区智能化工厂和行业领先示范企业；艾尼科技、大北农被工信部评为绿色工厂，宁夏凯添燃气成为全区首家挂牌新三板精选层企业，泰国天丝集团中国西北红牛生产基地在厚生记顺利投产。扎实推进重点项目建设，巨峰绝缘新材料、银川市应急调峰储气等104个项目加快建设，贺兰县第六幼儿园等109个项目已建成并投入使用。持续开展产业链招商，睿鑫智能科技产品及医疗器械生产项目、新能源锂离子电池项目等105个重点项目陆续落地。紧扣全县经济社会发展的关键领域和薄弱环节，谋划“十四五”项目446个，概算投资1017.5亿元，黄河流域生态保护和高质量发展项目83个，概算投资80.72亿元。

全力推动现代农业高质量发展。坚持以“稳粮、扩菜、优渔、增畜、靓酒”为重点，持续调优农业产业结构，加快转变农业发展方式，现代农业“三大体系”日益完善，国家现代农业产业园加快建设，农业公园、蔬菜公园建设初具规模，渔业公园启动建设。开展粮食、蔬菜新品种新技术示范、“宽沟深槽”稻渔综合种养技术、名特优新水产品示范推广等20余项新技术，综合提升农业发展水平，预计全年完成农牧渔业总产值36.71亿元，同比增长4%,农业增加值18.32亿元，同比增长5%。着力打造优质蔬菜外销基地、有机水稻生产基地、优质高产奶源供应三大基地，培育家庭农场、农民专业合作社22个，推广“贺兰山下”区域公用品牌，产业承载能力不断增强。落实“以水定产”发展理念，加大与清华大学、上海海洋大学等高校、科研院所产学研合作力度，引进一流的科研团队，探索实施高效节水农业项目。大力推动一二三产深度融合，建成“设施农业+休闲观光”“田园风光+度假庄园”等休闲农业观光基地48家，年接待游客79万人次，休闲旅游收入5991万元；构建电商销售平台31个，销售额达到2.6亿元。

实施创新驱动增强发展后劲。坚持把创新驱动作为增强发展后劲的有力推手，聚焦突出问题，破解发展难题，激发发展内生动力。有效发挥财政投入的撬动作用，持续加大创新投入力度，预计全县R&D经费投入强度达到1.38%,新建博士后科研工作站1个，区、市级人才小高地5个，新引育市级以上高精尖缺人才和学术技术带头人77人。建立完善科技型企业梯次型培育库，新认定国家高新技术企业2家，科技型中小企业35家，百瑞源组建枸杞功能性食品工程技术研究中心，新备案自治区技术创新中心4家、众创空间1家、科技创新团队2家。易兴新材料、如意科技等企业新登记自治区科技成果10项，广银米业荣获第四届全国稻渔综合种养模式创新大赛一等奖，县科创中心被认定为国家小微型企业创业创新示范基地。

持续深化改革优化发展环境。持续推进“放管服”改革，推行“一枚印章管审批”，实现“进一扇门，办一揽子事”。大力推进“互联网+政务服务”，深化“一门一窗一网一次”改革，推进“综合受理、分类办理、限时办结、统一出件”的工作模式。设立贺兰县建设项目服务中心，实现业务集中办理，审批时限再压缩20%以上，促进项目审批再加速。深化商事制度改革，全面推进“证照分离”“一照一码”“多证合一”改革，实现“23证合一”。简化企业登记住所手续，放宽住所登记条件，允许“一址多照，一照多址”，释放更多场地资源。设立商事服务专区，将营业执照、银行开户、印章刻制、发票申领、社保备案等企业开办涉及的窗口并联，做到企业开办“一站式”服务3小时办结、个体营业执照即来即办。加快现代化生态灌区建设，水权制度改革扎实推进，已挂网交易水资源543万方，推动农业用水实现现代化、科学化、规范化管理。持续深化农业农村改革，农村集体产权制度改革稳步推进，农村承包土地经营权抵押贷款累计1.75亿元。成功列入全国农村宅基地制度改革试点县。贺兰县丰谷稻业产销专业合作社入选全国农民合作社典型案例。县融媒体中心深化改革入选2020年全国县级融媒体中心舆论能力建设十大典型案例。

统筹推进城乡区域协调发展。协同推进新型城镇化和乡村振兴战略，促进城乡优势互补、协调发展、共同繁荣。城市品质不断提升，以“城市园林化”为目标，全面抓好文明城市整改创建、全国森林城市创建工作，完成新造林4034亩，新建4处小微公园并投入使用。筹资近4亿元启动建设北环路、贺立公路等一批城乡道路，有效拓展城市发展空间，顺利接入银川都市圈城乡西线供水系统，有效缓解地下水超载、用水高峰期不足的问题。加强电力保障工作，创建2020年全国首家不停电示范县。特色街巷整治改造成效明显，5 处老旧小区改造完成，棚户区改造任务加快推进，停车场、道路交通安全标识等基础设施不断完善，极大缓解停车难、乱停车等问题。推动乡村全面振兴，美丽乡村生态宜居环境持续改善。以农村人居环境综合整治为抓手，拆除危旧房屋 3077 户、违章建筑 292 处，清理残垣断壁 2166 处，全面完成 6500 户改水改厕任务，新建乡村公厕 8 座。不断完善农村人居环境长效监管机制，积极推行新时代文明实践“公益积分超市”，实现乡风文明与村容村貌、乡村治理、移风易俗的有效衔接，让讲文明、赚积分、秀品行成为农村精神文明新风尚。通义村获评全国文明村，隆源村被评为全国乡村治理示范村，四十里店村被评为全国乡村旅游重点村，金贵村农家书屋获得第八届全国服务农民、服务基层文化建设先进集体称号。

五、始终把改善民生作为重中之重，不断满足群众对美好生活的新期盼

坚持以人民为中心的发展理念，着力解决群众的揪心事、烦心事、操心事，尽力而为、量力而行，使经济发展成果更多更公平惠及百姓生活。千方百计促进就业。积极克服新冠肺炎疫情对就业的不利影响，始终把解决就业作为民生工作的重中之重，全力促就业、保收入、稳大局。坚持多措并举，以退役军人、大中专毕业生、农民工、下岗失业人员、“零就业”家庭等群体为重点，实施就业创业服务攻坚行动，组织开展“云招工”等线上线下招聘活动 29 场次，提供就业岗位 1.6 万个。抓好技能培训，提升就业能力，鼓励灵活就业、兼职从业、积极创业，实现城乡劳动力有效转移、有效就业，确保城乡居民收入水平不降低，生活有保障。累计新增城镇就业近 4000 人，城镇登记失业率控制在 3.2%以内。

坚持教育优先发展。按照促改革、提质量、保公平的要求，不断推进城乡义务教育优质均衡发展。持续加大教育投入力度，总投资 4 亿多元的贺兰县第六中学等 6 所学校开工建设，大班额比例从 28.2%下降至 2.77%,66 人以上超大班额全部消除。城镇小区配套幼儿园治理工作稳步推进，“5080”目标全面实现，新增公办学位 5000 多个，适龄儿童入园难、入园贵、入园远的难题得到有效解决。全国儿童青少年近视眼防控示范县工作扎实推进，成功入选全国中小学劳动教育实验区。积极推进“互联网 + 教育”和人工智能助推教师队伍建设试点“双示范县”建设，全县中小学校园网络全部实现“千兆进校，百兆进班”，完成“互联网 + 教育”应用示范校、标杆校建设 9 个。

提高医疗服务水平。持续深化医药卫生体制改革，积极探索推进医共体建设，全面启动自治区健康促进县建设，“互联网 + 医疗健康”一期建设等项目有序推进，县妇幼保健计划生育服务中心建成使用。扎实开展“千名医师下基层”对口支援活动，落实和完善乡村医生补偿、养老和培养政策，有效保障村医养老待遇，加强乡镇、社区医疗队伍力量。持续提升传染病防控能力，健康贺兰建设迈出坚实步伐，荣获全区考核一等奖。

社会保障不断提高。围绕事关群众切身利益的实事、急事、难事，坚持兜底线、保基本、解难题。扎实推进参保扩面工作，全县企业职工基本养老保险、失业保险、工伤保险、城乡居民养老保险参保人数持续增加，城乡居民基本养老保险、医疗保险参保缴费分别完成全年参保目标任务的 144.1%和 104.7%。强化兜底帮扶措施，关心关爱特殊困难群体，启动物价联动机制，落实低保提标政策，确保防疫期间困难群众基本生活不受影响。

繁荣发展文体事业。改造提升村级综合文化服务中心 28 个，打造文艺精品 10 部，率先在全区完成公共数字文化服务推广。配套完善 26 个行政村（社区）体育健身设施，“15 分钟健身圈”基本搭建完成。《贺兰·不止于山》向全国推介。

六、推进治理体系和治理能力现代化，全县社会大局和谐稳定

认真贯彻党的十九届四中全会和自治区党委十二届十次全会精神，扎实推进治理体系和治理能力现代化，坚持和完善共建共治共享的社会治理制度，加快完善治理体系，不断提升治理能力，基层治理扎实有效推进。

民族团结宗教和顺局面持续巩固。全面贯彻党的民族政策，民族团结大好局面不断巩固。牢固树立马克思主义民族观宗教观，成功创建全国民族团结进步示范县，以“十进”为抓手，深入实施“六大工程”，坚持示范带动引领，高质量打造区市县三级示范单位35个。全面贯彻党的宗教工作方针，认真落实《宗教事务条例》，高质量完成全县宗教领域问题治理。加强教职人员队伍建设，坚决打击非法传教活动，依法管理宗教事务水平进一步提升。坚持宗教中国化方向，深入推进“五进”宗教场所活动，引导宗教界人士和广大信教群众始终听党话、跟党走。

基层治理根基不断夯实。按照党中央统一部署和区市党委的工作安排，统筹推进乡村、社区、宗教、校园、企业、社团6个领域治理，进一步厘清职能、建立机制、强化责任，构建完善的基层治理体系。持续抓好平安贺兰建设，坚持和发展新时代“枫桥经验”，积极开展矛盾纠纷排查化解工作，强化“一村一法律顾问”活动，深化“互联网+法律服务”模式。扎实开展行政诉讼案件集中化解专项行动，实行县级领导包案，成功化解行政诉讼案件29件。着力推动信访遗留问题“百日攻坚”专项行动，梳理重点信访问题38件、结案销号28件，全县信访工作总体形势稳定。推进街道管理体制改革，社区服务管理格局不断优化，人员队伍选优配强。县乡村三级立体化社会治安防控体系全面建成，作用有效发挥，公众安全感不断增强。

依法治县工作全面推进。运用法治思维和法治方式推进改革、促进发展、维护稳定、完善治理。在全区率先开展党委主要负责人年度述法试点，建立县委党内法律法规决策咨询专家库，不断规范和提升县委科学决策水平。全面深化政法领域改革，扎实开展政法队伍教育整顿，积极探索市域治理试点工作。强力推进扫黑除恶专项斗争，认真开展“六清”行动，由中央督导组、区市各级交办1258条线索全部办结，打击传销、黑车营运等17个行业领域突出问题专项整治取得显著成效，查获涉嫌传销人员2720人、查扣涉案资产6000余万元，破获“6·25”特大传销案，斩断涉及六省区、万余人聚集型传销网络。加强安全生产监管，持续开展公共安全隐患常态化排查，开展危险化学品、公共交通等重点领域安全生产专项整治，安全生产形势总体平稳。严格落实“4个最严”要求，不断加强食品药品安全监管，全力推进食品药品安全区创建工作。全面完成“七五”普法各项任务，深入学习宣传宪法、民法典，扎实推进法律“八进”，形成尊法学法守法用法的良好氛围。扎实做好新时代双拥工作，成功创建全国双拥模范县。

七、推动新时代全面从严治党纵深发展，着力营造干事创业的政治环境

全面贯彻新时代党的建设总要求，坚持和加强党的全面领导，推动全面从严治党取得更大成果，为疫情防控和经济社会发展提供坚实保障。

始终把从严治党主体责任扛实扛牢。坚持把管党治党作为政治责任、本职责任、共同责任，健全清单式责任分解、常态化责任落实、全过程责任考评“三个体系”，明确县委48项责任清单和班子成员34项任务清单，拉条挂账、对账销号、定期督导、强化问效，着力解决主体责任不清、责任履行不力、责任追究不严等问题。强力推动巡视巡察反馈问题整改落实，自治区党委第一巡视组反馈问题36个，整改完成33个；市委第九、十轮巡察共反馈20个单位党组织198个问题，整改完成193个。

始终把政治建设摆在首位。旗帜鲜明讲政治，坚决维护习近平总书记党中央的核心、全党的核心地位，广大党员干部“四个意识”更加牢固、“四个自信”更加坚定、“两个维护”更加自觉。全县上下切实把学习领会习近平新时代中国特色社会主义思想、视察宁夏重要讲话精神作为首要政治任务，不断增强理想信念，强化理论武装，提升工作本领。加强意识形态工作，严格落实意识形态工作责任制，牢牢掌握意识形态工作的领导权、话语权、主动权。主动发声占领舆论阵地，在区、市媒体共刊发报道各类稿件2548篇次，加大新媒体管控力度，网络空间进一步清朗。区市党委巡视巡察反馈意识形态领域问题全部整改到位。

始终把组织建设抓在手上。推动“抓乡促村、整乡推进、整县提升”示范县乡创建行动，持续推进软弱涣散和后进村党组织整顿工作，全面启动村（社区）党组织换届选举工作，深化“三大三强”行动和“两个带头人”工程，出台“1+5”硬核保障措施，带动1.28万户群众增收致富，全县村集体经济收入达到2714万元，同比增长35%，壮大村集体经济经验做法在全区交流。落实“四优四提”实施意见，构建纵向到底、横向到边的组织体系，率先配齐街道组织委员。新成立社区4个，选派54名社区骨干担任物业党建工作指导员，新打造党建引领社区治理特色品牌6个，社区治理现代化水平逐步提高。开展“让党中央放心、让人民群众满意”模范机关创建活动，突出标准引领，丰富载体举措,切实解决“机关病”“灯下黑”“两张皮”等问题，积极构建“党建+”工作格局，深化党建引领营商环境建设等6个党建联盟活动。大力推行在职党员到社区“双报到、双报告”制度，2000多名在职党员下沉社区开展形式多样的志愿服务。

始终把干部队伍建设放在突出重要位置。始终把政治标准放在首位，立足黄河流域生态保护和高质量发展先行区建设需要，围绕贺兰定位、融入贺兰作为，着眼事业发展选干部、配班子，全年共研究任免干部10批次222人次，提拔重用干部94人次。调优配强24个领导班子，组织15个县直部门开展中层干部轮岗27批次95人，不断提升全县干事创业的整体合力。积极开展领导干部、行政村负责人任期经济责任审计工作，推动县委决策部署有效落实，助力乡村振兴战略和村“两委”换届选举工作扎实推进。强化精准教育，提高干部队伍综合素质，着力增强干部“八种本领”，选派72名优秀年轻干部担任驻村第一书记、工作队队员。选派43名青年干部参加中青年干部培训班，着力打造一支信念坚定、本领高超、作风过硬的高素质、专业化干部队伍。

始终把反腐倡廉建设抓实抓细。持续保持反腐败高压态势，准确运用“四种形态”，让“红脸出汗”“咬耳扯袖”成为常态。聚焦脱贫攻坚等群众关心关注的问题，通过自查自纠、暗访督查、电视问政、督查落实等方式，严肃整治侵害群众利益问题，党纪政务处分14人，问责15人。锲而不舍加强作风建设，开展“干部作风建设强化年”活动，八个领域专项行动推进有力，精文减会持续减负，持续整治形式主义官僚主义，评定“奔跑奖”“蜗牛奖”，为14名受到不实举报的干部澄清正名，对6名涉嫌诬告陷害人员进行处罚，激励干部干事创业，干部作风建设取得明显成效。一体化推进不敢腐、不能腐、不想腐，持续开展扶贫领域、民生领域、扫黑除恶专项斗争整治，不断巩固反腐败压倒性态势，共处置问题线索465件、立案82件、处分88人，移送司法机关审查起诉2人。健全完善规章制度230项，组织各层级干部720余人接受警示教育培训，组建党风廉政宣讲团，坚持用身边的事教育身边的人，干部队伍法治观念、规矩意识明显提升，政治生态持续改善。

一年来，县委常委会高度重视自身建设，坚持用习近平新时代中国特色社会主义思想武装头脑、统揽全局，坚定政治自觉、持续改进作风，加强廉洁自律，不断提高政治能力和领导水平。全面加强对各项工作的领导，全面落实重大事项请示报告制度。定期听取人大、政府、政协党组工作汇报，充分发挥人大的职能作用，人大依法履职能力和水平不断提升，支持政协积极履行职能，落实好县委同政府、政协制定年度协商计划制度，围绕编制“十四五”规划议政建言。组织召开深改委、财经委、审计委、依法治县等县委议事协调机构会议，充分发挥统揽全局、协调各方的作用。坚决贯彻民主集中制，共组织召开县委常委会会议28次、专题会议35次，及时传达学习中央和区市精神，并就重点工作、重大问题依法科学民主决策。严肃党内政治生活，班子成员自觉参加双重组织生活会，开展批评与自我批评。大兴调查研究之风，严格落实中央八项规定精神及其实施细则，自觉接受党员干部和群众监督。

各位委员，同志们！一年来我们取得的成绩，是以习近平同志为核心的党中央和区市党委坚强领导的结果，是全县广大党员干部群众共同奋斗的结果，在此，我代表县委常委会，向全县广大党员干部群众表示衷心的感谢！

总结一年来的工作，对照习近平总书记视察宁夏重要讲话精神，对照区市党委确定的发展目标和重点任务，以及人民群众对美好生活的期盼，还存在着学习贯彻习近平总书记视察宁夏重要讲话精神不够深入，产业高质量发展成效不明显，生态环境质量不稳定，脱贫攻坚基础不牢固，全面从严治党还需加强等问题。对于这些问题，我们将深入研究，在今后的工作中加以改进和加强。同时，也恳请同志们对县委常委会的工作提出意见和建议。

贺兰县人民政府工作报告

——在贺兰县第十八届人民代表大会第五次会议上

贺兰县人民政府县长　赫天江

（2021 年 1 月 12 日）

一、2020 年和“十三五”工作回顾

刚刚过去的 2020 年，是贺兰发展史上极不平凡的一年。面对艰巨繁重的改革发展稳定任务，特别是新冠肺炎疫情严重冲击，在区市党委政府和县委坚强领导下，在县人大、县政协有力监督支持下，县人民政府坚持以习近平新时代中国特色社会主义思想为指导，深入贯彻党的十九届五中全会和习近平总书记来宁视察重要讲话精神，坚决落实自治区党委十二届十次、十一次、十二次全会及建设黄河流域生态保护和高质量发展先行区历次推进会精神，市委十四届十次、十一次全会精神，统筹推进疫情防控和经济社会发展，扎实做好“六稳”工作，全面落实“六保”任务，举全县之力打好疫情防控阻击战、脱贫攻坚决胜战、全面小康收官战，较好完成“十三五”规划目标任务，全面小康社会基本建成，奠定了开启社会主义现代化新征程坚实基础。

一年来，我们致力统筹全局，疫情防控取得重大战略成果。坚持人民至上、生命至上，在大战大考中交出了保护人民生命安全和经济社会良性发展的合格答卷。坚决打好疫情防控阻击战。第一时间启动重大突发公共卫生事件一级响应，迅速形成统一指挥、周密部署、立体防控布局。严格“三防三控”“四早四集中”等防控举措，新建县医院核酸检测室，投入资金 3588 万元，建立人物同防、多病共防常态化机制，构筑起外防内控的“钢铁长城”，是全市唯一疫情“零发生”县！坚决打好疫情防控人民战。压实“四包一”“五到家”责任链条，2600 余名党员干部冲锋一线，万余名“天使白”“橄榄绿”“守护蓝”“志愿红”迅速集结，26 万贺兰人民风雨同舟、众志成城、守望相助，凝聚起伟大的抗疫精神，每个人都了不起，每个人都是抗疫英雄！坚决打好疫情防控总体战。出台支持中小企业“十条”政策，减税降费 3.4 亿元，清理拖欠民营企业中小企业账款 2.95 亿元，兑现援企稳岗资金 1653 万元，受益市场主体 1.4 万余户。各行各业有序复工复产，学校分批分次复学复课，全县疫情防控和社会秩序恢复走在全区前列！

一年来，我们致力创新突破，高质量发展步伐持续加快。坚持以创新引领发展，最大限度减少疫情对经济社会的影响。改革创新激发活力。深化“放管服”改革，建设项目审批大厅，“就近办”“网上办”“一次办”等“互联网 + 审批”服务比例分别达 97%、90%、52%，新增市场主体 4864 家。大力推动科技创新，建立科技要素大市场，建成首个博士后工作站，认定国家级高新技术企业 2 家、自治区科技小巨人企业 2 家。厚生记、塞尚乳业等 5 家企业荣获自治区科技进步奖。转型升级成效显著。汽车销售及服务、绿色食品等“6+3”重点特色产业布局更加清晰，“四个一”推进机制有效落实。工业自动化、智能化水平显著提升，创建自治区智能工厂1个、数字化车间5个、专精特新示范企业33家。培育规上企业7家，凯添燃气进入新三板精选层。服务业发展更具活力，承办全市首届乡村文化旅游节。举办“云端车展”，完成汽车交易额4.5亿元。百瑞源枸杞博物馆创成国家AAAA级旅游景区，四十里店村荣获全国乡村旅游重点村。农业全面增效，打造农业公园、蔬菜公园、渔业公园三大核心区，形成优质粮食、蔬菜、水产、草畜、葡萄酒五大特色产业带，稻渔空间融出现代农业新天地，优势特色产业占农业总产值94.5%。经济运行企稳向好。深入开展县处级领导“进百企解难题”和“包抓项目”活动，解决企业实际困难170余项，坚定了市场主体发展信心。招引长三角、粤港澳大湾区等重点产业项目98个，实际到位资金76.35亿元。泰国天丝集团西北红牛生产基地、大北农科技等245个项目开工建设。预计，全年地区生产总值同比持平；地方一般公共财政预算收入同比增长4.17%；规上工业增加值下降16%；社会消费品零售总额下降6%固定资产增长2.5%，3年来首次实现“由负转正”；城乡居民人均可支配收入分别增长5%、7%。

一年来，我们致力精准施策，三大攻坚战取得阶段性胜利。聚焦抓重点、补短板、强弱项，全面小康社会基础更加厚实。精准脱贫攻坚战圆满收官。持续发力防松劲、严把标准防闯关、巩固成果防返贫，深入开展“四查四补”，整改问题124个，“两不愁三保障”存量问题全部清零。投入扶贫资金9054万元，建设枸杞芽菜基地、江南村扶贫产业园等一批项目，65户198人如期脱贫，广荣村、隆源村高质量脱贫出列。被列为全国易地扶贫搬迁后续扶持和产业扶贫现场会观摩示范点。污染防治攻坚战取得实效。牢牢守住改善生态环境生命线。中央环保督察及“回头看”反馈问题整改加快推进，区市专项督察反馈问题整改全面完成。淘汰40蒸吨以下燃煤锅炉7台，低氮改造燃气锅炉155台，空气质量优良天数同比增加13天。完成“引四入三”、暖泉污水处理厂提标改造等项目，全面清理水源地水产养殖，入黄水质持续改善，暖泉片区固废处置中心开工建设，固废、危废处置率分别达80%、100%。防范化解重大风险攻坚战有力有效。牢牢守住不发生系统性风险底线，规范政府举债行为，争取限额内债券资金5.54亿元，建立健全金融风险防控机制，不良贷款比例实现“双下降”，规上企业债务下降5.4%。严厉打击金融违法行为，侦破电信网络诈骗案81起。

一年来，我们致力协调发展，城乡面貌呈现崭新气象。统筹推进新型城镇化和乡村振兴战略，走贺兰特色的城乡融合发展之路。市县融合越发紧密。启动编制国土空间总体规划。沈阳路快速通道成为银贺新“动脉”，贺立公路、银新公路等5条道路建成通车。西线供水、35千伏习立线改迁、西北片区供热及管网改造等项目顺利实施，加速融入银川发展大格局。城市功能持续完善。改造提升道路5条，新增泊车位3000余个，投放共享单车2900辆。改造老旧小区7个，建成垃圾中转站3个，停车难、物业乱等一批老百姓的烦心事得以缓解。加快智慧城市建设，建成智慧小区43个、投用5G基站325个。扎实推进森林城市创建，建成小微公园4个、森林社区7个，新增绿化面积4000余亩。农村面貌焕然一新。深入推进农村人居环境整治“十大专项行动”。编制银河村等6个试点村村庄规划，完成“四类人员”抗震宜居农房改造和143户危房改造，拆违拆危3369处，改水改厕8519户，新建农村垃圾分拣中心9个、污水处理站2处。收拾屋子、打扫院子、整顿村子成为农民兄弟自觉行动。

一年来，我们致力普惠民生，社会事业实现长足进步。践行以人民为中心的发展思想，以整改创建全国文明城市为抓手，推动改革发展成果更多更公平惠及普通民众。千方百计促进就业。新增城镇就业3968人，农村劳动力转移就业2.23万人，高校毕业生就业率达95.6%，失业率控制在3.2%以内。荣获自治区转移就业示范县。坚持教育优先发展。投入4.07亿元，新建六中、七幼等6所学校，投用太阳城、德胜等4所幼儿园，新增学位1710个，学前教育“5080”目标基本实现。

“互联网＋教育”全面实施，教育信息化水平位列全区第三。提高医疗服务水平。启动自治区健康促进县创建，妇幼保健中心、县医院远程心电分中心、ICU重症监护室建成投用，大病集中救治率、慢病签约服务率、重病兜底保障率均达100%。在全区率先为在岗村医缴的社会保险，为2万余名65岁以上老人免费接种流感疫苗。织密社会保障网络。出台支持居家养老服务政策，建成儿童之家24个、社区老年人日间照料中心2个。兑现被征地农民养老保险金1.14亿元。与31个省市3.8万家医疗机构实现跨省异地就医即时结算。城乡居民养老、基本医疗保险参保率达95%、97%。繁荣发展文体事业。改造提升村级综合文化服务中心28个，打造文艺精品10部，率先在全区完成公共数字文化服务推广。配套完善26个行政村（社区）体育健身设施，“15分钟健身圈”基本搭建完成。《贺兰·不止于山》向全国推介。

一年来，我们致力维护稳定，人民群众安全感显著提升。坚持总体国家安全观，为全面建成小康社会提供强有力的安全保障。扫黑除恶专项斗争战果丰硕。深化“六清”行动，扎实推进17个重点领域专项整治，顺利通过全国扫黑办特派督导组专项督导。查获涉嫌传销人员2720人、查扣涉案资产6000余万元，破获“6·25”特大传销案，斩断涉及六省区、万余人聚集型传销网络。县域社会治理创新推进。启动创建全国市域社会治理现代化试点工作，探索“互联网，基层社会治理”新模式，推动社会治理重心下移、资源下沉。

通义村、广荣村荣获“全国文明村镇”“全国民主法治示范村”等称号。平安贺兰建设巩固提升。深化信访历史遗留问题“攻坚行动”，信访总量同比下降42.7%。加快建设“雪亮”工程，组建“蓝剑突击队”，立体化社会治安防控体系全覆盖。加大违法犯罪打击力度，可防性刑事案件同比下降43.1%，社会治安形势稳中向好。启动安全生产专项整治三年行动，落实食药安全“四个最严”要求，安全生产形势总体稳定。

一年来，我们致力提升效能，政府自身建设不断加强。坚持把全面建成小康社会使命扛在肩上，把万家忧乐放在心头，努力建设人民满意政府。旗帜鲜明讲政治。始终把学习习近平新时代中国特色社会主义思想、党的十九届五中全会、习近平总书记视察宁夏重要讲话精神作为首要政治任务。坚决落实中央、区市党委政府各项决策部署及县委工作安排，认真做好区市党委巡视巡察反馈问题整改。严格执行重大事项请示报告制度，认真执行人大及其常委会决议决定，主动接受人大工作监督、法律监督，自觉接受政协民主监督。如期办结人大议案意见建议11件、政协提案25件。强化法治促公平。推进法治政府建设，整合优化政府权力事项3500余项、责任事项2.5万余项。统筹政府法律顾问服务。成立全区首个行政争议协调化解中心。持之以恒转作风。持续整治违反中央八项规定精神问题，扎实开展“作风建设强化年”活动，整改电视问政问题77个，精文减会10%以上，“三公”经费下降2.8%。政府公信力、执行力、落实力进一步提升。

同时，国防教育、双拥优抚、人民武装、地震气象、应急救援、统计、档案、史志等工作得到了新加强，外事侨务、妇女儿童、青年老龄、红十字、残疾人、工商联、慈善、文联等事业有了新发展，税务、金融、供水、供电、供气、通信、盐业、石油、烟草、公积金等工作为全县经济社会发展做出了新贡献！

各位代表！站在新的历史起点，回顾“十三五”发展历程，我们坚守初心、砥砺奋进、豪情满怀，经历了国内外经济形势复杂而深刻的变化，经受住了前所未有的重大挑战和考验，经济社会发展取得新的重大进展。

这五年，我们聚焦发展第一要务，主动把握和引领新常态，坚定不移贯彻新发展理念，集中推进园区优化整合、国家现代农业产业园创建、电商物流落子布局等一批夯基垒台的大事，全县发展基础更加牢固，发展活力及可持续性显著增强。科技创新加快推进，认定国家级高新技术企业18家、科技型中小企业77家，较“十二五”末翻了一番，科创中心被认定为国家级小微创业创新示范基地。产业基础不断夯实，成功获评国家现代农业产业园、全区乡村振兴示范县。工业园区特色产业集聚态势初步显现，打造全区电商物流核心区，电商物流园日均快递进出港量占全区 60%以上，获评全国电子商务进农村综合示范县。累计实施项目 1000 余个，完成固定资产投资 685.7 亿元，招商引资实际到位资金 305.1 亿元。落实大规模减税降费政策，减免、兑现各类资金 9.2 亿元，清欠民营企业中小企业账款 7.86 亿元地区生产总值从 121 亿元提升至 140 亿元，年均增长 4.9%；税收占一般公共预算收入比重从 65%提升至 78%；社会消费品零售总额从 122.9 亿元提升至 146.6 亿元，年均增长 3.6%。

这五年，我们坚持底线思维，用情用力用志坚决打赢“三大攻坚战”，着力干成了精准扶贫，生态保护、风险防范等一批固本强基的要事，全面建成小康社会取得历史性成果。脱贫攻坚力度之大前所未有，8035 名贫困群众实现脱贫梦，全面小康路上一个没掉队。中央环保督察反馈问题整改销号率 99%，空气质量优良天数逐年增加，黑臭水体全面消除，碧水蓝天触手可及，蝉联五届全国卫生城市。新平村入选中国美丽休闲乡村。化解政府存量债务 34 亿元。中央扫黑除恶专项斗争督导组移交线索全部办结。荣获全国民族团结进步示范县、全国双拥模范县、自治区禁毒示范县等殊荣。隆源村荣获“全国乡村治理示范村”称号。

这五年，我们着眼改革转型，向着矛盾去、迎着困难上，聚力攻克了淘汰落后产能、“大棚房”整治、信访积案化解等一批清瘴治疴的难事，努力破除制约高质量发展的绊脚石。坚持生态优先、绿色发展，清理“散乱污”企业 400 余家，淘汰落后产能 4.2 万吨，万元 GDP 能耗下降 16.9%。绿色智能化改造企业 29 家，艾尼科技、大北农科技被工信部评为绿色示范工厂。收回河滩地 5.22 万亩，清理整治“大棚房”问题 4530 个、929 亩。盘活建设用地 1.4 万亩，土地集约规范利用做法被国务院通报表扬。完成县级国有企业改制重组，盘活资产 6.8 亿元。中央巡视组移交信访件销号率达 98.8%，社会矛盾调解成功率达 96.4%。一品中堂烂尾楼等一批长期困扰群众的历史积案得以化解。

这五年，我们秉持民生情怀，始终把保障和改善民生作为政府工作的出发点和落脚点，全力办成了公立医院改革、教育布局优化、住房保障等一批普惠群众的实事，增强了老百姓的获得感、幸福感、安全感。民生保障支出达 101 亿元，年均增长 11%。城镇登记失业率由 4.5%降至 3.2%以内。获批全国农民工返乡创业试点县。城乡居民，人均可支配收入年均增长 7.4%、7.9%。跑赢地区生产总值增速。获批全区“互联网 + 教育”示范县，“超大班额”全面消除，“大班额”比例由 67.53%降至 2.77%，更多孩子享受到公平而有质量的教育。公共医疗服务体系更加完善，医疗机构门诊量年均增长 16%。农村综合文化服务中心全覆盖，图书馆、文化馆荣获全国“双服务”先进集体。中国篮球发展联盟联赛、全国自然水域冰钓赛举办权永久落户贺兰，荣获全国群众体育先进单位。社会保障更加有力，城乡低保、高龄津补贴等提标扩面。建成保障性住房 1.3 万套，3.5 万低收入群体圆了安居梦。

这五年，我们坚定赶超信心，立足全国争先进、全区全市做表率，奋力实施了“放管服”改革、融媒体中心试点、水权制度改革等一批敢为人先的新事，探索积累了一批“贺兰经验”。顺利完成政府机构、土地流转经营确权等 320 项改革任务。获评全国营商环境百强县，成为全区开办企业用时最短、不动产登记效率最高、项目审批速度最快的县（区）之一。新增市场主体 1.94 万户，较“十二五”末增长 2.3 倍。大力推进现代化生态灌区项目，水权改革走在全区前列。获评全国农业农村信息化示范基地。融媒体改革“五全五变”模式在全国推广，建设经验入选全国舆论引导能力建设十大典型案例。高质量完成“七五”普法任务，全国司法所工作经验交流会代表到常信司法所观摩，县乡两级退役军人服务体系全覆盖，在全国学习推广新时代“枫桥经验”推动服务保障体系建设会上交流经验。

各位代表！五年的历程极不平凡，五年的成

就令人振奋，五年的经验弥足珍贵。我们深切体会到做好政府工作，必须始终坚持党的全面领导，才能方向清、目标明、信心足、本领强，才能无往而不胜。特别是在习近平总书记莅临我县视察指导，肯定“东西合作·宁浙交流”经验、盛赞“这里是个好地方”精神指引感召下，全县上下倍感振奋、深受鼓舞，凝聚起了干事创业的磅礴力量。必须始终坚持以人民为中心的发展思想，和人民群众站在一起、想在一起、干在一起，着力解决好他们关心关切的操心事、揪心事、烦心事，才能汇聚起推动发展的强大合力。必须始终坚持发展第一要务，着眼于质量效益提升，转变发展方式、优化经济结构、转换增长动力，才能在加快高质量发展中不断续写新的辉煌。必须始终坚持底线思维，增强忧患意识，统筹发展和安全，才能在有效防范和化解风险挑战中实现平稳健康可持续发展。

各位代表！艰难方显勇毅，磨砺始得玉成。五年来，我们坚守初心、牢记使命，用汗水浇灌收获，用实干笃定前行，在应对挑战中开创了新局面，在克服困难中实现了新发展。这得益于习近平新时代中国特色社会主义思想的科学引领，得益于区市党委政府的亲切关怀，得益于县委的坚强领导，得益于人大、政协的监督协商，得益于广大干部群众的负重拼搏。在此，我谨代表县人民政府，向关心、支持政府工作的人大代表、政协委员、民主党派、工商联、无党派人士和各人民团体表示衷心感谢，向广大工人、农民、知识分子、干部和各界人士，向区市驻县单位、驻县部队、武警官兵、公安民警、消防指战员，致以崇高敬意！

在肯定成绩的同时，必须清醒看到，全县经济社会发展仍面临不少困难和挑战，我们总体尚处于全国内陆后发地区，地方经济盘子小，回旋余地少，基础较为薄弱，发展任务非常艰巨，发展质量、效益及可持续性亟须提升。一是立足首府站位，高层次人才、大数据、核心技术等重大战略性资源要素整合集聚不够，创新驱动和开放驱动面临深度破题。二是经济结构性矛盾依然突出，资源型经济和传统产业占比高，转型升级和供应链、价值链调整压力大，新动能及产业制高点培育不足，新经济、外向型经济和生产性服务业短板仍较明显，产业园区经济发展“主战场”作用及竞争力、贡献度、精气神亟待提升。三是城市协同发展衔接不够，中心城区集聚和辐射功能亟须强化，城市精细化管理还需加强，美丽乡村建设有待提升，城乡发展不均衡问题需着力解决。四是生态环保任重道远，转变发展方式，优化发展思路，实现生态效益和经济社会效益相统一，走出一条生态优先、绿色发展的新路子还需持续用力。五是民生保障存在短板，教育、医疗、养老等公共服务供给总量不足、质量不优，社会治理还存在短板弱项，园区安全生产和管理水平基础仍然薄弱，脱贫富民产业基础还需夯实。六是政府治理能力和治理水平亟待进一步提升，干部队伍思想观念、能力水平、工作作风与新发展格局要求还不完全适应，营商环境还需优化，行政效能还有较大提升空间。所有这些问题都必须在努力实现更高质量的发展中去解决，坚信有以习近平同志为核心的党中央坚强领导，有党中央、国务院，区市党委政府关于世情、国情、区情、市情的深入研判，在县委领导下，本着对党和人民高度负责的态度，我们定能用改革创新的办法，直面问题、勇于担当，采取有效措施，努力创出高质量发展的新天地。

二、“十四五”时期的主要目标和任务

各位代表！“十四五”时期，是“两个一百年”奋斗目标的重要历史交汇期，迈向全面建设社会主义现代化国家开篇聚力启动期，也是贺兰产业发展的转型期、改革创新的关键期、生态文明的提升期、市县融合的加速期、人民生活的提质期、社会治理的优化期。面对复杂严峻的国内外形势和艰巨繁重的改革发展稳定任务，我们要深刻把握当今世界百年未有之大变局，精准对接“一带一路”、西部大开发、黄河“几”字弯都市圈建设等国家战略，紧扣建设黄河流域生态保护和高质量发展先行区重大部署，牢牢把握新发展阶段、贯彻新发展理念、构建新发展格局和开启

社会主义现代化建设新征程的实践要求，在大格局、大战略、大目标中找准定位、谋划发展，准确识变、科学应变、主动求变，努力开辟高质量发展新境界。

“十四五”时期发展的总体目标是：紧扣银川新型城市副中心目标定位，全面融入银川城市外延发展总体布局和黄河“几”字弯都市圈统筹发展新格局，全面建成小康社会成果持续巩固、高质量发展不断推进、高品质生活大幅跃升、高效能治理加速实现，经济强、百姓富、环境美、开放活、社会文明程度高的贺兰新城市独特魅力充分彰显，在黄河流域生态保护和高质量发展先行区建设上争做示范，塑造“一个副中心、六个好地方”贺兰名片。地区生产总值年均增速保持在7%以上；人均地区生产总值年均增长5.8%左右；一般公共预算收入年均增长3.5%以上规上工业增加值年均增长6%以上；固定资产投资年均增长6%以上；社会消费品零售总额年均增长6%以上；城乡居民人均可支配收入年均增长7%、8%左右。

——建设银川新型城市副中心。推进市县协同共进，突出城市功能互补、要素优化配置、产业分工协作、交通便捷顺畅、公共服务均衡、环境和谐宜居，将贺兰全域建设成为银川市区新外延。打造银川绿色发展增长极。瞄准科技前沿，坚持创新引领，严格产业准入，有序引导高端要素集聚。做实转移疏解产业、做精现有优势产业、做优新兴战略产业，在城市副中心及周边地区形成优势互补、错位发展的产业新格局。依托国家现代农业产业园，争创国家农业高新技术产业示范区。整合提升两大园区，合力创建国家级经济技术开发区。做强做优电商物流园，建设西北区域现代物流枢纽港。建设银川北部生态安全大屏障。统筹推进生态修复、环境治理、生态产业发展，率先建设黄河堤防安全标准区、贺兰山生态保护修复示范区、环境污染防治率先区、高效节水农业引领区、绿色产能转化增量区，守护好“父亲山”“母亲河”“银川蓝”，建成银川重要的生态安全承载地。建设银川都市田园生活目的地。坚持产域融合、康养融合、文旅融合理念，引领全要素整合、全空间驱动、全产业融合、全时空休憩、全民众参与的现代生活新方式。沿正源街布局康养产业，打造塞上江南康养产业带。充分挖掘黄河古灌区、湿地公园等历史自然资源，打造黄河金岸文化旅游带。发挥贺兰山东麓葡萄酒产区地理标志优势、打造中国贺兰山葡萄酒健康谷。建设银川都市休闲乐活新家园。

——聚焦结构转型，建设“产业高端，实力雄厚”的好地方。牢牢把握发展第一要务，顺应国际国内科技产业变革整体趋势，着力构建新型现代产业体系。培育壮大“6+3”重点特色产业，打造绿色食品、装备制造、商贸物流、汽车销售及服务百亿级产业集群。抢抓以区块链、AI技术、5G通信为引领的新一轮产业变革及两化融合机遇，实施数字经济新业态培育行动，力争数字经济贡献率达到35%。扎实做好“变废为宝、点绿成金、破茧成蝶、育新注能”文章，推动经济社会发展绿色化、低碳化，提升经济附加值，努力实现GEP占GDP比重超过50%，生态保护和经济发展双赢格局基本形成。

——聚焦创新驱动，建设“要素集聚、活力迸发”的好地方。牢固树立“创新是发展第一动力”理念，落实科技强国行动纲要，紧扣国家“四个面向”布局，优化县域创新体系，推动产业价值链向中高端攀升。深化科技体制改革，强化企业创新主体作用，实施科技型企业梯次培育行动，创建国家级高新技术企业20家，R&D强度达到2%以上，万人拥有发明专利达到6项，高新技术产业收入增速达到15%。用足用活人才强区政策，引进高精尖缺人才200名以上，建设高层次人才创新创业园，配套金融、法律、会计、审计、知识产权等专业服务，激发创新发展内生活力。着力建设产业协同创新中心，提升区域产业创新集中度、贡献度，建设银川创新发展新高地。

——聚焦全域生态，建设“山水优美、魅力卓著”的好地方。牢固树立“绿水青山就是金山银山”理念，统筹山水林田面湖草沙一体保护和修复，持续打好蓝天碧水净土“三大保卫战”，实施黄河流域生态保护、贺兰山生态修复、市县一体化集中供热三大工程，空气质量优良天数比例达到86.5%以上，城乡污水处理率达到100%单位GDP能耗完成区市目标任务，万元GDP用水量下降13%，全面完成能耗总量和强度双控目标。创建国家森林城市和生态园林城市，森林覆盖率达到13.6%以上，湿地保护率达到55.6%以上，让绿色生态成为贺兰发展的鲜明底色。

——聚焦产城融合，建设“协调一体、城乡共进”的好地方。牢固树立“城市让生活更美好”理念，紧密对接银川国土空间规划，衔接市域一体化功能布局，深化资源节约发展，加强城乡建设用地管控，有序推进城市更新，实现可持续发展。开展智慧城市、品质城市、美丽乡村建设行动，推动公共服务能力全面提升，都市外溢效应不断放大。5G网络覆盖率达到100%，常住人口城镇化率达到64%，建成乡村振兴样板村20个、美丽乡村示范村30个。形成工农互促、城乡互补、全面融合、共同繁荣的城乡发展新局面。

——聚焦幸福民生，建设“普惠共享、宜业宜居”的好地方。牢固树立“发展成果由人民共享”理念，实施共同富裕、优质教育、全民健康、社保普惠、文化惠民五大行动。强化就业优先政策，提高低收入群体收入，城镇调查失业率控制在4%以内。发展公平而有质量的教育，加快健康贺兰建设，促进文化事业繁荣发展，健全多层次社会保障体系，提升基本公共服务均等化水平巩固拓展脱贫攻坚成果同乡村振兴有效衔接。

——聚焦安全发展，建设“社会协同、和谐安宁”的好地方。牢固树立“共建共治共享”理念，推进政治、法治、德治、自治、智治“五治融合”。坚决防范重点领域风险，强化政府投资项目和国有资产监管，多元化解政府债务，规范房地产市场秩序，巩固全国平安县、民族团结进步示范县、双拥模范县创建成果，争创全国文明城市、安全发展城市、食品安全示范城市、诚信建设示范城市，确保不发生重大公共突发事件和安全生产事故。完善基层治理体系，提高基层治理能力，建设人人有责、人人尽责、人人享有的社会治理共同体，让人民群众享有更多安全感。

各位代表！“十四五”发展目标明确、机遇难得、前景光明。只要我们解放思想、坚定信心、顽强奋斗，就一定能带领全县各族人民把“十四五”规划宏伟蓝图变为现实！

三、2021年主要工作

2021年是中国共产党建党100周年，也是“十四五”开局之年，更是贺兰社会主义现代化新征程的启航之年，做好今年工作意义重大、使命光荣。

今年政府工作的总体要求是：高举中国特色社会主义伟大旗帜，深入贯彻党的十九大和十九届二中、三中、四中、五中全会精神，坚持以马克思列宁主义、毛泽东思想、邓小平理论、“三个代表”重要思想、科学发展观、习近平新时代中国特色社会主义思想为指导，坚持党的基本理论、基本路线、基本方略，全面贯彻落实习近平总书记视察宁夏重要讲话精神，按照“五位一体”总体布局和“四个全面”战略布局，坚定不移贯彻新发展理念，坚持稳中求进工作总基调，以推动高质量发展为主题，以深化供给侧结构性改革为主线，以改革创新为根本动力，以满足人民日益增长的美好生活需要为根本目的，以全力建设黄河流域生态保护和高质量发展先行区示范县为目标，统筹发展和安全，主动融入新发展格局，加快建设现代化经济体系，扎实推进基层治理体系和治理能力现代化，坚决守好促进民族团结、维护政治安全、改善生态环境三条生命线，走出一条高质量发展新路子，为建设经济繁荣民族团结环境优美人民富裕的美丽新宁夏贡献贺兰力量，确保全面建设社会主义现代化新贺兰开好局、起好步。

主要预期目标是：地区生产总值同比增长7%；一般公共预算收入同比增长3%；规上工业增加值同比增长6.5%；固定资产投资增长6%；社会消费品零售总额同比增长8%；城镇和农村居民人均可支配收入分别同比增长7%、8%；完成高质量发展各项监测指标和区市下达的约束性指标。

为实现上述目标，我们要重点抓好以下七个方面的工作：

(一)实施动力提档行动，点燃高层次竞争新引擎。深化供给侧结构性改革，注重需求侧管理，着力促改革、增投资、扩消费、拓开放，巩固经济恢复增长、稳步向好态势。

更好发挥投资推动作用。牢牢牵住项目建设“牛鼻子”，壮大实体经济主力军，实现项目数量和质量“双提升”。加快建设121个年度投资80亿元的重大产业项目，力促能霸照明、丰汇新能源等项目投产达效。强化招商引资“生命线”，建好用好贺兰招商引资平台和投资地图，完善产业链图谱，加大产业链招商、专业招商、以商招商力度，力争新招引亿元以上项目10个、超千万元项目50个，力促傲浦尔活性肥、西紫自控阀门等项目落地，全年招商引资实际到位资金增长10%以上。完善县处级领导包抓机制，优化项目代办、帮办服务，强化用地、用能、用工等要素保障，力促项目早落地、早开工、早见效。发挥政府性产业基金作用，创新EPC、PPP等模式，激发全社会投资活力。

更好发挥消费拉动作用。顺应后疫情时代消费升级趋势，引导扩大居民消费，合理增加公共消费，切实把消费对经济增长的基础性作用发挥出来。完善消费信用体系，加大消费者权益保护，营造良好消费环境。组织开展商贸促销活动，落实新一轮汽车下乡、家电下乡和以旧换新补贴政策。拓展“互联网+消费”，发展服务消费，培育在线教育、医疗健康、文化创意等新型消费。依托贺兰名优特色农产品优势，实施国家电子商务进农村综合示范升级版项目，开展电商赋能产业活动，通过直播带货、直播引流，帮助企业拓展营销网络，助力更多“贺兰好货”走出去。

更好发挥开放带动作用。主动融入“一带一路”国际开放大局，紧密对接银川跨境电商综合试验区、河东国际机场一类口岸、公铁物流港中欧班列等开放平台，畅通对外开放通道，提升外向型经济水平。主动融入黄河“几”字弯都市圈，连接包银高铁沙湖站对外交通干道，接入国家高铁大动脉、借力银西高铁，对接中铁兰州局，推动名优特色产品“进站上车”。深化企业经贸合作，实施中小外贸企业成长行动计划，培育1~2家外贸龙头企业。支持企业建设域外商品推广展示中心，带动县域产品、服务出口。加强与京津冀、长三角、粤港澳大湾区对接合作，承接产业转移，推进区域定向协作及产业飞地合作。

更好发挥金融撬动作用。完善“银政企”联动机制，落实普惠小微企业贷款延期、还本付息政策，支持发放无担保信用贷款，增加制造业和民营企业信贷投放，从严查处信贷中增加企业融资成本潜规则，全年新增贷款10亿元。设立产业发展基金3000万元，支持“6+3”重点特色产业发展。建立主板、科创板、新三板上市企业培育计划库，力促塞尚乳业、百瑞源、徐州中煤等优质企业上市。加强国有企业资产负债约束机制，提高融晟公司、融信公司、国资公司经营管理水平，优化国有资本布局。

更好发挥改革牵动作用。深化“放管服”改革，全面落实跨省通办、一网通办、告知承诺等举措，加快数据信息集成系统平台建设，实现政府服务事项“全程网办”“全程掌办”。坚持“双随机、一公开”“好差评”制度，打造法治化、便利化营商环境。启动要素市场化改革，试行资源要素差别化配置政策，试点新增工业项目“标准地”出让制度，探索重点企业“经济户口”管理机制，建立“亩均效益”综合评价体系。激发市场主体活力，毫不动摇地巩固和发展公有制经济，毫不动摇地鼓励、支持、引导非公有制经济发展。严格执行市场准入负面清单和公平竞争审查制度，落实“非禁即入”，打破民营企业在融资，招投标等方面的隐性壁垒。全力打好税收减免、贷款贴息等纾困政策组合拳，出台弘扬企业家精神激发企业家干事创业实施意见，建立公务人员与企业家交往正负面清单，依法保护企业家合法权益，让企业家安心发展、放手创业。

(二)实施产业强基行动，厚植高质量发展新优势。聚焦“6+3”重点特色产业，推进创新驱动发展，加快动能转换，引领质量效益提升。

加快创新驱动发展步伐。保持政府科技投入力度，提高企业科技投入强度，全面落实“宁科贷”科技担保基金、科技创新券等政策，力争R&D强度达到1.5%。实施科技型企业梯次培育计划，支持高新技术企业共建工程研究中心、产业技术协同中心，推进25%以上规上企业建立研发平台，实施30个自治区级科技研发项目，新增国家级高新技术企业5家，自治区级高新技术企业4家以上。支持企业与中科院、上海海洋大学等科研院所合作，共建创新平台、培养创新人才、实施创新项目，建设产业技术创新联盟10家以上。完善常态化人才柔性引进机制，探索建立“政府出钱、企业育才”人才储备培养制度，引育各级高精尖缺人才40名，新建人才工作载体10个。

加快新型工业化进程。坚持锻长板和补短板两手抓，开展工业企业梯队培育三年行动，种好“产业树”、壮大“产业林”。大力发展电子信息产业，实施新松智能制造产业园、睿鑫智能科技等5个项目。抢抓人工智能“AI+5G”引领的新一轮工业变革机遇，主动融入数字经济发展新格局，积极引进大数据、云计算、北斗技术应用等新业态，推动两化深度融合、新场景应用及生产生活方式变革，开展“互联网+先进制造业”“企业上云”行动，建设自治区级智能工厂1家、数字化车间5个、“互联网制造业”试点示范项目4个、工业互联网赋能与公共服务平台揭榜项目3个。集群发展绿色食品产业，实施爱里烘焙产业园、大一肉制品等项目，支持西夏啤酒、厚生记、麦尔乐等企业做优做强，建立“企业+基地+农户”发展模式，畅通农产品产地直采渠道。选树一批绿色发展标杆企业，打造全国重要的绿色食品加工优势区。包容审慎发展生物医药和精细化工产业，支持泰益欣、恒康科技、庆丰丰达等企业组建生物医药研究院，推动乔恩医疗、博澳能源醋酸酯等项目落地，力促泰益欣甲维盐、伊维菌素等项目投产达效。实施智尚环保乳胶漆、鑫山混凝土膨胀剂等项目，支持双玉防水、北伏科技等企业加大新产品研发投入，带动传统材料产业向新型材料产业转型升级。

加快现代服务业升级。坚持扩大内需，推动消费扩容提质。大力发展汽车销售及服务产业，建设平行进口车平台及茂鑫源、汇德等汽车4S店，力争特斯拉、蔚来等新能源汽车4S店落户贺兰。办好第二届“云端车展”，组织开展“房车节”，扩大汽车销量。全链条打造“汽车+金融+保险+养护”新业态，营造西北地区最优购车服务环境。推动电商物流业体系化发展，实施中通智能电商产业园、鲜丰冷链物流等项目，支持海吉星、电商物流园完善基础设施，畅通网货下乡和农产品进城双向通道。加快天心、达美等医药配送企业发展，建设现代医药物流集聚区。融合发展文化旅游产业，力促长河湾大漠水镇、兰健生态颐养育才基地等项目落地，改造提升金贵堡老街，打响乡村休闲、非遗体验等文旅品牌。开展“夜绽生活节”等活动，推出“最佳贺兰小吃”等旅游美食“打卡”地，发展“夜经济”，点亮新“夜”态。

加快现代农业产业化发展。坚持绿色、高端、融合化发展方向，建设特色农产品优势区。提档升级“蔬菜公园”，建设露地蔬菜基地5个、外销型蔬菜基地5万亩，打造高标准绿色农产品生产示范基地。实施“兴耘帮”田间冷链仓储服务驿站、金贵蔬菜冷链配送中心二期等项目，延长保鲜期、拉长销售期，实现错峰上市。支持合作社认证绿色食品、有机农产品、地理标志保护产品，让好菜卖上好价钱。加快建设“渔业公园”，实施生态渔业协同创新中心、水产种质资源场等项目，争创国家现代农业循环产业示范园。大力引进珍稀紧缺渔业品种，力争特色水产品养殖面积达到1.2万亩，稻渔立体种养面积达到2.7万亩，让贺兰水鲜“游”上百姓餐桌。立足贺兰山东麓葡萄酒产业整体布局，完成金山2.8万亩土地回收移交工作，配合做好张骞葡萄酒郡项目谋划建设。牢固树立“好葡萄酒是种出来的”理念，加大栽培模式创新、新技术应用和提升改造力度，实施德尚鼎樽、兰德瑞等3个酒庄项目，新增酿酒葡萄种植4000亩，改造低产低效葡萄园5000亩，全面提升源头品质。发展高端奶产业，支持塞尚、金河、东君、中地等龙头企业做优做强，提升蛋白粉、稀奶油等产品品质，深化与雀巢、伊利等国内外知名企业合作。实施粮改饲、苜蓿高产优质等项目，新建塞尚乳业牧场、农垦集团暖泉第二奶牛场。改造升级规模化奶牛养殖场3个，打造洪广万亩黄金奶源基地。

加快工业园区二次创业。提升园区产业基础能力和产业链水平，发挥经济发展“主战场”作用。聚焦创建自治区高新技术产业开发区目标，高质量编制好两个园区“十四五”规划，落地一批重大项目。推动德胜片区产业高端化发展，力促宝能智慧科技城项目落地，打造产城融合桥头堡和高等级现代服务业集聚区。加快暖泉片区“腾笼换鸟”进程，出清银湖酒业、博利冶炼等7家“僵尸企业”，招引嫁接优质企业，实现产业链、价值链提档升级。推动银川军民融合产业园“扩容增量”，加大招商引资力度，引育优质企业入驻中小企业孵化园，帮助如意科技充分利用双循环格局，稳定国外市场，扩大国内市场，对冲疫情影响。加快解决如意北厂区、昊晶新材料产业园等遗留问题。完善园区基础设施配套，实施暖泉片区消防站、暖泉污水处理厂事故应急池、邻里中心等项目，提升产业服务效能。

（三）实施农业农村提升行动，开创乡村繁荣发展新局面。优先发展农业农村，推动巩固拓展脱贫攻坚成果同乡村振兴有效衔接，促进农业高质高效、乡村宜居宜业、农民富裕富足。

提升农业质量效益。坚持最严格的耕地保护制度，严禁耕地“非农化”，防止耕地“非粮化”，确保粮食生产面积稳定在32万亩以上。加大农业水利设施建设力度，建设高标准农田10万亩，改造中低产田2万亩。强化“米袋子”“菜篮子”负责制，切实保障粮食等重要农副产品安全。启动现代农业“芯片”攻坚行动，建立商业化育种中心，打造黄河流域优质种源示范基地。推进全区农业生产托管服务试点县建设，探索建立区域性农业社会化综合服务中心，为农民提供多元化社会化服务。强化农业科技和装备支撑，依托北斗卫星数据中心，促进大数据与农业深度融合。坚持推动农业供给侧结构性改革不动摇，继续落实“稳粮扩菜优渔畜靓酒”十字方针，保障高质量供给需求。健全质量追溯体系，创建国家级农产品质量安全县。

抓好美丽乡村建设。高质量编制农民群众看得懂、用得上、愿实施、心满意的庄点规划。深化农村人居环境整治提升行动，动态清理违建危房，改造抗震宜居农房。落实乡镇（场）新建农房监管责任，压实农（牧）场环境整治主体责任，鼓励有条件的群众建设宜居型示范农房。新建长河新村污水管网，完成农村改厕4600户，农村生活污水处理率、垃圾处理率达到50%、90%以上。建设金贵重点小城镇和四十里店村、通伏村2个美丽村庄。探索自愿有偿退出机制，稳慎推进国家农村宅基地制度改革试点县工作。完成10个行政村集体产权确权登记颁证。发挥“两个带头人”、科技特派员和农技服务队作用，提高农民素质和技能，培育高素质农民400人。推进农村移风易俗，形成文明乡风、良好家风、淳朴民风，建设和谐有序的善治乡村。巩固脱贫攻坚成果。严格落实“四个不摘”要求，健全防止返贫致贫监测预警和动态帮扶机制，织密织牢特殊困难群体基本生活保障底线。加强金融扶持力度，保持现有金融扶贫小额贷款政策不变。新增建设用地计划指标优先保障脱贫攻坚成果和乡村振兴用地需要。实施欣荣村设施温棚，隆源村尾菜加工车间等20个扶贫项目，支持红树莓、线椒等扶贫产业做大做强。强化易地搬迁后续扶持，突出抓好就业帮扶，组织劳务输出4000人以上，确保脱贫人口不返贫、边缘人口不致贫。

（四）实施生态提级行动，铺就绿色发展新底色。以迎接新一轮中央环保督察为抓手，统领全年生态环保工作，筑牢银川北部生态安全屏障。

持续改善环境质量。认真汲取一年内2次被自治区约谈的深刻教训，坚决兑现整改落实承诺，全面巩固提升中央环保督察及“回头看”反馈问题整改成果，以破釜沉舟的决心打赢蓝天碧水净土保卫战。深入开展挥发性有机物、秸秆焚烧、超排车辆、扬尘等污染源治理，投放新能源公交车100辆，实施109国道汽车尾气遥感监测。建设市县一体化集中供热及15个无集中供热区域清洁取暖项目，彻底清理非法售煤网点。严格落实河（湖）长制，实施典农河贺兰段、第三排水沟、三二支沟综合治理项目，建设黄河流域渔业面源污染防治示范区，确保入黄水质稳定达到Ⅳ类。完成暖泉固废综合处置中心建设。危废安全处置率达到100%。推动化肥农药“减量增效”，力争化肥利用率达到40%以上，农药、除草剂利用率达到41%以上。畜禽粪污资源化利用率达到98%以上。

切实抓好生态修复。细化“三线一单”成果，建立生态环境分区管控体系。开展自然保护地调查评估，配合设立贺兰山国家公园。实施三二支沟、三丁湖、滨河湿地生态修复工程，增强水环境生机活力。巩固提升“挖湖造景”整治成效。全面推行“林长制”，实施国土绿化项目，植树造林7700亩，森林覆盖率达到12.57%以上。积极推动贺兰山东麓生态廊道修复治理和国土综合整治项目，实施宰牛沟砂场矿山生态修复工程，建设金山葡萄酒庄防护林，逐步恢复贺兰山自然保护区生态。

全面优化资源利用。以创建国家节水灌溉示范县为抓手，实施现代化生态灌区项目，新增高效节水灌溉面积0.8万亩，调减高耗水作物1万亩，力争灌溉水利用系数达到0.54。实施奉益欣工业用水回收再利用项目。在线监测1100眼自备井，探索农业生产超定额使用地下水收费机制，稳妥推进黄河水替代地下水。坚持节约用地，启动全域土地综合整治，实施城乡建设用地增减挂钩和耕地占补平衡项目，整合盘活拆迁庄点建设用地，为乡村振兴留足发展空间。科学编制土地供应计划，严格执行节约集约用地政策。扎实整改国家自然资源督察西安局反馈的9宗违法占地问题，集中力量解决一批园区批而未供、供而未用、用而未尽等闲置低效用地。实施城市建筑垃圾循环利用、习岗豫泰生物质天然气等6个资源化利用项目，提高资源利用效率。

（五）实施融合提速行动，拓展市县同城新空间。推进以人为核心的新型城镇化战略，不断完善城市功能布局，加快形成市县融合一体化发展格局。

健全国土空间规划体系。完成国土空间总体规划编制，科学划定生态保护红线、永久基本农田、城镇开发边界“三条控制线”，用“一张图”管生态、管生活、管生产。分类分项推进专项规划编制，完成贺兰县黄河流域生态保护和高质量发展专项规划，配合银川市做好德胜片区控制性详规修编工作，完善“退二进三”规划，制定国土绿化、湿地保护修复、静态交通等专项规划，推动“总详专”三类规划有机衔接、协同配套。

促进市县融合一体发展。实施109国道银川东线贺兰段、北环路二期等干线工程，主动参与银川市地下轨道交通编制，配合做好哈尔滨路延伸、阅海路至丰庆路连接等市县联通项目，加快融入银川“15分钟交通圈”。实施“互联网+城乡供水”工程，构建高效节约的城乡供水体系。加快凯添应急调峰储气站建设，保障市县用气安全。实施750千伏主网架设、城市配电网、农村电网改造工程，畅通县域电网“毛细血管”。打造德胜片区4个“15分钟生活服务圈”，加快公共服务设施均衡配置。

加快提升城市品质化进程。巩固自治区级文明城市创建成果，开展城市功能完善、生态修复和体检行动。制定海绵城市建设五年规划，实施桃园路泵站改造、排水系统提升工程，全面增强城市防洪排涝能力。实施广源街、暖泉路机非分离项目，建设亲水嘉苑、贺兰回中停车场等便民设施，投放共享单车2000辆，建设充电桩270个。新建芸都荟、丝路康养小镇等项目，改造中恒花园北区、惠泽园等3个老旧小区。加快智慧城市建设，建成5G基站360个，智慧小区建成率达到50%。启动城市绿化提升工程、银新干沟景观美化等项目，新建“小微公园”4个，建成区绿化率达到36.7%。大力倡导垃圾分类新时尚，推广“互联网+资源垃圾”智慧化回收，争创生活垃圾分类和资源化利用示范县。

（六）实施民生提质行动，绘就品质生活新画卷。积极回应人民群众对美好生活的期待，坚持尽力而为、量力而行，切实办好民生实事，让全县人民的日子更红火、生活更幸福。

落实就业优先政策。完善创业带动就业机制，打造双创基地2个。优化公共就业信息需求服务平台，实施“万人职业技能培训”计划，壮大劳务经纪人队伍，创新抖音直播送岗模式，精准输送务工人员，保障工业园区企业用工需求。重点解决好已脱贫户、农民工、下岗失业人员。重视军人等群体就业，做好零就业家庭人员、残疾人等困难人员就业帮扶，转移农村富余劳动力2万人，城镇新增就业3000人，购买公益性岗位100个，城镇调查失业率控制在4%以内。让更多人找到工作、端稳饭碗。

提高教育发展质量。全面落实立德树人根本任务，办好学校思想政治理论课，促进“五育并举”，争创全国中小学劳动教育实验区。纵深推进“互联网+教育”示范县和人工智能助推教师队伍试点县建设，实现优质教育资源共享共用，提升教育信息化水平。优化教育布局，提升学前教育普及普惠水平，城镇小区配套幼儿园专项治理取得实效。加强教师队伍建设，充实师资力量。加快推进回中、五小等9个新建续建项目，确保六中、十小等6所学校秋季全面投用，新增学位7740个，基本消除“大班额”，有效化解“大校额”。强化集团办学，加大与区内外名校合作办学力度，努力建设教育强县。

提升健康贺兰水平。完善突发公共卫生事件应急管理体系，实施县医院救治能力提升、疾控中心检验检测项目，补齐人才队伍、薄弱环节等短板，抓好常态化疫情防控。推进“互联网+医疗健康”建设，深化医药卫生体制改革，组建县城医疗健康总院，建立县级全民健康信息平台，建成2家数字化预防接种门诊，实现卫生健康工作一网覆盖，扩建国良医院，确保2所乡镇卫生院达到国家标准，探索打包付费模式，让群众少跑路、好看病。全面推进中医药传承创新。落实全民健身计划，打造县城“15分钟健身圈”。争创自治区健康促进县。

织密兜牢社会保障网。推进全民参保计划，落实被征地农民参加养老保险政策调整，全面推广医保电子凭证。推进居家和社区养老服务改革试点，新建天鹅湖康养中心银光村养老服务中心，居民小区公共区域适老化改造率达到50%，让老年人享受更优质的养老服务。支持社会力量兴办普惠托育机构，提供就近便捷托育服务。适度提高困难残疾人生活补贴和重度残疾人护理补贴标准，让每一位困难群众基本生活有保障、能安心。

推动文化惠民利民。开展中国共产党建党100周年系列庆祝活动。巩固全国文化先进县创建成果，积极培育和践行社会主义核心价值观，深化公民道德建设和爱国主义教育纲要实施，壮大主流思想舆论。实施文明实践“十百千万”工程，加强新时代文明实践中心建设，广泛开展文明村镇、文明单位创建活动，推动志愿服务常态化。持续抓好“四送六进”等文化惠民工程，开展各类活动2000场次以上，不断满足人民群众多元化精神需求。发展新型文化业态，加强文物保护利用和非遗传承保护，推出一批精品力作，讲好新时代贺兰故事、传播新时代贺兰声音。

（七）实施治理提效行动，探索高效治理新路径。坚持共建共治共享，完善基层治理体系，夯实基层治理基础，切实保障群众安居乐业、社会安定和谐。

强化基层治理。聚焦乡村、社区、宗教、校园、企业、社团6个重点领域，推动基层治理系统变革。开展法治示范乡镇、民主法治村（社区）创建活动。依法推进村（居）换届选举。启动基层整合审批服务执法力量改革。坚持党建引领社区治理，完善“三社”联动、“双工”联动治理机制，打造社区治理品牌。坚持宗教中国化方向，不断提高宗教工作法治化水平。开展校园治理达标和示范县创建，筑牢校园安全铜墙铁壁。加强依法治企，促进企业守法诚信经营。开展社会组织内部法人治理，常态化打击整治非法社团组织，确保各类社团依法依章开展工作。

深化数字治理。推进智慧城市运营管理指挥中心与综治分中心融合建设，让“城市大脑”智慧研判迅速感知到末梢环节。深化“互联网+政务服务”，完善“互联网+不动产”数字平台，提升掌上办、网上办、马上办服务水平。促进“魅力贺兰”与“我的宁夏”“i 银川”深度融合，打造智慧园区、智慧物业，不断提升公共服务水平。依托“雪亮工程”，完善“互联网 + 基层社会治理”模式，健全网格化管理服务机制，实现视频数据共享共用。推广移动监管 App，推动“互联网 + 监管”系统深入应用。

统筹发展安全。坚定维护国家政治安全、意识形态安全，巩固全国民族团结进步示范县成果。开展“源头净网”行动，筑牢网络安全防线。纵深推进防范化解非法金融活动风险攻坚专项行动，加强辖区企业发债、贷款等风险防控，严厉打击套路贷、非法集资等行为，建立防范化解债务风险长效机制。积极稳妥做好“僵尸企业”处置、房地产调控等工作，坚决守住不发生系统性风险底线。扎实推进安全生产专项整治三年行动，提升防灾减灾救灾能力。积极参与全域“食品药品安全区”创建，保护好老百姓“舌尖上的安全”。推动扫黑除恶专项斗争常态化，依法严厉打击和惩治违法犯罪活动。压实信访领导包案和基层首问首办责任，信访总量下降 10%，积案化解率达到 80%。

四、建设人民满意政府

各位代表！新征程孕育新梦想，新使命呼唤新担当。征途漫漫，惟有奋斗。我们要切实加强政府自身建设，全面提升政府治理体系和治理能力现代化，努力建设人民满意政府。

我们要讲政治，忠诚履职。坚持把党的领导贯穿政府工作全过程各方面，增强“四个意识”、坚定“四个自信”、做到“两个维护”。不折不扣贯彻上级党委政府各项决策部署和县委工作安排，落实“三重一大”请示报告制度，确保上级有决策、政府必落实。加强学习型政府建设，自觉用习近平新时代中国特色社会主义思想和党的十九届五中全会精神武装头脑、指导实践、推动工作。增强群众工作本领，聚焦人民群众普遍关心的问题，精准施策，让各领域工作谋划更科学、实施更规范、落实更高效。

我们要讲法治，依法行政。认真贯彻落实习近平法治思想，全面启动“八五”普法，坚持重大决策公开听证、专家论证、合法性审查、社会风险评估和集体研究决定制度，落实行政执法“三项制度”。加强法治型政府建设，善于运用法治思维和法治方式开展工作、破解难题，让政府各项工作始终在法治轨道上稳步前行。自觉接受人大法律监督、工作监督和政协民主监督，主动接受社会监督和舆论监督，办好人大议案建议和政协提案。全面推进政务公开，让政府权力在阳光下运行。

我们要讲有为，担当实干。坚持把履职尽责、务实重行作为政府工作的基本要求，争做为民服务“孺子牛”、创新发展“拓荒牛”、艰苦奋斗“老黄牛”。加强实干型政府建设，进一步强化对标管理和层级担当，对重点工作、重要改革、重大工程实行履责清单管理，切实提高执行力、落实力。加强督查督办，跟踪问效问责，坚决整肃庸政、懒政、怠政，坚决纠治不作为、慢作为、乱作为，确保重大决策部署及时落地生效。健全激励和容错纠错机制，充分调动干部干事创业的积极性、主动性、创造性。

我们要讲廉洁，秉公用权。全面落实从严管党治党主体责任，认真履行党风廉政建设“一岗双责”，严格落实中央八项规定及其实施细则精神，坚决纠正“四风”及其新表现，巩固中央巡视反馈问题整改落实成果。加强廉洁型政府建设，牢固树立过“紧日子”的思想，强化预算刚性约束，“三公”经费同口径压减 3%，一般性支出同口径压减 5%，把节省下来的资金用于保障基本民生、让利市场主体。强化监察、审计监督，严厉整治不正之风和违纪违法行为，让清正廉洁成为政府工作人员的行动自觉。

各位代表！蓝图绘就千般景，扬帆破浪正当时。启航新征程，唯拼搏者强、唯奋斗者赢、唯奔跑者胜。让我们更加紧密地团结在以习近平同志为核心的党中央周围，在区市党委政府和县委的坚强领导下，攻坚克难、砥砺前行，奋力书写贺兰现代化建设新篇章，以优异成绩向中国共产党百年华诞献礼！

贺兰县人民代表大会常务委员会工作报告

——在贺兰县第十八届人民代表大会第五次会议上

贺兰县人大常委会党组书记、主任 俞学华

（2021 年 1 月13 日）

2020 年的主要工作

2020 年，贺兰县人大常委会在县委的坚强领导下，牢记习近平总书记对宁夏的殷殷嘱托，全面贯彻党的十九大和十九届二中、三中、四中、五中全会精神和自治区党委十二届十次、十一次、十二次全会精神，坚持党的领导、人民当家做主、依法治国的有机统一，围绕县委工作大局，依法履行职责，共召开常委会会议 6 次、主任会议 7 次，组织专项视察、调研 10 次，形成审议意见 54 条，圆满完成了县十八届人大四次会议确定的各项工作任务，为推进全县经济社会全面发展做出了积极贡献。

一、加强政治建设，坚持党对人大工作的全面领导

贺兰县人大常委会旗帜鲜明讲政治，把增强“四个意识”、坚定“四个自信”、做到“两个维护”作为最高政治原则和根本政治规矩，始终在政治上思想上行动上同以习近平同志为核心的党中央保持高度一致、确保人大工作在党的领导下高效有力开展。

一是强化政治引领。深入学习贯彻习近平新时代中国特色社会主义思想，认真学习必读篇、扎实学习业务篇、深入学习宁夏篇、跟进学习最新篇。躬身践行习近平总书记视察宁夏重要讲话精神，切实把新思想新理论作为常委会党组理论学习的长期课题，人大代表和人大干部培训的第一课程，推动学习走深走实，确保用习近平新时代中国特色社会主义思想武装头脑、指导实践、促进工作，确保人大工作始终沿着正确方向前进。

二是提高政治站位。贺兰县人大常委会始终强化政治领导责任，充分发挥把方向、管大局、保落实的作用，多次召开党组会议，研究落实机关党建、党风廉政、意识形态等工作，确保从严治党要求在人大机关落深落细见实效。新冠肺炎疫情发生后，县人大常委会坚决贯彻落实党中央决策部署，在县委统一指挥下，常委会领导率先垂范、靠前指挥，人大代表和机关干部主动担当，积极作为，以实际行动在疫情防控中展现人大风采，彰显人大担当。主动配合市委巡察组开展工作，坚持问题导向、勇于担当、压实责任、标本兼治、立行立改、全面整改的原则，从严从实完成反馈的 4 个方面 12 个问题的全面整改。

三是落实政治要求。始终坚持和依靠县委领导，做到与县委决策部署同心同向、同频共振。围绕县委中心工作，安排人大工作计划。落实向县委请示汇报制度，适时做出了《关于批准 2020 年贺兰县本级财政预算调整方案的决议》《关于批准 2020 年贺兰县抗疫特别国债资金计划项目的决议》等决议决定 17 件，及时将县委的主张通过法定程序转化成全县人民的共同意志和自觉行动。

坚持党管干部与依法任免相统一，共任免国家机关工作人员 41 人、人民陪审员 77 人，全面落实新任命国家工作人员向宪法宣誓制度，圆满实现县委人事安排意图，为我县发展提供了有力的组织保障。

二、主动担当作为，积极服务全县改革发展大局

一是围绕促进高质量发展开展监督。密切关注全县经济运行态势，听取审议 2020 年上半年国民经济和社会发展计划执行情况报告，支持政府统筹抓好“六稳”工作，落实“六保”任务。围绕乡村振兴工作，重点对立岗镇通义村开展了调研，撰写了有针对性的调研报告。组织部分代表和相关人员赴河南、山东等地考察乡村振兴战略实施情况，学习先进经验，撰写切实可行的考察报告，为县委决策提供科学依据，为全面建成小康社会贡献人大智慧和力量。

二是围绕防范财政风险加强监督。听取审议了 2019 年县本级财政预算决算情况的报告，审查批准了 2020 年县本级预算调整方案。听取审议了县人民政府关于 2019 年县本级预算执行和其他财政财务收支审计工作情况的报告，督促审计问题整改落实到位。首次听取和审议国有资产情况的专项报告，摸清“家底”，提出提升资产经营效益、加强资产监管效能等审议意见，有效提升国有资产管理水平。调研专项债券资金计划项目情况，找出存在的问题，督促政府提高风险意识，加强对债券资金计划项目的全程监管和绩效评价。对全县 2021 年预算安排情况进行调研，组织预决算审查咨询专家提前介入预算编制，实现了从事后监督到事前指导的转变。加快县人大预算联网监督中心建设步伐，初步实现全县财政收支情况实时在线监督。

三是围绕促进保障和改善民生开展监督。听取审议全县食品药品安全监管工作开展情况报告，推动政府提升食品药品监管工作水平，坚决守住食品药品安全底线，确保人民群众“舌尖上的安全”。听取审议全县公立医院改革运行及公共卫生应急保障能力工作开展情况报告，督促政府以建设自治区健康促进县为抓手，不断夯实基本公共卫生服务基础，健全完善疾病防控体系，增强公共卫生应急突发事件处置和监督执法能力，提升公共卫生服务能力，逐步完善常态化疫情防控机制。

四是围绕促进社会公平正义开展监督。对县人民政府人民调解工作、县人民法院推进多元化纠纷解决机制改革工作进行了视察，强调要坚持诉调联动、社会协同，形成社会多层次多领域齐抓共管的解纷合力，全力筑牢维护基层和谐稳定的“第一道防线”，着力构建共建共治共享的社会治理大格局，切实增强人民群众的获得感、幸福感、安全感。聚焦扫黑除恶专项斗争，开展专项调研，为继续深入推进扫黑除恶专项斗争工作提出对策措施和建议，助推我县扫黑除恶专项斗争取得更大成效。对县人民政府打击传销工作进行专项视察，要求县人民政府及相关部门要建立打击传销工作长效机制，保持高压态势，运用好大数据等高科技手段，打好源头管控、打防结合、群防群治、联动作战的“组合拳”，切实维护县域社会治安，保障人民群众切身利益，争创无传销县。依法落实法院、检察院两院办理重大案件向人大常委会报告、代表旁听制度，拓宽监督和支持渠道。认真接待来信来访，全年共接待来信来访 25 件次，转办相关意见建议 4 条。主动做好规范性文件备案审查，促进“一府两院”依法行政、公正司法。

三、夯实工作基础，切实保障代表依法履职

一是着力提升代表忠诚履职能力。突出政治学习提升履职能力，借助互联网组织人大代表学习十九届四中、五中全会、习近平总书记视察宁夏重要讲话精神、民法典等。9 月份组织部分代表、委员赴江西南昌参加人大代表履职能力提升培训，不断提高代表知法知责知民意、会说会写会履职的能力。及时向代表通报常委会重要工作和监督活动，依法保障代表知情权，为代表及时了解掌握全县经济、社会、民生实事发展建设情况和积极履职创造良好的条件。

二是深化拓宽人大代表履职渠道。加强代表“双联”活动，坚持常委会同人大代表、人大代表与人民群众的“双联”制度，以“代表之窗”为载体，加强代表与群众的联系，常态化倾听民意，近距离化解民忧。一年来，收集群众意见建议76件，解决和答复意见建议57件。积极组织代表参政议政，共邀请63名代表参加常委会组织的视察、检查和调研活动，邀请28名基层代表列席常委会会议，注重听取和吸纳人大代表的意见建议，提高常委会审议质量。组织代表参加法院庭审旁听、电视问政、绩效评议72人次，有效扩大人大声音传播半径。组织县、乡镇人大代表向选区选民述职211人次，发放2020年度人大代表活动经费195700元，强化代表履职管理，激发代表履职热情。健全代表履职档案，加强代表规范化管理。

三是认真抓好代表议案建议督办。完善代表议案、建议的提出、交办、督办等制度，采取实地察看、现场询问、汇报座谈、跟踪督办等方式，主动听取代表和承办单位的意见，共商解决问题的途径和办法，努力提高代表议案、建议办理的质量和效率。截至目前，贺兰县第十八届人大四次会议确定的5件代表议案、6件建议，已全部办结，代表的满意度逐年提升。

四、加强自身建设，打造担当作为的干部队伍

一是着力加强思想政治建设。坚持把学习贯彻落实习近平新时代中国特色社会主义思想摆在人大党员干部学习的首要位置，认真学习党的十九大、十九届四中、五中全会精神，及时跟进学习习近平总书记系列重要讲话、习近平总书记视察宁夏重要讲话和重要批示指示精神，共开展中心组理论学习12次、专题研讨8次，利用“三会一课”等组织学习64次，外出培训学习6次，自觉运用党的创新理论武装头脑，凝聚共识，指导实践，引导干部职工和人大代表不断增强“四个意识”，坚定“四个自信”，做到“两个维护”。

二是深入创建模范机关。全面落实从严治党要求，围绕创建“让党中央放心、让人民群众满意”的模范机关，以党的政治建设为统领，以提升组织力为重点，将模范机关创建与监督工作、代表工作、文明单位创建等工作深度融合，互相促进，进一步强化工作措施，丰富创建内容，使创建模范机关的过程成为提升党建质量、提升人大工作的过程，机关干部整体素质持续提高，履职能力持续增强，工作作风持续向好。

三是注重机关作风建设。严格执行党内法规，严肃党内政治生活，细照笃行“一岗双责”，扎实推进机关党的建设，全力支持派驻纪检监察组履行监督职责，积极营造风清气正政治生态。以“作风建设永远在路上”的韧劲，严格执行中央八项规定精神，坚决克服形式主义、官僚主义。不断强化“一线”“火线”意识，常委会领导在包抓重点项目、“6+3”产业、精准扶贫、城乡环境综合整治、信访等工作中，带头转变作风，力戒形式主义和官僚主义，办成一批好事实事，带动常委会和机关上下形成激情担当、创新实干、奋发作为的工作氛围。

四是着力强化制度保障。结合市委巡察整改，遵循人大工作特点和规律，全面梳理、修订完善各类制度12项，着重从科学民主决策、依法履职、党的建设、机关管理等层面，建立完善了一批新的制度规范，形成了科学有效、务实管用的制度体系。通过强化制度执行、狠抓制度落实，保障了常委会和机关工作规范有序、高效运转。

五是加强工作宣传和联系。配合区市人大开展好公共场所控烟条例、水污染防治法、脱贫攻坚等工作调研2次。接待区内外兄弟县市区人大来我县考察学习8次72人，积极宣传贺兰改革发展成就。坚持把意识形态工作摆在重要位置，统筹加强人大宣传工作和信息化建设，管好人大网站、微信等意识形态阵地。坚持不定期深入各乡镇，对基层人大“代表之窗”建设情况、代表小组活动情况及档案资料完善等情况进行督导和指导，拓宽工作协同与交流渠道，共同推进人大工作与时俱进。

各位代表，一年来，贺兰县人大常委会工作取得的成绩，在于坚持习近平新时代中国特色社会主义思想的科学指引，离不开县委的坚强领导和高度重视，离不开全体人大代表和常委会组成人员的辛勤努力，离不开“一府一委两院”的积极配合，离不开各行各业的大力支持。在此，我代表县人大常委会向大家表示衷心的感谢！

回顾一年的工作，我们也清醒地认识到，面对新时代新任务，人大常委会的工作与宪法法律的要求和人民群众的期盼相比，还存在一些差距和不足。主要是：监督工作还不够精准有效，代表工作创新举措还不够丰富，自身建设还有待于继续加强等，对此，我们将高度重视，虚心听取代表意见，自觉接受人民监督，着力补短板、强弱项、扬优势、固根基，不断开创人大工作新局面。

2021 年主要任务

2021 年是建党 100 周年，是“十四五”规划的开局之年，也是全面建设社会主义现代化国家新征程、向第二个百年奋斗目标进军的开局之年，工作至关重要。县人大常委会的总体思路是：坚持以习近平新时代中国特色社会主义思想为指导，全面贯彻落实党的十九大和十九届四中、五中全会精神，深入贯彻落实习近平总书记视察宁夏重要讲话精神，贯彻落实区市县全委会安排部署，始终坚持党的领导、人民当家做主、依法治国的有机统一，在县委的坚强领导下，围绕中心，服务大局，在努力建设黄河流域生态保护和高质量发展先行区、继续建设经济繁荣民族团结环境优美人民富裕的美丽新宁夏中汇聚人大力量，展现人大作为，做出人大贡献。

一、提高政治站位，在贯彻新发展理念上展现新作为

坚持把学习贯彻落实习近平新时代中国特色社会主义思想，特别是习近平总书记关于坚持和完善人民代表大会制度的重要思想作为首要政治任务，作为人大工作的主线，作为必修课和基本功，不断夯实增强“四个意识”、坚定“四个自信”、做到“两个维护”的思想根基。紧密结合人大监督、决定、代表及自身建设等职能使命和工作实际，真正做到学习深入，思想笃定，行动有力，使人大成为推动经济社会发展的重要力量。

二、服务发展大局，在落实县委决策上取得新成效

始终将人大工作置于县委领导之下，自觉在大局中定位，主动在大局中作为，紧扣县委中心工作，找准切入点、抓住关键点、打造新亮点。深入开展调查研究，建睿智之言，献务实之策，尽助推之力，努力为县委决策当好参谋，为服务大局贡献力量。围绕全县改革发展和民生领域重要事项，及时作出决议决定，适时组织人大代表视察，确保县委确定的重点工作、重点项目转化为全县人民共同意志。坚持党管干部与依法任免相统一，认真做好任免工作，保障国家机关正常运转。落实宪法宣誓制度，探索任后监督的有效方式，促进干部高效履职。

三、聚焦民生热点，在增强监督实效上探索新途径

突出监督重点。围绕总书记反复强调的事，县委决策部署的事，紧盯事关大局的事，群众关心关注的事，把推动“6+3”重点特色产业、优化营商环境、民生保障等工作作为监督重点，对“一府一委两院”贯彻落实水污染防治法、未成年人保护法，深化教体融合，促进青少年健康发展，全域旅游等工作进行视察、检查，做到县委决策部署到哪里、人大工作就跟进到哪里，县委工作重点指向哪里、人大监督就聚焦到哪里，推动重点工作落实落地。创新监督方式。坚持依法监督，科学监督，综合运用专项审议、执法检查、专题询问等形式有效整合监督资源，形成监督合力。增强监督实效，既要敢监督，又要善监督、会监督，多提建设性建议意见，使人大监督过程成为发现问题、整改提升、推动发展的过程，确保监督实效。

四、强化服务保障，在发挥代表作用上推出新举措

牢固树立以代表为中心的工作导向，尊重代表主体地位，保障代表依法履职，发挥代表主体作用。

2021 年下半年，县乡两级人大将进行换届，县人大常委会将依法做好县乡两级人大换届选举工作。健全常委会联系代表、代表联系群众工作机制和平台，畅通人民群众诉求表达渠道。加强代表培训，强化代表履职管理，组织代表开展调研、视察和执法检查，丰富代表履职活动。强化管理，完善功能，打造精品，扎实推进“代表之窗”建设，充分发挥主渠道主阵地作用。加强对闭会期间代表活动的指导，促进代表履职活动常态化、规范化。不断加大人大代表议案、建议办理力度，强化办理措施，创新工作方法，改进督办方式，着力提升议案、建议办理工作的整体水平，再解决一批代表反映比较集中、社会普遍关注、人民群众期盼的重点、难点问题，为推进全县经济社会发展作出新贡献。

五、切实改进作风，在加强自身建设上树立新形象

把党的建设摆在首位，坚持“严”字当头，锲而不舍加强纪律建设，作风建设和党风廉政建设，纵深推进人大机关全面从严治党。

加强和规范党内政治生活，积极倡导务实高效、团结协作之风，注重深入基层、调查研究、集思广益，努力使县人大常委会的工作更加富有科学性、针对性和实效性。持续纠治“四风”，密切联系群众，保持“一线”状态，焕发奋进激情，以更高标准、更严要求、更实举措履职行权，推动人大工作更加高效、更具活力。健全人大组织制度和工作制度，加强人大制度宣传和理论研究，推进县乡人大工作和建设。建设高素质干部队伍，实现新时代新担当新作为。

各位代表，勇立潮头扬远帆，砥砺奋进谱新篇。让我们更加紧密地团结在以习近平同志为核心的党中央周围，高举中国特色社会主义伟大旗帜，在县委的坚强领导下，以对党的无限忠诚、对人民的无限热爱、以无愧于时代的信念和勇气开拓进取，同心同德，顽强拼搏，努力建设黄河流域生态保护和高质量发展先行区，继续建设经济繁荣民族团结环境优美人民富裕的美丽新宁夏，为夺取全面建设社会主义现代化新胜利而努力奋斗！

中国人民政治协商会议
贺兰县第十届委员会常务委员会工作报告

——在政协贺兰县第十届委员会第五次会议上

贺兰县政协主席　恩建国

（2021 年 1 月11 日）

一、2020 年工作回顾

过去的一年，是决胜全面建成小康社会、决战脱贫攻坚的收官之年。在区市县党委的坚强领导下，在区市政协的工作指导和县人大常委会、县人民政府的大力支持下，县政协常委会以习近平新时代中国特色社会主义思想为指导，坚持党对政协工作的全面领导，坚持团结和民主两大主题，认真贯彻落实习近平总书记视察宁夏重要讲话、中央和区市县党委政协工作会议精神，围绕区市县党委全会决策部署，积极发挥专门协商机构作用，紧扣统筹推进常态化疫情防控和经济社会发展工作履职尽责，凝心聚力，为推动全县高质量发展、建设美丽新宁夏贡献了智慧和力量。

（一）突出政治引领，共同思想政治基础更加牢固

始终把学习宣传贯彻习近平新时代中国特色社会主义思想作为政协工作的重中之重，把坚持和发展中国特色社会主义作为巩固共同思想政治基础的主轴，作为落实增强“四个意识”、坚定“四个自信”、做到“两个维护”的具体行动。召开党组会、主席会、常委会会议、党支部会 39 次，层层传达学习宣传贯彻党的十九届四中五中全会、习近平总书记视察宁夏重要讲话、中央和区市县党委政协工作会议以及区市县党委全会精神，结合政协实际提出贯彻意见并认真抓好落实，取得积极成效。建立习近平新时代中国特色社会主义思想学习座谈会制度，召开界别工作室、功能型党支部会 16 次，把党中央和区市县党委重要会议、重要文件精神传达给政协委员。扎实开展“新时代新使命新样子”学习讨论活动，对照“三个专题”“五个方面的新样子”，把学习讨论、专题研讨、检视问题、整改提高贯穿始终，制定活动方案，明确学习内容、专题研讨要求，持续推动学习宣传贯彻习近平新时代中国特色社会主义思想、习近平总书记关于加强和改进人民政协工作的重要思想往深里走、往心里走、往实里走，组织开展“新时代新使命新样子”集中学习 41 次，召开党组理论学习中心组学习 12 次，专题研讨交流 8 次，查找问题并完成整改 9 项，机关干部、政协委员畅谈学习体会 153 人次。

（二）提高政治站位，坚持党的全面领导更加坚决

县委政府重视支持政协工作。县委常委会会议传达学习了中央和区市党委政协工作会议精神，研究了贯彻落实意见。召开了县委政协工作会议，出台了加强和改进人民政协工作的意见，分解明确了 67 项重点任务。县委常委会会议听取了年度协商计划、党组工作汇报、审议常委会工作报告

等重要事项。县人民政府出台了加强政府和政协工作联系的意见，建立了政府、政协联席会议制度。县委、县政府主要领导参加指导政协活动，亲自协调推动提案、社情民意、委员意见建议等工作的办理落实，进一步密切了党政与政协的联系，形成了县委高度重视、政府大力支持、政协主动履职的工作局面，不断夯实人民政协事业发展的良好基础。

切实加强政协系统党的建设。坚持以党的建设引领和推动履职实践，完善了政协党的组织体系，实现了“两个全覆盖”。党组成员带头参加“三会一课”等双重组织生活28次。细化方案、创新思路、丰富内容，扎实创建“让党中央放心、让人民群众满意”的模范机关。召开了功能型党支部专题组织生活会，对67名党员委员履职情况进行评议，并反馈给委员所在单位党组织。认真落实全面从严治党主体责任和“一岗双责”，开展廉政警示教育周活动和党纪党规日常学习教育19次，积极支持派驻政协机关纪检监察组履行监督责任。政协机关被列为县委统战工作领导小组成员单位，县委常委、统战部部长兼任政协党组副书记，6名乡镇、街道统战委员进入政协委员队伍。

认真落实意识形态工作责任。贯彻落实党管意识形态工作要求，召开意识形态工作分析研判会4次，强化委员履职通、微信群等阵地管理，在政协会议、视察调研、提案办理、界别活动等履职中，对委员发言、社情民意、意见建议、工作信息等内容中严格审核把关，不断教育引导委员提高政治觉悟。发挥教科文卫体界别工作室与文联民族团结进步教育基地作用，大力弘扬社会主义核心价值观和以爱国主义为核心的民族精神、中华优秀传统文化，通过引导思想观念、凝聚政治认同、推动文化传承等，推进建设具有强大凝聚力和引领力的社会主义意识形态。

（三）精准建言资政，专门协商机构建设更加务实

健全协商机制助推发展。始终把服务发展、助推发展作为政协工作的主题，认真落实党委会同政府、政协制定年度协商计划制度，确定政协常委会议和专题协商会议议题，组织广泛征集议题，按照相关程序审议确定协商议题12个，纳入县委和县政府总体工作部署，列入督查事项和考核体系。围绕自治区政协协商会议开法“九条”、协商议政“七要七不要”等协商规则，修订完善政协贺兰县委员会全体会议工作规则、政协贺兰县委员会常务委员会会议议事规则等机制，落实“学习于调研之前、调研于协商之前”的要求，推进政协工作制度化、规范化、程序化。

围绕中心任务协商议政。把握“基层政协要把协商放在重要位置”的要求，以制定协商方案、组织开展学习、深入调查研究、召开协商会议推进协商议政工作。围绕实现经济发展量的合理增长和质的稳步提升，召开关于推进贺兰工业园区高质量发展常委专题议政会和全县重点项目建设专题协商会，提出建议10条，为促进全县经济运行稳中有进稳中向好贡献力量。着眼不断满足人民群众对美好生活的新期盼，与区市政协委员三级联动调研，召开关于加强健康贺兰建设、提高全县人民健康水平常委专题议政会和“互联网+教育”专题协商会，提出建议13条，为推进健康贺兰建设、坚持教育优先发展建言献策。更好推动各民族交往交流交融，召开关于全面深入持久推进我县民族团结进步创建工作专题协商会，提出建议4条，为民族团结宗教和顺局面持续巩固、成功创建全国民族团结进步示范县献计出力。

聚焦民生关切履职为民。始终把提升人民群众的获得感、幸福感、安全感作为履职为民的重要内容，组织委员就我县公办（普惠性）幼儿园“5080”目标任务完成情况、小康社会指标和脱贫攻坚目标完成情况、文明城市整改创建工作、社区服务能力建设等6项议题开展民主监督，以党政所需、群众所盼、政协所能推动委员履职由“软监督”向“硬实力”转变，提出工作建议25条，彰显人民政协为人民的初心使命。组织43名委员列席县委全委会、县政府常务会，参与季度考核测评会，不断拓宽委员知情明政渠道。组织34名委员旁听法院案件庭审、参加检察院开放日、信访听证会和电视问政，推荐2名委员担任特约

监察员。

（四）注重凝聚共识，团结联谊社会各界更加广泛

强化联谊做好凝聚共识工作。加强同各民主党派、人民团体、工商联、无党派人士和各族各界人士的沟通联系，主动征求对政协工作的意见建议5条，结合政协实际认真改进提升。组织各党派团体参加调研视察、座谈交流、民主监督等活动10次，提出建议23条。组织11名宗教界委员参加协商活动，反映社情民意13条，充分调动参政议政、履行职责的积极性主动性。

提案办理工作合力不断增强。注重提案的征集审查、立案交办、领衔督办、督查推动、答复评价等环节，推动提案工作提质增效。县人民政府高度重视27件提案办理工作，分解任务，压实责任，强化督查，召开4次常务会议，推进办理进度，提高办理实效。县委、县政府、县政协主要领导、分管领导领衔督办重点提案5件，召开提案专题协商会、督办会、座谈会5次，通报提案办理情况3次，开展提案办理“回头看”和满意度测评。办结提案25件，办结率92.6%。

微党课活动提高政治把握能力。积极发挥政协更好凝聚共识的作用，搭建“微党课”学习平台，丰富委员学习形式，制定季度学习计划，每旬在政协委员微信群推送1篇习近平总书记重要讲话、理论文章或中央和区市县党委政协工作会议精神等内容，鼓励委员线上学习交流，引导委员坚定理想信念。目前已编发“微党课”25期，机关干部、政协委员撰写心得153篇。

界别委员工作室拓宽建言渠道。不断激发界别委员建言资政活力，完善了界别工作室制度、召集人制度，制定了界别委员联系社会组织工作办法，设立委员会客室2个，在农业界别委员工作室建立“区市县三级委员联络小组”。以专门委员会为基础，以界别为依托，以委员为主体，组织开展界别活动8次，提出意见建议24条，彰显了政协界别的特色和优势。

“有事好商量”创新协商议政平台。认真贯彻落实习近平总书记“有事好商量、众人的事情由众人商量”的要求，积极搭建“请你来参与、有事好商量”协商平台，按照商自民意、商有基础、商有质量、商有结果的工作程序，组织政协委员、社区居民和职能部门围绕公共体育场地规划建设、解决大班额问题等4项议题协商提出建议10条，找准群众意愿和部门履职的最大公约数，有力推动解决群众的揪心事、烦心事、操心事。

反映社情民意信息工作成效明显。扎实做好“民情直通车”工作，坚持切口小、情况实、覆盖广的原则反映社情民意，畅通履职渠道，注重下情上达。选出9名专业性强的界别委员组建“特约信息员”队伍，将其专业特长和参政履职结合起来，让专业的人说专业的话，形成参政议政成果。向区市政协、县委、县政府编报信息51篇，得到县委政府领导批示及部门办理回复32篇，自治区政协采用9篇并推送全国政协2篇，《开展长期护理保险试点工作，让更多退休老人获益》得到自治区政府领导批示办理。

（五）加强自身建设，政协工作履职根基更加坚实

加强委员队伍建设。把13篇领导讲话、文件规章编印成册发给政协委员学习，不断增强委员履职本领。认真学习贯彻习近平法治思想，组织2名律师委员每周2次在委员微信群推送解读民法典，不断提升委员的法治思维。修订完善了《贺兰县政协委员履职考核办法（试行）》，通报委员履职考核2次，提醒约谈委员13名，督促做好“年度作业”。2020年考核称职以上委员较去年上升12.6%，提交提案、反映社情民意数量同比增加37%。依照《中国人民政治协商会议章程》和履职考核情况，劝辞委员4名，撤销委员资格1名，严格审核把关增补委员10名。加强与委员所在单位沟通，积极支持其参加政协活动。县委召开各界别委员座谈会，28名委员为“十四五”经济社会发展和二〇三五年远景目标规划建言献策。积极鼓励支持委员示范引领产业发展，广银米业荣获第四届全国稻渔综合种养模式创新大赛一等奖。疫情期间委员迅速行动、响应倡议，践行初心使命，参与疫情防控，积极奉献爱心，35名委员累

计捐款捐物181万元，展现了委员的社会担当和良好形象。

加强政协机关建设。严格执行中央八项规定精神，扎实开展“干部作风强化年”活动，认真落实“基层减负年”要求。开展“不忘初心、牢记使命”主题教育“回头看”，持续推进“两学一做”学习教育常态化制度化。政协班子成员包抓疫情防控、脱贫攻坚、河长制、“进百企”、后进村党组织整顿、“6+3”重点特色产业等工作取得积极成效。完成市委巡察反馈7个问题整改，修订制度66项。完成“七五”普法工作。机关党员帮扶的26户建档立卡户全部脱贫。积极参加周三周五创建文明城市志愿服务、文明交通志愿服务活动。华兴时报等媒体报道政协工作52篇，展示了与时俱进、履职为民的良好风貌。发挥文史资料“存史、资政、团结、育人”作用，认真编辑《贺兰文史资料（第十辑）》。接待区外政协调研考察12批次，积极宣传贺兰、推介贺兰。做好离退休老干部服务保障工作。从严落实机关管理各项制度规定，内强素质，外树形象，机关凝聚力战斗力不断增强。

各位委员、同志们，一年来政协工作取得的成绩，是在习近平新时代中国特色社会主义思想的科学指引下，县委坚强领导、区市政协有力指导的结果，是县人大常委会、县人民政府和社会各界大力支持的结果，是各乡镇场、各部门密切配合的结果，也是各党派团体、各族各界人士和全体委员共同努力的结果。在此，我代表县政协十届常委会，向关心支持人民政协事业的各级领导、同志们、朋友们致以崇高的敬意和衷心的感谢！

回顾一年来的工作，在肯定成绩的同时，我们也清醒地看到，常委会的工作与中央和区市县党委政协工作会议的要求相比，与县委及社会各界的期望相比，还有差距和不足，主要是：专门协商机构建设不够有力，推动更好凝聚共识的方式方法不多，加强委员与界别群众的联系缺少有效措施，政协机关“两个薄弱”问题还未得到有力解决等，对于这些问题，我们将高度重视，在今后的工作实践中认真研究，积极探索，切实加以改进。

总结一年来的履职实践，我们倍感振奋、倍增信心、倍受鼓舞。2020年6月8日至10日，习近平总书记亲临宁夏视察并发表重要讲话，其间于6月9日莅临我县视察稻渔空间生态观光园并作出重要指示，这是时隔四年总书记再次到我县视察，为贺兰各项事业发展指明了前进方向、提供了根本遵循、注入了强大动力。党的十九届五中全会胜利召开，习近平总书记发表的重要讲话，科学擘画了“十四五”时期和二〇三五年远景目标宏伟蓝图，开启了全面建设社会主义现代化国家新征程。置身伟大新时代，开启伟大新征程，我们要以习近平新时代中国特色社会主义思想为指导，认真贯彻落实习近平总书记视察宁夏重要讲话精神，不断推进社会主义政治建设，坚持和完善中国共产党领导的多党合作和政治协商制度，加强人民政协专门协商机构建设，发挥社会主义协商民主独特优势，提高建言资政和凝聚共识水平，围绕区市县党委全会决策部署和审议通过的规划建议，以时不我待、只争朝夕的奋斗精神勤勉履职，以勇立潮头、与时俱进的创新精神探索实践，以凝心聚力、增光添彩的实干精神努力拼搏，不断谱写新辉煌、再创新佳绩、交出新答卷。

二、2021年主要工作

2021年是实施“十四五”规划、开启全面建设社会主义现代化国家新征程的第一年，也是中国共产党成立100周年。政协常委会工作的总体思路是：以习近平新时代中国特色社会主义思想为指导，坚持党对政协工作的全面领导，坚持团结和民主两大主题，深入学习贯彻党的十九届五中全会、习近平总书记视察宁夏重要讲话、中央和区市县党委政协工作会议精神，紧紧围绕自治区党委十二届十二次、银川市委十四届十一次和县委十四届九次全会决策部署，紧扣“十四五”规划开好局、起好步协商议政，坚持发扬民主和增进团结相互贯通、建言资政和凝聚共识双向发力，进一步加强专门协商机构建设，广泛团结动员政协委员、参加人民政协的各党派团体和各族各界人士，担当好黄河流域生态保护和高质量发展先行区示范县建设者、参与者和推动者的使命任务，继续建设经济繁荣民族团结环境优美人民富裕的美丽新宁夏，以实际行动和优异成绩庆祝中国共产党成立100周年。

（一）强化理论学习武装，进一步夯实共同思想政治基础

始终站在增强“四个意识”、坚定“四个自信”、做到“两个维护”的政治高度，把学习贯彻习近平新时代中国特色社会主义思想作为重中之重，与学习贯彻党的十九届五中全会、习近平总书记视察宁夏重要讲话精神、中央和区市县党委政协工作会议精神以及区市县党委全会精神结合起来，真正学出使命担当、科学思路和务实举措。完善习近平新时代中国特色社会主义思想学习座谈会制度，依托界别工作室建立座谈小组，每季度开展1次专题学习研讨活动，推动参加人民政协的各党派团体和各族各界人士共同提高思想政治水平。坚持以政协党组理论学习中心组学习为引领，以党组会议、主席会议、常委会会议、委员培训学习、功能型党支部学习和微党课为补充，线上线下同步推进的全覆盖学习机制，学深悟透新目标新要求，找准推进工作的切入点和发力点，助推区市县党委决策部署的贯彻落实，使人民政协更好成为用党的创新理论团结教育各族各界人士的重要平台。

（二）强化政协党的建设，进一步提升党建工作质量

毫不动摇坚持党的全面领导，贯彻落实到强化理论武装、开展履职活动、推进团结合作、健全制度机制、加强队伍建设和意识形态工作等各个方面。扎实开展“六项行动”，着力打造“五个模范”，深入推进建设“让党中央放心、让人民群众满意”的模范机关。建立并落实政协党组成员联系党员委员、党员委员联系党外委员制度。积极发挥政协党组的领导作用，机关党组、办公室党支部、功能型党支部的战斗堡垒作用和机关党员、党员委员的先锋模范作用，切实把党的决策部署落实到各党派团体、各界别、各阶层，转化为政协委员、社会各界的广泛共识和自觉行动，使人民政协更好成为坚持和加强党对各项工作领导的重要阵地。

（三）强化协商规则制定实施，进一步提高专门协商机构履职水平

认真贯彻落实县委加强和改进人民政协工作的意见和责任分工要求，研究制定协商工作规则。规范协商会议的方法程序，对各种形式协商的参加范围、讨论原则、基本程序、交流方式等分别作出规定，推动协商工作科学化规范化制度化。落实党委会同政府、政协制定年度协商计划制度，使各类协商议题的提出及确定程序更加规范。围绕“十四五”规划实施、建设黄河流域生态保护和高质量发展先行区示范县，就“6+3”重点特色产业发展等8项议题开展协商。推进提案“清单式”管理，开展提案办理“回头看”，强化提案办理质量效益。完善拓展界别工作室功能，开展委员按照界别联系社会组织，设立委员会客室，积极推进“有事好商量”协商平台取得实效。探索开展第二界别履职活动，创新联系群众新途径。在乡镇、街道成立委员联络小组、建立委员工作室等协商机制，让协商走进基层，服务界别群众。坚持和完善协商成果凝结机制，推进落实将协商会议上委员发表的意见建议摘要转送党政部门的制度。

（四）强化思想政治引领，进一步增强凝心聚力实效

制定加强和促进人民政协凝聚共识的具体办法，始终把凝聚共识融入政协会议、视察调研、提案、界别工作室、功能型党支部和反映社情民意等各项履职活动。加强与各党派团体、工商联、行业协会的联系，邀请党外知识分子、非公有制经济人士、新的社会阶层人士参加政协协商议政活动，组织宗教界委员参加专题学习考察、界别协商等工作。建立政协党组成员联系无党派人士、宗教界委员机制和以自我教育自我提高为主旨的委员学习座谈和党外委员专题视察制度。完善开展谈心谈话制度，促进党内党外人士合作共事。加强与县委、县政府及有关部门沟通联系，建立

重大情况通报和重要信息发布制度，为委员知情明政创造条件。鼓励、支持委员在履职工作中和关键时刻亮明身份，利用自身专业知识面向社会主动发声、回应关切，使人民政协更好成为在共同思想政治基础上化解矛盾凝聚共识的重要渠道。

（五）强化政协自身建设，进一步提升两支队伍履职能力

制定强化政协委员责任担当的具体办法。注重与协商议题紧密结合做好委员学习培训，做到“不学习不调研、不调研不协商”。开展委员读书活动，设立“委员书屋”，为委员订阅《华兴时报》。强化委员服务管理，健全履职档案、履职情况统计、常委提交履职报告、委员出席会议活动请假等制度。落实激励约束约谈机制，完善委员产生和退出机制，把好委员入口，畅通出口，形成能进能出、优胜劣汰的委员管理机制。按照党委统一部署，扎实做好政协换届工作。启动开展“八五”普法工作。推动解决“两个薄弱”问题。认真落实全面从严治党要求，严格执行党章党规和政协规章制度。强化政协机关能力建设，注重建章立制、创新形式、强化研究、成果运用，努力干出新时代政协机关新样子。

各位委员、同志们，顺应新时代要求，担当新时代使命，开启贺兰高质量发展新征程，是每一名政协委员义不容辞的责任担当。让我们更加紧密地团结在以习近平同志为核心的党中央周围，高举中国特色社会主义伟大旗帜，在区市县党委的坚强领导下，深入学习贯彻党的十九届五中全会、习近平总书记视察宁夏重要讲话精神、中央和区市县党委政协工作会议精神，奋进新时代、开启新征程、担当新使命，更好发挥人民政协专门协商机构作用，为努力建设黄河流域生态保护和高质量发展先行区示范县贡献智慧和力量，为继续建设经济繁荣民族团结环境优美人民富裕的美丽新宁夏新征程中做出新的更大贡献、书写新的奋斗篇章，以实际行动和优异成绩庆祝中国共产党成立100周年。

名词解释

1. 三个专题：“新时代”专题，主要是深刻理解新时代的科学内涵；“新使命”专题，主要是深刻理解人民政协在新时代的新使命；“新样子”专题，主要是努力干出新时代人民政协的新样子。

2. 五个方面的新样子：在巩固共同思想政治基础上有更加笃信笃行的新样子；在聚焦中心、凝聚智慧力量上有质量更高贡献更大的新样子；在专门协商机构建设上有更加专业规范的新样子；在凝聚传播共识上有更加积极广泛的新样子；在发挥主体作用上有更加敬誉担责的新样子。

3. “两个全覆盖”：党的组织对党员委员的全覆盖，党的工作对政协委员的全覆盖。

4. 协商会议开法九条：精心选题，戒大戒空；及早通知，认真准备；学习调研，深入分析；规模适当，时间充裕；预约发言，求实求深；即席发言，简明扼要；聚焦重点，多提建议；互相尊重，有商有议；凝聚共识，尊重异议。

5. 协商议政“七要七不要”：紧扣议题、不跑偏走样；依章依规、不轻率随意；言之有据、不道听为实；理性有度、不偏激偏执；坦诚交流、不各说各话；求同存异、不强加于人；落实共识、不流于形式。

6. “6+3”重点特色产业：落实自治区重点特色产业（6项），葡萄酒产业、奶产业、电子信息产业、新型材料产业、绿色食品产业、文化旅游产业。贺兰县重点特色产业（3项），适水和蔬菜产业、生物医药产业、汽车销售及服务产业。

7. 六项行动：聚焦解决学用结合不紧密问题，实施习近平新时代中国特色主义思想入脑入心行动；聚焦解决党建与中心工作融合不紧不实问题，实施党建引领发展行动；聚焦解决党建基本制度落实不严肃不经常问题，实施党建制度落实落地行动；聚焦解决党建基础保障不硬不力问题，实施强化基础保障行动；聚焦解决党建工作考核不精准不科学问题，实施党建考核优化提升行动；聚焦解决党建责任走空落虚问题，实施立标杆作表率行动。

8. “五个模范”：实施补钙赋能行动，建设模范学习机关；实施铸魂领航行动，建设模范政治机关；实施筑垒强基行动，建设模范执行机关；实施先锋建功行动，建设模范服务机关；实施修身立德行动，建设模范文明机关。

9. “两个薄弱”：政协基础工作薄弱、机关工作人员力量薄弱。

自治区党委书记、自治区人大常委会主任陈润儿调研宁夏贺兰工业园区企业百瑞源

近日，自治区党委书记、自治区人大常委会主任陈润儿调研宁夏贺兰工业园区企业百瑞源枸杞股份有限公司枸杞产业发展情况并召开座谈会，强调要坚决贯彻习近平总书记视察宁夏重要指示精神，把“枸杞之乡”的品牌叫响，把枸杞产业的实力做强。

陈润儿来到百瑞源（中国）枸杞研发中心、枸杞馆，了解技术创新、新品研发、销售模式等情况，对企业坚持不懈走科技创新、精深加工的路子给予肯定。

座谈会上，自治区林业和草原局汇报了全区枸杞产业发展情况，企业负责人、技术专家代表围绕宁夏枸杞产业创新发展、良种繁殖、精深加工、市场销售等作了发言。陈润儿边听边记，不时插话，与大家交流。

陈润儿指出，习近平总书记2016年和这次视察宁夏时，都对宁夏的枸杞产业发展作出重要指示，指出宁夏是“枸杞之乡”，要让宁夏更多特色农产品走向市场。总书记的重要指示和殷切嘱托，为宁夏枸杞产业发展指明了方向、注入了动力，为我们赋予了使命、寄予了厚望。我们要切实担负使命、牢记嘱托，把“枸杞之乡”的品牌叫响，把枸杞产业的实力做强。

陈润儿指出：要创新健全产业体系、提高“两个市场”集中度，加快完善枸杞的现代产业体系、生产体系、经营体系，不断增加种植面积、提高种植效率、扩大市场份额。

要大力发展精深加工、注重延伸枸杞产业链，着眼于区域化布局、产业链重构、竞争力提升，大力扶持龙头企业，培育专业公司，实现合理分工，推进集群发展。

要坚持依靠科技创新、提升产业发展竞争力，加强优质枸杞苗木培育，改造老园、扩建新园，使枸杞品系更丰富、品相更好看、品质更优良，加快推进机械化生产、深加工方面的技术研发，以科技助力枸杞产业高质量发展。

陈润儿提出：不负总书记考察宁夏时的殷切嘱托，牢牢掌握质量标准权、产品定价权、市场话语权，杜绝以次充好、鱼龙混杂局面，着力打造强势区域品牌和企业品牌，对百瑞源枸杞高品质和创新多次给予肯定和鼓励。

自治区党委副书记、自治区政府主席咸辉调研园区企业科技创新工作赋能产业高质量发展

11月5日，自治区党委副书记、自治区政府主席咸辉到宁夏贺兰工业园区凯晨电气和丰利源智能制造2家企业调研科技创新工作，自治区政府副主席吴秀章，民盟宁夏区委会主委冀永强，贺兰县委副书记、县长赫天江陪同。

宁夏凯晨电气集团有限公司是一家拥有中国驰名商标的国家高新技术企业。“研发人员占到多少？有多少专利？”在凯晨电气企业研发中心，咸辉关切询问企业研发情况，为企业二十二年如一日专注电气领域点赞，鼓励企业始终把科技创新作为最核心、最关键、最可持续的竞争力，坚持集成化、高端化、智能化发展方向，持续加大研发投入，全力攻坚关键技术，不断向产业链、价值链中高端迈进。近年来，凯晨电气与中科院化学研究所、上海电气自动化研究所、法国施耐德电气等多个高校、科研院所及国内外电气行业先进企业开展产学研合作，依托宁夏凯晨电气集团朱建华创新工作室，为企业技术创新、项目合作等培养了一批专业功底扎实、实践经验丰富的技能人才。

丰利源（宁夏）智能制造有限公司是一家由热力企业转型而来的集科研、生产、营销、推广、售后服务于一体的高新技术企业。咸辉深入该企业了解东西部科技合作和创新促进发展等情况，强调要充分发挥企业创新主体作用，继续加大与科研院所合作，将院所的人才、技术、信息优势与企业产业、资源、资金优势有机结合，以技术创新引领转型升级，以转型升级带动科技创新，更好地掌握发展“主导权”和竞争“话语权”。丰利源与清华大学联合成立“宁夏智慧供热技术创新中心”，加快推进智慧供热系统及关键核心技术的研发、应用于推广，助推企业技术进步与发展。

咸辉强调，要认真学习贯彻党的十九届五中全会精神，坚持创新在现代化建设全局中的核心地位，坚定不移实施创新驱动发展战略，用科技创新为产业发展插上腾飞翅膀，让高质量发展的道路越走越宽广、步伐越走越稳健。

下一步，园区将坚持新发展理念，以创新驱动为企业发展赋能，依托产业链部署创新链，围绕创新链布局产业链，紧盯园区主导产业，进一步将大数据、物联网、人工智能与传统产业深度融合，用好用活本土人才，引进更多高端人才，培育更多实用人才；大力发展高新技术产业、培育科技型企业，建设技术创新平台，强化产学研用结合，提升自主创新能力，加大关键核心技术攻关，大力实施研发项目，加快补齐园区产业发展短板弱项，培育更多可持续的经济增长点，为园区高质量发展提供坚强人才支持和科技支撑。

银川市市长杨玉经调研督导习岗镇村“两委”换届选举工作

12月27日，银川市市长杨玉经到贺兰县习岗镇，调研督导村“两委”换届选举工作。县委书记赵波、习岗镇党委书记王秀花等人陪同。

“沙渠村村民安置后现在的生活和就业情况怎

么样现在的房价是多少？我们开党员大会和村民代表大会主要解决了哪些问题？”杨玉经向沙渠村失地农民了解现在的生活情况和面临的困难。随后又询问沙渠村第一书记苏建河和新一届党支部书记张艳琴：“你们让她当书记是怎么考虑的”“你当选支部书记，现在知道党支部换届选举的程序和应知应会吗？”

杨玉经强调，沙渠村党支部之所以成为软弱涣散党组织，归根结底是因为村党组织凝聚力不强。近年来在新领导班子的努力下，村支部从一星党支部发展为二星党支部，2020 年又申请评定三星党支部，进步很大。如今支部换届选举是一个很好的契机，一定要公平公正选出政治素质过硬有能力的人选，关键是新人要有新气象，要思考如何带领村民发家致富。

在各级领导的深切关心鼓舞下，习岗镇 11 个村“两委”换届选举于 2020 年 12 月 27 日全部圆满成功。这是一个新的开始，也预示着习岗镇即将进入一个新的里程，未来会更加美好！

贺兰县被命名为第八批全国民族团结进步示范县

党的十八大以来，贺兰县坚持以习近平新时代中国特色社会主义思想为指导，深入贯彻习近平总书记关于民族工作的重要论述精神，高举中华民族大团结的旗帜，围绕铸牢中华民族共同体意识这条主线，广泛深入开展民族团结进步创建，主线突出、成效明显、群众认可度高，并于 2021 年 1 月被国家民委授予第八批“全国民族团结进步示范县”称号。

寒风凛冽的冬日，天鹅湖社区志愿者尹庆庆和网格员刘阳来到辖区内老党员谭端生家中，为老人发放民族团结宣传单页，并宣讲党的民族方针政策及民族团结进步创建应知应会。类似这样的宣传在天鹅湖社区几乎每天都在进行，将各族群众所需所求所盼与民族团结进步创建深度融合，传播民族团结进步正能量，天鹅湖社区创新探索出“湖城天鹅幸福 1+1”品牌。

天鹅湖社区，辖区居民 11285 户 31097 人，由 15 个少数民族构成，围绕“湖城天鹅幸福 1+1”社区创建主题，通过“党建联盟”、“文化联盟”、“治理联盟”和“公益联盟”等 4 个联盟，将民族团结进步嵌入社区建设发展的各个方面，让企业员工、社区创业者、流入居民等各族群众一起奋斗、一起生活。其中在文化联盟方面，依托新时代文明实践站，凝聚直管党员、在职党员和志愿者三方力量组建志愿小分队，通过理论课堂、流动课堂、上门课堂、文体课堂“四大课堂”载体，使党的方针政策走进居民楼宇，加强马克思主义祖国观、民族观、历史观、文化观和党的民族理论政策、法律法规等宣讲宣传，巩固各民族共同团结奋斗、共同繁荣发展的思想基础，铸牢中华民族共同体意识，社区也先后获得自治区民族团结进步示范社区、贺兰县文明单位等荣誉称号。

天鹅湖社区创建工作取得的显著成效只是贺兰县创建全国民族团结进步示范县的一个缩影。如果说社区是县域居民铸牢中华民族共同体意识的主阵地，那么企业就是各族群众同心同力、合力攻坚，携手迈向全面小康幸福路的“加速器”。机械制造、特色食品、汽车销售、电商物流等产业在贺兰县蓬勃发展，厚生记、百瑞源、“稻渔空间”等企业的发展持续助力全县经济社会发展，赋能着贺兰各族儿女团结奋斗，同心奔小康，共享发展红利。

2019 年被评为“全区民族团结进步示范企业”的宁夏厚生记食品有限公司不断以“中华民族一

家亲 同心共筑中国梦”为目标，与各族职工一道同向同力同行，团队合作创新创业、村企合作脱贫攻坚、东西合作开拓市场，并积极投身社会公益事业，累计为民族地区捐助1700多万元，以实际行动助力民族团结事业发展。

在贺兰这片1600平方公里的热土上，26个民族26万各族群众守望相助，勠力同心，携手共进，凝心聚力推动高质量发展。多年来，贺兰县全面深入持久开展民族团结进步创建工作，推进创建工作向新空间、新群体、新业态、海外延伸拓展。依托融媒体中心开设创建专栏，打造民族团结三维虚拟VR展厅，推进“互联网＋民族团结”行动；在银川快递电商物流园建立“小蜜蜂生态社区”聚力开展创建工作，引导3000余名快递员成为民族团结进步的宣传员、实践者；以四十里店村“稻渔空间”田园综合体、通义民俗村、百瑞源“中国枸杞馆”为依托，推动创建与文旅深度融合、相互促进……

如今，在以点串成线、以线连成片、以片带全面的示范创建格局下，全县民族团结创建工作多点开花、亮点频出、籽实满满。2018年以来，贺兰县成功创建区级民族团结进步示范单位11个、市级29个、县级62个。在2020年全力推动十大领域分类创建、十大品牌特色创建、十大重点融合创建，创建工作共被国家民委官方网站、《中国民族》杂志等权威主流媒体报道6次；中央统战部、国家民委、青海省果洛州等单位到贺兰考察学习20余次，获得了区内外高度评价，并成功承办全区第22个“民族团结月”启动仪式，民族团结创建工作始终保持蓬勃生机，贺兰各族儿女团结奋斗，绘就民族团结同心圆的美好图景也正徐徐展开。

贺兰县获2020年度自治区农田水利建设“黄河杯”竞赛一等奖

2020年，贺兰县认真贯彻落实习近平总书记在宁夏视察重要讲话精神，以黄河流域生态保护和高质量发展为目标，以高标准农田建设、农业高效节水、农村人居环境整治、现代农业发展为核心，深入实施“藏粮于地、藏粮于技”战略，统筹规划，创新机制，讲求实效，集中力量开展大规模的农田水利基本建设，经过一年的努力，各项工作全面完成，获2020年度自治区农田水利建设“黄河杯”竞赛一等奖。

2020年，贺兰县以重点项目建设带动农村经济发展为抓手，全面规划、统筹兼顾、合理开发、综合利用，规划重点项目片区12个，建设高标准农田面积10.76万亩，改善灌溉面积14.47万亩，新增高效节水灌溉面积0.94万亩。举全县之力，系统谋划，多方联动，协调推进，高标准农田建设打了一场漂亮仗。其间，市县领导先后多次督导调研我县秋季农田基本建设情况，10月25日，农业农村部对贺兰县高标准农田建设实地评估，12月4日，北海市委政研室到银川考察，都对贺兰县农田水利工作给予高度评价。

贺兰县将继续保持只争朝夕的精神、勇争一流的干劲，不忘初心，砥砺前行，科学谋划“十四五”农田水利建设，为建设“产业兴旺、生态宜居、乡风文明、治理有效、生活富裕”的社会主义新农村贡献力量，为县域经济社会高质量发展提供有力支撑。

宁夏贺兰工业园区企业被拟认定 2020 年自治区农业高新技术企业

近日，自治区科技厅、自治区财政厅、自治区农业农村厅联合印发的《关于修订印发自治区农业高新技术企业认定管理办法的通知》（宁科规发〔2018〕16 号）要求，自治区科技厅组织开展了 2020 年自治区农业高新技术企业评审认定工作。经园区组织申报，自治区农业高新技术企业认定管理办公室形式审查、专家评审和现场核查程序，宁夏贺兰工业园区企业宁夏广银米业有限公司符合自治区农业高新技术企业认定条件。

下一步，宁夏贺兰工业园区将围绕贯彻落实新发展理念，不断挖掘自身发展潜力，着力打造现代农业“五大基地”，推进传统农业向生产、生活、生态功能融合的都市型现代农业发展，积极培育壮大自治区农业高新技术企业，力促农业提质增效。

贺兰县“四项措施”引才聚才

近年来，贺兰县聚焦发展实际，持续优化人才工作措施，以高质量人才工作助推经济社会高质量发展。

一是落实人才政策。制定了《贺兰县机关事业单位编制周转池管理使用办法》，建立高层次人才编制“周转池”，调剂使用行政、事业编制 25 个，为已满编、超编单位引进急需高层次人才。落实自治区《关于吸引支持大学生在宁创新创业就业办法的通知》要求，结合复工复产为全县 19 家重点企业招聘高校人才 300 余名，发放见习人员基本生活补助 3.4 万元，有效缓解企业用工压力和毕业生就业需求。出台了《贺兰县推动科技创新引领高质量发展的实施意见》，为贺兰未来三年科技人才体制机制发展，创新创业生态优化，区域创新能力提升做出具体规划。

二是拓宽引才渠道。深化校地企合作，围绕稻渔、新材料、智能制造等重点产业，与清华大学、上海海洋大学、北方民族大学等区内外 10 余所高校院所签署校地企合作协议，引进 20 余名国内外专家到贺兰开展技术支持，成功种养车厘子、南美白对虾、加州鲈鱼等高附加值的名特优新水产品，研发出生产导电陶瓷、电气智能芯片等新材料。实施人才招引行动，组织开展“春风行动网络招聘会”等线上线下系列活动 29 场次，为 363 家企业招聘人才 1753 名。实施“人才回贺”行动，为 731 名回贺兰创业人才发放小额担保贷款 1628 万元，培育开办企业等各类创业实体 570 个，带动 2745 人就业。

三是加强育才载体建设。实施人才小高地建设工程，争取自治区、银川市人才项目资金 300 万元，县级财政投入 410 万元，用于支持产学研合作平台建设。聚焦创新驱动和企业转型升级，新建成国家高新技术企业 2 个、博士后科研工作站 1 个、自治区人才小高地 2 个。积极争取将县科创中心评获为国家级科技企业孵化器，为全县企业提供创新创业、成果转化和人才服务。推荐银川艾尼工业科技开发股份有限公司成功申请设立县首家博士后科研工作站，取得了贺兰县建设高端科研人才引育载体的新突破。2020 年培育自治区“专精特新”小巨人企业、农业高新技术企业和科技型中小企业39家。

四是营造稳才氛围。出台《贺兰县人才公寓管理办法》，为企事业单位引进专家人才提供住房保障，已配套人才公寓95套。实施贺兰县创新型大学生宜居工程，为37名符合条件大学生配备共有产权房。春节走访慰问优秀人才60人，发放慰问金6.7万元。推荐入选银川市高精尖缺人才、学术技术带头人77人。2020年贺兰人才工作被国家、区、市媒体宣传报道40余次，宣传优秀人才代表30名，营造了良好的爱才敬才留才氛围。

喜讯！“全国优秀农民工”贺兰县1人上榜！

近日，全国优秀农民工和农民工工作先进集体表彰大会召开。会上，国务院农民工工作领导小组授予994人“全国优秀农民工”称号、100个单位“全国农民工工作先进集体”称号。贺兰县就业创业和人才服务中心推选的优秀农民工赵世举被授予“全国优秀农民工”称号。

赵世举是贺兰县南梁台子隆源村扶贫企业宁夏绿香村农业发展有限公司的一名基地管理员，他以隆源村为家、以基地为家、以事业为重，立足本职岗位，艰苦拼搏，不断进取，在平凡的岗位上默默耕耘，为企业的经济增长、隆源村的脱贫攻坚和文明建设作出了奉献。通过在隆源村管理蔬菜种植产业，总结制定了各种保护当地蔬菜的标准化管理技术，实现了产前有技术培训、产中有技术指导、产后有销售服务的全程可监控生产服务模式，让隆源村蔬菜种植扶贫产业园的经济效益和蔬菜品质取得了巨大的提升，有力地推动了隆源村蔬菜种植产业结构调整，对当地蔬菜产业转型升级做出应有的贡献。

2020年以来贺兰县按照政府推动、企业主导、供需对接、稳定就业的工作思路，继续实施更加积极的就业政策，坚持扩大就业和稳定就业并重，以农村转移劳动力人群为重点，拓宽工作思路，狠抓工作落实，进一步完善职业培训、就业服务，集合多方力量，实施有针对性的组织动员、供需对接、技能培训和组织输出等服务工作，大力推进农村劳动力转移就业。累计实现农村劳动力转移就业22396人，完成2.1万人任务的107%；实现劳务收入2.61亿元，劳务经纪人带动就业1920人次。为促进农民增收，打赢脱贫攻坚做出贡献，接下来贺兰县就业创业和人才服务中心将进一步加大工作力度，支持农民工就业创业，加强对农民工的职业技能培训，提高服务保障水平，引导全社会支持农民工工作。

贺兰县民族团结创建工作纪实

宁夏贺兰县，西为贺兰山麓扼塞，东有黄河穿境而过，居宁夏平原中心地带，为首府银川市的北大门，是全国商品粮生产基地、西部四季鲜菜之乡、西北渔业第一大县。辖区总面积1204.71平方公里，有7个乡镇（场）、1个街道办事处、64个村民委员会和11个居民委员会。常住人口26万人，有26个民族，其中少数民族人口6.5万人，占户籍人口的25%。贺兰境内贺兰山岩画、新石器时代遗址、古汉墓遗址、宏佛塔、洪广营等历史古迹恢宏厚重，黄河古渡、黄河湿地、贺兰晴雪等自然景观钟灵毓秀。西北地区、贺兰山下的特殊地理优势，让中华优秀传统文化在这里熠熠生辉。尽得河湖清灵之气，成就了湖光山色、鱼米之乡的独特魅力。唐代诗人韦蟾“贺兰山下果园成，塞北江南旧有名”正是贺兰县的历史写照。在贺兰这片热土上，26个民族守望相助，五大宗教和谐共处，26万各族群众勠力同心，携手共进，一起创造了文明县城、园林县城、平安县城等21个国字号荣誉，一起见证了“西部百强县”富起来、强起来的科学发展历程。

党的十八大以来，贺兰县坚持以习近平新时代中国特色社会主义思想为指导，紧紧围绕“中华民族一家亲，同心共筑中国梦”的总目标，坚持“铸牢中华民族共同体意识”的根本方向，秉持“重在平时、重在交心、重在行动、重在基层”的理念，全面深入持久开展民族团结进步创建工作，书写了新时代“贺兰儿女一家亲，黄河奔腾共筑梦”的新篇章。

一、发动“主引擎”，守护民族团结生命线

贺兰县将民族工作作为“生命线”工程、“一把手”工程、基础性工程和战略性工程进行谋划，融入经济社会发展全过程，建立“一网一图一链”工作机制，推动创建工作科学化、规范化、常态化。织密“三纵三横”责任网。成立县委书记担任组长的创建工作领导小组，建立民族工作、宗教工作联席会议制度，保障创建工作组织有力。构建“县—乡镇（街道）—村（社区）”三级创建工作网络，明确党政主要领导第一责任、分管领导具体责任、党员干部岗位责任。在基层社区探索成立民族团结进步促进会，构建党委领导、党政主导、部门协同、社会参与、群众共创的大创建工作格局。绘制“三个十”路线图。制定出台《贺兰县民族团结进步创建工作“十三五”规划》《贺兰县民族团结进步创建工作考核办法和创建标准量化指标》《贺兰县民族团结进步“十进”工作方案》等13份配套文件，落实人均2元工作经费财政预算，全力推动十大领域分类创建、十大品牌特色创建、十大重点融合创建。扣紧“四同五责十有”执行链。将创建工作纳入全县目标管理绩效考核内容，做到与县委、县政府中心工作同安排、同落实、同检查、同考核。建立履责、督责、述责、考责、问责机制，压紧压实各级创建责任。坚持年初有计划、部署，月度有检查、指导，季度有通报、考评，年度有观摩、推进，年终有考核、验收，高起点谋划、高标准推进，形成衔接紧密、延伸到底、全面覆盖的工作体系。2018年以来，县委理论学习中心组带头学习马克思主义民族观宗教观7次，县委常委会研究民族工作7次，广大党员干部与县委、县政府同心同德、同向同行，共同守好促进民族团结生命线。

二、把握“总开关”，绘就民族团结同心圆

立足全国文化先进县优势，紧扣“铸牢中华民族共同体意识”这条主线，将民族团结进步宣传教育纳入国民教育、干部教育、社会教育全过程，深入挖掘传承革命文化、中华优秀传统文化、社会主义先进文化，在构筑各民族共有精神家园中增进情感联系、文化共性、心灵共鸣。

唱响“中国梦”主旋律。始终坚持把习近平新时代中国特色社会主义思想作为根本遵循，以社会主义核心价值观为引领，构建各民族共有精神家园。围绕学习贯彻新发展理念开展“转理念、转作风、转方式，推动高质量发展”大学习大讨论。围绕学习贯彻习近平总书记关于民族工作的重要论述开展马克思主义民族观宗教观大宣讲240余场，培训12000余人。开展“我们的中国梦”“我们都是奋斗者”等主题实践活动，举办新中国成立70周年、自治区成立60周年等系列群众性庆祝活动，创作“爱党爱国”主题文化艺术作品1400余个，有力推动了习近平新时代中国特色社会主义思想在贺兰落地生根，各族干部群众听党话、感党恩、跟党走，按照总书记指明的方向、绘就的蓝图追梦圆梦。传播“一家亲”新风尚。促进各民族交往交流交融，多渠道、广角度、深层次把民族团结进步价值理念融入各族群众血液。建成西北首家雷锋纪念馆、宁夏首家文创基地、融媒体中心、快递员之家等14个民族团结进步教育基地。开展“我们的节日”系列文体活动2000余场次、“我们的家园”系列主题创作展览20余次，拍摄《歌唱祖国》《南北》等主题微电影。聚焦青少年教育，实施“五进课堂”“五项传承”，把爱我中华的种子埋入孩子们的心灵深处。五奎西夏陶瓷、王氏泥塑、贺兰砚等一批民族文化瑰宝得到传承发展，涌现出中国民间艺术山花奖陶艺品《刻岩画罐》、文化部金奖舞蹈《栲栳》等一批文化精品。在中华文化的浸润下，“五个认同”深入人心、形成共识、融入血脉。弘扬“百千万”正能量。坚持宣传教育、示范引领、实践养成相结合，全面激发各族群众、各行各业正能量。把维护民族团结进步作为各类社会模范评选的重要条件，评选表彰百名民族团结进步模范个人，涌现出全国模范个人4名、自治区级29名、银川市级17名、县级36名，增添民族团结进步示范新动能。开展千家示范户培育活动，评选“民族团结进步模范家庭”“最美家庭”“十星级文明户”等十个“十佳”模范。开展万人志愿服务活动，成立志愿队伍232支，开展志愿活动6170场次。238名“贺兰格格”用心用情为各族群众圆梦“微心愿”。回族和汉族通婚的金婚伉俪霍寿岐和马慧莲风雨无阻10余载给社区的孩子们教书画，与汉族困难家庭结亲认亲的杨文超一家坚持帮扶等事迹在贺兰广为流传。在示范的引领和带动下，人人争当民族团结进步模范已蔚然成风。

三、驱动“加速器”，迈上全面小康幸福路

时刻牢记习近平总书记视察宁夏时提出的“社会主义是干出来的”伟大号召，全县上下锚定争创银川都市圈高质量发展示范县的航标，同心同向、合力攻坚，携手迈向全面小康的幸福路。共富一方百姓。贺兰工业园区、银川电商物流园、国家现代农业产业园等创业平台提档升级，筑得暖巢引群凤。8万多来自天南海北的创业者踏着西部大开发的滚滚热浪，同心共建幸福贺兰。机械制造、特色食品、汽车销售、电商物流等产业蓬勃发展。“百瑞源”成为宁夏枸杞的形象代言。“圆润”等国际金奖葡萄酒让贺兰山下的“紫色名片”亮相世界舞台。“稻渔空间”产业融合发展，演绎鱼米之乡同奔小康的生动故事。2019年，全县地区生产总值同比增长10%；规模以上工业增加值同比增长24%；地方一般公共财政预算收入同口径增长12.2%；社会消费品零售总额同比增长8%；城镇和农村居民人均可支配收入分别同比增长8%和7.8%。贺兰县主要经济指标增速稳居宁夏、银川市前列。被评为“中国最具投资潜力特色魅力示范县”“全国农村创新创业典型县”。贺兰各族儿女团结奋斗，一家人一起过上了好日子。共建一个家园。京星农牧场，是20世纪50年代2000多名北京知青与宁夏人民共同用青春和热血厚植的沃土，昔日大荒滩如今早已变成米粮川。作家张贤亮在宁夏期间，与淳朴的贺兰回族老人冶正纲结下深厚友谊，见证了贺兰民族团结的优良传统。“十二五”以来，贺兰县接纳、安置政策性生态移民和自发移民4612户19730人，采取有力措施使移民搬得来、稳得住、富起来，移民收入由搬迁前不足500元增加到2019年的8309.5元。2015年以来棚改总套数11185套，配置公租房、廉租房1909套。农村贫困人口累计脱贫率达到97.3%。城镇登记失业率控制在2.9%以内。建设中小学30所、幼儿园63所，全面消除了义务教育“超大班额”，高考上线率实现十一连升。基本社会保险参保率达97%。各族群众住有所居、学有所教、病有所医、老有所养、弱有所助，全面小康路上一个都不掉队。共护一川山水。各族群众自觉扛起保护西北自然生态屏障，守护幸福生活家园的使命。实施5个人工湿地项目，农业“三减”、“四尘”共治、“五水”同治、“六废”联治，入黄排水沟水质达到Ⅳ类，人均公园绿地16.3平方米，城市建成区绿地率39%，森林覆盖率12.05%，空气质量优良天数达78%。常信乡四十里店村、习岗镇新平村成功入选2018年中国美丽休闲乡村，南梁台子铁东村为“中国少数民族特色村寨”。如今，父亲山更青、母亲河更美、银川蓝更靓，贺兰儿女寄情山水之间畅享幸福生活。

四、稳固“压舱石”，筑牢和谐社会安全网

始终把建设平安贺兰，维护好首府“北大门”

社会和谐稳定作为重大政治责任。认真贯彻落实党的十九届四中全会精神，团结和依靠各族干部群众谋长远之策、行固本之举、成长治之业，让各族群众共享社会治理现代化红利。共享改革红利。全面推进审批服务“一网、一门、一次”改革，行政许可相对集中办理率96.5%，106项行政审批服务事项创新实现“工厂化”服务模式，953项实现“不见面、马上办”。探索农村土地承包经营权入股工作，全县累计入股面积达到1.95万亩。创新探索农村宅基地有偿退出机制，立岗镇农房订制化民宿改造，实现户均年收益1万元。扎实推进综合医疗卫生改革，与自治区内外3家医院建立城市医联体，建成远程心电诊断、远程影像诊断、远程病理诊断3个资源共享中心。全面深化教育体制改革，被评选为宁夏“互联网+教育”示范县。共享平安红利。全面打造新时代枫桥经验的“贺兰样板”，深入开展扫黑除恶专项斗争，扎实开展信访积案清零、安全生产等行业专项治理行动；创新推行“街巷长制”，街道吹哨、部门报道，定期联合巡察整改问题。“一村一居一法律顾问”服务实现全覆盖。雪亮工程、打击传销、禁毒战争、矛盾纠纷调解、审判执行等工作走在了宁夏前列。红色党员、蓝色执法、白色医护、绿色军民、橙色环卫构筑了群防群控的“无疫县”人民防线，各族群众成为平安家园的坚定捍卫者。共享和谐红利。创新推进宗教领域“四进四落实”，进一步落实宗教界人士、宗教活动场所、宗教财务、宗教活动4个方面18条举措，加强宗教事务依法管理。创建和谐寺观教堂国家级2个，自治区级14个，市级68个。在宗教活动场所开展律师讲法、现场说法等形式多样、实效明显的普法工作，组织开展书法、绘画展评及卧尔兹演讲比赛、“善行斋月爱心行”等活动，引导宗教界人士念好“两本经”、再做新贡献。开展宗教工作“七联七促”结对共建活动，发挥党员干部先锋模范作用，排查化解影响民族团结的矛盾纠纷。各族群众紧紧团结凝聚在党的周围，“爱国爱教”“感党恩、听党话、跟党走”的家国情怀在信教群众心中深深扎根。

五、耕耘“百花园”，打造贺兰创建升级版

以创建与社会心理的契合点、民族情感的共鸣点、群众利益的结合点为切入，延伸拓展领域，激活创建细胞，形成特色品牌，打造贺兰特产，贡献贺兰智慧。实施细胞工程。针对不同领域、不同群体的共性特点和个性差异，突出人文化、大众化、实体化特点，广泛开展民族团结进步创建“十进”。常态化开展社区“邻里和睦一家亲”、乡村“团结互助共致富”、机关“懂政策、讲团结、做表率”、企业“在一起、共成长、同心圆”、学校“培植民族团结基因，铸牢中华民族共同体意识”、军营“军民融合鱼水情”、宗教活动场所“我是一个教民更是一个公民”、新经济新社会组织“团结共进步，和谐促发展”、家庭“弘扬传统美德，培育良好家风”等活动，推进社会细胞全覆盖，形成以点串成线、以线连成片、以片带全面的示范创建格局，让创建工作始终保持蓬勃生机。实施品牌工程。以全面建成小康社会和现代化同步、公共服务同质、法治保障同权、精神家园同建、社会和谐同创为目标，制定一单位一特色、一行业一主题、一区域一联动的统一规划，打造了利民社区“五微服务”、花园社区“我们都是石榴籽”、文联“贺兰文脉八方聚，黄河儿女一家亲”、厚生记食品公司“厚德载物行天下，振兴经济惠民生”等一批可复制、可推广的创建品牌。累计创建民族团结进步区级示范单位15个、市级58个、县级62个，国家模范集体1个、自治区级8个、市级14个、县级22个。实施增量工程。坚持“经济社会发展到哪里，民族团结进步创建工作覆盖到哪里”的工作理念，着力提质扩面，汇聚民族团结进步最大增量，画出最美同心圆。向新空间延伸，实施互联网增量工程，开拓“互联网+民族团结进步创建”新模式。建设“五位一体”的全媒体平台，拓展民族团结进步宣传教育网络空间。网上交流会、网络招聘会、网络人士联谊会、青少年书画作品网站、微展等构筑各民族网上交往交流交融新平台。本土网红“直播间带货”拓宽本地产品销售半径，助力打赢脱贫攻坚战。向新群体延伸，建立服务圈、朋友圈、爱心圈、成长圈四位一体的“小蜜蜂生态社区”，3000余名快递小哥成为民族团结进步的宣传员、实践者，在大街小巷、千家万户间传播民族团结好声音，助力52个宁夏品牌产品走入家庭、走出宁夏、走向全国。向新业态延伸，在四十里店村“稻渔空间”田园综合体、通义民俗村、百瑞源“中国枸杞馆”国家AAAA级旅游景区等开展民族团结进步创建，推动创建向新产业、新业态延伸覆盖。向新领域延伸，以各民族融合之便，物产丰富之利，为一切参与贺兰经济建设有志之士搭建投资兴业的发展平台。厚生记公司—浙江商会、麦尔乐公司—福建商会、百瑞源公司—陕西商会的“企业+商会”创建模式，升华了贺兰县民族团结进步创建特质。阮士忠、黄添进、郝向锋等一批来自五湖四海的创业者在贺兰深深扎根，激情投身、真情见证贺兰沃土上各民族共同团结奋斗、共同繁荣发展的历程。向海外延伸，在华侨、侨眷、留学生集中的天鹅湖社区设立“侨胞之家”，搭建海外贺兰儿女及眷属线下交往平台，开展“民族团结手牵手和谐发展心连心”系列联谊活动。建立“贺兰儿女一家亲”微信群，打造海外人员线上交流平台，开展“情系家乡微心愿”“祝福家乡微寄语”“助力家乡微动力”等活动，为实现中华民族伟大复兴中国梦凝聚侨心、汇聚侨智、发挥侨力。

民族团结进步创建工作永远在路上。贺兰县将在习近平新时代中国特色社会主义思想的指引下，在新时代新使命的召唤下，在党中央和自治区、银川市委、市政府的坚强领导下，在国家民委的有力指导下，以更加饱满的热情、更加务实的作风、更加有效的举措，坚决守好促进民族团结生命线，扎实推进民族团结进步事业再上新台阶，取得新成效，为“建设美丽新宁夏，共圆伟大中国梦”贡献力量！

大事记

Dashiji

1月

2日 由中共贺兰县委、贺兰县人民政府主办，县委宣传部、县文化旅游广电局等单位承办的2020年春节系列文化旅游活动暨“民宿+民俗”文旅融合过大年活动启动仪式，在金贵镇兰健欢乐谷举行。

4日 中国共产党贺兰县第十四届委员会第七次全体会议开幕。会议表决通过了《中共贺兰县委员会全面贯彻落实〈银川市委关于认真贯彻落实党的十九届四中全会精神全面推进市域治理体系和治理能力现代化的实施意见〉责任分工方案》《中共贺兰县委员会2020年工作要点》和《中共贺兰县委员会十四届七次全体会议决议》。

7日 贺兰县首届“激情冰雪·健康贺兰”职工冰雪项目运动会在奥特莱斯滑雪场举行。来自全县各乡镇场、机关和企事业单位的干部职工共计300人参加比赛。

14日 中国人民政治协商会议贺兰县第十届委员会第四次会议召开。

15日 贺兰县第十八届人民代表大会第四次会议开幕。大会表决通过了《关于贺兰县人民政府工作报告的决议草案》《关于贺兰县2019年国民经济和社会发展计划执行情况与2020年计划报告的决议草案》《关于贺兰县2019年财政预算执行情况和2020年财政预算报告的决议草案》《关于贺兰县2019年环境状况和环境保护目标完成情况报告的决议草案》《关于贺兰县人大常委会工作报告的决议草案》《关于贺兰县人民法院工作报告的决议草案》《关于贺兰县人民检察院工作报告的决议草案》。

16日 中国人民政治协商会议贺兰县第十届委员会第四次会议完成各项议程后，胜利闭幕。出席大会的领导有县委书记赵波，县人大常委会主任俞学华，县委副书记、县政府代县长赫天江，县政协主席恩建国等。会议审议通过了政协贺兰县第十届委员会第四次会议各项决议。政协贺兰县第十届委员会主席恩建国作闭幕讲话。闭幕会前，政协贺兰县第十届委员会第四次会议举行选举大会，贺佩当选政协贺兰县第十届委员会副主席；刘源、杨东宁、保学军（回族）、徐晓庆（女）当选政协贺兰县第十届委员会常务委员。

18日 以“金鼠迎春·欢乐贺兰”为主题的贺兰县首届乡村春节联欢晚会在常信乡四十里店村举行。贺兰县以及全国20余个省区市的观众通过魅力贺兰App和国家公共文化云平台直播观看了此场乡村春晚，点播量达30余万人次。

20日 贺兰县“不忘初心、牢记使命”主题教育总结会召开。

2月

1日 县委书记赵波主持召开贺兰县十四届县委2020年第三次常委会（扩大）会议。会议传达学习习近平总书记对新型冠状病毒感染的肺炎疫情重要指示批示和党中央、国务院相关会议文件精神，自治区、银川市党委常委（扩大）会议、领导小组会议精神，通报全县疫情防控处置工作总体情况，听取九个工作组工作推进情况的汇报。

同日 县委书记赵波主持召开贺兰县医疗专家组疫情分析会议，听取有关医疗专家对贺兰县疫情防控形势的研究分析和对策建议，并对下一步疫情防控工作进行安排部署。

10日 贺兰县派出各机关单位的2613名党员干部，投入疫情防控一线抗击疫情。

18日 贺兰县召开疫情防控工作专题会议，研究审议《贺兰县返贺师生疫情防控工作实施方案》《贺兰县农业企业返岗复工人员隔离工作实施方案》等。

19日 宁夏海吉星国际农产品物流公司组织宁夏海吉星蔬菜联盟委员会会员商户，向贺兰县捐赠10余种、430余件，价值6万多元的物资，支援一线抗击疫情。

21日 贺兰县积极响应自治区2020年春季开学相关部署要求，启动疫情防控期间学校“在线课堂”，通过网络直播方式，对学生进行辅导、答疑，38000余名中小学生利用网络平台，“宅”家在线学习，做到了“停课不停学”。

24日 位于贺兰县的宁夏金域医学检测公司，经自治区卫健委现场核实、评估验收，正式批准其开展新型冠状病毒检测工作，成为宁夏唯一一家批准检测新冠病毒核酸第三方实验室。

3月

1日 县委书记赵波深入企业、项目现场调研检查疫情防控和复工复产工作。他强调，要坚决克服麻痹思想和侥幸心理，始终绷紧疫情防控这根弦不放松，积极有序促进企业复工复产，统筹推进经济社会持续健康发展，确保圆满完成各项目标任务。

2日 贺兰县召开2020年脱贫攻坚领导小组第一次会议暨“四查四补”工作会议。审议《贺兰县脱贫攻坚领导小组2020年工作要点》《贺兰县关于全面开展“四查四补”高质量打赢脱贫攻坚战的实施方案》《贺兰县贫困人口政策保障兜底实施方案》等文件。

8日 贺兰县表彰一批优秀妇女和集体，授予马媛等38人贺兰县“三八红旗手”称号；授予贺兰县疾病预防控制中心等8个单位贺兰县“三八红旗集体”称号。

14日 贺兰县召开农业农村工作（扩大）会议，传达中央及自治区、市农业农村工作及脱贫攻坚会议精神，安排部署2020年农业农村工作。

18日 银川市2020年重大项目集中开工推进会贺兰分会场、贺兰县2020年全县重大项目集中开工仪式在宁夏贺兰工业园区暖泉片区巨峰绝缘材料项目现场举行。

21日 贺兰县召开2020年政法组织宣传统战工作会议，书面传达学习中央、自治区、市政法工作及组织、宣传、统战部长会议精神，安排部署2020年全县政法、组织、宣传、统战工作。

27日 中共贺兰县第十四届纪律检查委员会第六次全体会议召开。

4月

1日 贺兰县委全面依法治县委员会召开第二次会议，县委书记赵波，县人大常委会主任俞学华，县委副书记、政法委书记王涛参加会议。

同日 县委副书记、县长赫天江主持召开贺兰县第十八届人民政府第61次常务会议，听取贯彻落实自治区积极应对新冠肺炎疫情影响促进经济平稳运行的若干财政政策措施情况汇报，听取贯彻落实自治区“工业稳增长24条”实施意见情况汇报，审议《贺兰县贯彻落实自治区“工业稳增长24条”实施方案》《贺兰县推动科技创新引领高质量发展的实施意见》，安排部署相关工作。

2日 十四届市委第十轮巡察贺兰县情况反馈会召开，市委巡察组向贺兰县委主要负责人传达了市委书记专题会精神，反馈巡察组对县人大、县政协、县自然资源局、县综合执法局、县医疗保障局所属党组织的巡察情况。

同日 县委书记、县党的建设领导小组组长赵波主持召开贺兰县党的建设领导小组2020年第

1 次会议，深入学习贯彻习近平新时代中国特色社会主义思想，全面落实自治区、银川市党的建领导小组会议精神，安排部署 2020 年党的建设重点任务；听取关于 2019 年度贺兰县党（工）委书记抓基层党建工作述职评议考核情况的报告，审议《贺兰县党的建设工作领导小组 2020 年工作要点》《贺兰县发展壮大村级集体经济指导意见》。

同日 县委书记、县疫情防控工作领导小组组长赵波，主持召开全县新冠肺炎疫情防控工作领导小组第 44 次调度会，听取各组工作进展情况汇报，协调解决相关问题，安排部署下一步工作。

3 日 县委书记赵波主持召开贺兰县十四届县委 2020 年第 9 次常委会会议。学习中共中央办公厅《中央文件发布、阅读、办理和管理工作规定》、自治区扫黑除恶专项斗争领导小组会议精神，听取习近平总书记对宁夏工作重要指示批示精神贯彻落实情况“回头看”情况的汇报。县人大常委会主任俞学华、县政协主席恩建国列席会议。

7 日 县委副书记、县长赫天江主持召开全县新冠肺炎疫情防控工作领导小组第 45 次调度会，听取各组工作进展情况汇报，协调解决相关问题，安排部署下一步工作。强调，要进一步细化复工企业、创城、境外返回贺兰人员等各项工作准备方案和制度，统筹谋划，确保疫情防控贯穿始终，保障广大市民的生活安全健康。

8 日 县委书记、县扫黑除恶专项斗争领导小组组长赵波主持召开贺兰县扫黑除恶专项斗争领导小组2020 年度第 1 次（扩大）会议。强调，全县上下要深化思想认识，进一步坚定信心决心，切实增强责任感和紧迫感，在统筹抓好疫情防控、经济社会发展工作的同时，继续保持重视程度不减、工作力量不减、保障措施不减，推动深挖根治和长效常治“两条主线”齐头并进，确保扫黑除恶专项斗争取得全面胜利。县委副书记、县长赫天江出席会议。

16 日 县委全面深化改革委员会召开第三次会议，传达学习中央、自治区、市委深改委会议精神，研究审议 2019 年度工作总结报告，2020 年度体制机制改革创新专项行动方案和有关重点改革项目方案，听取县委改革办 2019 年全县深改工作推进落实情况，以及 2020 年重点改革任务工作思路。

5 月

1 日 宁夏贺兰工业园区联合银川市商务局等部门共同举办的 2020 宁夏首届“云端车展”活动盛大开幕。

6 日 贺兰县召开 2020 年优化营商环境工作会议，深入学习贯彻落实国家和自治区、银川市关于深化“放管服”改革优化营商环境工作要求，通报全县优化营商环境工作，安排部署下一步工作。

7 日 贺兰县召开 2020 年防范打击治理电信网络新型违法犯罪动员部署会。决定在全县范围内开展为期一年的深入防范打击治理电信网络新型违法犯罪专项行动，营造安全稳定的社会治安环境。

8 日 县委书记、县疫情防控工作领导小组组长赵波，主持召开全县新冠肺炎疫情防控工作领导小组第 53 次调度会，分析疫情防控形势，听取各组工作情况汇报，研究部署下一步防控举措。

11 日 县委书记赵波率招商团赴浙江，招商团到达浙江后，第一时间与当地企业对接，宣传和推介贺兰良好的投资环境。

14 日 县委副书记、县长赫天江主持召开贺兰县第十八届人民政府第 64 次常务会议，听取政府工作报告、人大议案政协提案、十件民生实事推进情况汇报；听取新冠肺炎疫情期间稳就业工作情况汇报；听取全县食药品安全工作情况汇报，审议《贺兰县深化改革加强食品安全工作实施方案》《贺兰县市场监管领域全面推行部门联合“双随机、一公开”监管工作实施方案》，安排部署相关工作。

17 日 贺兰县召开全县农村人居环境整治工作交流座谈会，听取近期农村人居环境整治工作情况的汇报及各相关部门、乡镇、村围绕赴泾源县、中卫市、利通区等地学习考察情况的交流发言，安排部署下一步工作。

19 日 贺兰县召开2020年河湖长制第一次总河长会议，会议观看了县河长制责任落实暗访专题片，听取2019年全县河湖长制工作开展、全县农业面源及渔业养殖污染工作开展及暖泉污水处理厂技改推进情况的汇报，研究解决相关问题，部署下一步工作。

21 日 贺兰县域电商产业发展论坛暨农村电商项目推进会在宁浙电商创业园举行。

22 日 银川移动5G新型数据中心开工仪式在贺兰县举行。

6月

1 日 县委副书记、县长赫天江先后到金贵镇新渠小学、立岗镇民乐小学、南梁台子铁东小学等学校进行走访慰问，与少年儿童共庆节日，并向全县少年儿童送上节日的祝福，向广大教师和少儿工作者致以亲切的问候。

3 日 县委副书记、县长赫天江主持召开贺兰县第十八届人民政府第65次常务会议，传达学习中共中央《深化统计管理体制改革提高统计数据真实性意见》《中共中央办公厅　国务院办公厅关于印发〈防范和惩治统计造假、弄虚作假督查工作规定〉的通知》，自治区、银川市第七次全国人口普查领导小组会议精神，听取贺兰县统计工作、第七次全国人口普查工作汇报，安排部署相关工作。

同日 县委书记赵波督导开学复课及城镇小区配套幼儿园专项治理工作时要求，要从严从细从实做好学校疫情防控和教育教学工作，确保教育教学秩序正常、师生身体健康。

6 日 银川市首届乡村文化旅游节暨2020年农业嘉年华活动，在贺兰县稻渔空间生态休闲观光园启幕。

9 日 中共中央总书记、国家主席、中央军委主席习近平在中央和区市县领导的陪同下，到贺兰县稻渔空间乡村生态观光园视察，了解现代农业与休闲旅游业融合发展情况。

12 日 国内首款具有“增强免疫力”“缓解视疲劳”双重功效的枸杞保健饮料“杞动力”在宁夏厚生记枸杞饮品股份有限公司智能化生产线正式投产。当天生产的第一批7000箱饮品，直接发往广东省和江苏省。

7月

4 日 县委书记赵波调研教育系统重点工作时强调，要紧盯目标、协同作战，继续加强与各部门的沟通合作，做到无缝对接，尽早完成项目建设，细化举措，周密安排，统筹做好疫情防控和高考准备工作，确保万无一失。

同日 县委副书记、县长赫天江主持召开贺兰县第十八届人民政府第67次常务会议，听取上半年全县经济运行情况汇报，传达学习杨玉经市长在全国文明城市创建指挥部工作会议上的讲话精神，听取贺兰县文明城市整改创建工作汇报，安排部署相关工作；审议《贺兰县安全生产专项整治三年行动实施方案》《贺兰县农村人居环境整治十大攻坚行动实施方案》，安排部署相关工作。

7 日 2020年全国高考拉开大幕，贺兰县高考考生共1741人，此次高考降低了考场的人员密度，将每个考场的考生人数从30人减至25人，并设置考场64个，较2019年增加了12个考场。同时，按照疫情防控下的高考要求，加设了1个备用考场和7个专用隔离考场，安排监考及考务人员共300余人。

8 日 在金贵镇江南新村，对第一批269户“十二五”劳务移民集中发放不动产证，证书的发放不仅保护了村民的产权，更是给他们吃了“定心丸”。

11 日 贺兰县委理论学习中心组召开专题学习会（扩大），深入学习领会习近平总书记视察宁夏重要讲话精神，书面印发《人民日报》等中央及区、市媒体关于习近平总书记视察宁夏重要讲话精神的系列报道；观看中央电视台《新闻联播》

关于习近平总书记视察宁夏时的系列报道。

16 日 2020 年宁夏·贺兰农产品产销资源对接会在贺兰县宁浙电商创业园召开。会议邀请了自治区商务厅、自治区农业农村厅等单位相关领导以及宁夏新华百货集团等 30 家区内外采购商，50 家当地供货商企业、合作社参加。

23 日 贺兰县行政争议协调化解中心在县人民调解中心正式揭牌成立。

28 日 贺兰县召开机关党的建设暨创造“让党中央放心、让人民群众满意”模范机关、贯彻落实“四优四提”城市党建引领社区治理现代化推进会。

8 月

2 日 县委书记赵波带队对全县农村人居环境整治及创城整改工作进行集中观摩，并召开工作推进会。县委副书记、县长赫天江参加。

3 日 县委书记赵波调研民生项目重点工作时强调，要坚持以人民为中心的发展思想，科学谋划、统筹调度、挂图作战、强力推进，扎实办好民生实事，不断增强人民群众的获得感、幸福感、安全感。

同日 县委副书记、县长赫天江深入各乡镇 2020 年秋冬季农田水利基本建设规划片区，与乡镇村干部详细交谈，了解各乡镇对秋冬季农田水利基本建设的要求和想法，听取他们的建议和意见。强调要全面贯彻落实习近平总书记视察宁夏重要讲话精神，以高标准农田建设、农业高效节水、农村人居环境整治、现代农业发展为核心，深入实施“藏粮于地、藏粮于技”战略，夯实农业发展基础，为全县农业农村现代化发展奠定坚实基础。

7 日 贺兰县政协召开推进贺兰工业园区高质量发展专题议政会议。会议通报了贺兰工业园区高质量发展情况、存在的问题及工作措施，并就推进贺兰工业园区高质量发展情况提出意见建议。县政协主席恩建国参加会议。

8 日 贺兰县举行 2020 年首届人力资源大型招聘会暨高校毕业生人才交流大会，现场 170 余家企业向求职者提供了 5508 个工作岗位，为求职者搭建和企业沟通交流的平台。

8—10 日 县委书记赵波带队赴江苏、浙江、深圳招商考察。先后到常州百泓化工颜料有限公司、苏州巨峰绝缘材料有限公司、深圳朝气投资集团有限公司、深圳市宝能投资集团有限公司等地招商考察，对接项目。

9 日 贺兰县召开脱贫攻坚工作专题会议，通报银川市脱贫攻坚调研指导反馈问题，听取《贺兰县关于落实银川市脱贫攻坚调研指导反馈问题整改方案》，县委副书记、县长赫天江出席会议并讲话，县委副书记王涛主持会议。

13 日 全国爱卫会公布了 2019 年国家卫生城市（区）和国家卫生乡镇（县城）复审结果，在 2019 年重新确认的国家卫生乡镇（县城）名单中，贺兰县榜上有名。

9 月

1 日 “塞上儿女一家亲 同心共筑中国梦”自治区及银川市 2020 年“民族团结月”启动仪式在贺兰县欣兰广场举行。

5 日 县委书记赵波主持召开贺兰县十四届县委 2020 年第 22 次常委会会议。书面传达学习中央文明办有关文件精神、全区建设黄河流域生态保护和高质量发展先行区第一次推进会精神等，研究贯彻落实措施。

10 日 贺兰县庆祝第 36 个教师节表彰大会在贺兰一中召开。

11 日 县委书记赵波督导环保问题整改工作情况时强调，中央、自治区环境保护督察反馈问题整改是必须完成的政治任务和政治责任，要加快工作进度，落实落细各项措施，确保不折不扣坚决整改到位，坚决打赢打好污染防治攻坚战，着力提升生态环境质量。

22 日 第三届“中国农民丰收节”系列活动在宁夏稻渔空间生态观光园开幕。

25 日 银川市 2020 年秋冬农田水利基本建设

启动现场会在贺兰县召开。

29日 2020年宁夏健身气功站点联赛决赛在贺兰县举行。来自银川市、固原市、吴忠市的15支入围代表队近80名健身气功爱好者参加此次比赛。

同日 枸杞行业首个国家AAAA级旅游景区——宁夏百瑞源枸杞博物馆在贺兰县揭牌。

10月

1日 贺兰县举行2020年“迎中秋·庆国庆”升国旗仪式。

5日 县委书记赵波调研全县秋冬农田水利建设时强调，要深入贯彻落实习近平总书记视察宁夏重要讲话精神，科学谋划统筹推进，坚持不懈推动农业高质量发展，各乡镇场要着眼全县农业产业链，坚持节水优先方针，进一步调优农业产业结构，要与农村人居环境整治相结合，加强秸秆禁烧防控和杂草清理工作，加快推进秋冬农田水利建设进程。县委副书记、县长赫天江参加调研。

8日 银川市市长杨玉经深入部分乡镇对秋季农田水利建设情况进行调研。他强调，农田水利建设是建设现代农业的基础条件、经济社会发展的基本支撑、生态环境改善的重要保障，要以片带面、扩面提标、打破界限、长远治本，加快全市秋冬农田水利基本建设转型升级，落实藏粮于地、藏粮于技战略，夯实农业生产基础，更好保障粮食安全和主要农产品有效供给，促进农民增收和农业农村现代化。

9日 贺兰县召开全县贯彻落实自治区建设黄河流域生态保护和高质量发展先行区推进会精神专题研讨会，县委书记赵波出席会议并讲话，县人大常委会主任俞学华，县政协主席恩建国出席会议，县委副书记、县长赫天江主持会议。

12日 县委书记赵波调研房地产市场运行情况时强调，要科学分析房地产走势，规范市场秩序，稳地价、稳房价、稳预期，加强谋划、精准施策，促进房地产市场平稳健康发展，做大做强做美宜居城市，不断增强人民群众的获得感、幸福感。

13日 县委书记赵波调研全县冬季供热准备工作时强调，要时刻把群众冷暖挂在心上，做好前期准备工作，着力提升供暖保障能力和服务质量，确保群众温暖过冬。

14日 自治区党委副书记、银川市委书记姜志刚调研贺兰县基层党建工作强调，党的执政根基在基层，活力源泉也在基层，各级党组织要深入贯彻落实习近平总书记关于党的建设和组织工作重要论述，全面落实新时代党的组织路线，进一步提高政治站位，强化政治引领，抓重点攻难点、抓关键求突破，切实把基层党组织建设成为推动发展、服务群众、凝聚人心、促进和谐的坚强战斗堡垒，为加快建设“绿色高端和谐宜居”美丽新银川提供坚强组织保障。市委副书记周云峰参加调研。

16日 县委书记赵波调研全县重点项目工作时要求，要精心组织、细化措施、明确责任，抢速度、重质量、保安全，严格把握时间节点，加快项目建设进度，助力贺兰经济社会高质量发展。

28日 由广东省广播影视协会区县融媒专业委员会举办的广东县（市、区）广播电视台（融媒体中心）高级研修班成员一行30余人到贺兰县观摩县融媒体中心建设情况。

11月

1日 第七次全国人口普查进入正式登记阶段，贺兰县1834名普查员深入居民家中，开展人口普查的登记填报工作。

12日 十四届市委第十二轮巡察贺兰县情况反馈会召开，听取市委巡察组反馈巡察贺兰县富兴街街道党工委、贺兰县卫健系统开展巡察“回头看”意见。

16日 贺兰县召开2020年健康贺兰建设暨建设自治区健康促进县工作推进会。

17日 贺兰县南梁台子隆源村成功摘下贫困帽，实现整村高质量脱贫出列。

22日 经人力资源和社会保障部、全国博士后管委会下发通知，批准银川艾尼工业科技开发股份有限公司设立博士后科研工作站，这也是贺兰县的首家博士后科研工作站，开启了贺兰县建设高端科研人才引育载体的新篇章。

28日 “贺您携手 杭向未来”招商引资推介会在杭州召开。现场与中葡（宁夏）包装有限公司、西紫自控有限公司、绿城物业服务集团、苍穹数码技术有限公司、杭州联华华商集团5家公司签署合作协议，多家企业表现出明确的投资意向。

12月

1日 贺兰县5所学校建设项目举行封顶仪式。该项目施工内容包括贺兰县十小、六中、回中、八幼、七幼五所学校、幼儿园，共计31个单体楼，总建筑面积8万多平方米。

14日 贺兰县召开农村人居环境整治三年行动总结表彰暨2020年“冬季战役”动员部署会。全县累计完成户厕改造8519户，全面完成2020年6500户改厕任务，新建8座农村公厕并正常投入使用，全县改厕合格率达95%以上。村容村貌全面开展“五清一绿一改”，重点开展“六堆六边一顶”整治攻坚行动，全力推动拆违拆危专项攻坚行动，全县拆除危旧房屋3077户、违章建筑292处，清理残垣断壁2166处，改造危房268户。完成绿化造林和补植9700亩。农村公路县、乡、村平均优良率分别为70.01%、75.22%、65.01%，通公路率、通硬化路率均达到100%。

27日 贺兰县组织全县64个行政村、13个社区以及新成立的1个村及4个社区圆满完成村（社区）党组织换届选举工作。

贺兰综览

Helan Zonglan

贺兰概貌

【地理位置】 贺兰县位于银川市北面，南与银川市兴庆区毗邻，东临黄河与石嘴山市平罗县陶乐镇隔河相望，西临贺兰山风水岭与内蒙古自治区阿拉善左旗接壤，北接石嘴山市平罗县，介于北纬38° 26′ ~38° 48′ 、东经105° 57′ ~106° 36′ ，县境东西长49.75公里，南北宽31.2公里，县城距银川市中心10公里，县人民政府驻地习岗镇，全县土地总面积1197.57平方公里。

【历史沿革】 贺兰县前身为宁夏县，清雍正三年（1725年）置宁夏县，县址设在宁夏府城（今银川市兴庆区），为宁夏府首县。民国2年（1913年）宁夏府改为朔方道（后改宁夏道）。民国18年（1929年）宁夏道改为宁夏省，贺兰县隶属宁夏省，民国24年（1935年）宁夏县址移至谢岗堡（今习岗镇）。民国30年（1941年）4月，宁夏县因与宁夏省重名，更名为贺兰县。1954年9月，宁夏、甘肃并省，贺兰县隶属甘肃省银川专区。1958年10月，宁夏回族自治区成立，贺兰县归其管辖，1972年贺兰县划归银北地区，1976年归银川市管辖。

【行政区域】 1985年，贺兰县管辖习岗镇、立岗镇、金贵镇、洪广镇 4 个镇和习岗乡、潘昶乡、常信乡、通义乡、丰登乡、四十里店乡、金山乡 7 个乡，以及京星农牧场 1 个县属农场。1988年，习岗乡合并后，称习岗镇。2000年，海原县南梁台子吊庄与贺兰县南梁台子指挥部合并为南梁台子管委会，设铁东、铁西两个生产大队。2002年10月，从贺兰县划出丰登乡归银川市金凤区管辖。2002年成立习岗街道办事处。2003年2月，银川市兴庆区满春乡八里桥村4个生产队划归贺兰县。2003年7月，贺兰县将5个乡、4个镇调整为4个镇、1个乡。保留常信乡，将四十里店乡整建制并入，乡政府驻原常信乡政府驻地，镇政府驻地不变。保留立岗镇，将通义乡整建制并入，镇政府驻地不变。保留金贵镇，将潘昶乡整建制并入，镇政府驻地不变。保留洪广镇，将金山乡整建制并入，镇政府驻地不变。对习岗镇行政区划未做调整。

2004年，贺兰县调整村庄行政区划，全县撤并19个村。习岗镇的德胜村与永胜村合并为德胜村，习岗镇管辖11个村。金贵镇王澄村与红星村合并为红星村，金贵镇管辖12个村。立岗镇通吉村与通伏村合并为通伏村，复兴村与幸福村合并为幸福村，永乐村与民乐村合并为民乐村，撤销立新村，立岗镇管辖15个村。高渠村与高荣村合并为高荣村，金南村与金北村合并为金鑫村，洪广镇管辖7个村。常信乡安渠村与新华村合并为新华村，光明村与四十里店村合并为四十里店村，丁南村与丁文村合并为丁文村，常信乡管辖14个村。2012年，在洪广镇设立欣荣村，南梁台子农牧场铁东大队、铁西大队撤销，新设铁东村、铁西村。

2020年，全县辖习岗、金贵、洪广、立岗、常信4个镇、1个乡，下辖65个村民委员会。2020年习岗街道办事处更名为复兴街道办事处，辖京星农牧场、南梁台子农牧场2个县属事业单位。境内有隶属自治区暖泉农场、自治区原种场2个国营农场。

【地质地貌】贺兰县地势西高东低，总趋势由西南向东北倾斜。自西向东大致分为贺兰山地，山前洪积平原，黄河冲积平原，及其他风沙地和黄河水面。西部贺兰山峰峦叠嶂，平均海拔2500~3000米，主峰海拔3556.1米。习惯上将贺兰山前洪积平原称为山区，其余称为灌区。贺兰山东麓为银川平原，属山前洪扇区，地势平坦，海拔1100~1120米，沙石混杂，间有小山丘。东部黄河冲积平原，地势平坦，海拔1100米左右，依山傍水，引黄灌溉，土地肥沃，交通方便，系宁夏商品粮重要产区之一。

贺兰山主脉由西南向东北走向，纵贯县境西部，境内长22.3公里，宽19.8公里，贺兰县林地为国家级自然保护区。贺兰山内森林茂密，生长有针叶林、混交林，盛产云杉、油松等。面积7333公顷，共有维管植物665种，具有较高的经济价值，药用价值植物308种，沙草青、野大豆、蒙古扁桃、贺兰山丁香、四合木为国家重点保护植物。山内有鹿、獐子、岩羊、狐狸、蓝马鸡。

贺兰山地质资源丰富，蕴藏有铁矿石、磷矿石、石灰石、铜、贺兰石、白云石、煤、砂石岩等矿产资源。

黄河从县境东部流过，自贺兰县东南金贵镇流入，自贺兰县东北角立岗镇出境，流程长达20.5公里。自流灌溉，得天独厚，唐徕渠、第二农场渠、惠农渠、汉廷渠、西干渠五大干渠纵贯南北，有第二、第三、第五排水沟，排灌体系齐备，利于耕种，是国家商品粮生产基地，也是全国水稻、小麦高产区和全区主要农产品供给地。

【气候特征】贺兰县西靠贺兰山，地处内陆，属中温带大陆性气候，四季分明，气候干燥，光照长，热量多，昼夜温差大。贺兰县居内陆，受北方和西北方、西方侵入的干冷空气影响较大，时间较长，形成降水少。气候干燥，降水年际变化大，季节降水分配不均。降水少，且分布不均，年平均降水量为193毫米。7月、8月降水量相对集中而且降水量大，一般多以大雨暴雨出现，因而造成降水强、流量大，而其他月份的降水量较少，对农作物的生长不利，满足不了农业生产用水需要，需黄河水补水灌溉。

【人口】根据第七次全国人口普查结果，截至2020年11月1日零时，贺兰县常住人口为341507人。常住人口中，汉族人口为267951人，占78.46%；各少数民族人口为73556人，占21.54%，其中回族人口为70231人，占20.57%。全县常住人口中，男性人口为174335人，占51.05%；女性人口为167172人，占48.95%。全县常住人口中，0~14岁人口为65332人，占19.13%；15~59岁人口为229718人，占67.27%；60岁及以上人口为46457人，占13.60%，其中65岁及以上人口为31402人，占9.20%。全县常住人口中，拥有大学（指大专及以上）文化程度的人口为58655人；拥有高中（含中专）文化程度的人口为49822人；拥有初中文化程度的人口为112756人；拥有小学文化程度的人口为75258人（以上受教育的人口包括各类学校的毕业生、肄业生和在校生）。全县常住人口中，居住在城镇的人口为222070人，占65.03%；居住在乡村的人口为119437人，占34.97%。

国民经济和社会发展

【概况】2020年，贺兰县实现地区生产总值143.29亿元，同比增长1.0%，低于上年8个百分点，分别低于全国、全区、银川市1.3、2.9和2.2个百分点。其中，第一产业增加值21.29亿元，增长2.0%；第二产业增加值37.56亿元，下降15.5%；第三产业增加值84.44亿元，增长10.8%。三次产业结构比由上年的12.8：32.6：54.6调整为14.9：26.2：58.9，产业结构逐步调整，三次产业对地区生产总值增长的贡献率分别是28.6%、−498.9%、

570.3%，一产、三产分别拉动经济增长 0.3 和 5.7 个百分点，二产下拉地区生产总值 5.0 个百分点。

【2020 年全县居民消费价格总指数】居民消费价格总指数为 101.8%，比上年同期上涨 1.8%，食品烟酒类上涨 5.32%，衣着类上涨 0.44%，居住类上涨 1.9%，生活用品及服务下降 0.45%，交通和通信类下降 3.24%，教育文化和娱乐类上涨 0.69%，医疗保健类上涨 0.41%，其他用品和服务上涨 1.48%。商品零售价格总指数为 100.5%，工业生产者出厂价格总指数（PPI）为 97.4%，工业生产者购进价格总指数为 92.1%。

【地方财政收支】全年完成一般公共预算收入 12.60 亿元，同比增长 4.2%，其中税收收入 9.93 亿元，同比下降 0.9%。财政支出降幅持续收窄，全年完成一般公共预算支出 35.60 亿元，同比增长 9.0%，其中八项支出 22.17 亿元，同比增长 6.4%。

【农业】2020 年，贺兰县完成农林牧渔业总产值 45.16 亿元，按可比价格计算，同比增长 2.3%。其中，农业产值 25.49 亿元，同比增长 1.8%；林业产值 0.27 亿元，同比增长 172.4%；畜牧业产值 11.20 亿元，同比增长 1.9%；渔业产值 6.93 亿元，同比增长 7.0%；农林牧渔服务业产值 1.27 亿元，同比增长 1.2%。据调查队监测，全年粮食作物播种面积 31.11 万亩，同比下降 0.1%。其中小麦播种面积 6.75 万亩，同比下降 18.1%；水稻 15.01 万亩，同比下降 5.8%；玉米 9.35 万亩，同比增长 35.5%。全年粮食总产量 16.35 万吨，同比增长 3.0%。其中小麦产量 2.46 万吨，同比下降 18.8%；水稻 8.06 万吨，同比下降 5.5%；玉米 5.83 万吨，同比增长 36.2%。全年牛出栏 24875 头，比上年同期增长 3.4%；生猪出栏 29378 头，同比增长 2.6%；家禽出栏 70.13 万只，同比下降 25.6%；羊出栏 11.09 万只，同比增长 49.4%。猪牛羊禽肉产量 9789 吨，同比增长 2.4%，其中牛肉产量 4036 吨，同比增长 3.4%；猪肉产量 2383 吨，同比增长 0.8%；禽肉产量 1496 吨，同比下降 23.5%；羊肉产量 1874 吨，同比增长 40.5%。禽蛋产量 9478 吨，同比下降 15.7%，鲜牛奶产量 24.43 万吨，同比增长 0.8%。水产品产量 5.80 万吨，同比增长 9.7%。

【工业和建筑业】2020 年，贺兰县工业增加值同比下降 10.4%。规模以上工业增加值下降 13.4%，在规模以上工业增加值中，轻工业增加值下降 0.8%；重工业增加值下降 31.5%。分经济类型看，股份制企业增加值下降 15.8%；外商及港澳台商投资企业增加值下降 5.0%。分门类来看，制造业增加值同比下降 15.5%，电力、热力、燃气及水的生产和供应业增加值同比增长 10.5%。

规模以上工业中，六大高耗能行业增加值下降 41.1%，占规模以上工业增加值比重为 22.2%；高新技术企业增加值增长 28.6%，占规模以上工业增加值比重为 38.8%。电力、热力的生产和供应业增加值增长 12.4%，石油、煤炭及其他燃料加工业增加值下降 82.0%，化学原料及化学制品制造业增加值下降 5.3%，非金属矿物制品业增加值下降 1.1%，黑色金属冶炼和压延加工业增加值增长 0.9%，有色金属冶炼和压延加工业增加值下降 100.0%。全年规模以上工业企业销售产值下降 15.0%，工业产销率为 93.7%。工业企业营业收入 104.87 亿元，同比下降 13.2%；营业成本 84.76 亿元，下降 16.9%。实现利润总额 5.72 亿元，同比增长 140.9%。全年 69 家规模以上工业企业中有 27 家亏损企业，亏损 3.32 亿元，企业亏损面 39.1%，应收账款 29.44 亿元，资产负债率 73.6%。

全县具有资质等级建筑业企业 29 个，实现建筑业总产值 33.21 亿元，同比下降 20.4%。其中，国有及国有控股企业实现产值 21.03 亿元，下降 19.4%；建安工程实现产值 31.28 亿元，下降 23.9%。房屋建筑施工面积 19.11 万平方米，同比下降 63.6%；房屋建筑竣工面积 14.71 万平方米，下降 28.6%。具有资质等级的建筑企业实现利润总额 0.20 亿元，同比下降 50.2%；实现增值税 0.72 亿元，同比增长 1.7%。

【固定资产投资和房地产业】2020 年，贺兰县全社会固定资产投资同比增长 1.1%。从投资结构看，第一产业投资同比下降 47.5%；第二产业投资同比下降 13.9%，其中，工业技术改造投资同比下降 16.8%，占工业投资的比重高达 43.8%；第三产业投资同比增长 5.9%。全县民间投资占比达 74.5%，同比增长 10.7%，拉动全县固定资产投资 7.3 个百分点，其中，房地产私人控股投资同比增长 20.7%。

全年完成房地产开发投资 46.22 亿元，同比增长 10.2%，其中，住宅开发投资 34.37 亿元，同比增长 8.9%。商品房施工面积 451.27 万平方米，同比下降 12.4%，其中，住宅施工面积 334.37 万平方米，同比下降 10.2%。商品房销售面积 135.92 万平方米，同比增长 19.3%，其中，住宅销售面积 118.98 万平方米，同比增长 17.0%。商品房待售面积 124.42 万平方米，同比增长 20.9%，其中，住宅待售面积 45.20 万平方米，同比增长 8.6%。全年商品房销售额 90.77 亿元，同比增长 27.5%，其中，住宅销售额 81.56 亿元，同比增长 25.7%。

【国内贸易】 2020 年，贺兰县实现社会消费品零售总额 140.59 亿元，同比下降 8.9%。分城乡看，城镇实现社会消费品零售额 133.93 亿元，同比下降 8.4%，乡村实现消费品零售额 6.66 亿元，同比下降 17.3%。分行业看，批发业实现消费品零售额 21.32 亿元，同比增长 5.6%，零售业实现消费品零售额 111.34 亿元，同比下降 11.7%,住宿业实现消费品零售额 0.43 亿元，同比下降 6.9%，餐饮业实现消费品零售额 7.50 亿元，同比下降 1.2%。分登记注册类型看，国有经济、集体经济、私营经济、个体经济和股份制经济实现消费品零售总额同比分别下降 17.4%、17.3%、7.6%、17.3%和 5.0%，其他各种经济实现消费品零售总额同比增长 2.1%。

从全县限额以上批发和零售业商品分类零售情况来看，除中西药品类同比增长 19.7%外，其他类商品同比下降居多，其中，粮油、食品类同比下降 26.4%，饮料类同比下降 7.4%，烟酒类同比下降 88.6%，服装、鞋帽、针纺织品类同比下降 39.2%，化妆品类同比下降 4.2%，日用品类同比下降 9.3%，石油及制品类同比下降 1.5%，汽车类同比下降 4.9%。

【交通运输】 2020 年贺兰县全县拥有公路客运车辆 177 辆，5295 个客位；公路货运车辆 2921 辆，可载重 45526 吨位。全县公交运营线路 14 条，其中，通往银川的 8 条，县域内 3 条，通往乡村的 2 条，专线 1 条；共有运营车辆 183 台，日发 732 班次，日客运量约 4.98 万人次。2020 年，共优化延伸 319、401、707、709 路 4 条线路，线路优化调整后增加成本 194.7 万元 / 年。

【邮政通信】 2020 年，完成邮政业收入 2645 万元，同比增长 17.8%；其中，邮政业务收入为 347 万元，比上年下降 16.23%；包裹快递业务收入为 617 万元，同比增长 71.72%；全年订销报纸杂志收入共计 331 万元。年末移动电话用户 36.05 万户，同比增长 10.24%。互联网宽带接入用户 12.8 万户，增加 1.2 万户。

【金融和保险】 2020 年，贺兰县金融机构人民币各项存款余额 221.01 亿元，比年初增加 27.5 亿元，同比增长 14.2%。其中，住户存款余额 170.87 亿元，较年初增加 27.79 亿元，同比增长 19.4%；非金融企业存款余额 27.56 亿元，较年初增加 2.92 亿元，同比增长 11.83%。人民币各项贷款余额 148.55 亿元，比年初增加 27.7 亿元，同比增长 23.0%，贷存比率为 67.2∶100。

全县实现保费收入 23122 万元，同比增长 10.74%。其中，车险收入 6325 万元，农险收入 3386 万元，商业非车险收入 970 万元。全年支付各项赔款及给付额 8045 万元，同比增长 17.68%。

【教育和科学技术】 2020 年，贺兰县共有幼儿园 70 所，在园幼儿数 14169 人，同比增长 4.58%，专任教师 571 人，比上年减少 195 人，其中，民办幼儿园 38 所，在园幼儿数 7055 人，专任教师 514 人，幼儿教师学历合格率 96.11%（按专任教师中学前教育专业毕业人数计算）。共有小学 25 所，招生 4467 人，在校学生 24182 人，同比增长

2.37%，专任教师1158人，其中，民办小学1所，即银川西夏德胜小学，在校学生数1282人，专任教师98人；小学教学点2个，分别为贺兰县南梁台子北台子教学点和贺兰县南梁台子育才教学点，小学学龄儿童入学率为100%，小学生人均校舍建筑面积10.04平方米；人均图书21册；每百名学生拥有计算机18台；小学体育运动场（馆）面积达标的学校比例为100%。共有中学8所，在校学生数15416人，专任教师数1013人，其中民办中学1所，即贺兰县景博中学，在校学生1029人，专任教师数94人；全县仅自治区交通学校1所中等职业教育学校，招生955人，在校生1870人，专任教师82人，生师比为22.8∶1；专任教师学历合格率为100%。双师型教师占专任教师和专业课教师的比例分别为48.78%和60.61%。

全年县本级财政共投入科普经费101.66万元，其中人员经费20.47万元；开展实用技术培训16场，培训各类人员1300人次；全县共有学会7个，企业科协15个，街道科协1个，乡镇（场）科协7个，农技协13个，市级科普示范基地28个，区级科普示范学校3个，市级科普示范学校18个，科普示范社区11个，农村科普示范基地55个，科普e站100个（乡村e站73个，社区e站11个，校园e站16个）。全县自治区认定的技术创新中心4家；新认定国家高新技术企业2家，累计18家；新培育科技型中小企业35家，累计67家；新认定自治区农业高新科技技术企业2家，累计5家；新认定自治区小巨人企业新认定2家，累计8家。截至11月，有效发明专利拥有量112件，万人拥有量4.25件。

【文化卫生和体育】2020年，贺兰县拥有艺术表演团体10个，民间文艺社会组织23家，文化馆1个，公共图书馆1个，博物馆0个。有广播电台1座，电视台1座，电视综合人口覆盖率均达到90%。有卫生机构179个，其中公立医院2个、民营医院4个、乡镇卫生院8个、社区卫生服务站11个、村卫生室52个、妇幼保健计划生育服务中心1个、疾病预防控制中心1个、卫生监督所1个、其他民营医疗机构99个。卫生机构床位1099张，其中，公立医院床位626张、乡镇卫生院床位107张、妇幼保健计划生育服务中心床位65张、民营医院床位301张。卫生技术人员1778人，其中执业医师及执业助理医师715人，注册护士781人。截至2020年年底，全县已认定医疗保险定点医疗机构60家，其中二级医院7家，乡镇卫生院8家，社区8家，诊所37家；定点零售药店181家，新增30家。城乡居民基本医疗保险门诊大病暂定为30个病种。共接种国家免疫规划疫苗10种97796剂次，接种率达到99.81%。

全县有体育总会、农民体育协会、老年人体育协会、社会体育指导员协会等22个体育组织。举办大型群众体育活动10次，2020年培养三级社会体育指导员147人，全县共有社会体育指导员947人。

【人民生活】2020年，贺兰县城镇居民和农村居民人均可支配收入分别为35195.1元和17248.8元，分别增长4.6%和8.3%。全县城镇常住居民和农村常住居民人均生活消费支出分别为22156.1元和15266.2元，分别增长3.1%和2.7%。生态移民地区农村居民人均可支配收入9103.0元，比上年增长453.1元，增幅为5.2%。全县每百户居民家庭拥有家用汽车59辆；拥有计算机51台，其中接入互联网的计算机38台；拥有移动电话281部，其中接入互联网的移动电话259部；拥有彩色电视机106台、电冰箱106台、洗衣机105台、空调13台、热水器97台。

【社会保障】2020年，全县企业职工基本养老保险参保人数57374人；机关事业单位养老保险参保人数7034人，失业保险参保人数33142人，工伤保险参保57395人；城乡居民养老保险参保118703人；截至2020年年底实际参保人数为224701人，任务完成率为104.68%，其中居民实际完成184811人，完成自治区下达任务179133人的103.17%；城镇职工实际完成39890人，完成自治区下达任务35530人的112.27%。生育保险参保人数 32287 人，完成任务的 115.3%。全年征缴城镇职工基本养老保险基金 50450.35 万元；征缴机关事业单位养老保险基金 6671.34 万元，征缴职业年金 4939.19 万元；征缴失业保险费 1079 万元；征缴工伤保险基金 618.45 万元；征缴城乡居民养老保险 1937.74 万元；为 37543 人发放养老保险待遇，累计发放养老金 64591.48 万元。

全县拥有中心敬老院、第二敬老院、宁夏归德林医养服务中心、通义老来乐敬老家园、贺兰县幸福里阳光康养中心 5 家敬老院，共有床位数 773 张，收住特困人员、优抚对象及其他人员共 366 人。其中中心敬老院为收养性社会福利单位，设置床位数 330 张，收住特困人员、优抚对象及其他人员 198 人；拥有日间照料中心 12 个，共有床位 226 张；老年饭桌 18 个，共有床位 56 张。全县享受城乡低保人员共计 5315 户 7056 人，其中移民享受社会救助政策 1243 户 1564 人次，发放城乡低保金 3214.2 万元；全县建档立卡户享受城乡低保待遇共 728 户 1134 人，2020 年全年新增城乡低保对象 829 户 1034 人，取消 384 户 418 人，提标 431 户816 人，降标 148 户 208 人；全县累计救助建档立卡户 903 人次，发放临时救助资金 47.53 万元；发放城乡高龄津贴共计 1319.15 万元，惠及群众 1775 户 1798 人；发放农村五保分散供养、集中供养金、城市三无人员生活供养金共 372.28 万元，惠及群众 290 人。全县共批准临时救助 4220 人次，发放救助金 387.18 万元；全年中福在线销售 328 万元，其中视频彩票 293 万元，纸质彩票 31 万元，刮刮乐 4 万元。

全年实现城镇新增就业 3968 人，城镇登记失业率控制在 3.2%以内，城镇失业人员再就业 2697 人，城镇就业困难人员实现就业 453 人；全县农村劳动力转移就业 22396 人，实现劳务收入 2.6 亿元。

【自然资源】 2020 年，全县面积 1204.71 平方公里。全年完成造林面积 1402.3 亩，森林抚育面积 3000 亩。年末全社会用水量 5.13 亿立方米，其中农业灌溉用水 4.83 亿立方米，工业用水 0.11 亿立方米，生活用水 0.14 亿立方米，生态环境用水 0.05 亿立方米。年末建成区绿化覆盖面积 1299.69 公顷，年末建成区园林绿地面积 243.04 公顷。

中国共产党贺兰县委员会

Zhongguo Gongchandang Helanxian Weiyuanhui

综　述

【概况】 2020年，中共贺兰县委坚持以习近平新时代中国特色社会主义思想为指导，坚决贯彻落实党中央重大决策部署和自治区、市党委各项工作要求，坚决贯彻落实习近平总书记视察宁夏重要讲话精神，围绕建设黄河流域生态保护和高质量发展先行区贺兰走在前、做表率的目标，团结带领全县广大干部群众，牢固树立新发展理念，坚持稳中求进工作总基调，坚定高质量发展方向不动摇，举全县之力打赢疫情防控阻击战、脱贫攻坚决胜战、全面小康收官战，统筹推进疫情防控和经济社会发展，紧抓“六稳”“六保”工作不放松，贺兰高质量发展迈出新步伐，纵深推进全面从严治党，为开启社会主义现代化建设新征程打下了坚实基础。

【学习宣传贯彻习近平总书记视察宁夏的重要讲话精神】 2020年，县委常委会坚持领导带头学、全面系统学、联系实际学，确保领会精神实质，精准把握精髓要义，力求学深悟透弄懂做实。第一时间召开县委常委会（扩大）会议传达精神、安排部署工作，切实发挥好县委常委会以上率下、示范带动作用，深刻学习领悟。坚持把总书记视察宁夏重要讲话精神作为县委理论学习中心组和全县各级干部理论学习的重要内容，通过领导讲党课、理论大讲堂、专题大讨论等方式，分层次、分领域、分阶段开展深入系统学习，提升学习效果。开展干部教育培训轮训12次，400多个基层党组织1.2万余名党员干部实现集中学习全覆盖。县委常委会围绕乡村振兴、脱贫攻坚、生态环保、产业发展、民族团结、基层治理等领域组织开展深入调研、专题研讨，确保在吃透上情、摸透下情的基础上，准确把握全县各领域工作的短板和不足，集思广益提出符合全县发展实际的举措，为积极投身黄河流域生态保护和高质量发展先行区建设夯实思想基础。坚持县级带动、三级联动，组建县乡村三级宣讲队伍，深入企业、农村、机关、学校、社区广泛开展专题宣讲和集中宣讲，通过融媒体、微传播等新手段和社区小园地、乡村文化大集等方式，丰富创新宣传形式，提升巩固宣传效果。围绕总书记对宁夏的高度重视和亲切关怀、对宁夏工作提出的总目标和总要求、赋予宁夏的使命担当和六个方面重点任务，邀请中央主流媒体、自治区市各大媒体，开展多角度、高频次的采访报道活动。县融媒体中心开设专栏专题，推出主题报道，全景式、立体化、多层次反映总书记视察宁夏重要讲话精神的学习宣传情况，确保总书记重要讲话精神家喻户晓、人人皆知。结合区市党委全会工作部署，召开县委十四届八次全会，全面安排部署贯彻落实工作。做出了《关于深入学习贯彻习近平总书记视察宁夏重要讲话精神，在继续建设经济繁荣民族团结环境优美人民富裕的美丽新宁夏的奋斗实践中勇立潮头守正创新贡献贺兰力量的决定》，研究制定《关于贯彻落实建设黄河流域生态保护和高质量发展先行区的实施方案》，对标自治区市党委全会部署的重点工作、重点任务，提出具体落实举措、明确目标要求，分步骤、分阶段推进落实。研究制定《关于加快现代农业高质量发展的实施方案》，进一步明确了发展路径和实现途径，从5个方面形成18项具体目标任务和落实措施，确保总书记莅临贺兰视察重要指示精神全面落实。县委常委会紧扣总书记重要讲话和重要指示精神，进一步厘清当前和今后一个时期全县发展的目标思路、任务举措，切实用总书记重要讲话精神统一思想、引领发展，确保贺兰的发展始终沿着总书记指引的方向前进。

【新冠肺炎疫情防控】2020年，贺兰县委第一时间成立疫情防控工作领导小组，组建12个工作组，划定9个防控工作片区，建立完善疫情防控指挥链、责任链、协同链、传导链，进行全面安排部署，切实做到全县疫情防控“一盘棋”。科学制定全县疫情防控总体工作方案、常态化防控方案，细化阶段性工作方案及具体防控措施，确保党中央决策部署、自治区市党委各项工作要求落实落细落地。对人员调配、医疗救治、物资保障、措施制定、信息发布等工作实行统一部署、统一指挥、统一调度，坚持一二级响应每日调度、三级响应每周例会调度，召开领导小组调度会56次、常态化会商协调会30次，有效确保了县乡村（社区）各级防控责任的全面落实。严格落实“外防输入、内防反弹”各项措施，按照全面防控、系统防控、闭环防控要求，坚决做到“五有三严”。全力抗击疫情阶段，迅速构建县乡设卡全防全控、社区与物业联防联控信息共享、医药机构购药就诊实名登记、境外进入贺兰全过程闭环管理等防控机制，2660名党员干部冲锋在前，万名志愿者昼夜守护，百名民兵坚守一线，细化重点人群、场所、区域、活动、时段的监管措施，开展地毯式“大起底”排查，落实“四包一”“五到家”“六不准”管控机制。坚持早发现、早报告、早隔离、早治疗，及时启用县医院传染病区，组建医疗专家团队，设立13个集中观察点，成立安全、医疗、后勤、卫生等9个专项工作小组，有效控制传染源头、切断传播途径。进入常态化疫情防控阶段以后，始终保持“慎终如始”的工作状态，有序推进秋冬季疫情防控和物资保障等各项工作，提升监测预警能力，做好流调准备工作，进一步完善全县应急调度机制，形成梯次配置和人员储备。积极开展防控应急演练、流感疫苗接种，建立医用物资医院储备和渠道储备相结合的机制。持续加大对农贸市场、物流市场、大型商超等人员密集重点场所环境卫生整治和风险排查，加强人员出入管理和健康监测，严控人员和车辆无序流动，做好进口冷冻冷藏肉类检测，确保全面落实疫情防控常态化工作要求。在坚决做好疫情防控的同时，安排县级领导、部门工作人员组成工作组，深入园区企业、大型商贸市场等开展指导帮助，分区分类分阶段推进复工复产，全面落实援企稳岗、减税降费等政策，园区企业、餐饮住宿、商贸零售、集贸市场等领域全面有序复工复产。扎实稳妥做好社会舆论引导、民众情绪疏导，依法严查哄抬物价、制假售假等涉疫违法犯罪行为，确保防疫期间全县经济秩序良好、社会大局稳定。开展“我身边的战‘疫’模范”评选活动，县公安局交警党支部获评自治区防疫先进集体，马立坤等4人获评自治区防疫先进个人，表彰县级先进党组织15个、优秀共产党员30名，提拔重用23名在疫情防控一线表现突出的干部，弘扬伟大的抗疫精神。

【脱贫攻坚】2020年，贺兰县坚持县级领导挂牌督战，全面督导广荣村、隆源村、江南村、银光村脱贫攻坚突出问题及时有效解决。对标“两不愁三保障”标准，深入推进“四查四补”，启动县区互检普查工作，全面查找不足、补齐短板，紧盯未脱贫村和剩余贫困人口，持续发力、逐个突破，控辍保学落实到位，住房饮水安全有效保障，基本医疗和大病保险参保实现全覆盖。全县1720户8035人建档立卡贫困人口全部脱贫，广荣村、隆源村如期高质量脱贫出列。强化产业培育带动脱贫，欣荣村宁夏荣耀制衣、广荣村枸杞芽菜种植、隆源村线椒基地等项目产业带动作用日益增强，利益联结机制不断完善。持续关注和加强移民搬迁后续扶持，坚决落实“四个不摘”要求，对脱贫易返贫户、边缘易致贫户、政策兜底保障户等重点群体做好动态监测、强化增补措施，真正实现不落一户、不漏一人，推动全面脱贫同乡村振兴有效衔接。

【污染防治攻坚战】2020 年，贺兰县牢固树立“绿水青山就是金山银山”的发展理念，纵深推进生态保护和环境治理，牢牢守住改善生态环境生命线。蓝天碧水净土保卫战取得阶段性成效，中央环保督察“回头看”转办问题及自治区党委环保督察交办事项加快整改。全面拆除建成区内 20 蒸吨以下燃煤锅炉，加大重点涉气企业监管力度，扎实推进挥发性有机物专项治理，空气质量优良天数 290 天，优良比例 79.7%，同比增加 13 天。压紧压实河（湖）长制责任，全面完成南梁水源地水产养殖清理，实施贺兰工业园区暖泉片区污水管网改造、宁夏鸿泽净水公司承接原暖泉污水处理厂提标改造等工程，实行污水处理收费差别化政策。提升银新干沟、四二干沟、滨河湿地等 5 个人工湿地运营管护水平，入黄水质稳定达标。规划实施固废处置中心等项目，扎实开展危险废物申报备案工作。大力实施农业“两减”行动，化肥、化学农药用量同比分别下降 10.4%、12.4%，畜禽粪污资源化利用率达 97.6%。积极开展森林城市创建，大力实施植树造林、生态修复工程，绿色空间不断拓展、生态环境持续改善。

【防范化解重大风险攻坚战】2020 年，贺兰县统筹发展和安全，加大重点领域风险研判、监测、预警、处置力度，牢牢守住不发生系统性风险的底线。严格落实“八个一批”要求，争取限额内债券资金 5.54 亿元，超额完成自治区年度隐性债务化解目标任务；落实国务院、自治区关于化解民营企业中小企业欠款工作要求，年度完成清欠 2.95 亿元，全县政府债务风险总体可控。着力规范金融行为、治理金融乱象、强化金融监管，充分运用大数据思维，坚持深度排查、打早打小的工作理念，持续开展非法集资、网络借贷、民间高利借贷等非法融资问题专项整治，全县 85 家投资公司、小额贷款公司全部实现建档排查监管，金融市场持续健康发展。加强全县房地产市场调控监管，房地产去库存周期保持在合理区间。

【助企纾困保稳市场】2020 年，贺兰县扎实做好“六稳”工作，全面落实“六保”任务，主要经济指标由负转正、逐月回升。强化复工复产政策支持，制定《贺兰县疫情防控期间支持中小企业发展政策措施汇编》，全面用好中央抗疫特别国债、地方政府专项债券，积极落实自治区“六保 36 条”“工业稳增长 24 条”、银川市“工业稳增长 40 条”等助企纾困政策，兑现奖补企业 5303 户次，企业享受补贴金额 2.4 亿元，兑现企业技改奖补资金 325 万元。从减免、延期缴纳税款、及时提供便捷服务等方面积极帮助企业解决好产业链条恢复、产品销售、资金周转等问题。减税降费 3.4 亿元，兑现援企稳岗资金 1653 万元，受益市场主体 1.4 万余户，用“真金白银”助企业减负稳岗。举办一系列促进消费活动，组织“云车展”“云销售”“云旅游”等活动 27 场次，积极培育新的消费热点，消费市场平稳回暖。

【产业转型升级】2020 年，贺兰县持续推进产业结构调整、发展动能转换，加快经济发展质量变革、效率变革、动力变革。深入贯彻落实自治区推动重点特色产业发展政策，确定新型材料、葡萄酒、电子信息、绿色食品、奶产业等“6+3”重点特色产业发展方向，按照“一个产业、一个专班、一个方案、一套政策”的工作机制，持续推进重点特色产业提档升级、做大做强。麦尔乐食品、北方高科等 8 家企业获评自治区各类示范、技术标杆、隐形冠军等 10 项荣誉称号；厚生记食品、百瑞源枸杞分别被认定为自治区智能化工厂和行业领先示范企业；艾尼科技、大北农被工信部评为绿色工厂，宁夏凯添燃气成为全区首家挂牌新三板精选层企业，泰国天丝集团中国西北红牛生产种植在厚生记顺利投产。扎实推进重点项目建设，巨峰绝缘新材料、银川市应急调峰储气等104个项目加快建设，贺兰县第六幼儿园等109个项目建成并投入使用。持续开展产业链招商，睿鑫智能科技产品及医疗器械生产项目、新能源锂离子电池项目等105个重点项目陆续落地。紧扣全县经济社会发展的关键领域和薄弱环节，谋划“十四五”项目446个，概算投资1017.5亿元，黄河流域生态保护和高质量发展项目83个，概算投资80.72亿元。

【现代农业发展】2020年，贺兰县坚持以“稳粮、扩菜、优渔、增畜、靓酒”为重点，持续调优农业产业结构，加快转变农业发展方式，现代农业“三大体系”日益完善，国家现代农业产业园加快建设，农业公园、蔬菜公园建设初具规模，渔业公园启动建设。开展粮食、蔬菜新品种新技术示范、“宽沟深槽”稻渔综合种养技术、名特优新水产品示范推广等20余项新技术，综合提升农业发展水平，着力打造优质蔬菜外销基地、有机水稻生产基地、优质高产奶源供应三大基地，培育家庭农场、农民专业合作社22个，推广“贺兰山下”区域公用品牌，产业承载能力不断增强。落实“以水定产”发展理念，加大与清华大学、上海海洋大学等高校、科研院所产学研合作力度，引进一流的科研团队，探索实施高效节水农业项目。大力推动一、二、三产深度融合，建成“设施农业+休闲观光”“田园风光+度假庄园”等休闲农业观光基地48家，年接待游客79万人次，休闲旅游收入5991万元；构建电商销售平台31个，销售额达到2.6亿元。

【创新驱动】2020年，贺兰县坚持把创新驱动作为增强发展后劲的有力推手，聚焦突出问题，破解发展难题，激发发展内生动力。有效发挥财政投入的撬动作用，持续加大创新投入力度，新建博士后科研工作站1个，区、市级人才小高地5个，新引育市级以上高精尖缺人才和学术技术带头人77人。建立完善科技型企业梯次型培育库，新认定国家高新技术企业2家，科技型中小企业35家，百瑞源组建枸杞功能性食品工程技术研究中心，新备案自治区技术创新中心4家、众创空间1家、科技创新团队2家。易兴新材料、如意科技等企业新登记自治区科技成果10项，广银米业荣获第四届全国稻渔综合种养模式创新大赛一等奖，县科创中心被认定为国家小微型企业创业创新示范基地。

【深化改革】2020年，贺兰县持续推进“放管服”改革，推行“一枚印章管审批”，实现“进一扇门，办一揽子事”。大力推进“互联网+政务服务”，深化“一门一窗一网一次”改革，推进“综合受理、分类办理、限时办结、统一出件”的工作模式。设立贺兰县建设项目服务中心，实现业务集中办理，审批时限再压缩20%以上，促进项目审批再加速。深化商事制度改革，全面推进“证照分离”“一照一码”“多证合一”改革，实现“23证合一”。简化企业登记住所手续，放宽住所登记条件。设立商事服务专区，将营业执照、银行开户、印章刻制、发票申领、社保备案等企业开办涉及的窗口并联，做到企业开办“一站式”服务3小时办结、个体营业执照即来即办。加快现代化生态灌区建设，水权制度改革扎实推进，网交易水资源543万立方米，推动农业用水实现现代化、科学化、规范化管理。持续深化农业农村改革，农村集体产权制度改革稳步推进，农村承包土地经营权抵押贷款累计1.75亿元。成功列入全国农村宅基地制度改革试点县。贺兰县丰谷稻业产销专业合作社入选全国农民合作社典型案例。县融媒体中心深化改革入选2020年全国县级融媒体中心舆论能力建设十大典型案例。

【城乡区域协调发展】2020年，贺兰县协同推进新型城镇化和乡村振兴战略，促进城乡优势互补、协调发展、共同繁荣。城市品质不断提升，以“城市园林化”为目标，全面抓好文明城市整改创建、全国森林城市创建工作，完成新造林4034亩，新建4处小微公园并投入使用。筹资近4亿元启动建设北环路、贺立公路等一批城乡道路，有效拓展城市发展空间，顺利接入银川都市圈城乡西线供水系统，有效缓解地下水超载、用水高峰期不足的问题。加强电力保障工作，创建2020年全国首批不停电示范县。特色街巷整治改造成效明显，5处老旧小区改造完成，棚户区改造任务加快推进，停车场、道路交通安全标识等基础设施不断完善，极大缓解停车难、乱停车等问题。推动乡村全面振兴，美丽乡村生态宜居环境持续改善。以农村人居环境综合整治为抓手，拆除危旧房屋3077户、违章建筑292处，清理残垣断壁2166处，全面完成6500户改水改厕任务，新建乡村公厕8座。不断完善农村人居环境长效监管机制，积极推行新时代文明实践“公益积分超市”，实现乡风文明与村容村貌、乡村治理、移风易俗的有效衔接，让讲文明、赚积分、秀品行成为农村精神文明新风尚。通义村获评全国文明村，隆源村被评为全国乡村治理示范村，四十里店村被评为全国乡村旅游重点村，金贵村农家书屋获得第八届全国服务农民、服务基层文化建设先进集体称号。

【就业促进】2020年，贺兰县积极克服新冠肺炎疫情对就业的不利影响，始终把解决就业作为民生工作的重中之重，全力促就业、保收入、稳大局。坚持多措并举，以退役军人、大中专毕业生、农民工、下岗失业人员、“零就业”家庭等群体为重点，实施就业创业服务攻坚行动，组织开展“云招工”等线上线下招聘活动29场次，提供就业岗位1.6万个。抓好技能培训，提升就业能力，鼓励灵活就业、兼职从业、积极创业，实现城乡劳动力有效转移、有效就业，确保城乡居民收入水平不降低，生活有保障。累计新增城镇就业近4000人，城镇登记失业率控制在3.2%以内。

【教育优先发展】2020年，贺兰县按照促改革、提质量、保公平的要求，不断推进城乡义务教育优质均衡发展。持续加大教育投入力度，总投资4亿多元的贺兰县第六中学等6所学校开工建设，大班额比例从28.2%下降至2.77%，66人以上超大班额全部消除。城镇小区配套幼儿园治理工作稳步推进，“5080”目标全面实现，新增公办学位5000多个，适龄儿童入园难、入园贵、入园远的难题得到有效解决。全国儿童青少年近视眼防控示范县工作扎实推进，成功入选全国中小学劳动教育实验区。积极推进“互联网+教育”和人工智能助推教师队伍建设试点“双示范县”建设，全县中小学校园网络全部实现“千兆进校，百兆进班”，完成“互联网+教育”应用示范校、标杆校建设9个。

【医疗服务水平提高】2020年，贺兰县持续深化医药卫生体制改革，积极探索推进医共体建设，全面启动自治区健康促进县建设，“互联网+医疗健康”一期建设等项目有序推进，县妇幼保健计划生育服务中心建成使用。扎实开展“千名医师下基层”对口支援活动，落实和完善乡村医生补偿、养老和培养政策，有效保障村医养老待遇，加强乡镇、社区医疗队伍力量。持续提升传染病防控能力，健康贺兰建设迈出坚实步伐，荣获全区考核一等奖。

【社会保障】2020年，贺兰县坚持兜底线、保基本、解难题。扎实推进参保扩面工作，全县企业职工基本养老保险、失业保险、工伤保险、城乡居民养老保险参保人数持续增加，城乡居民基本养老保险、医疗保险参保缴费分别完成全年参保目标任务的144.1%和104.7%。强化兜底帮扶措施，关心关爱特殊困难群体，启动物价联动机制，落实低保提标政策，确保防疫期间困难群众基本生活不受影响。

【文体事业繁荣发展】2020年，贺兰县改造提升村级综合文化服务中心28个，打造文艺精品10部，率先在全区完成公共数字文化服务推广。配套完善26个行政村（社区）体育健身设施，“15分钟健身圈”基本搭建完成。《贺兰·不止于山》向全国推介。

【宗教工作】2020年，贺兰县全面贯彻党的民族政策，民族团结大好局面不断巩固。牢固树立马克思主义民族观宗教观，成功创建全国民族团结进步示范县，以“十进”为抓手，深入实施“六大工程”，坚持示范带动引领，高质量打造区市县三级示范单位35个。全面贯彻党的宗教工作方针，认真落实《宗教事务条例》，高质量完成全县宗教领域问题治理。加强教职人员队伍建设，坚决打击非法传教活动，依法管理宗教事务水平进一步提升。深入推进“五进”宗教场所活动，引导宗教界人士和广大信教群众始终听党话、跟党走。

【基层治理】2020年，贺兰县统筹推进乡村、社区、宗教、校园、企业、社团6个领域治理，进一步厘清职能、建立机制、强化责任，构建完善的基层治理体系。持续抓好平安贺兰建设，坚持和发展新时代“枫桥经验”，积极开展矛盾纠纷排查化解工作，强化“一村一法律顾问”活动，深化“互联网+法律服务”模式。扎实开展行政诉讼案件集中化解专项行动，实行县级领导包案，成功化解行政诉讼案件29件。着力推动信访遗留问题“百日攻坚”专项行动，梳理重点信访问题38件，结案销号28件，全县信访工作总体形势稳定。推进街道管理体制改革，社区服务管理格局不断优化，人员队伍选优配强。县乡村三级立体化社会治安防控体系全面建成，作用有效发挥，公众安全感不断增强。

【依法治县】2020年，贺兰县运用法治思维和法治方式推进改革、促进发展、维护稳定、完善治理。在全区率先开展党委主要负责人年度述法试点，建立县委党内法律法规决策咨询专家库，不断规范和提升县委科学决策水平。全面深化政法领域改革，扎实开展政法队伍教育整顿，积极探索市域治理试点工作。强力推进扫黑除恶专项斗争，认真开展“六清”行动，由中央督导组、区市各级交办1258条线索全部办结，打击传销、黑车营运等17个行业领域突出问题专项整治取得显著成效，查获涉嫌传销人员2720人、查扣涉案资产6000余万元，破获“6·25”特大传销案，斩断涉及六省区、万余人聚集型传销网络。加强安全生产监管，持续开展公共安全隐患常态化排查，开展危险化学品、公共交通等重点领域安全生产专项整治，安全生产形势总体平稳。严格落实“四个最严”要求，不断加强食品药品安全监管，全力推进食品药品安全区创建工作。全面完成“七五”普法各项任务，深入学习宣传宪法、民法典，扎实推进法律“八进”，形成尊法学法守法用法的良好氛围。扎实做好新时代双拥工作，成功创建全国双拥模范县。

【从严治党】2020年，贺兰县坚持把管党治党作为政治责任、本职责任、共同责任，健全清单式责任分解、常态化责任落实、全过程责任考评“三个体系”，明确县委48项责任清单和班子成员34项任务清单，拉条挂账、对账销号、定期督导、强化问效，着力解决主体责任不清、责任履行不力、责任追究不严等问题。强力推动巡视巡察反馈问题整改落实，自治区党委第一巡视组反馈问题36个，整改完成33个；市委第九、十轮巡察共反馈20个单位党组织198个问题，整改完成193个。

【政治建设】2020年，贺兰县旗帜鲜明讲政治，坚决维护习近平总书记党中央的核心、全党的核心地位，广大党员干部“四个意识”更加牢固、“四个自信”更加坚定、“两个维护”更加自觉。全县上下切实把学习领会习近平新时代中国特色社会主义思想、视察宁夏重要讲话精神作为首要政治任务，不断增强理想信念，强化理论武装，提升工作本领。加强意识形态工作，严格落实意识形态工作责任制，牢牢掌握意识形态工作的领导权、话语权、主动权。主动发声占领舆论阵地，在区、市媒体共刊发报道各类稿件2548篇次，加大新媒体管控力度，网络空间进一步清朗。区市党委巡视巡察反馈意识形态领域问题全部整改到位。

【组织建设】 2020年，贺兰县推动“抓乡促村、整乡推进、整县提升”示范县乡创建行动，持续推进软弱涣散和后进村党组织整顿工作，全面启动村（社区）党组织换届选举工作，深化“三大三强”行动和“两个带头人”工程，出台“1+5”硬核保障措施，带动1.28万户群众增收致富，全县村集体经济收入达到2714万元，同比增长35%，壮大村集体经济经验做法在全区交流。落实“四优四提”实施意见，构建纵向到底、横向到边的组织体系，率先配齐街道组织委员。新成立社区4个，选派54名社区骨干担任物业党建工作指导员，新打造党建引领社区治理特色品牌6个，社区治理现代化水平逐步提高。开展“让党中央放心、让人民群众满意”模范机关创建活动，突出标准引领，丰富载体举措，切实解决“机关病”“灯下黑”“两张皮”等问题，积极构建“党建+”工作格局，深化党建引领营商环境建设等6个党建联盟活动。大力推行在职党员到社区“双报到、双报告”制度，2000多名在职党员下沉社区开展形式多样的志愿服务。

【干部队伍建设】 2020年，贺兰县始终把政治标准放在首位，立足黄河流域生态保护和高质量发展先行区建设需要，围绕贺兰定位、融入贺兰作为，着眼事业发展选干部、配班子，全年共研究任免干部10批次222人次，提拔重用干部94人次。调优配强24个领导班子，组织15个县直部门开展中层干部轮岗27批次95人，不断提升全县干事创业的整体合力。积极开展领导干部、行政村负责人任期经济责任审计工作，推动县委决策部署有效落实，助力乡村振兴战略和村“两委”换届选举工作扎实推进。强化精准教育，提高干部队伍综合素质，着力增强干部“八种本领”，选派72名优秀年轻干部担任驻村第一书记、工作队队员。选派43名青年干部参加中青年干部培训班，着力打造一支信念坚定、本领高超、作风过硬的高素质、专业化干部队伍。

【反腐倡廉建设】 2020年，贺兰县持续保持反腐败高压态势，准确运用“四种形态”，让“红脸出汗”“咬耳扯袖”成为常态。聚焦脱贫攻坚等群众关心关注的问题，通过自查自纠、暗访督查、电视问政、督查落实等方式，严肃整治侵害群众利益问题，党纪政务处分14人，问责15人。锲而不舍加强作风建设，开展“干部作风建设强化年”活动，八个领域专项行动推进有力，精文减会持续减负，持续整治形式主义官僚主义，评定“奔跑奖”“蜗牛奖”，为14名受到不实举报的干部澄清正名，对6名涉嫌诬告陷害人员进行处罚，激励干部干事创业，干部作风建设取得明显成效。一体化推进不敢腐、不能腐、不想腐，持续开展扶贫领域、民生领域、扫黑除恶专项斗争整治，不断巩固反腐败压倒性态势，共处置问题线索465件，立案82件，处分88人，移送司法机关审查起诉2人。健全完善规章制度230项，组织各层级干部720余人接受警示教育培训，组建党风廉政宣讲团，坚持用身边的事教育身边的人，干部队伍法治观念、规矩意识明显提升，政治生态持续改善。

常委会会议

【贺兰县十四届县委2020年第1次常委会会议】 1月20日，县委书记赵波主持召开十四届县委2020年第1次常委会会议，传达学习习近平总书记在“不忘初心、牢记使命”主题教育总结大会上的重要讲话精神及自治区、银川市“不忘初心、牢记使命”主题教育总结大会精神。会议强调，要切实把初心使命转化为担当作为、干事创业的强大动力，努力建设好经济繁荣、民族团结、环境优美、人民富裕的美丽贺兰。

会议指出，要提高政治站位、强化政治担当，深入学习贯彻自治区、银川市“两会”精神，切实把思想和行动统一到区市党委的各项决策部署上来，在学深悟透、融会贯通上下功夫，在入脑入心、走深走实上求实效，掀起学习贯彻高潮；要广泛宣传教育、营造浓厚氛围，通过举办各级各类培训班、专题讲座等形式，让“两会”精神深入人心。

会议要求，要以习近平新时代中国特色社会主义思想为指导，全面贯彻落实新时代党的建设总要求，以党的政治建设为统领，以坚定理想信念宗旨为根基，以调动党员干部积极性、主动性、创造性为着力点，围绕全县大局和中心工作，对照要求、寻找差距、履职尽责、担当作为，努力提升工作成效和服务水平，在推动全县高质量发展上做出表率。

【贺兰县十四届县委 2020 年第 2 次常委会（扩大）会议】 1 月 27 日，县委书记赵波主持召开贺兰县十四届县委 2020 年第 2 次常委会（扩大）会议，深入学习贯彻习近平总书记在中央政治局常务委员会上的重要讲话精神，认真落实党中央决策部署，按照区、市党委关于新型冠状病毒感染的肺炎疫情防控工作各项防控措施，扎实做好全县疫情防控工作。

会议指出，当前，新型冠状病毒感染的肺炎疫情对人民群众生命安全和身体健康构成严重威胁，又正值春节期间，人员密集流动，做好疫情防控工作任务艰巨。全县上下一定要在思想上高度重视、措施上严格过硬、工作上协调联动，决不可心存侥幸、应付了事、敷衍失职。

赵波强调，各级各部门要严格落实疫情防控的政治责任，按照一级响应机制要求，进一步细化深化具体措施，力争做到防控工作不出纰漏、不留盲点。以最严作风、最实举措、最大力度，全力以赴做好疫情防控工作。实行严密的工作人员安全防护措施，科学安排人员的轮班值守，全力做好后勤服务保障等工作，给予工作人员充分安全健康保障。务必做到严防死守，紧盯“防、控、治”三个环节，细查病源、严控风险、保障供应，不折不扣把各项防控措施落实到位。对所有疫病患者，包括在发热门诊或主动到发热门诊检查的人员，采取临时特殊医保政策，一律实行免费诊疗，决不能因为费用问题延误救治、拒收拒治、导致疫情扩散。要层层压实责任，深化细化具体措施，做到事事有安排、事事有落实、事事有人管，保证防控工作不留隐患、不留死角、不出纰漏，确保人民群众生命安全和身体健康。

【贺兰县十四届县委 2020 年第 3 次常委会（扩大）会议】 2 月 1 日，县委书记赵波主持召开贺兰县十四届县委 2020 年第三次常委会（扩大）会议。会议书面传达学习习近平总书记对新型冠状病毒感染的肺炎疫情重要指示批示和党中央、国务院相关会议文件精神，自治区、银川市党委常委（扩大）会议、领导小组会议精神，通报全县疫情防控处置工作总体情况，听取九个工作组工作推进情况的汇报。

会议指出，当前正处于疫情防控关键期，各级各部门要把思想和行动统一到习近平总书记重要讲话和中央政治局常委会会议精神上来，深刻认识疫情防控的严峻形势，把人民生命和健康放在第一位，主动作为，把疫情防控作为当前最重要的工作来抓，采取更果断、更有力有序、更科学周密举措，遏制疫情蔓延。

会议强调，要提高认识和政治站位，把抓好疫情防控工作作为当前最为紧迫的政治任务，坚决贯彻党中央、自治区、银川市党委各项决策部署，加快形成横向到边、纵向到底的疫情防控体系，以疫情防控的实际行动践行“两个维护”；要落实属地管理责任，切实做好节后人员返程疫情防控工作，争取零输入、零感染。

会议还审议了《关于进一步做好春节后新型冠状病毒感染的肺炎疫情防控有关工作的通知》《中共贺兰县委员会关于切实加强党的领导充分发挥全县各级党组织战斗堡垒作用为打赢疫情防控阻击战提供坚强政治保证的通知》。

【贺兰县十四届县委 2020 年第 4 次常委会会议】 2 月 11 日，县委书记赵波主持召开贺兰县十四届县委2020 年第 4 次常委会会议，传达学习习近平总书记关于应对疫情防控重要指示和中央政治局常委会会议精神，中央应对疫情工作领导小组第四次会议精神，研究贯彻落实意见；传达学习自治区党委领导调研贺兰县疫情防控工作时的指示精神，研究贯彻落实意见；听取全县疫情防控工作情况汇报，研究部署下一阶段工作。

会议指出，当前疫情防控形势依旧复杂严峻，全县各级党组织和广大党员干部要坚决贯彻落实习近平总书记重要讲话和指示精神，全面落实自治区、银川市各项决策部署，保持必胜信心不动摇、保持高度警惕不放松、保持责任担当不懈怠，保持全面动员、持续加强、有力有序的疫情防控态势，以高度的政治自觉性扎实做好“防”“控”“治”“保”各项工作，坚决打赢疫情防控阻击战。

会议强调，全县各单位要牢牢把握疫情防控和经济社会发展各项工作要求，按照已经确定的年度目标任务，在做好疫情防控工作、严格落实各项防控措施的基础上，有序开展春耕备耕、企业复工复产、重大项目开工等各项具体工作，正确处理好疫情防控和经济发展的关系，确保全县经济社会发展起好步开好局。

【贺兰县十四届县委2020年第6次常委会会议】 3月14日，县委书记赵波主持召开贺兰县十四届县委2020年第6次常委会会议，传达学习中共中央政治局常务委员会关于研究当前新冠肺炎疫情防控和稳定经济社会运行重点工作会议精神、习近平总书记在北京考察新冠肺炎防控科研攻关工作时的重要讲话精神及习近平总书记在湖北省考察新冠肺炎疫情防控工作时的重要讲话精神；听取全县新冠肺炎疫情防控工作情况的汇报，安排部署相关工作。传达学习习近平总书记在决战决胜脱贫攻坚座谈会的重要讲话精神、自治区农村工作暨脱贫攻坚工作会议及银川市农业农村工作会议精神，审议县政府党组提请的《关于抓好“三农”领域重点工作确保如期实现全面小康的实施方案》《关于加强和改进乡村治理的实施方案》《贺兰县2020年“一村一年一事”任务清单》。

会议指出，要切实把思想和行动统一到习近平总书记对当前疫情防控和经济社会发展形势的科学判断上来，统一到习近平总书记对统筹推进疫情防控和经济社会发展各项工作的重大部署上来，坚定信心，持续奋战，顽强拼搏，确保与全国同步全面建成小康社会。要抓紧推进经济社会发展各项工作，精准有序推进企业复工复产，大力推进重点项目建设，加大对服务业企业开业复工的支持力度。要紧盯全年各项目标任务，统筹抓好农业农村、安全生产等各项工作。

会议强调，2020年是全面建成小康社会和打赢脱贫攻坚战的收官之年，要全力克服新冠肺炎疫情影响，坚决夺取脱贫攻坚战全面胜利。要高质量完成脱贫攻坚任务，在重点做好疫情防控工作的同时，创新工作方式，对标“两不愁三保障”标准，抓好“四查四补”和“挂牌督战”，确保如期完成脱贫攻坚目标任务。要补齐“三农”领域短板，对标全面建成小康社会指标体系，优化农业产业结构，完善农村基础设施，深化农村领域改革，提升公共服务水平。要强化责任担当，坚持目标导向、问题导向和结果导向，层层压实责任，结合实际创造性地开展工作，确保高质量完成脱贫攻坚任务。会议还研究审议了其他事项。

【贺兰县十四届县委2020年第7次常委会会议】 3月20日，县委书记赵波主持召开贺兰县十四届县委2020年第7次常委会会议，传达学习中共中央政治局常务委员会关于分析国内外新冠肺炎疫情防控和经济形势、研究部署统筹抓好疫情防控和经济社会发展重点工作会议精神；书面传达银川市政法工作会议精神等，研究贯彻落实措施。

会议指出，2020年是决胜全面建成小康社会和“十三五”规划的收官之年，要坚持以习近平新时代中国特色社会主义思想为指导，切实增强“四个意识”、坚定“四个自信”、做到“两个维护”，不断提升社会治理现代化水平，统筹推进疫情防控和经济社会发展。

会议强调，要根据疫情的动态变化，及时调整防控重点，分级分类精准施策，严防死守境外疫情输入。要在扎实做好疫情防控的前提下，建立同疫情防控相适应的经济社会发展秩序，加快复工复产复商复业，抓好学校开学复课各项准备工作，最大限度减少疫情对经济社会发展和群众生产生活的影响。要针对疫情防控中暴露出的问题，补短板、强弱项、建机制、堵漏洞，不断加快县域治理体系和治理能力现代化建设。

会议要求，要准确把握疫情防控和经济形势的阶段性变化，因时因势调整工作着力点和应对措施，确保打赢疫情防控的人民战争、总体战、阻击战，确保实现决胜全面建成小康社会、决战脱贫攻坚目标任务。会议还审议了其他事项。

【贺兰县十四届县委 2020 年第 9 次常委会会议】 4 月 3 日上午，县委书记赵波主持召开贺兰县十四届县委 2020 年第 9 次常委会会议。学习中共中央办公厅《中央文件发布、阅读、办理和管理工作规定》、自治区扫黑除恶专项斗争领导小组会议精神，听取习近平总书记对宁夏工作重要指示批示精神贯彻落实情况“回头看”情况的汇报。

【贺兰县十四届县委 2020 年第 10 次常委会会议】 4 月 18 日，县委书记赵波主持召开贺兰县委 2020 年第 10 次常委会会议，深入学习贯彻全区重大项目建设工作会议、自治区党委决胜全面建成小康社会工作会议等会议精神；听取全县防范化解重大风险隐患工作和重点信访案件“清零”攻坚行动推进情况的汇报。

会议指出，下半年国家将开展脱贫攻坚普查，这是对我们脱贫攻坚工作最全面、最深入、最细致的一次“大考”。各部门要提高政治站位，强化政治担当，敢于动真碰硬，以高质量整改成效迎接脱贫攻坚普查。要将中央考核和巡视反馈问题、脱贫攻坚“回头看”排查问题、“四查四补”发现问题统筹起来，聚焦“三保障”和饮水安全等重点任务，逐乡、逐村、逐户开展大排查、大起底，建立问题、任务、责任清单，细之又细、实之又实、严之又严抓好整改，确保所有问题 6 月底清零。

会议强调，接下来，全县要着力打好三大攻坚战，切实奠定全面建成小康社会的坚实基础。打好防范和化解重大风险攻坚战，全面排查和化解风险隐患，坚决守住不发生系统性区域性风险的底线。打好精准脱贫攻坚战，全面提升脱贫质量。着力创新社会治理和防范化解重大风险，不断巩固发展和谐稳定的社会局面。大力化解信访矛盾，深化扫黑除恶专项斗争，扎实推进反恐防暴工作，不断提高社会治理水平。会议还审议研究了其他事项。

【贺兰县十四届县委 2020 年第 16 次常委会（扩大）会议】 6 月 13 日，县委书记赵波主持召开贺兰县十四届县委 2020 年第 16 次常委会（扩大）会议，传达学习习近平总书记在宁夏视察、听取宁夏回族自治区党委和政府工作汇报时的重要讲话精神，以及自治区、银川市党委常委会（扩大）会议精神，研究贯彻落实措施。

会议指出，学习好、宣传好、贯彻好习近平总书记视察宁夏时的重要讲话，是当前和今后全县的首要政治任务和重大政治责任。全县各级党组织和广大党员干部要站在增强“四个意识”、坚定“四个自信”、做到“两个维护”的高度，着力增强学习贯彻的政治自觉、思想自觉和行动自觉，真正把习近平总书记的重要讲话作为全部工作的主题主线、引领发展的方向指引、统揽事业的基本遵循，推动总书记重要讲话精神在贺兰落地生根、开花结果。各级党组织要切实加强组织领导，精心安排部署，组织广大党员干部深入系统学、融会贯通学、联系实际学。要广泛宣传，多形式、全方位、广角度深入解读，广泛开展有声势、有深度、有影响的宣传，推动总书记重要讲话精神进机关、进企业、进社区、进乡村、进网络，把总书记的深情厚谊传递到千家万户。

会议强调，要深刻领会总书记重要讲话的战略思考和前瞻思维，逐项谋划、逐条推进、逐件落地，切实落实到贺兰发展的全过程、各领域。要紧扣决胜全面建成小康社会、决战脱贫攻坚目标，在学习中提高认识，在实践中抓好落实，在工作中增强干劲。要坚决抓好高质量发展这一战略任务，牢固树立新发展理念，坚决完成脱贫攻坚这一底线任务，持续发力防松劲、严把标准防闯关、巩固成果防返贫，确保取得最后胜利。要坚决扛起生态环保这一重大使命，牢固树立“绿水青山就是金山银山”的理念。要坚决补齐民生保障这一短板弱项，坚持人民至上、为民造福，优先稳就业、保民生，持续抓治理、促和谐，用心用情办好民生实事，尽心尽力抓好社会治理。广大党员干部要勇于担当、主动作为，在建设美丽新宁夏、共圆伟大中国梦的实践中担当新使命、创造新业绩。

【贺兰县十四届县委2020年第17次常委会会议】 6月27日，县委书记赵波主持召开贺兰县十四届县委2020年第17次常委会会议，传达学习全国“两会”精神、自治区党委书记陈润儿在全区传达贯彻全国“两会”精神会议上的讲话精神，传达学习自治区党委常委、纪委书记艾俊涛在全区贫困县（区）纪委书记工作例会上的讲话精神，传达学习《中国共产党政法工作条例》，研究贯彻落实措施。

会议指出，要认真学习宣传贯彻习近平总书记视察宁夏重要讲话精神，把思想认识统一到习近平总书记重要讲话和全国两会精神上来，毫不放松抓好常态化疫情防控工作，准确把握疫情发展态势，继续坚持外防输入、内防反弹。要集中精力做好“六稳”“六保”，坚持“稳”字当头、“保”字托底，认真落实各项利好政策，为决战脱贫攻坚、决胜全面小康夯实基础。要持续打好三大攻坚战，坚决夺取脱贫攻坚战全面胜利，确保实现污染防治阶段性目标，牢牢守住重大风险防控底线，奋力实现全年经济社会发展目标，确保全面建成小康社会顺利收官。

会议强调，要强化责任担当，精准聚焦“两不愁三保障”短板和“四查四补”漏洞，统筹推进贫困村与非贫困村、未脱贫户与边缘户任务落实，坚决做到查补全覆盖、整改出成效、贫困有保障。各级纪委监委要强化对下级党组织的监督，推动主体责任落细、落实、落具体，形成上下联动抓工作的格局。要深入落实党内监督责任，加强对辖区内各村脱贫攻坚工作落实情况和扶贫干部作风的监督检查，为打好打赢脱贫攻坚战提供坚强有力保障。

会议强调，各部门、乡镇要时刻以习近平新时代中国特色社会主义思想为指导，认真学习、深刻领会，为县域经济高质量发展创造安全的政治环境、稳定的社会环境、公正的法治环境、优质的服务环境。会议还审议了其他事项。

【贺兰县十四届县委2020年第19次常委会会议】 7月25日，县委书记赵波主持召开贺兰县十四届县委2020年第19次常委会会议。传达学习习近平总书记对防汛救灾工作分别作出的重要指示精神，听取全县防汛救灾工作情况的汇报；传达习近平总书记在专家学者座谈会上的重要讲话精神及中央、区、市近期关于常态化疫情防控工作的有关要求和精神，听取全县近期常态化疫情防控工作情况汇报；传达学习自治区党委十二届十一次全会精神，研究贯彻落实措施。

会议指出，防汛救灾工作事关人民群众生命财产安全，全县上下要深入贯彻落实习近平总书记关于防汛救灾工作的重要指示精神，充分认识当前全县防汛备汛形势的严重性、复杂性，坚决克服麻痹思想、侥幸心理，严格落实领导责任，建立健全防汛应急预案，细化应急处置措施，全力以赴做好防汛各项工作。要严格落实领导带班值班制度，坚持24小时防汛值班值守，全面排查消除隐患。要密切关注汛情、雨情和水情，准确掌握发布预警信息，提前做好防汛救灾各项准备工作，确保安全度汛。

会议要求，当前，疫情形势仍然复杂多变，要慎终如始、久久为功，把应对措施部署得更周密，把各项工作落实得更得力，强化工作举措，举一反三、查漏补缺，切实提高疫情防控的精准度和针对性。要强宣传重引导，深入开展爱国卫生运动，培养文明健康的生活方式，为常态化疫情防控营造良好氛围。

会议强调，全县上下要结合学习宣传贯彻习近平总书记视察宁夏重要讲话精神，学习好、落实好自治区党委十二届十一次全会部署，沿着习近平总书记指引的方向，按照自治区党委确定的目标任务，真抓实干，找准切入点、把准结合点、细化责任，确保全会精神在贺兰高质量落实。会议还审议了其他事项。

【贺兰县十四届县委 2020 年第 20 次常委会会议】 8 月 16 日，县委书记赵波主持召开十四届县委 2020 年第 20 次常委会会议，传达学习中央、自治区、银川市平安建设协调小组第一次会议暨市域社会治理现代化试点创建工作相关会议精神，研究贯彻落实措施。听取中央环保督察反馈问题整改和打赢污染防治攻坚战重点任务进展情况汇报，安排部署相关工作。传达学习全区推进高质量发展重点项目建设现场观摩会精神，听取全县项目谋划及重点项目建设工作情况的汇报，安排部署相关工作。

会议指出，开展市域社会治理现代化试点工作，是中央政法委落实党的十九大和十九届四中全会精神，推进国家治理体系和治理能力现代化的一项重大部署。要深刻认识试点工作的重大意义，统一思想认识、理清工作思路、明确目标任务，抓住机遇、靠实责任、先行先试，加快推进市域社会治理现代化试点工作，全面提升市域社会治理能力和水平。要坚持问题导向、目标导向、结果导向，聚焦重点任务抓落实，加强矛盾纠纷排查化解，打好扫黑除恶专项斗争决胜战，全面加强和创新社会治理，健全公共安全体系，努力建设更高水平的平安贺兰。

会议强调，要提高政治站位，切实增强抓好整改工作的政治自觉、思想自觉、行动自觉，充分认清打好污染防治攻坚战和推进中央环保督察反馈问题整改工作的紧迫性、重要性和严肃性，坚决杜绝麻痹思想、厌战情绪、侥幸心理和松劲心态，以最大决心、最强力度、最高标准、最严举措，突出空气环境质量改善、扬尘污染管控、污水收集与处理、农业面源污染防治等方面，坚决打赢蓝天、碧水、净土保卫战，确保全面完成污染防治各项工作任务。要全面抓好查漏补缺，强化工作措施，以务实作风坚决落实好各项目标任务，加强督查检查，强化舆论监督，严肃追责问责，真正把各项工作落到实处。

会议要求，要深入学习领会习近平总书记视察宁夏重要讲话精神，进一步振奋精神，把责任担在肩上，把任务抓在手上，把工作落到实处，紧紧围绕年初确定的各项目标任务，对标对表重点工作清单，一项一项抓好任务落实，进一步巩固稳中有进、进中向好的发展态势，确保全年各项目标任务圆满完成。要把项目建设摆在突出位置，加强项目清单化管理，强化项目建设全要素保障，确保项目按节点推进、按任务落实、按目标达效。要进一步认清形势，振奋精神，明确重点，科学研判经济形势，正视问题，增强信心，紧盯目标任务，持续优化营商环境，不断提升服务质量，全面落实惠企政策，为项目建设营造良好氛围。要围绕黄河流域生态保护和高质量发展，聚焦特色产业、基础设施、生态环保、民生改善等重点领域，精心谋划储备一批重大项目，为推动高质量发展提供有力支撑。

【贺兰县十四届县委 2020 年第 22 次常委会会议】 9 月 5 日，县委书记赵波主持召开贺兰县十四届县委 2020 年第 22 次常委会会议。书面传达学习中央文明办有关文件精神、全区建设黄河流域生态保护和高质量发展先行区第一次推进会精神等，研究贯彻落实措施。

会议指出，要结合对标整改中央文明办复查组对银川市整改创建全国文明城市暗访发现问题和中央文明办《关于恢复宁夏回族自治区银川市全国文明城市资格的通知》精神，坚持以习近平新时代中国特色社会主义思想统领文明城市创建工作，突出创建的精神文明层面要求，加强环境卫生保洁精细管理，补齐城市日常管理短板，加大基础设施维护力度，提高市民文明素质，规范公益广告设置，提升居民小区治理能力，扩大文明城市整改创建的覆盖面。要进一步落实创建主体责任，建立领导干部包抓实测点位制度，落实好督促指导职责，各点位负责人落实点位创建主体责任，开展好具体创建工作，加强入户宣传力度，提升人民群众参与文明城市创建的积极性和满意度。

会议指出，各部门要迅速传达学习，切实把思想和行动统一到自治区党委的安排部署上来，不断增强先行区建设的紧迫感、责任感、使命感，始终把产业发展作为繁荣一方经济、富裕一方百姓的重大任务，层层压实责任，逐级抓好落实。要完善产业链，加快建立现代生产体系、经营体系、标准体系、服务体系，促进更多生产要素融入产业发展。要拧成一股绳，形成推进重点产业发展的强大合力，进一步优化营商环境，强化要素保障，着力把重点特色产业优势做足、特色做亮、品牌做强，为努力建设黄河流域生态保护和高质量发展先行区打牢坚实基础。

会议还书面传达学习了自治区党委书记陈润儿在自治区党委常委会听取全区深化纪检监察派驻机构改革调研情况汇报时的讲话精神及全区深化纪检监察派驻机构改革工作推进会会议精神等，研究贯彻落实措施；审议县政府党组提请的《贺兰县全面落实“六保”任务责任分工方案》，安排部署相关工作。

【贺兰县十四届县委 2020 年第 23 次常委会会议】 9 月 27 日，县委书记赵波主持召开十四届县委 2020 年第 23 次常委会会议，传达学习习近平总书记在纪念中国人民抗日战争暨世界反法西斯战争胜利 75 周年座谈会上的重要讲话精神，研究贯彻落实措施；传达学习习近平总书记在学校思想政治理论课教师座谈会上的重要讲话精神，研究贯彻落实措施；传达学习自治区建设黄河流域生态保护和高质量发展先行区第二次推进会精神，研究贯彻落实措施。

会议指出，习近平总书记在纪念中国人民抗日战争暨世界反法西斯战争胜利 75 周年座谈会上的重要讲话精神，深刻阐述了中国抗战胜利对中华民族和人类发展的重大意义，系统概括了中国人民在抗日战争进程中孕育出的伟大抗战精神，对弘扬伟大抗战精神，实现中华民族伟大复兴提出了明确要求。全县上下要铭记历史、面向未来，继承和发扬好伟大抗战精神，全面加强爱国主义教育，广泛宣传抗战英雄事迹，把伟大抗战精神转化为自强不息、埋头苦干、锐意进取的实际行动。

会议强调，全县上下要认真学习习近平总书记在学校思想政治理论课教师座谈会上的重要讲话精神，全面贯彻落实党中央对学校思想政治工作和思政课建设的目标要求，切实提高政治敏锐性和警觉性，清醒认识到当前思想理论教育中存在的突出问题和主要矛盾，全面加强教师队伍思想政治建设，切实加强青少年思想政治教育，不断加强对思想教育的组织领导，不断推动学校思政课改革和教学工作。

会议要求，要贯彻好建设黄河流域生态保护和高质量发展先行区第一次、第二次推进会会议精神，始终抓住重点产业不放松，走出一条具有贺兰特色的产业高质量发展路子。要以更高政治站位、更强战略定力、更实工作举措，坚决扛起保护和改善生态环境的重任，加快建设黄河流域生态保护和高质量发展先行区。要聚焦九个重点产业，围绕重点产业完善产业链、建立新体系、提升创新力，推进重点产业发展取得新突破。要坚持一盘棋，强化机遇意识、规划引领、项目支撑、统筹协同，形成推进重点产业发展的强大合力。

【贺兰县召开十四届县委 2020 年第 25 次常委会会议】 10 月 23 日，县委书记赵波主持召开十四届县委 2020 年第 25 次常委会会议。传达学习习近平总书记在全国抗击新冠肺炎疫情表彰大会上的重要讲话精神、自治区党委书记陈润儿在自治区抗击新冠肺炎疫情表彰大会上的讲话精神；学习全区领导干部促进民族团结进步研讨交流会和全区促进民族团结进步工作会议精神、全区基层宗教治理工作推进会会议精神；听取三季度信访维稳工作情况的汇报，安排部署党的十九届五中全会期间全县社会和谐稳定工作。

会议指出，抗击新冠肺炎疫情斗争取得的重大战略成果，充分展现了中国共产党领导和我国社会主义制度的显著优势，要在全社会大力弘扬伟大抗疫精神，使之转化为全面建设社会主义现代化国家、实现中华民族伟大复兴的强大力量。

站在两个“一百年”奋斗目标的历史交汇点上，要牢记总书记嘱托、弘扬伟大抗疫精神，坚持稳中求进工作总基调，坚定不移贯彻新发展理念，毫不放松抓好常态化疫情防控；要加快推进基层治理体系和治理能力现代化，努力建设黄河流域生态保护和高质量发展先行区，奋力谱写建设经济繁荣民族团结环境优美人民富裕的美丽新宁夏的壮丽篇章；要坚决打好全面小康决胜战，深入开展“四查四补”，一鼓作气翻越脱贫路上的“六盘山”，扎实做好“六稳”“六保”工作，用心用情用力保障和改善民生，冲刺三季度、决战四季度。

会议强调，面对基层宗教治理情况，各级各部门要强化认识、突出重点、靶向施策、关口前移，切实提高站位，不断推动宗教治理由被动向主动转变、由治标向治本转变、由管住向管好转变；要严格对标对表“四个全面”，自查问题漏洞，巩固治理成效，各乡镇场、街道办要紧盯发现问题，尽快督促指导宗教活动场所整改并健全完善防控机制措施，确保防控措施落实到位，维护好全县疫情防控工作成果。

【贺兰县十四届县委 2020 年第 26 次常委会（扩大）会议】 11 月 9 日，县委书记赵波主持召开贺兰县十四届县委 2020 年第 26 次常委会（扩大）会议。传达学习党的十九届五中全会精神和自治区党委、银川市委常委会（扩大）会议精神，研究学习宣传贯彻工作。

会议指出，党的十九届五中全会，是在中国即将全面建成小康社会、乘势开启现代化建设新征程的关键时期召开的一次重要会议。全会总结了过去一年的非凡成绩，高度评价了决胜全面建成小康社会取得的决定性成就，统筹考虑“十四五”规划和 2035 年远景目标，明确了“十四五”时期发展任务，为全面建设社会主义现代化国家开好局、起好步，开辟中国特色社会主义新境界，实现中华民族伟大复兴的中国梦，具有十分重要的意义。全县上下要全面深入学习领会党的十九届五中全会精神，坚持原原本本学，坚持学原文、悟原理，逐字逐句精读细读，反反复复体会领悟，在学懂弄通做实上下功夫、不断加深对全会核心要义、精神实质、思想精髓的理解，做到常学常新、常悟常进。

会议强调，要加强组织领导，把学习宣传贯彻好党的十九届五中全会精神作为当前和今后一个时期的重要政治任务，精心组织、认真学习，迅速掀起学习宣传贯彻党的十九届五中全会精神的热潮。要开展全方位、广覆盖宣传，不断推进全会精神走深走实、入脑入心。要坚定“四个自信”，做到“两个维护”，在政治上主动对标、思想上主动对表、行动上主动对照，使学习领会全会精神成为统一思想、完善思路、谋划发展、推动落实的过程。要抓好宣传，聚焦主题主线、重点亮点，坚持传统媒体和新兴媒体齐头并进、网上宣传和网下宣传统筹推进，帮助广大党员干部群众深刻领会、准确理解、全面把握全会精神，把学习成果转化为有效政策举措，紧密结合我县实际，把全会确定的目标任务、思路举措具体化、项目化、操作化，真正做到真学、真懂、真信、真用。要学以致用、知行合一，抓紧抓实常态化疫情防控，做好“六稳”工作、落实“六保”任务，编制好全县“十四五”规划，确保“十三五”圆满收官、“十四五”顺利开局。

【贺兰县十四届县委召开 2020 年第 27 次常委会会议】 11 月 25 日，县委书记赵波主持召开十四届县委 2020 年第 27 次常委会会议，传达十二届自治区党委第十轮巡视动员部署会议精神，听取银川市委第十一轮巡察贺兰县反馈问题整改情况的汇报，安排部署相关工作。传达学习全区村（社区）“两委”换届工作会议精神；安排部署全县村（社区）“两委”换届选举工作相关事宜。听取全县安全生产工作情况的汇报，安排部署相关工作。

会议指出，全县上下要进一步增强政治自觉、思想自觉和行动自觉，主动认领问题，对照反馈意见，严格整改落实，形成规章制度，健全长效机制，以严实的作风狠抓巡察整改落实。要形成齐抓共管的整改格局，将巡察整改工作落到实处、抓出实效。要求真务实，突出重点，注重实效，确保巡察反馈问题条条要整改、件件有着落、事事有回音，推动全县各项工作落实落细。要以高度的责任感，举一反三，本着真对照、真反思、真整改、真负责的态度，认真研究反馈意见，高质量完成整改工作。

会议强调，要提高政治站位，不断增强做好村（社区）“两委”换届工作的责任感使命感，坚持靶向发力，严格按照方案内容，严格抓好落实，绝不允许搞变通、打折扣。要加强精准指导，强化协调督促和工作统筹，确保村（社区）“两委”换届工作圆满顺利完成，确保换出好班子、换出好风气、换出好局面，为全县上下奋进“十四五”打下坚实基础。要强化责任落实、聚焦重点行业和领域，全力做好安全生产相关工作，做到目标细化、工作细致、措施细密，精准到位，务求实效，牢牢守住安全生产底线，切实维护人民群众生命财产安全。要牢固树立安全忧患意识和“责任重于泰山”的思想，以最高的标准、最严的要求、最实的措施，努力为贺兰县经济社会发展营造安稳、祥和的优良环境，助推贺兰经济社会高质量发展。

【贺兰县十四届县委召开2020年第29次常委会会议】12月26日，县委书记赵波主持召开十四届县委2020年第29次常委会会议，传达学习《中共中央 国务院关于实现巩固拓展脱贫攻坚成果同乡村振兴有效衔接的意见》精神，研究贯彻落实意见；传达学习全区推进基层整合审批服务执法力量改革现场会会议精神，研究贯彻落实意见。

会议指出，全县上下要准确把握脱贫攻坚与乡村振兴战略的深刻内涵，持续巩固脱贫攻坚成果，紧扣乡村振兴战略“产业兴旺、生态宜居、乡风文明、治理有效、生活富裕”总体要求，加强各项工作衔接，促进产业升级、力量统筹，确保各项工作不停步、不断档，接续推进全面脱贫与乡村振兴有效衔接。要巩固好脱贫成果，落实“四个不摘”要求，保持现有帮扶政策总体稳定，健全防止返贫动态监测和精准帮扶机制，推动特色产业发展壮大，做好易地扶贫搬迁后续帮扶工作。要健全农村社会保障和救助制度，保障好农村低收入人口基本生活。要按照全面实施乡村振兴战略的要求，统筹推进乡村规划工作，因地制宜研究制定支持产业发展、就业创业、村庄基础设施和农村公共服务建设等政策，增强内生发展动力。

会议强调，推进基层整合审批服务执法力量改革是深化党政机构改革、落实“最后一公里”的必然要求，是健全基层治理体系、提升基层治理能力的迫切需要，是推动政府职能转变、更好服务群众的内在要求。要突出重点任务，准确把握推进基层整合审批服务执法力量改革的部署要求，始终坚持和加强党的全面领导，确保改革各项任务落实落地。

会议还审议了县委十四届九次全体会议相关材料等事宜，研究了关于召开贺兰县第十八届人民代表大会第五次会议、政协贺兰县第十届委员会第五次会议有关事宜。

专题会议

【县委2020年理论学习中心组集体研讨会】11月13日，县委书记赵波主持召开县委2020年理论学习中心组集体研讨会，深入学习贯彻党的十九届五中全会精神，深刻认识全会的重大意义和丰富内涵，按照区市党委和县委安排部署，围绕科学谋划编制贺兰县“十四五”规划，坚持不懈推动贺兰经济社会高质量发展开展学习研讨。

会议指出，党的十九届五中全会是党在全面建成小康社会即将收官、全面建设社会主义现代化国家新征程即将开启的重要历史时刻召开的一次十分重要的会议。全会审议通过的建议，是开启全面建设社会主义现代化国家新征程、向第二个百年奋斗目标进军的纲领性文件。习近平总书记在全会上的重要讲话，为夺取全面建设社会主义现代化国家新胜利提供了科学指南和基本遵循。全会取得的重要成果、作出的重大部署，对于动员和激励全党全国各族人民满怀信心迎接中国共产党成立100周年，继续抓住用好重要战略机遇期，奋力书写新发展奇迹，推进中华民族伟大复兴历史进程，具有重大而深远的意义。

会议强调，要坚定不移实施创新驱动发展 战略，大力发展互联网数字经济和生态经济，保持绿色发展的战略定力，坚定不移走高质量发展之路，着力解决经济结构矛盾突出、资源环境约束趋紧、增长动力后劲不足、质量效益偏低等现实问题，推动经济发展实现量的合理增长和质的稳步提升。要持续保持创城热情，落实落细落小社会主义核心价值观，不断健全公共文化服务体系，大力传承和弘扬黄河文化，着力打造文化强县。要认识和把握新征程，坚定不移践行新发展理念，以高质量发展为主题、供给侧结构性改革为主线、改革创新为根本动力、满足人民日益增长的美好生活需要为根本目的，大力弘扬“不到长城非好汉”的革命精神，贯彻落实好党的十九届五中全会各项决策部署，走好新时代长征路。

【贺兰县委应对新冠肺炎疫情工作领导小组专题会议】8月27日，县委书记、县疫情防控工作领导小组组长赵波主持召开贺兰县委应对新冠肺炎疫情工作领导小组专题会议，听取全县常态化疫情防控工作情况汇报；听取全县中小学及幼儿园开学准备工作情况汇报；听取全县市场及冷鲜食品管控情况的汇报，安排部署相关工作。

会议指出，要高度重视中小学复课和幼儿园开园工作，对全县幼儿园进行检查督导和分析评估，相关部门、单位和学校要各司其职、各负其责，对验收不合格学校、幼儿园坚决不允许开学。要认真做好健康监测等工作，确保各级各类学校开学和疫情防控工作协同推进。要切实增强忧患意识、树立底线思维，时刻绷紧疫情防控这根弦，认真做好秋冬季疫情防控工作，毫不松懈抓好“外防输入、内防反弹”各项工作，确保圆满完成全年经济社会发展目标任务。

会议强调，充分认识疫情防控的长期性、反复性、复杂性，整合各类资源，充实疫情监测力量，强化流调溯源、医疗救治能力，提高核酸检测水平，切实筑牢织密“外防输入、内防反弹”防线，避免疫情扩散蔓延。要高度重视秋冬季节的疫情防控工作，做到“指挥清晰、调度有序、执行高效、防控有力”，严把关键环节重要领域，外防输入紧盯关键人、关键物、关键事，内防反弹管好重点场所、重点环节、重点活动，把隐患降到最低。要管好农贸市场、大型商超冷链食品，坚持每周分析研判，全力守护好全县人民的生命安全和身体健康。要做好重大活动的疫情防控，确保不发生聚集性疫情，牢牢守住“零发生”。

【县委巡察整改专题会议】7月29日，县委书记赵波主持召开县委巡察整改专题会议，通报市委第十一轮巡察反馈共性及个性问题，强调，要深刻剖析问题根源，找准问题症结，系统提出工作方案和整改措施，对照问题，建立台账，层层落实主体责任和监督责任，确保所有反馈问题整改落实到位。

会议指出，全县上下要进一步增强政治自觉、思想自觉和行动自觉，主动认领问题，对照反馈意见，严格整改落实，形成规章制度，健全长效机制，以严实的作风狠抓巡察整改落实。要形成齐抓共管的整改格局，不打折扣做好巡察“后半篇文章”，将巡察整改工作落到实处、抓出实效。要求真务实，突出重点，注重实效，确保巡察反馈问题条条要整改、件件有着落、事事有回音，推动全县各项工作落实落细。

会议强调，要清醒地认识到，抓好整改是本职、不抓整改是失职。要高度重视巡察整改工作，通过开展自查自纠，发现问题立行立改，牢固树立“整改不落实就是对党不忠诚”意识，坚决摒弃“过关思想”，规范“三会一课”等党建基本制度，夯实基层基础工作，在整改期限内把反馈问题扎扎实实落实到位。要以高度的责任感，举一反三，本着真对照、真反思、真整改、真负责的态度，认真研究反馈意见，高质量完成整改工作。

【全县环保问题整改落实专题会议】7月3日，县委书记赵波主持召开全县环保问题整改落实专题会议，通报中央环境保护督察反馈问题整改和打赢污染防治攻坚战重点任务情况，强调，要牢固树立“绿水青山就是金山银山”的理念，牢牢守住生态环境保护的政治底线、责任红线，紧盯目标要求和时间节点，以高压态势压紧压实整改责任、推动整改落地见效，坚决打赢污染防治攻坚战，奋力开创生态环境保护工作新局面。

会议指出，要切实增强思想自觉和行动自觉，提高站位、深化认识，一以贯之地抓实抓好生态环境突出问题整改，不折不扣坚决完成好整改任务。要坚持以人民为中心的发展思想，聚焦中央环保督察反馈问题，按照时间节点要求，下定决心、攻坚克难，逐个整改、逐个销号，确保问题整改清底见效。要紧盯重点领域、重点区域、重点案件，精准聚焦、靶向施策，坚持守土有责、守土尽责，确保整改工作落实落地、见到实效。

会议强调，要坚持问题导向，实事求是，分类指导，因情施策，着力解决生态环境深层次问题，让企业发展更好、经济发展质量更高。要进一步强化全局观念、系统思维，采用科学方法、务实举措，举一反三，标本兼治，构建管理长效机制，确保贺兰县生态环境责任体系、生态环境监管体系、生态环境治理保障体系进一步完善。

【全县防汛救灾工作专题会议】7月1日，县委书记赵波主持召开全县防汛救灾工作专题会议，传达学习习近平总书记对防汛救灾工作的重要指示精神和自治区防汛救灾工作会议精神，安排部署全县防汛工作。强调，要深入学习贯彻习近平总书记对防汛救灾工作的重要指示，坚决落实区、市党委安排部署，坚持人民至上、生命至上，坚持预防预备和应急处突相结合，加强汛情监测，及时排查风险隐患，确保人民群众生命财产安全。

赵波指出，各级各部门要进一步做好防汛救灾各项工作，加强气象监测预警，汛情预判，加大对重点部位、重点区域和灾害易发区、隐患点的勘查监测，及时把隐患区域纳入监测范围，采取必要措施，排除风险隐患。要及早做好应对准备，抓紧完善应急预案，开展综合实战演练，强化人员物资保障，打好主动仗。要科学精确预警，严格落实24小时值班、巡堤查险、险情灾情报告等制度，做到及早预警、快速发布、有效处置。

赵波强调，要对可能发生的山洪、决堤、内涝等及时作出预警，把可能发生的损失降到最低。要做好隐患排查，细之又细、实之又实、严之又严做好防汛救灾工作，切实把保护人民群众生命安全放在首位。全县上下要本着对人民负责的精神强化责任落实，压紧压实部门责任和属地责任，坚持人民至上、生命至上的原则，保障人民群众生命财产安全。

【全县脱贫攻坚工作专题会议】7月3日，县委书记赵波主持召开全县脱贫攻坚工作专题会议，传达学习自治区扶贫开发领导小组2020年第3次（扩大）会议精神，通报全县近期脱贫攻坚“四查四补”、各级反馈问题整改工作推进情况，强调，要紧盯“两不愁三保障”，深入开展“四查四补”，严格落实问题整改责任、政策落实责任、重点帮扶责任、脱贫台账责任，确保如期实现脱贫目标，巩固提升脱贫成果，增强脱贫成色，确保高质量打赢脱贫攻坚战。

会议指出，2020年是打赢脱贫攻坚战的决胜之年，是“啃硬骨头”的关键时期，要以“四查四补”为抓手，做到不漏一村、不落一人，确保取得最后胜利。要巩固脱贫成果，抓好群众增收，做大做强优势特色产业，推进农业产业化，培育更多减贫带贫新型经营主体，让移民群众就近就业稳定增收。要认真学习宣传贯彻习近平总书记视察宁夏重要讲话精神，按照“两不愁三保障”要求，扎实推进“四查四补”工作，以更加过硬的措施，全面提高农民收入，兜住兜牢民生底线，不断夯实脱贫基础，坚决打赢脱贫攻坚战，决胜全面建成小康社会。

会议强调，要严格脱贫台账责任，落实精准方略，做到脱贫台账精准、信息数据精准、资金使用精准、进入退出精准，紧盯重点任务，扎实做好工作，持续发力防松劲、严把标准防闯关、巩固成果防返贫。要聚焦目标抓重点，对标“两不愁三保障”，坚持靶心不变、焦点不散，攻克深度贫困堡垒，补齐脱贫攻坚短板，稳定巩固脱贫成果，兜底保障特困人口，切实增强脱贫成色，确保高质量打赢脱贫攻坚战。

【全县重点项目推进专题会议】4月21日，县委书记赵波主持召开全县重点项目推进专题会议，强调，要树牢高质量发展理念，进一步解放思想、强化担当、狠抓落实，认真梳理全县重点项目推进中存在的困难和问题，坚持问题导向，压实责任，破解难题，全力推动全县经济高质量发展。

赵波指出，重大项目建设是稳定增长的重要载体、结构调整的关键抓手、改善民生的有效手段。全县上下要树牢“项目为王”的意识，切实增强抓好项目的责任感和紧迫感，积极协调统筹、推动政策落地、加强项目管理、补齐要素短板，进一步提高项目投资率、开工率、产出率，力促重点项目全面铺开、加快建设。要树牢“一盘棋”思想，抢抓政策机遇，用足用好各项政策，积极争取改造资金，建立健全长效管理机制，主动靠前服务，积极破解难题，推动项目早日建成。

赵波强调，要强化督查考核，促进形成大抓项目、抢抓项目、大干项目的鲜明导向，加快推进重大项目建设。要制定项目推进时间表、路线图，压实工作责任，强化协调联动，全力推进重点项目建设。要围绕产业转型升级，抓紧拿出规划设计方案，盯紧时间节点，加快推进一、二、三产融合发展。要提前预判问题，把项目建设作为重中之重，强化机遇意识、责任落实、实干作风，主动谋项目、跑项目、争项目、推项目，为全面建成小康社会奠定坚实基础。

组织工作

【概况】2020年，贺兰县委组织部深入学习贯彻习近平总书记视察宁夏重要讲话精神，认真落实全国、全自治区、全市组织部长会议精神，坚持组织路线服务政治路线，融入中心、服务大局，各项工作取得了积极进展。

【学习贯彻习近平总书记视察宁夏重要讲话精神】利用中心组学习、读书班、轮训、“三会一课”等载体，采取集体领学、个人自学、交流研讨等方式推动各级党组织和广大党员、干部成为习近平新时代中国特色社会主义思想的坚定信仰者、忠实实践者。常态化开展“345”锤炼初心、体悟使命教育，着力锻造干部忠诚干净担当的政治品格。实施干部治理能力提升工程，分3期专题轮训365名科级干部，通过“三会一课”“党课开讲啦”等方式深入学习习近平总书记视察宁夏重要讲话精神，开展“学习习近平总书记视察宁夏重要讲话精神，深化全面从严治党”“学习讲话精神，推动经济社会全面发展”等专题研讨活动，通过覆盖广、形式活的宣传教育，坚定了全县400多个基层党组织1.2万余名党员干部的信仰信念信心，汇聚起奋勇向前、克难制胜的强大力量。

【疫情防控】2020年，贺兰县组织号召全县400余个基层党组织万名党员第一时间投入疫情防控前线，成立165个临时党支部，动员全县52个共建单位754名党员干部下沉进社区开展防控，压实处级领导包抓11个社区、77个科级领导包抓小区责任，建立“七管七有”工作机制，落实“四包一”“四服务”等措施，构建起了党员带头群防群控的防线。提请县委表彰2批15个先进基层党组织和30名优秀共产党员，紧急划拨118万元党费专门用于疫情防控工作，号召全县党员捐款120万元，为打好疫情阻击战提供了坚强的组织保证。

【基层党组织建设】2020年，贺兰县以组织体系建设为重点，推动基层党组织的组织力全面提升。以提升组织力为重点，突出政治功能，分类别具体指导、分领域统筹推进，不断推动基层党组织全面进步、全面过硬，推动“一抓两整”，坚持抓党建促脱贫攻坚促乡村振兴。坚持抓乡促村，把示范县乡创建行动作为农村党建工作提档升级的统领和抓手，制定问题、任务、措施“三个清单”，压实县、乡、村三级党组织责任，坚持“书记抓、抓书记”，县委主要领导专题调研、指导全县基层党建工作，推动各级党组织“一把手”带好头，把党建工作责任落到实处。狠抓13个软弱涣散和后进村党组织整顿，制定“一村一策”整顿方案，建立县级领导挂点包片和“四个一”工作机制，形成齐抓共促的整顿合力。对全县64个村“两委”班子成员逐个“过筛子”联审，清理1名不符合任职资格条件的村干部。

【“三大三强”行动和“两个带头人”工程】综合年龄、文化程度、工作能力选优配强“两委”班子，致富带头人、高校毕业生、退伍军人、返乡创业青年占班子人数比例达53.6%。稳步推进“一肩挑”工作，村党组织书记兼任村委会主任“一肩挑”比例达到70%。储备致富带头人277人、村级后备干部188人，为村“两委”换届积蓄人才力量。

【党员干部能力素质提升工程】2020年，贺兰县对全县64名村党组织书记、77名驻村第一书记和驻村工作队队员进行专题培训，举办脱贫攻坚、村党组织书记抓乡促村示范专题培训4期280人次，选派46名优秀村书记参加区市村党组织书记培训班，夯实基层党员干部打赢脱贫攻坚战的本领能力。

【村级集体经济壮大】2020年，贺兰县出台《贺兰县发展壮大村级集体经济指导意见》，制定“项目管理、农业保险、担保基金、工作联席、奖励激励”5个配套文件，形成“1+5”的政策保障体系，以“硬核”措施保障村级集体经济发展。推行“支部+”模式，把党的组织建设深度嵌入产业链条，探索自主经营、投资分红、村企合作、多村联合等经营模式，成立36个股份经济合作社，组建生产经营、管理服务、销售推广等功能党小组126个，党员领办创办专业合作社143个，引领带动1.28万名贫困群众致富增收。

【基础投入】2020年，贺兰县投入为民服务资金1350万元，划拨农村党建、基础设施保障、基层干部保障等各类保障运行经费840万元，有效激发了基层党组织干部队伍干事创业的积极性。2020年银川市抓党建促乡村振兴决战决胜脱贫攻坚暨基层党建工作重点任务推进会在贺兰县通义村召开，壮大村集体经济经验做法在全区乡村治理暨扶持壮大村级集体经济现场观摩推进培训会上交流。

【社区治理】2020年，贺兰县推进“四优四提”，坚持城市党建引领社区治理现代化。在优化组织体系方面，推行“社区党委—居民区（网格）党支部—楼栋党小组”纵向组织体系和“红色物业—红色业委会—红色新兴经济组织”横向共治体系，升格社区党委9个、党总支2个，成立61个小区党支部、143个楼栋党小组。推行社区“两委”成员、业委会、物业党支部书记“三位一体”的“交叉任职、双向进入”机制。建强网格自治体系，划分社区网格364个，新增网格160个，建立“1+2+X”网格治理模式，让志愿服务“直达”家门口。

【优化人员素质】加强街道班子建设，选优配齐副书记1名、组织委员1名，招录27名社区专职网格员，培养社区后备干部37人。立足“社区”换届选举，全面摸清“两委”班子运行、现实表现、后备干部培养等情况，实现社区书记、居委会主任“一肩挑”比例达到100%。组织开展“社工大比武”“互观互检、互学互促”活动5次，举办社区治理能力提升专题培训班2期150人次。

【治理机制优化】完善街道大工委、社区联合党委运行机制，运用共驻共建协议书、共治资源清单、治理需求清单和服务项目清单“一书三单”，研究解决辖区内各项问题，推进共治共建共享。完善“街道吹哨、部门报到”机制，依托城市综合管理信息平台，受理社区“吹哨”诉求1233件，合理“派单”县综合执法局、县供电局等职能单位解决停车位不足、污水排放等各类民生问题。探索推行“红色物业”，把社区党建工作与社区物业有机融合，推行“社区党组织—红色业委会—红色物业”三方联动机制，整合服务资源、集聚服务力量、健全服务机制，着力解决好居民群众反映突出的物业问题，真正做到“民有所呼，我有所应”。大力推行在职党员到社区“双报到、双报告”制度，深入开展“守护万家平安，点亮文明银川”志愿服务活动，2000多名在职党员开展创建全国文明城市、入户宣传、梳理居民需求清单等形式多样的志愿服务。

【优化基础保障】保障13个社区阵地使用面积全部达到500平方米以上，协调物业利用小区废旧车库、物业用房等打造百姓家门口党群服务阵地16个。追加社区党建工作经费和为民服务和发展专项资金115万元，同时将社区各项保障经费纳入财政预算。

【实施“六项行动”，统筹推进各领域党建工作抓实提升】2020年，贺兰县启动“让党中央放心、让人民群众满意”模范机关创建行动，突出标准引领，丰富载体举措，下发《支部规范化建设工作清单》，开展五大创建行动，制定模范机关创建工作季度工作清单，明确创建任务、措施，统筹实施一体推进，组织78个机关单位开展“三个表率”专题教育，切实解决“机关病”“灯下黑”“两张皮”等问题。做好巡视巡察整改“后半篇文章”，结合市委第十轮巡察反馈问题，开展机关党建突出问题专项整治，梳理整改机关党建问题120项，形成整改台账230份，全面提升机关党建工作质效。深化“五强五促”行动，选派11名专职党建工作指导员、60名兼职党建指导员、20名“第一书记”深入一线指导辖区非公和社会组织党建工作，推动党建工作与经济发展共融互促。不断提升“两个覆盖”质量，单独成立非公企业党组织8个、社会组织党组织1个，截至年底，全县非公企业和社会组织党组织覆盖率分别达75.4%和84.6%，较2019年分别提高了7.9和1.15个百分点。

【干部选拔任用】2020年，贺兰县以忠诚干净担当为标尺，推动高素质干部队伍快速成长。突出准确识人、因事择人、多策育人，统筹做好干部选、培、用、管工作。树立鲜明用人导向，激发干部队伍整体活力。更加突出政治标准识人选人。始终把政治标准放在首位，突出看干部的政治忠诚、政治定力、政治担当、政治能力、政治自律，着眼事业发展，选拔政治过硬、埋头苦干、敢于碰硬、表现突出的优秀干部。今年以来，共调整任免干部9批次199人次。其中，提拔重用干部83人次，调任3人。制定《在疫情防控阻击一线考核识别领导班子和领导干部工作实施方案》《全县重点工作（重大项目）干部专项考核办法（试行）》等方案、办法，先后将关系全县经济社会发展、民生保障和社会治理重点项目、重要工作和重大工程的365名科级领导干部纳入考察视线。对在疫情防控中表现突出的23名干部提拔使用、3名干部晋升职级。

【干部队伍配备】2020年，贺兰县对全县53个领导班子及成员进行研判分析，统筹考虑知识结构、能力素质、性格特点等因素，优化调整37个领导班子。健全中层干部轮岗交流工作机制，通过交流谈话、查阅资料等方式，梳理14个重要职能部门的101个关键岗位，全面掌握部门运行、干部履职等情况，指导15个单位轮岗27次，涉及73个岗位95人。

【干部教育培训】2020年，贺兰县制定《2020年贺兰县干部教育培训项目计划》《贺兰县干部治理能力提升工程实施方案》，通过强化思想淬炼、政治历练、实践锻炼和专业训练，建立健全源头培养、跟踪培养、全程培养的能力素质培养体系，着力增强干部“八种本领”。紧紧围绕县委、县政府中心工作、重点任务、重要指标，聚焦创新驱动、生态立区和脱贫攻坚全面开展“靶向”培训，截至年底，对全县64个行政村75名驻村第一书记和驻村工作队队员开展专题培训，举办4期脱贫攻坚专题培训，对全县280名帮扶责任人开展帮扶政策知识培训，扎实打赢脱贫攻坚战的本领能力。选派43名青年干部参加中青年干部培训班，着力打造一支信念坚定、本领高超、作风过硬的高素质、专业化中青年干部队伍。

【干部管理】2020年，贺兰县坚持严管厚爱并举，健全知事识人体系。认真做好领导班子配备情况研判分析，对领导班子职数配备、年龄、专业、性别等结构情况需求配备情况进行分析研判，掌握领导班子现状。

【注重顶层设计】2020年，贺兰县制定《贺兰县公务员考核办法（试行）》《贺兰县科级领导班子和科级领导干部实绩考核评价办法》，通过多元化考核方法、个性化指标设置、实效化结果运用，变静态考核为动态考核，把目标管理与过程管理结合起来，激发干部队伍新活力。指导人社局、教育局开展人事档案专审，完成120名公务员的档案专审工作，收集审核入党材料5000余份。在疫情防控、脱贫攻坚等一线，记录全县800多名干部在疫情普查、重点管控、物资保障等工作中的正负面清单300余条，问责2名不胜任现职、难以有效履职的干部。严格落实乡镇机关事业单位207人乡镇工作补贴标准，确保乡镇干部收入高于县直机关同职级干部20%以上，对符合条件的530名公务员（含参公人员）工资晋级晋档，实现月人均增资120元。

用好提醒谈话、函询诫勉等组织措施，对脱贫攻坚、扫黑除恶、巡察整改、“四争”、招商引资和季度考核等重点工作中认识不清、推动不力的30名单位主要负责人进行约谈提醒，对8名单位主要负责人开展离任经济责任审计。

【人才政策保障】2020年，贺兰县完善贺兰县人才强县工程支撑高质量发展系列人才政策，制定下发《贺兰县人才工作领导小组、办公室、成员单位工作职责及领导小组议事规则》《人才公寓管理使用办法》等办法制度，加强政治吸纳引领，激发人才创新创业活力，集聚更多高素质人才投身贺兰创新高质量发展。

【人才引进】2020年，贺兰县实施高精尖缺人才引领等五大人才工程，开展走访上海海洋大学等线上线下双招双引活动24场，服务、指导47家企事业单位实施人才项目19个，引进高层次人才279人，培养骨干技术人才1212人。申报区市高精尖缺和学术技术带头人120人，新入选区、市高精尖缺和学术技术带头人65人。

【人才生态环境优化】2020年，贺兰县走访慰问优秀人才60人，发放慰问金及疫情防护用品7万元。争取区市人才项目资金44万元，兑现“人才小高地”建设项目和高精尖缺人才生活补贴、人才培育补助190万元，组织17名高层次人才和专家进行健康体检。盘点各类人才16890人，摸清各类人才总量、结构、素质以及岗位匹配度。

【老干部工作】2020年，贺兰县以“三银”品牌为纽带，推动老干部工作高质量发展。坚持政治引领，强化经费保障，深怀感情服务好老干部，充分发挥老干部优势作用，引导老同志为党和人民事业增添正能量。完成县人大办等5个离退休干部党组织换届工作，召开离退休党支部书记述职会，开展结对共建活动，实现农业农村局等6家单位与自治区党委共建，打造共享党建阵地2处，改造提升县老干部活动中心，完善功能建设。举办迎春茶话会和上半年情况通报会，走访慰问离退休干部及遗孀200余人次，为全县131名离休干部进行健康体检。建立在职干部“一对一”结对服务136名离休及高龄退休干部，开创老年大学“一校三馆多点”的办学模式，创办老年大学分校及教学拓展点7处，创新“线上空中课堂+线下延伸教育”教学模式，组织老干部学习习近平总书记视察宁夏重要讲话精神917人次。打造“三银”品牌，以党建为引领，打造“银发先锋”党建品牌，提升离退休干部党组织组织力；组建5支“银辉贺兰”志愿服务队，开展各类活动30余场次；树立“银霞贺彩”文化品牌，新编节目10个，开展各类文艺活动13场次，使老干部老有所乐、老有所学、老有所为。

宣传工作

【概况】2020年，贺兰县宣传工作坚持以习近平新时代中国特色社会主义思想为指导，全面贯彻落实党的十九大、党的十九届三中全会、党的十九届四中全会及自治区党委、市委、县委全会精神，始终坚持团结稳定鼓劲、正面宣传为主的方针，巩固壮大主流思想舆论，为争创银川都市圈高质量发展示范县提供强有力的舆论支持和思想动力。

【干部理论学习】为县委理论学习中心组成员订购《习近平谈治国理政》《中华人民共和国民法典》《中国制度面对面》等学习用书29套500余册，订阅党报党刊6500余份，打造“集体自学＋专家辅导＋交流研讨＋观摩学习”四位一体学习模式，召开县委理论学习中心组学习会议13次，重点学习脱贫攻坚、民法典、马克思主义民族观宗教观、国防教育、总书记视察宁夏重要讲话精神等内容。

【学习平台推广运用】加强党员干部学习成效转化，印发4次学习情况通报，向上级供稿458篇，其中被宁夏学习平台签发通过28篇，举办全县“学习强国”学习平台知识竞赛。表彰公安局党委、常信乡党委等15个“学习强国”学习平台应用先进集体，评选“学习之星”50人，“挑战达人”10人，积极组织参加自治区市“学习强国”学习平台知识竞赛及挑战达人活动，获优秀组织奖。

【理论宣讲】2020年，贺兰县将学习宣传贯彻习近平总书记视察宁夏重要讲话精神、推进习近平新时代中国特色社会主义思想进企业进农村进机关进校园进社区进网络作为理论武装工作首要任务，制定实施方案，通过研讨、座谈、举办微宣讲比赛等形式加强学习，持续开展各个层面的宣传宣讲活动。县委中心组成员下基层调研50余次，收集调研文章14篇，编印《2020年贺兰县委“大调研”活动优秀调研报告选编（第一辑）》，收集调研文章21篇，引导党员干部始终坚持思想引领，不断提升履职能力和水平。

【干部理论培训】2020年，贺兰县召开全县科级干部专题培训班3期共计383人次，并邀请区市党校讲师围绕习近平新时代中国特色社会主义思想，推动新时代宁夏各项事业发展的行动纲领等内容，深入11个乡镇（场）、街道，社区宣讲13场受众600余人。

【意识形态工作】制定落实与各党委（党组）签订2020年意识形态工作责任书，制定意识形态工作要点、防范化解意识形态领域重大风险隐患实施方案、意识形态工作领导小组工作规则、防止出现政治性风险问题监测预警审核制度等，对标对表，查缺补漏。成立贺兰县宣传思想文化领导小组，召开专题会议，学习相关监督检查办法，通报贺兰县贯彻《中国共产党宣传工作条例》工作存在的问题和整改情况，制定贯彻落实《中国共产党宣传工作条例》分工方案，研究部署贯彻措施；通过邀请自治区党委讲师培训和下基层辅导等形式，为全县宣传文化系统全体干部、各单位意识形态工作分管领导、宣传干事和党员发展对象，以及街道、教育和卫生系统干部开展《中国共产党宣传工作条例》专题培训7次600余人；印发意识形态应知应会手册500本供参阅学习。各党委（党组）开展了专题学习，组织知识测试，切实提高意识形态工作能力水平。召开意识形态工作领导小组会议3次，每季度召开舆情分析会议，对重大事件、重要情况、重要社情民意中的苗头倾向性问题，进行分析研判。同时加强指导督查，2020年对全县各党委（党组）进行意识形态工作督导检查2次，将督查问题汇总逐一反馈各单位，推动中央第八巡视组、自治区巡视、银川市巡察和意识形态工作专项检查反馈问题整改落实，对报告会、研讨会、论坛讲座等严格进行申报审批。

【扫黄打非】2020年，贺兰县召开全县“扫黄打非”工作领导小组会议，对全县11家印刷企业和

30 家发行单位开展复工复产后的出版发行单位年审年检工作。开展“两节”期间和全国“两会”期间文化市场专项检查 7 次。农村社区电影放映 1246 场次。开展“护苗 2020·绿书签”系列宣传活动，发放宣传折页 5000 份，宣传海报 1500 份，倡议书 1000 份，绿书签 3000 份。县委宣传部被银川市评为“扫黄打非”先进集体。承办了 2020 宁夏“绿书签行动”之非法出版物集中销毁活动，销毁非法出版物 2.4 万余册、光盘 300 多张，自治区党委宣传部、扫黄打非办为贺兰县 5 所小学捐书 1500 多册。

【媒体宣传】2020 年，贺兰县加强媒体宣传力度。壮大新闻通讯员队伍，印发新闻宣传工作要点，制定新闻通讯员队伍建设方案，并举办通讯员培训班 2 期，提升通讯员业务能力。以“决胜全面建成小康社会、打赢脱贫攻坚战”作为贯穿全年的重大主题，制定宣传报道方案，在“魅力贺兰”App 开设专题，在自治区市报刊刊发脱贫攻坚宣传稿件 95 篇次，全平台累计播发脱贫攻坚宣传报道 518 条次。全县在自治区市媒体报刊共刊发各类稿件 632 篇，其中《宁夏日报》头版刊登 10 篇，《银川日报》头版刊登 56 篇。组织“中央驻宁媒体贺兰行”活动，共邀请新华社宁夏分社、人民日报客户端、中国新闻社等 15 家媒体开展为期两天采访，围绕农民丰收节、壮大村集体经济、节水农业、科技创新等主题进行宣传报道，指导公安、法院等部门召开 4 次新闻发布会。

【融媒体中心建设】2020 年，贺兰县引入 3D 技术开发了“3D+”媒体系列产品并进行市场推广。探索“三圈层”人才团队合作模式，引入对接企业 3 家。重点打造“魅力贺兰”手机 App，年底 App 用户数近 5.8 万户，开发短视频、H5 等 452 个，打响“魅力贺兰”App 的知名度，解决媒体建设运营乏力问题。加快推进媒体融合，围绕全县重点工作在《贺兰新闻》播发稿件 1217 条，贺兰电视台微信公众号共发布稿件 1913 条，贺兰发布共发布稿件 1715 条，魅力贺兰 App 发布稿件 8724 篇，围绕创建文明城市、民生、人居环境等举办《电视问政》5 场。

【微宣传】2020 年，贺兰县创新“全方位聚力、全媒体融合、全覆盖宣传、全过程记录、全网红带货”的工作模式，举办线上“云招聘”8 场，提供就业岗位 2379 个，上线“贺贺有名”直播平台，观看人数达到 3 万余人，帮助农户解决滞销蔬菜 600 吨。上线网红打卡，走进设施大棚、扶贫基地，直播隆源村梅花鹿养殖、高荣村扶贫车间等移民村扶贫产业，做好镜头下的产业发展、旅游融合、文化展现等多角度的微宣传。同时，依托广播、电视、微信端的民生服务版块、贺兰电视问政、App 端的“帮打听”和社区服务模块，及时收集群众诉求，帮助群众解决生产生活中遇到的困难和问题，强化为民服务功能。

【精神文明建设】2020 年，贺兰县坚持价值观引领，扎实开展精神文明建设。加强新时代文明实践中心建设工作。累计投入资金 487 万元，实现 85 个新时代文明实践所站阵地、“幸福积分”超市和村级“村村享”智能大喇叭平台全覆盖。指导实践站建设实体积分超市，建立乡村文明实践积分管理制度，将文明创建、乡村振兴、基层治理和脱贫攻坚等重点工作融入。开发文明实践网上平台，实现网上注册、发布项目、群众点单等 15 项功能，通过县级实践中心统筹协调，广泛开展学雷锋志愿服务活动日，各机关、学校、乡镇（街道）、村（社区）党员干部以及楼栋长带头示范，吸引广大群众参与，形成了良好的文明风尚。

【社会主义核心价值观教育】2020 年，贺兰县制定印发《新时代公民道德建设实施纲要》和《新时代爱国主义教育实施纲要》实施方案，把社会主义核心价值观教育作为新时代文明实践和移风易俗工作重点，突出抓好道德讲堂、移风易俗“红黑榜”建设，开展社会主义核心价值观“六进”活动，建设欣兰广场、如意湖公园、兰山公园等一批社会主义核心价值观主题广场（公园）、特色街区、示范小区，先后投入 300 余万元用于社会主义核心价值观、“文明健康 有你有我”等为主要内容的公益广告宣传，营造了良好创建氛围。

【示范引领】2020 年，贺兰县深化文明细胞工程，组织“宁夏文明创建动态管理系统培训班 2 期”，进一步明确社会文明创建“五个一”标准，命名表彰县级“文明单位”9 个、文明村镇 13 个、文明校园 7 个，推荐市级文明单位 4 个、文明村镇 2 个、文明校园 2 个，推荐全国文明单位 1 个、文明村镇 2 个、文明校园 1 个。持续开展各行各业先进人物评选活动，结合新冠疫情防控工作，推荐表彰各级各类道德模范、“最美人物”、“战疫模范”300 余名，在全县上下形成了“寻找最美、崇尚最美”的浓厚氛围。

【精准扶贫】2020 年，贺兰县坚持扶贫扶志相结合，对扶贫村新时代文明实践站拨付活动经费各 10 万元，指导村委会建立《乡村文明实践暨人居环境整治奖励积分管理办法》。扶贫村网络实现全覆盖，开展红白理事会工作，在移民村举办第二届移风易俗集体婚礼，制作发放图说移风易俗、社会主义核心价值观等宣传资料，在移民村组织开展旗袍秀活动，发放移风易俗倡议书，发放扇子、手提袋等宣传品，通过宣传遏制农村大操大办、厚葬薄养、人情攀比等陈规陋习。

【爱国主义教育】加强国防教育宣传，组织开展全县国防教育专题报告会 1 场次，结合国防教育日，制作国防教育宣传手提袋 3000 个、宣传彩页 10000 份，组织全县各单位观看国防教育电影《八佰》。加强雷锋纪念馆、稻渔空间等爱国主义教育基地投入 20 余万元，营造爱国主义宣传氛围，强化爱国主义宣传教育，组织“元旦”“五一”“十一”等重大节庆日举行升国旗仪式。

【网络和信息化管理】2020 年，贺兰县扎实开展网网上正面舆论引导等工作，维护网络意识形态领域安全。编印《舆情专报》8 期，发好抗疫“网上声音”，筑牢网络舆论阵地，组织全县网宣员转发报道权威媒体发布信息、各部门联防联控的措施成效等，共发布宣传信息 1739 条，点击量 136.4 万次。运用信息化手段助推疫情防控现代化，协调开发远程会议系统，推广移动端无纸化办公，实现人口信息线上普查。

【文化建设】2020 年，贺兰县积极提升村级综合文化服务中心建设，确定村级综合文化服务中心功能提升改造建设项目数量 28 个，推进“三馆一站”建设，覆盖率达到 120%，加强乡镇（街道）综合文化服务中心建设，不断扩大基层文化惠民覆盖面，争取 2020 年行政村（社区）综合性文化服务中心覆盖率达 100%。深入实施“四送六进”工作，开展各类文化惠民活动总计 979 场次。充分发挥线上数字资源阅读服务功能，利用“书香贺兰”微信订阅号，为读者提供海量的数字阅读资源，移动图书馆等数字资源的阅读量达 6.2 万余人次。

【疫情防控宣传】强化社会舆论引导，发挥媒体宣传引导职能，加强区市及中央驻宁媒体沟通，邀请新华社、《人民日报》、《中国日报》、新华网、人民网等多家权威媒体采访报道，市级以上媒体播发稿件 1078 篇次。县融媒体中心共发布疫情防控、信息通报等 3627 条，发布有关疫情防控会议精神和工作要求 190 篇。丰富宣传形式，制作疫情宣传音视频 61 个，策划“心理健康专家谈”等直播活动 9 场。创作各门类抗疫主题文艺作品 600 余件，举办“众志成城 抗击疫情”摄影赛比赛，征集摄影作品 300 余幅。广泛发动社会宣传力量，通过管理员、网格员入户宣传，依托全县 201 个物业小区 500 多个社区工作群和业主微信群，在全县精准开展疫情防控社会宣传；用好全县宣传展板、橱窗、电子显示屏、条幅标语、大喇叭、小广播、流动宣传车等传统宣传阵地，不断强力灌输防控知识。

统战工作

【概况】2020 年，贺兰县委统战部认真贯彻落实习近平新时代中国特色社会主义思想，围绕中心服务大局，突出思想政治引领，发挥统一战线优势，在全面推进多党合作、促进民族团结进步、依法管理宗教事务等重点目标任务上持续用力，各项工作稳步推进、成效明显。

【基层宗教治理】2020 年，贺兰县委统战部全面贯彻落实自治区党委十二届十次全会精神，制定工作方案，加强基层宗教治理，扎实做好各级巡视、督查反馈宗教领域问题整改，推进宗教事务由被动向主动转化，由治标向治本深化。

【民族团结进步创建】2020 年，贺兰县牢牢把握“铸牢中华民族共同体意识”主线，以“十进”为抓手，深入实施“六大工程”，制定印发了《贺兰县 2020 年民族团结进步创建工作实施方案》《贺兰县民族团结进步创建“十进”方案》，研究制定了《贺兰县民族团结进步创建“十四五”规划》，召开民族团结进步创建工作推进会 4 次，分领域分批次专题培训 4 次，组织互观互检 6 次，县委分管领导一线指导调研10 余次。坚持“贺兰县经济社会发展到哪里，民族团结进步创建就开展到哪里”的工作思路，对标创建“八个一”要求，重点打造了通义村、融媒体中心、天鹅湖社区、宁夏广银米业有限公司（稻渔空间）等示范点 7 个，通过组织“开学第一课”“中华民族一家亲”主题党日等丰富“民族团结月”活动，推进创建向乡村旅游、互联网等新领域、新群体拓展延伸。探索深化“互联网 + 民族团结”行动，联合融媒体中心在“魅力贺兰”App 开辟创建专栏，打造民族团结三维虚拟 VR 展厅，宣传展示习近平总书记关于民族工作的重要论述及全县创建成效；开展民族团结进步知识网络有奖竞答活动，参与人数近 1 万人次，进一步扩大网络宣传空间，汇聚互联网促进民族团结进步的最大增量。以记录各族群众“一起走过，一起生活，一起实现”的故事为依托，深入挖掘各领域创建特色，丰富创建载体，巩固提高老点、创新推进新点，打造一批特色鲜明的创建品牌，积极申报区级示范单位 5 个、市级 15 个，命名县级示范点 19 个，不断巩固提高创建成效，发挥示范带动作用。2020 年共迎接中央统战部、国家民委等各级各类考察调研、观摩采访 16 次，贺兰县及“小蜜蜂”社区创建工作被《中国民族》杂志报道，贺兰县创建全国民族团结进步示范县已经自治区研究后上报国家民委审定。成功承办 2020 年全区及银川市“民族团结月”启动仪式，形式多样、内容丰富的活动获得各级出席领导肯定，吸引各族群众驻足观看。

【多党合作】2020 年，贺兰县制订《贺兰县 2020 年“四支队伍”教育培训计划》，组织统战成员学习习近平总书记视察宁夏时的重要讲话精神及党的十九届四中全会、自治区党委十二届十次全会精神等，加强思想政治引领。积极搭建民主党派知情明政平台和渠道，认真开展“双月”座谈会和专题培训。制定《贺兰县民主党派代表人士队伍建设规划（2019—2027 年）》，支持民主党派加强自身建设。建立贺兰县民主党派、新的社会阶层人士、党外知识分子等 12 类统战成员动态数据库，建立党外代表人士数据库 314 人。加强党外代表人士发现、培养、使用力度，推荐县级政协委员 11 人，推荐上报市级民主党派代表人士 14 人，联合县委组织部谈话了解县级层面民主党派代表人士意向人选 27 人，推荐使用党外干部 1 人。指导民革、民进等民主党派完成换届。建立华人华侨、归侨、港澳台同胞及其眷属数据库，慰问困难侨胞侨眷 4 人。

【全域统战工作】2020 年，贺兰县加强和改进园区统战工作，制定印发《贺兰县关于加强园区统一战线工作的实施意见》，建立园区统战成员数据库，打造园区“统战之家”，大力培育“政治引领”“招商引资”“双向服务”三大品牌。制定《贺兰县 2020 年新的社会阶层人士统战工作计划》，全面抓好《关于加强新时代民营经济统战工作的意见》的各项政策落实，完成非公经济人士综合评价 11 人，推荐宁夏光彩事业促进会理事 2 人。

【项目资金争取】2020 年，贺兰县委统战部争取自治区财政厅 2020 年民贸民品贷款贴息资金 770 万元；联合县财政局审核申报 2019 年度民品企业贷款贴息企业 7 家，申报贴息 1498 万元，助力非公企业复工复产。组织申报 2020 年少数民族发展资金项目 25 个，筛选上报银川市少数民族发展资金项目 9 个，申报资金 151.8 万元，助力民族地区经济社会发展。

政策研究

【概况】2020 年，贺兰县委政研室认真贯彻党的十九届四中全会和习近平总书记视察宁夏重要讲话精神，全面落实自治区党委、市委、县委决策部署，紧紧围绕县委、县政府中心工作，谋长远、抓关键、重实效，充分发挥深改办统筹协调和政研室“以文辅政”作用，为推动新时代贺兰高质量发展贡献力量。

【全面深化改革】2020 年，贺兰县全面对标中央及区市改革目标任务，结合贺兰改革发展实际制定印发《贺兰县委全面深化改革委员会 2020 年工作要点》，聚焦推动高质量发展、推进乡村振兴、县域治理现代化等 5 个重点领域，明确重点改革任务 36 项，厘清责任主体、明确工作时限，为推进各项重点改革任务提供依据。积极探索创新，聚焦影响全县经济社会发展难点、堵点问题，征集 20 余项改革事项，经过反复讨论、充分论证，确定“探索建立农村宅基地自愿有偿退出机制”“建立发展壮大村集体经济的政策措施”等 10 项特色改革任务，制定实施《2020 年深化改革“十大攻坚行动”实施方案》，推动深化各领域改革见成效、出亮点。聚焦关键环节，协同推进改革。始终将调查研究作为推进改革的重要环节，围绕建立农村宅基地自愿有偿退出机制、一二三产业融合发展等热点难点问题，及时组织相关人员开展调研，认真分析评估，为制定改革方案奠定基础。对标区市专项改革实施方案目标要求，明确责任领导和责任单位、具体措施、时间节点，以关键环节改革突破，牵引和带动其他各领域改革协同推进，逐步固化形成具有贺兰特色的“改革名片”。同时，加强改革成果总结和推广，向区、市改革办投送信息 73 篇，采用 56 篇，采用率 77%，编发贺兰改革动态信息 24 期。聚焦督查问效，强化改革落实。完善细化全面深化改革绩效考核赋分细则，对年初安排的各项改革任务实行台账管理，对已完成的改革工作逐项评估、逐项销号。将全面深化改革工作纳入全县绩效考评重要内容，定期或不定期开展改革专项督查，实行“一督查一通报、一季度一考评”，印发改革督查通报 10 期，确保各项改革任务有序推进、落实见效。

【服务决策】2020 年，贺兰县委政策研究室，完成了《中共贺兰县委 2020 年工作要点》及责任分工、《县委全面贯彻落实〈银川市委认真贯彻落实党的十九届四中全会精神全面推进市域治理体系和治理能力现代化的实施意见〉责任分工方案》、《关于全面贯彻落实习近平总书记视察宁夏重要讲话精神在继续建设经济繁荣民族团结环境优美人民富裕美丽新宁夏的奋斗实践中勇立潮头守正创新贡献贺兰力量的决定》及任务分工方案等文稿起草工作，开展数字经济与区块链、农业主导产业结构调整与区域布局基础研究，围绕乡村振兴、社会治理、深化改革、疫情防控等领域开展宏观政策研究，编辑整理相关政策解读、典型经验等，编辑印发《政研专报》9 期，为县委、县政府决策提供参考。

【调查研究】2020 年，贺兰县委政策研究室，严格按照区市大调研工作要求，聚焦县委、县政府中心、重点工作，制定《关于开展大调研工作的通知》，确定了 63 个调研课题，明确各责任单位，按时序进度开展调研，编印《2020年县委“大调研”活动优秀调研报告（第一辑）》，进一步推进“大调研”工作常态化。根据县委、县政府2020年重点工作部署，针对制约全县经济社会发展的短板和不足，抓住关键领域和关键环节，确定了“3+X”调研课题。3即确定3项基础性、方向性研究课题，目前，完成了《关于区块链技术的研究报告》《关于数字经济的研究报告》2篇专题研究报告，起草《“亦城亦县”定位与高质量发展的研究报告》。X即根据县委、县政府重点、难点、热点工作需要，确定3~5项实用性、针对性的调研课题，已完成《创新农业长效利益链接机制工作成效及问题建议》《这是个好地方——总书记点赞贺兰稻鱼空间农业主题公园》《贺兰县创新合作社“资金入股”模式带动农民增收成效显著》等专题调研报告8篇，被《宁夏工作研究》《大银川》等采用4篇。

【信息编辑】2020年，贺兰县委政策研究室，围绕县委十四届七次、八次全会确定的重点工作，涵盖产业转型升级、补齐民生领域短板、治理体系和治理能力现代化、实施乡村振兴战略等方面的宏观政策和专家解读及区内外先进经验做法等。印发《政研参考》22期，共154篇，微信公众平台累计推送达423条。

【精准扶贫】2020年，贺兰县委政策研究室，每月定期深入帮扶村、社区、企业开展相关活动，走访建档立卡贫困户，详细了解贫困户家庭生产生活情况，宣传相关扶贫政策，协调解决存在的困难。组织干部职工每周三、五开展志愿服务活动，对争创全国文明城市进行宣传，对行人随意丢弃垃圾和随意横穿马路等不文明行为进行劝导，营造文明城市创建人人有责的良好氛围。

机构编制

【概况】2020年，贺兰县委编办全面贯彻落实党的十九大和十九届二中、三中、四中全会精神，认真落实全国全区编办主任会议精神，健全机构编制管理体系，积极履行机构编制管理职能，统筹推进各项改革，强化服务保障，加强自身队伍建设，较好地完成了各项工作任务。

【执法力量改革】2020年，贺兰县委编办，认真贯彻落实《中共中央办公厅、国务院办公厅印发〈关于推进基层整合审批服务执法力量的实施意见〉的通知》精神以及自治区党委、银川市委编办部署要求，通过采取实地调研、专题汇报、调查问卷及座谈交流方式，对各乡镇机构编制、职能配置、审批服务体系建设、执法队伍建设等方面进行了深入调研，形成调研报告1份。制定贺兰县“属地管理”主要责任和配合责任清单，作为职能部门和乡镇（街道）共有事项履职查询、执行、监管和问责的重要标准和依据。

【行政执法改革】将交通运输、农业、文化市场、市场监管四部门执法机构组建、编制核定、人员划转等机构编制事项提交2020年县委编委第一次会议审议通过后，审核印发了交通运输、农业综合、文化市场和市场监管执法大队机构编制方案，完成了79名人员编制划转工作，为执法队的顺利运行提供保障。随后对四部门综合执法体制改革进展情况进行了跟踪督导调研，对改革落实中的问题和阻力进行梳理汇总，通过协调相关部门解决执法队组建挂牌、人员转隶、经费及固定资产核拨等相关事宜，力促改革落地落实，使机构职能更优化，机构运行更高效。

【工业园区行政执法改革】按照《加快工业园区高质量发展的实施意见》要求，积极与园区和有关部门对接，明确园区执法赋权形式和执法事项清单，经2020年县委第13次常委会会议研究决定，贺兰工业园区采取部门委托执法方式行使执法权，由县综合执法局、县应急管理局、县自然资源局将部分行政处罚以及与行政执法相关的行政检查、行政强制权赋予园区行使。

【权力清单规范调整】2020年，贺兰县委编办，按照自治区权力清单“三级四同”工作要求，在自治区权力清单指导目录和银川市市设权力指导目录基础上，结合机构改革、综合执法改革，对县级政府部门权力清单进行规范调整，经部门上报、编办审核、征求意见、沟通对接、印发公布等环节，最终梳理形成县委部门权力清单25项，政府部门权力清单3520项。

【事业单位分类改革】对全县67家事业单位的布局结构、职责履行、机构编制执行、单位运行等情况开展调研评估，形成调研评估报告1份。严格规范年检程序，全面推行网上登记管理，圆满完成县本级66家独立法人事业单位年度报告公示工作，年度报告公示率100%。加强监管力度，动态跟进设立、变更和注销工作，不断提高事业单位登记管理水平。开展统一社会信用代码管理工作。截至年底，共办理事业单位设立登记23家，变更登记15件，注销登记4件，证书补领2件；统一社会信用代码证初领2家，变更登记17家，注销登记4家。

【机构编制管理】2020年，贺兰县委编办根据机构编制事项调整、领导任职、工作人员调整等文件，及时更新实名制库。掌握各单位机构编制人员变化情况，加强机构编制的动态管理，确保具体机构设置与机构编制方案相一致，核定编制、领导职数与机构编制沿革文件相统一，实有人员与机构编制实名制系统录入人数相对应，达到机构编制管理证、机构编制实名制管理平台、机构编制管理台账和统计基础数据“四统一”。

【统筹使用各类编制资源】2020年，贺兰县委编办，优化配置编制资源，缓解编制供需矛盾，优化人才引进机制，制定《贺兰县机关事业单位编制“周转池”使用管理办法（试行）》，将部分行政事业单位长期闲置的空编“使用权”统筹起来，有针对性地向急需行业和部门周转使用。统筹乡镇编制资源，落实专编专用原则，为新组建机构贺兰县富兴街街道办事处核定行政编制11名，事业编制15名，划转工作人员14名。理顺县红十字会管理体制，将县红十字会列入县委管理的群团机关序列，核定全额预算事业编制3名。统筹使用幼儿园专项编制，在118名幼儿园编制总量内，为县政府批复成立的23所公办幼儿园调剂分配编制，并按照审批程序办理法人证书，确保政府公办园正常运行。

【机构编制监督检查】2020年，贺兰县委编办严格贯彻落实《中国共产党机构编制工作条例》，进一步加强机构编制监督检查，落实机构编制审批和问题整改的联动机制，对因改革形成的超编问题、因历史原因造成的事业单位名称不规范和职能不明确等问题建立整改台账，落实整改措施，明确整改期限。2017年以来，贺兰县共整改销号机构编制违规问题19件，其中2020年整改化解超编问题4件，完成机构编制问题清零。

党校工作

【概况】2020年，贺兰县委党校围绕中心、服务大局、聚焦主责主业，扎实推进党校软硬件基础设施建设、疫情防控、党员干部教育培训、脱贫攻坚、文明城市创建等各项工作。共举办各类培训班19期，累计培训2548人次，有效发挥党校党员干部教育培训的主阵地作用。

【习近平总书记视察宁夏重要讲话精神主题培训】2020年，贺兰县举办3期全县科级领导干部学习习近平总书记视察宁夏重要讲话精神专题培训班，着力增强全县科级领导干部贯彻落实总书记重要讲话的政治自觉、思想自觉和行动自觉，确保总书记视察宁夏重要讲话精神在贺兰县落地生根、开花结果。联合县教育体育局举办1期全县教育系统学习习近平总书记视察宁夏重要讲话精神暨严守政治纪律和规矩铸牢拒腐防变思想专题培训班。教育引导广大党员教职工严守政治纪律和政治规矩，提升教学水平和工作能力，筑牢思想防线。

【分类培训】2020 年，贺兰县委党校联合县委组织部举办 2 期全县驻村干部培训班，进一步提高全县驻村干部工作能力；举办 2 期全县 2020 年党员发展对象培训班，进一步增强党员发展对象对新时期党的思想理论、路线、方针、政策的认识和理解；举办 1 期贺兰县 2020 年直属机关入党积极分子培训班，进一步端正入党积极分子的入党动机，坚定加入中国共产党的信念；分别举办 1 期全县宗教界人士培训班、贺兰县新时代文明实践中心培训班，助力民族团结示范县建设，积极提升全县新时代文明实践和志愿服务工作水平。

【专题培训】2020 年，贺兰县委党校举办 1 期全县村党组织书记抓党建促乡村振兴专题培训班，切实提高了贺兰县村党组织书记抓党建促村振兴的能力，有效推进全县农村服务型党组织建设。联合县扶贫办举办 4 期全县扶贫干部打好精准脱贫攻坚战专题培训班，助力全面落实决战决胜脱贫攻坚；联合县委组织部举办“四优四提”城市党建引领社区治理现代化专题培训班，努力提高街道社区工作人员城市党建引领社区治理现代化的工作能力，助力贺兰县社区治理现代化水平提升。举办 1 期“贺兰县科级领导干部应急管理体系和能力建设专题培训班”，着力增强领导干部安全生产底线思维和居安思危意识，切实提高安全生产防控工作能力。

【理论宣讲】2020 年，贺兰县委党校以创建“让党中央放心、让人民群众满意”模范机关创建和“五进”活动为载体，积极发挥党校“先锋讲坛”作用，联合县委组织部、县委宣传部深入工业园区、镇场（村）、街道（社区）、机关开展了“习近平总书记视察宁夏重要讲话精神”送课下基层宣讲活动，共宣讲 9 场累计 650 人次，同时利用每月“三进”和党员 8 小时之外志愿活动，组成宣讲小分队，结合县委、县政府重点工作部署要求，对广大基层党员群众开展习近平总书记视察宁夏重要讲话精神宣讲，通过通俗易懂接地气的宣讲把习近平总书记视察宁夏重要讲话精神送到基层群众心田。

【先锋讲坛】2020 年，贺兰县委党校积极开展“先锋讲坛”党建品牌创建活动。努力集聚全县各领域人才资源，发挥领导干部、业务骨干，“土专家”、“田秀才”、“两个”带头人等本土资源优势，提高理论授课和教学实践的针对性，县级领导带头在专题培训班讲党课；“稻渔空间”生态观光园赵建文在专题培训班上做“我与书记面对面”的专题讲座；有效利用区市党校师资力量，组成宣讲团和小分队，通过进社区、进农村、进企业、进学校、进网络，进行习近平总书记视察宁夏重要讲话精神的宣讲，使习近平新时代中国特色社会主义思想飞入寻常百姓家。联合社区，挖掘县域道德标兵和劳动模范，进行微宣讲，通过多种形式充分发挥先锋讲坛的作用。

老干部工作

【概况】2020 年，贺兰县老干部工作以“一完善六强化”为目标，以“三银”品牌活动为抓手，坚持精准服务工作理念，不断推动老干部工作质量和水平上新台阶。

【离退休干部党组织建设】2020 年，贺兰县老干部局印发《关于进一步加强离退休干部党组织建设工作的通知》，召开离退休党支部书记述职会、开展“一完善六强化”专项调研、党建工作交叉检查 3 次，推动各离退休党支部规范开展“三会一课”、主题党日、民主评议党员等党内政治生活。在组织部牵头的全县党建工作考核中，赋予老干部工作 0.5 分的考核分值，并实行季度考核，推动各部门做好老干部工作。强化经费保障，拨付 2019 年、2020 年离退休党组织党建工作经费、补贴等 34.2 万元。举办离退休干部党组织书记、党务专干专题培训班，通过理论知识和实地观摩相结合的方式，提升离退休干部党组织党建水平。指导新组建党组织 1 个，完成换届选举党组织 4 个。依托贺兰县“全国城市党建示范县”创建，在如意湖社区挂牌“社区离退休干部之家”。建立互帮互学机制，农业农村局等6个县级党组织与区级党组织开展结对共建活动9次。

【思想政治引领】2020年，贺兰县下发《关于开展离退休干部党支部主题党日活动的通知》，编印《贺兰县离退休干部学习资料》2期，灵活打造“初心讲堂”，成立老干部宣讲团，利用社区“板凳会”等形式开展理论宣讲活动，同时，针对行动不便的老干部采取送学送课送资料上门服务的方式，将党的最新政策、领导讲话、指示精神传达到位。2020年以来，共组织老干部学习917人次。巩固“不忘初心、牢记使命”主题教育成果，组织老干部参加自治区“不忘初心使命 助力脱贫攻坚”主题征文比赛，选送的作品《扶贫车间》获三等奖，引导老干部不断增强“四个意识”，坚定“四个自信”、做到“两个维护”。

【“银色先锋”党建引领】2020年，贺兰县老干部局结合纪念中国人民志愿军抗美援朝出国作战70周年等重要纪念日，开展“精品党课”评选活动，录制微党课、“抗美援朝”老兵专访7期。通过公众号、宣传墙等方式，广泛宣传大包干政策推行者杨德明、老农业专家殷正勤、老校长金光生等一批优秀老党员事迹，发挥了老党员先锋模范作用。举办以“金婚银婚迎七夕美好家风永传承”为主题的第一届“七夕节”传统节日主题活动，20对金婚银婚夫妻参加活动，弘扬传承老干部家庭和睦家风。

【“银辉贺兰”志愿服务】2020年，贺兰县老干部局通过一分队一月一主题，常态化开展志愿服务，编制《贺兰县志愿小分队下半年志愿服活动计划表》，组建“隔代亲”“老科协”“银耀田间”“六爱”“夕阳红”5支400余人的志愿服务分队，开展科普宣传、科技服务、培训活动80多场次，培训2000多人次，服务社区贫困家庭、残疾家庭、空巢老人家庭8000多次。疫情期间，离退休老干部志愿分队深入社区协助开展疫情防控，捐款、创作抗疫诗歌5首、书画30余幅，积极发挥余热，贡献力量。

【“银霞贺彩”文化活动】2020年，贺兰县老干部局开展“情暖重阳 银霞贺彩”系列活动和“诗画鉴赏”拓展课活动，发挥贺兰县圆梦艺术团等涉老团体文艺特长，围绕脱贫攻坚、民法典宣传、民族团结、乡村治理等主旋律，新编排舞蹈《中华全家福》、表演唱《六大嫂学习民法典》、宁夏说唱《欢歌笑语赞贺兰》、群口快板《民族团结谱新篇》等10多个节目，受到广大群众的一致好评，已累计编排各类文艺节目百余个，开展送戏下乡等各类演出50余场，向广大群众宣传展示经济社会发展成果，凝聚爱党爱国，努力奋斗的浓厚氛围。精心准备，广泛参与。积极组织老干部参与区、市“筑梦小康 银霞满天”“决胜全面小康助力脱贫攻坚”系列文艺、网络答题活动，征集“疫情防控助力脱贫攻坚”等稿件50余篇，荣获朗诵大赛优秀组织奖，2名老干部荣获网络答题三等奖。加强未成年思想道德建设，举办全县青少年书法绘画大赛，征集作品519幅，评选获奖作品100幅。积极响应，传递能量。组织60余名儿童开展“同阅读共成长”亲子阅读、移民困境儿童看银川、暑期儿童关爱服务等活动4场次，开展“99公益日”慈善募捐活动，捐款12.78万元，拨付山窝窝助学金3.3万元、发放27.9万元的爱启航捐赠物资。

【离退休干部服务管理】2020年，贺兰县老干部局依托“宁夏离退休干部服务管理平台”，及时更新信息，精准掌握全县离退休干部的基本情况和各地老干部工作动态。组织老干部参加手机电脑实用课程的学习，1700余名老干部关注、下载使用“学习强国”、塞上金秋、银川市老干部等公众号和手机App，引导帮助老干部使用新媒体及时获取信息，加强思想政治学习，努力实现管理老干部学习、服务的高效便捷。严格落实“两项”待遇，为离休干部订阅《宁夏日报》《老同志之友》等报纸杂志，举办全县离退休干部情况工作通报会，组织老干部参加县委全委会、人代会、政协会、“迎新春”茶话会、座谈会、观摩会等10余次。围绕老干部所急所需所盼，以“送健康、送关爱、送温暖”为主题，按照“六必访四必清”原则，建立全县94名在职干部“一对一”结对帮扶136名离休及高龄退休干部的服务机制，通过定期走访、电话询问及时了解情况，精准提供服务，努力提高老干部的服务管理精准化水平。开展老年人健康义诊和老年人中医养生保健知识讲座6期次，组织131名离退休干部进行健康体检，为17298名65岁以上老年人免费接种流感疫苗。为异地离休干部报销医疗费用，核实发放离休干部遗孀医疗补助。开展贺兰县离退休干部、老年人运动会，29支代表团400余人参赛，丰富老干部精神文化生活，提高全民健康意识。温馨服务老干部，走访慰问离退休干部及遗孀200余人，为27名高龄离退休干部安装马桶扶手、申领“庆祝中华人民共和国成立70周年”纪念章，同时送去近年贺兰县引育的名优特新产品等慰问品，在慰问关爱的同时，与老干部共享科技发展成果。

【贺兰县老年大学建设】 2020年，贺兰县老干部局坚持政治建校，树立红色文化教学品牌，以老年大学为核心，深化“一校三馆多点”的办学模式，创办文化馆、图书馆、体育馆、文创基地老年大学分校4处，创建如意湖社区、机械行业党群活动中心等教学拓展点3处，建立桃李春风中老年游学养基地。举办老年大学秋季开学典礼，汇报展示学员学习成果，安排新学期办学内容，增设古筝、摄影、门球等7门课程，招收学员130余人，在校学员达800余人。疫情期间通过“线上空中课堂+线下延伸教育”教学模式，开设网课27次，开展书画鉴赏拓展活动1次，贺兰老年大学办学规模逐步扩大，办学方式灵活，服务老年人学习提升教育阵地点多、面广、成效显著。

【老年文化中心建设】 2020年，贺兰县老干部局依托农村、社区日间照料中心、老饭桌，街道社区的党群活动中心，建立老年文化活动中心15个，打造老干部共享党建阵地，充分发挥养老服务机构为老服务功能，为老干部建设更多老有所学、老有所乐、老有所养的活动阵地，增强老干部身心健康、安享幸福晚年。

贺兰县人民代表大会

Helanxian Renmin Daibiao Dahui

综　述

【**概况**】2020年，贺兰县人大常委会全面贯彻党的十九大和十九届四中全会精神，认真学习贯彻区市县全委会精神，增强“四个意识”、坚定“四个自信”、做到“两个维护”，依法履职、扎实工作。全年共召开常委会会议5次、主任会议6次，视察、调研10次，听取审议“一府两院”工作报告8项，作出相关决议、决定10项，为推进全县经济社会全面发展做出积极贡献。

【**履行职能**】2020年，贺兰县人大常委会，围绕中心工作，制订人大工作计划。根据县委工作安排，及时调整人大工作思路，重点工作及时向县委请示汇报，认真学习贯彻县委重要决策部署，努力将县委决策部署贯彻到人大每一项工作中。按照县委统一部署和安排，积极参与全县生态环境保护、脱贫攻坚、城乡环境综合整治、河长制、扫黑除恶等重点工作，充分履行职能作用，人大常委会领导主动到各自包片辖区督查疫情防控工作，切实担负起职责。机关全体党员干部协助社区开展好人员摸排、出入人员车辆管理、隔离户管理等工作。组织人大代表为抗击疫情捐钱捐物，奉献爱心，战斗在抗疫一线。

【**民生事业发展监督视察**】2020年，贺兰县人大常委会组织常委会组成人员及部分人大代表对全县食品药品安全监管、公立医院改革运行及公共卫生应急保障能力等工作开展情况进行视察，听取审议专项工作报告，针对发现的问题，提出合理的意见建议，并督促相关部门及时整改落实，有效推动全县民生改善和社会事业的发展。

【**司法监督**】2020年，贺兰县人大常委会以监督维护社会和谐，切实保障公平正义。对县人民政府关于人民调解、打击传销，扫黑除恶工作，县人民法院关于推进多元化纠纷解决机制改革工作进行了视察和调研，通过实地查看，座谈评议，听取工作报告、转送审议意见、撰写调研报告等方式助力社会和谐，公平正义。认真接待来信来访，全年共接待来信来访25件次，转办相关意见建议4条。

【**财政预算决算监督**】2020年，贺兰县人大常委会对全县2020年上半年国民经济和社会发展计划执行情况进行视察，听取2019年年度财政决算和2020年预算执行及审计工作报告，及时审批本级财政决算和预算调整方案。对全县2020年预算安排情况进行了调研，为经济结构调整和转型发展“把脉开方”。进一步完善拓展预算审查的广度和深度，组织预决算审查咨询专家提前介入预算编制，审查预算执行和决算，实现预决算多层次，多环节，全过程监督。

【**乡村振兴工作与调研考察**】2020年，贺兰县人大常委会重点围绕立岗镇通义村，对乡村振兴工作开展了调研，撰写了有针对性的调研报告。组织部分代表和相关人员赴河南、山东等地考察乡村振兴战略实施情况，学习先进经验，撰写切实可行的考察报告，为县委决策提供科学依据，为实现全面建成小康贡献人大智慧和力量。

【依法行使重大事项决定权和人事任免权】2020年，贺兰县人大常委会做出了《关于批准2020年贺兰县本级财政预算调整方案的决议》《关于批准2020年贺兰县抗疫特别国债资金计划项目的决议》等决议、决定，及时将县委的主张通过法定程序转化成全县人民的共同意志和自觉行动。严把任前考试关、投票表决关、任职承诺关、任后监督关，共依法任免国家机关工作人员32人次、县人民法院陪审员8人，圆满完成人大常委会主任会议及“一府两院”提请的人事任免事项。

【代表工作水平提升】2020年，贺兰县人大常委会抓好代表学习培训，努力拓宽代表知政知情渠道。疫情期间借助互联网开展教育培训。组织部分代表委员赴江西南昌参加人大代表履职能力提升培训班，增强了代表做好人大工作的紧迫感和依法履职的使命感。通过邀请代表参加视察、检查和列席常委会会议等方式，为代表及时了解掌握全县经济、社会、民生实事发展建设情况和积极履职创造良好的条件。指导各乡镇人大主席团制定年度计划，建立健全各项工作制度，开展视察、检查、调查、评议等活动，有效促进乡镇人大工作的顺利开展。

【理论学习】2020年，贺兰县人大常委会认真学习党的十九大、党的十九届四中全会精神，及时跟进学习习近平总书记系列重要讲话精神、习近平总书记视察宁夏重要讲话精神以及对宁夏工作的重要指示批示精神，努力用习近平新时代中国特色社会主义思想武装头脑。

【模范机关建设】2020年，贺兰县人大常委会以党的政治建设为统领，把做好“三个表率”、做到“两个维护”作为主要任务，推动机关党的建设高质量发展。将党的建设同提升履职能力结合起来，严格“三会一课”和党内组织生活，加强学习型党组织建设，强化全心全意为人民服务的宗旨意识，努力使每项监督工作都让党中央放心、让人民群众满意。

【作风建设】2020年，贺兰县人大常委会加强对党内法律法规以及习近平总书记关于党风廉政建设的重要讲话精神的学习，确保从全局的高度认识党风廉政建设的重要性，从思想上避免“失之于宽、失之于软”的现象。根据岗位特点签订党风廉政建设责任书，完善党风廉政责任制，配备纪检组长，加强日常执纪监督，确保人大机关风清气正。

【巡察反馈问题整改】2020年，贺兰县人大常委会严格对照市委巡察组反馈的4个方面12个问题，坚持问题导向，勇于担当、压实责任，综合施策、标本兼治，立行立改、全面整改的原则，制定整改措施43条，建立完善制度12个，清退违纪资金0.015万元。

重要会议

【贺兰县第十八届人民代表大会第五次会议】2021年1月11日至14日在县城召开。出席大会的有县十八届人大代表156名（13名因病因事请假），列席人员241名（包括县政协委员153名）。

会议听取和审议了贺兰县人民政府工作报告、“十四五”规划和二〇三五年远景目标纲要、计划报告、预算报告、环保报告、议案建议办理工作报告，以及县人大常委会工作报告、县人民法院工作报告、县人民检察院工作报告，表决通过了有关决议草案。贺兰县第十八届人大常委会党组书记、主任俞学华在预备会议上作了讲话。贺兰县委书记赵波在党员会议上作了讲话。大会在圆满完成了确定的各项任务后，于1月14日上午闭幕，贺兰县第十八届人大常委会党组书记、主任俞学华作了闭幕讲话。

【十八届人大常委会第二十三次会议】 2020年1月3日召开，县人大常委会主任俞学华主持会议。会议审议通过了县人民政府、县人大常委会主任会议分别提请的人事任免议案。

【十八届人大常委会第二十四次会议】 2020年4月28日召开，县人大常委会主任俞学华主持会议。会议听取和审议了县市场监督管理局局长孙明作的关于全县食品药品安全监督管理工作情况的报告。会议听取和审议了县人民政府关于提请审议2020年县本级财政预算调整方案的议案，表决通过了县人大常委会关于批准2020年县本级财政预算调整方案的决议（草案）。会议还审议通过了县人民政府、县人大常委会主任会议、县监察委员会、县人民法院分别提请的人事任免议案。

【十八届人大常委会第二十五次会议】 2020年6月30日召开，县人大常委会主任俞学华主持会议。会议听取和审议了县司法局局长朱建新作的关于全县人民调解工作情况的报告，县卫生健康局局长时新花作的关于全县公立医院改革运行及公共卫生应急能力保障工作情况的报告。会议听取和审议了县人民政府关于提请审议2020年贺兰县地方政府新增专项债券资金计划项目的议案，表决通过了县人大常委会关于批准2020年贺兰县地方政府新增专项债券资金计划项目的决议（草案）。会议还审议通过了县人民政府、县人民法院分别提请的人事任免议案。

【十八届人大常委会第二十六次会议】 2020年8月27日召开，县人大常委会主任俞学华主持会议。会议听取和审议了县财政局局长马国峰作的关于国有资产管理情况的报告，关于2019年县本级财政决算(草案) 和2020年上半年财政预算执行情况的报告，县经济发展和改革局局长常雪峰作的关于2020年上半年国民经济和社会发展计划执行情况的报告，县审计局局长吴静波作的关于2019年度县本级财政预算执行及其他财政财务收支审计工作情况的报告。会议听取和审议了县人民政府提请的关于审议2020年贺兰县抗疫特别国债资金计划项目的议案；关于审议2020年贺兰县本级预算调整方案的议案；关于审议2020年贺兰县政府性基金预算调整方案的议案。表决通过了县人大常委会关于批准2019年贺兰县财政决算的决议（草案）；关于批准2020年贺兰县抗疫特别国债资金计划项目的决议（草案）；关于批准2020年贺兰县本级预算调整方案的决议（草案）；关于批准2020年贺兰县政府性基金预算调整方案的决议（草案）。会议听取和审议了县人民法院提请的关于新增人民陪审员名额数的议案，表决通过了县人大常委会关于批准新增人民陪审员名额数的决定（草案）。会议还审议通过了县人民政府、县人民法院、县人民检察院分别提请的人事任免议案。

【十八届人大常委会第二十七次会议】 2020年10月29日召开，县人大常委会主任俞学华主持会议。会议听取和审议了县市场监督管理局副局长董英华作的关于打击传销工作开展情况的报告，县人民法院院长马龙作的关于推进多元化纠纷解决机制改革工作的报告。会议还审议通过了县人民政府、县人大常委会主任会议、县监察委员会、县人民检察院分别提请的人事任免、辞职议案。

【十八届人大常委会第二十八次会议】 2020年12月23日召开，县人大常委会主任俞学华主持会议。县委常委、县人民政府副县长刘炳炳，县人民法院院长马龙，县人民检察院检察长张铁轮，县监察委员会副主任李世赟，县委、县人民政府有关部门负责人，县人大各委室有关人员列席了会议。

会上，县人民政府书面报告了县十八届人大四次会议代表提出的46条意见建议办理情况。会议听取和审议了县人民政府提请的关于调整2020年贺兰县本级财政预算的议案和关于调整2020年地方政府新增专项债券资金项目的议案，表决通过了相应决议（草案）。会议听取和审议了县人大常委会主任会议提请的关于调整贺兰县第十八届人大常委会代表资格审查委员会组成人员的议案，表决通过了相应决定（草案）。

会议审议了县人大常委会工作报告（审议稿）、县十八届人大五次会议议程、日程、代表资格审查报告、有关名单等文件材料。会议还审议通过了县监察委员会、县人民法院分别提请的人事任职议案。

视察调研

【视察全县食品药品安全监管工作】 4月20日，县人大常委会党组书记、主任俞学华带领常委会组成人员及部分人大代表，对贺兰县食品药品安全监管工作情况进行了视察。视察组先后深入县城壹康源连锁药店、富源肥牛火锅、物美超市、海吉星农产品物流园实地察看食品药品安全工作的现状和监管情况，听取县人民政府关于2019年度全县食品药品安全工作开展情况的汇报，并进行了座谈评议。

【视察全县公立医院改革运行情况及公共卫生应急能力保障工作】 6月17日，县人大常委会组成人员及部分人大代表，对公立医院改革运行情况及公共卫生应急能力保障工作情况进行了视察。视察组先后深入县妇幼保健院新址、金贵镇卫生院、县疾控中心、县人民医院实地察看了贺兰县公立医院改革运行情况及公共卫生应急能力保障工作，听取了县人民政府关于2020年度全县公立医院改革运行情况及公共卫生应急能力保障工作开展情况的汇报，并进行了座谈评议。

【视察2019年全县财政决算和2020年上半年财政预算执行情况】 2020年7月16日组织县人大常委会组成人员及部分代表对全县本级预算执行情况进行视察。视察组通过听汇报、专题询问，详细了解了2019年财政决算和2020年上半年财政预算执行、财政资金绩效评价和债务情况。视察组认为：2019年及2020年上半年财政工作能够围绕全县经济社会总体部署，有效落实减税降费，优化营商环境，落实各项政策措施，面对严重复杂的宏观经济形势，突出的收支矛盾和艰巨繁重的改革发展任务，全县财政工作能够精细理财增收入、厚植财源夯基础，保障了时间过半、财政收支双过半，有效发挥财政职能，促进了全县经济社会的平稳发展。但从预算执行情况看：依然存在预算安排的科学化程度不高，支出进度不均衡，财政收入持续性增长的后劲不足，偿债压力较大等问题。

【视察2020年全县国有资产管理情况】 7月16日，组织县人大常委会委员和部分人大代表，对全县国有资产管理情况进行了视察。座谈会上，视察组认真听取了县财政局相关负责人代表县人民政府做的关于全县国有资产管理情况的报告，县审计局、县统计局、县融晟公司、县住建局等单位结合工作职能，分别作了补充汇报。视察组通过听取汇报、专题询问，详细了解了全县国有资产管理情况及其存在的问题。视察组对贺兰县国有资产管理工作给予了充分肯定。一致认为：2020年以来，县人民政府努力克服疫情带来的不利影响，扎实做好“六稳”“六保”，狠抓收支、保障、监管和改革各项工作，在强化财政资金保障和完善国有资产管理方面做了大量卓有成效的工作，摸清了多年来国有资产核而无果的家底，将全县资产分门别类、条理清晰地反映在报告中，并对县住建局、县融晟集团公司部分一直闲置的部分资产进行专门研究，有针对性地制定了盘活处置方案（贺政办发〔2020〕60号），对促进全县国有资产有序管理和充分发挥国有资产效益方面起到了积极的助推作用。针对全县资产管理水平仍需提升、部门资产管理意识淡薄、部分单位账实不符、家底不清等问题，视察组建议县人民政府要强化问题意识，提高责任意识，积极作为、主动担当。

【视察全县2020年上半年国民经济和社会发展计划执行情况】 2020年8月12日，县人大常委会组织常委会组成人员及部分人大代表对全县2020年上半年国民经济和社会发展计划执行情况进行了视察。视察组先后深入苏州巨峰电气绝缘系统股份有限公司新材料生产线建设项目、中地乳业集团婴幼儿配方奶粉项目、宁夏厚生记食品有限公司现场，听取了工作人员的现场介绍，并详细询问了项目的建设、投资、运营、效益、发展等情况。对发现的问题现场提出指导性意见和建议，并对相关部门提出具体要求，要切实做好协调服务和各项配套措施的政策落实，督促相关单位加快建设步伐，落实建设目标任务，确保重点建设项目按计划完成。座谈评议会上，视察组认真听取了县人民政府关于贺兰县2020年上半年国民经济和社会发展计划执行情况的汇报。贺兰工业园区、县住建局、县教育局、县财政局等部门负责人就2020年全县重点工作完成情况进行了补充。视察组认为，2020年上半年，面对疫情带来的经济下行压力，县人民政府及政府各部门围绕“六稳”“六保”目标，千方百计稳住经济基本盘，确保了地方公共财政预算同比增长2.0%，固定资产投资增长0.3%的良好势头；农业生产基本平稳；工业产值及规模以上工业增加值降幅比一季度分别收窄了8.1和7.9个百分点；需求逐步回升，零售、住宿、餐饮及限额以上汽车零售额降幅明显收窄；文化、教育等社会事业协调发展；生态环境持续改善。

【视察全县打击传销工作情况】 9月16日，县人大常委会组成人员及部分人大代表先后到太阳城社区、江南新村社区、县打击传销办公室，对全县打击传销工作情况进行视察。

【视察全县人民调解工作情况】 5月28日，县人大常委会党组书记、主任俞学华带领常委会组成人员及部分人大代表，先后到金贵镇调解委员会、金贵镇江南村调解委员会、贺兰县人民调解中心，对全县人民调解工作情况进行视察。

贺兰县人民政府

Helanxian Renmin Zhengfu

综　述

【概况】2020年，贺兰县人民政府坚持以习近平新时代中国特色社会主义思想为指导，深入贯彻党的十九届五中全会和习近平总书记在宁夏视察重要讲话精神，坚决落实自治区党委十二届十次、十一次、十二次全会及建设黄河流域生态保护和高质量发展先行区历次推进会精神，市委十四届十次、十一次全会精神，统筹推进疫情防控和经济社会发展，扎实做好"六稳"工作，全面落实"六保"任务，举全县之力打好疫情防控阻击战、脱贫攻坚决胜战、全面小康收官战，较好完成"十三五"规划目标任务，全面小康社会基本建成，奠定了开启社会主义现代化新征程坚实基础。

【疫情防控】2020年，贺兰县人民政府坚持人民至上、生命至上，在大战大考中交出了保护人民生命安全和经济社会良性发展的合格答卷。坚决打好疫情防控阻击战。第一时间启动重大突发公共卫生事件一级响应，迅速形成统一指挥、周密部署、立体防控布局。严格"三防三控""四早四集中"等防控举措，新建县医院核酸检测室，投入资金3588万元，建立人物同防、多病共防常态化机制，构筑起外防内控的"钢铁长城"，是全市唯一疫情"零发生"县。坚决打好疫情防控人民战。压实"四包一""五到家"责任链条，2600余名党员干部冲锋在一线，万余名"天使白""橄榄绿""守护蓝""志愿红"迅速集结，26万贺兰人民风雨同舟、众志成城、守望相助，凝聚起伟大的抗疫精神，每个人都了不起，每个人都是抗疫英雄！坚决打好疫情防控总体战。出台支持中小企业"十条"政策，减税降费3.4亿元，清理拖欠中小企业账款2.95亿元，兑现援企稳岗资金1653万元，受益市场主体1.4万余户。各行各业有序复工复产，学校分批分次复学复课，全县疫情防控和社会秩序恢复走在全区前列。

【高质量发展】2020年，贺兰县人民政府坚持以创新引领发展，最大限度减少疫情对经济社会的影响。改革创新激发活力。深化"放管服"改革，建设项目审批大厅，"就近办""网上办""一次办"等"互联网+审批"服务比例分别达97%、90%、52%，新增市场主体4864家。大力推动科技创新，建立科技要素大市场，建成首个博士后工作站，认定国家级高新技术企业2家、自治区科技小巨人企业2家。厚生记食品有限公司、宁夏塞尚乳业有限公司等5家企业荣获自治区科技进步奖。转型升级成效显著。汽车销售及服务、绿色食品等"6+3"重点特色产业布局更加清晰，"四个一"推进机制有效落实。工业自动化、智能化水平显著提升，创建自治区智能工厂1个、数字化车间5个、专精特新示范企业33家。培育规上企业7家，凯添燃气进入新三板精选层。服务业发展更具活力，承办全市首届乡村文化旅游节。举办"云端车展"，完成汽车交易额4.5亿元。百瑞源枸杞博物馆创成国家AAAA级旅游景区，四十里店村获评全国乡村旅游重点村。农业全面增效，打造农业公园、蔬菜公园、渔业公园三大核心区，形成优质粮食、蔬菜、水产、草畜、葡萄酒五大特色产业带，稻渔空间融出现代农业新天地，优势特色产业占农业总产值94.5%。经济运行企稳向好。深入开展县处级领导“进百企解难题”和“包抓项目”活动，解决企业实际困难170余项，坚定了市场主体发展信心。招引长三角、粤港澳大湾区等重点产业项目98个，实际到位资金76.35亿元。泰国天丝集团西北红牛生产基地、大北农科技等245个项目开工建设。全年地区生产总值增长1.0%；地方一般公共财政预算收入增长4.2%；规上工业增加值下降13.4%；社会消费品零售总额下降8.9%；固定资产投资增长1.1%，3年来首次实现“由负转正”。城乡居民人均可支配收入分别增长4.6%、8.3%。

【三大攻坚战取得阶段性胜利】2020年，贺兰县人民政府聚焦抓重点、补短板、强弱项，全面小康社会基础更加厚实。精准脱贫攻坚战圆满收官。持续发力防松劲、严把标准防闯关、巩固成果防返贫，深入开展“四查四补”，整改问题124个，“两不愁三保障”存量问题全部清零。投入扶贫资金9054万元，建设枸杞芽菜基地、江南村扶贫产业园等一批项目，65户198人如期脱贫，广荣村、隆源村高质量脱贫出列。被列为全国易地扶贫搬迁后续扶持和产业扶贫现场会观摩示范点。污染防治攻坚战取得实效。牢牢守住改善生态环境生命线。中央环保督察及“回头看”反馈问题整改加快推进，区市专项督察反馈问题整改全面完成。淘汰40蒸吨以下燃煤锅炉7台，低氮改造燃气锅炉155台，空气质量优良天数增加13天。完成“引四入三”、暖泉污水处理厂提标改造等项目，全面清理水源地水产养殖，入黄水质持续改善。暖泉片区固废处置中心开工建设，固废、危废处置率分别达80%、100%。防范化解重大风险攻坚战有力有效。牢牢守住不发生系统性风险底线。规范政府举债行为，争取限额内债券资金5.54亿元。建立健全金融风险防控机制，不良贷款比例实现“双下降”，规上企业债务下降5.4%。严厉打击金融违法行为，侦破电信网络诈骗案81起。

【城乡面貌】2020年，贺兰县人民政府统筹推进新型城镇化和乡村振兴战略，走贺兰特色的城乡融合发展之路。市县融合越发紧密。启动编制国土空间总体规划。沈阳路快速通道成为银贺新“动脉”，贺立公路、银新公路等5条道路建成通车。西线供水、35千伏习立线改迁、西北片区供热及管网改造等项目顺利实施，加速融入银川发展大格局。城市功能持续完善。改造提升道路5条，新增泊车位3000余个，投放共享单车2900辆。改造老旧小区7个，建成垃圾中转站3个，停车难、物业乱等一批老百姓的烦心事得以缓解。加快智慧城市建设，建成智慧小区43个，投用5G基站325个。扎实推进森林城市创建，建成小微公园4个、森林社区7个，新增绿化面积4000余亩。农村面貌焕然一新。深入推进农村人居环境整治“十大专项行动”，获评全区农村人居环境整治示范县。编制银河村等6个试点村村庄规划，完成“四类人员”抗震宜居农房改造和143户危房改造，拆违拆危3369处，改水改厕8519户，新建农村垃圾分拣中心9个、污水处理站2处。收拾屋子、打扫院子、整顿村子成为农民自觉行动。

【社会事业】2020年，贺兰县人民政府践行以人民为中心的发展思想，以整改创建全国文明城市为抓手，推动改革发展成果更多更公平惠及普通民众。千方百计促进就业。新增城镇就业3968人，农村劳动力转移就业2.23万人，高校毕业生就业率达95.6%，失业率控制在3.2%以内。获评自治区转移就业示范县。坚持教育优先发展。投入4.07亿元，新建六中、七幼等6所学校、幼儿园，投用太阳城、德胜等4所幼儿园，新增学位1710个，学前教育“5080”目标基本实现。“互联网+教育”全面实施，教育信息化水平位列全区第三。提高医疗服务水平。启动自治区健康促进县创建，妇幼保健中心、县医院远程心电分中心、ICU重症监护室建成投用，大病集中救治、慢病签约服务、重病兜底保障率均达100%。在全区率先为在岗村医缴纳社会保险，为2万余名65岁以上老人免费接种流感疫苗。织密社会保障网络。出台支持居家养老服务政策，建成儿童之家24个、社区老年人日间照料中心2个。兑现被征地农民养老保险金1.14亿元。与31个省份3.8万家医疗机构实现跨省异地就医即时结算。城乡居民养老、基本医疗保险参保率达95%、97%。繁荣发展文体事业。改造提升村级综合文化服务中心28个，打造文艺精品10部，率先在全区完成公共数字文化服务推广。配套完善26个行政村（社区）体育健身设施，“15分钟健身圈”基本搭建完成。《贺兰·不止于山》向全国推介。

【人民群众安全感显著提升】2020年，贺兰县人民政府坚持总体国家安全观，为全面建成小康社会提供强有力的安全保障。扫黑除恶专项斗争战果丰硕。深化“六清”行动，扎实推进17个重点领域专项整治，顺利通过全国扫黑办特派督导组专项督导。查获涉嫌传销人员2720人，查扣涉案资产6000余万元，破获“6·25”特大传销案，斩断涉及六省区、万余人聚集型传销网络。县域社会治理创新推进。启动创建全国市域社会治理现代化试点工作，探索“互联网＋基层社会治理”新模式，推动社会治理重心下移、资源下沉。通义村、广荣村荣获“全国文明村镇”“全国民主法治示范村”称号。平安贺兰建设巩固提升。深化信访历史遗留问题“攻坚行动”，信访总量下降42.7%。加快建设“雪亮”工程，组建“蓝剑突击队”，立体化社会治安防控体系全覆盖。加大违法犯罪打击力度，可防性刑事案件下降43.1%，社会治安形势稳中向好。启动安全生产专项整治三年行动，落实食药安全“四个最严”要求，安全生产形势总体稳定。

【政府自身建设】2020年，贺兰县人民政府努力建设人民满意政府。旗帜鲜明讲政治，始终把学习习近平新时代中国特色社会主义思想、党的十九届五中全会、习近平总书记视察宁夏重要讲话精神作为首要政治任务。坚决落实中央、区市党委政府各项决策部署及县委工作安排，认真做好区市党委巡视巡察反馈问题整改。严格执行重大事项请示报告制度，认真执行人大及其常委会决议决定，主动接受人大工作监督、法律监督，自觉接受政协民主监督。如期办结人大议案意见建议11件、政协提案25件。

【法治政府建设】2020年，贺兰县人民政府强化法治促公平。推进法治政府建设，整合优化政府权力事项3500余项、责任事项2.5万余项。统筹政府法律顾问服务。成立全区首个行政争议协调化解中心。

【工作作风建设】2020年，贺兰县人民政府持之以恒转作风，持续整治违反中央八项规定精神问题，扎实开展“作风建设强化年”活动，整改电视问政问题77个，精文减会10%以上，“三公”经费下降2.8%。政府公信力、执行力、落实力进一步提升。

重要会议

【十八届县人民政府第五十八次常务会议】2月9日召开，传达学习中共中央政治局常务委员会会议、中央应对疫情工作领导小组会议、自治区党委常委会（扩大）会议、全区新型冠状病毒感染肺炎疫情防控工作视频会议和自治区政府党组会议精神，研究贯彻落实意见；传达学习《自治区党委人民政府〈关于抓好“三农”领域重点工作确保如期实现全面小康的实施意见〉》，研究贯彻落实意见。会议还审议了《贺兰县人民政府关于应对新型冠状病毒感染肺炎疫情支持中小企业共渡难关的十条政策措施》《关于支持和推动企业有序复工复产的方案》《贺兰县关于依法严厉打击新型冠状病毒感染肺炎疫情防控期间违法犯罪行为的通告（4号）》，听取了疫情防控期间市场供应保障和“菜篮子”生产稳供、春耕备耕工作情况汇报，安排部署相关工作。

【十八届县人民政府第五十九次常务会议】2月24

日召开，审议《贺兰县2020年国民经济和社会发展主要指标计划》《2020年贺兰县政府类投资项目》《2020年县级领导包抓重点项目方案》，安排部署相关工作。

【十八届县人民政府第六十次常务会议】 3月12日召开，听取中央八巡反馈问题整改情况汇报，审议《贺兰县“十四五”规划编制工作方案》《关于开展“十四五”项目谋划工作责任分工方案》《关于抓好“三农”领域重点工作确保如期实现全面小康的实施意见》《关于加强和改进乡村治理的实施意见》。

会议还审议了《贺兰县河沟湖水质分析及整治提升方案》《贺兰县2020年国土绿化工作方案》，以及其他事项，安排部署相关工作。

【十八届县人民政府第六十一次常务会议】 4月1日召开，听取贯彻落实自治区积极应对新冠肺炎疫情影响促进经济平稳运行的若干财政政策措施情况汇报；听取贯彻落实自治区“工业稳增长24条”实施意见情况汇报，审议《贺兰县贯彻落实自治区“工业稳增长24条”实施方案》；《贺兰县推动科技创新引领高质量发展的实施意见》，安排部署相关工作。

【十八届县人民政府第六十二次常务会议】 4月15日召开，传达学习《宁夏回族自治区税费保障办法》，审议《贺兰县建设自治区健康促进县工作实施方案》《贺兰县法治政府建设2020年工作要点》《贺兰县提高自然灾害防治能力建设重点工程实施方案》《贺兰县推动银川都市圈建设2020年工作计划》。

【十八届县人民政府第六十三次常务会议】 4月30日召开，听取一季度全县经济运行情况汇报，安排部署相关工作；审议《贺兰县2020年招商引资工作计划》《贺兰县招商引资考核细则》《贺兰县2019年度招商引资奖励资金分配方案》《成立贺兰县招商引资工作领导小组》，安排部署相关工作。

会议还听取了全县双拥工作情况汇报，审议了《贺兰县2020年农村人居环境整治工作实施方案》，以及其他事项，安排部署相关工作。

【十八届县人民政府第六十四次常务会议】 5月14日召开，听取政府工作报告、人大议案政协提案、十件民生实事推进情况汇报；听取新冠肺炎疫情期间稳就业工作情况汇报；听取全县食药品安全工作情况汇报，审议《贺兰县深化改革加强食品安全工作实施方案》《贺兰县市场监管领域全面推行部门联合“双随机、一公开”监管工作实施方案》，安排部署相关工作。

【十八届县人民政府第六十五次常务会议】 6月3日召开，传达学习中共中央《深化统计管理体制改革提高统计数据真实性意见》《中共中央办公厅 国务院办公厅关于印发〈防范和惩治统计造假、弄虚作假督查工作规定〉的通知》，自治区、银川市第七次全国人口普查领导小组会议精神，听取贺兰县统计工作、第七次全国人口普查工作汇报，安排部署相关工作。

【十八届县人民政府第六十六次常务会议】 6月19日召开，传达学习银川市2020年争项目争资金争政策争示范工作通知精神，《宁夏回族自治区消防安全责任制实施细则（修订稿）》精神，银川市根治拖欠农民工工资工作要点精神，听取贺兰县“四争”、招商引资工作情况汇报，审议《贺兰县关于深化消防执法改革的实施意见》，听取贺兰县消防工作、根治拖欠农民工工资情况汇报，安排部署相关工作。

【十八届县人民政府第六十七次常务会议】 7月4日召开，听取上半年全县经济运行情况汇报，传达学习银川市市长杨玉经在全国文明城市创建指挥部工作会议上的讲话精神，听取贺兰县文明城市整改创建工作汇报，安排部署相关工作；审议《贺兰县安全生产专项整治三年行动实施方案》

《贺兰县农村人居环境整治十大攻坚行动实施方案》，安排部署相关工作。

【十八届县人民政府第六十八次常务会议】7月17日召开，听取政府工作报告、人大议案政协提案、十件民生实事推进情况汇报，听取全县“四争”、招商引资工作情况汇报，传达学习区市县财政工作电视电话会议精神，安排部署相关工作。

会议传达学习了《自治区关于印发〈加快规范推进政府和社会资本合作模式促进经济高质量发展若干措施〉的通知》精神，《农业农村部 财政部发布〈2020年重点强农惠农政策〉的通知》精神，研究贯彻落实意见。

【十八届县人民政府第六十九次常务会议】7月29日召开，传达学习全国扫黑除恶专项斗争领导小组、全国扫黑除恶专项斗争重点地市督办会、自治区、银川市扫黑除恶专项斗争2020年第2次会议精神，听取全县扫黑除恶专项斗争情况汇报，安排部署相关工作。传达学习自治区政府副主席赖蛟在全区电子商务进农村工作现场会上的讲话精神，安排部署相关工作。听取中央环保督察反馈问题整改和打赢污染防治攻坚战重点任务进展情况汇报，安排部署相关工作。

会议听取了自治区党委营造法治化营商环境保护民营企业发展专项督察“回头看”和法治政府建设反馈贺兰县整改问题汇报，听取全县体育工作汇报，安排部署相关工作。

【十八届县人民政府第七十次常务会议】8月14日召开，传达学习《宁夏回族自治区食品小摊点备案管理办法》《宁夏回族自治区食品生产加工小作坊小经营店登记管理办法》《2020年银川市食品安全重点工作安排》，听取全县食品安全工作情况汇报，安排部署相关工作。

会议听取了全县“十四五”规划编制工作进展情况汇报，全县国土空间总体规划编制工作进展情况汇报，审议研究了其他事项。

【十八届县人民政府第七十一次常务会议】9月1日召开，传达学习《关于健全支持中小企业发展制度的若干意见》、《关于落实中央文明办复查组在银川市全国文明城市创建工作座谈会上反馈意见的整改方案》、市长杨玉经在银川市创建全国文明城市指挥部第四次会议上的讲话精神，传达学习自治区政府副主席刘可为在全区生态环境保护工作视频调度上的讲话及《银川市生态环境保护监督管理责任规定》，安排部署相关工作。

【十八届县人民政府第七十二次常务会议】9月18日召开，传达学习《国务院扶贫办关于反馈2020年脱贫攻坚督查情况的通知》，审议《贺兰县“十三五”易地扶贫搬迁移民后续扶持实施方案》《贺兰县扶贫资产监督管理办法（试行）》《贺兰县扶贫资产管理工作方案》；听取政府工作报告、人大议案、政协提案、十件民生实事推进情况汇报；听取自治区党委第一生态环境保护督察组督察贺兰县情况汇报，安排部署相关工作。

会议审议了《2020年度贺兰县实施乡村振兴战略综合考评方案》，以及其他事项，安排部署相关工作。

【十八届县人民政府第七十三次常务会议】10月16日召开，传达学习咸辉在全区深化“放管服”改革优化营商环境电视电话会议上的讲话精神；《银川市人民政府关于加快跨境电子商务发展的意见》；通报银川市委全面依法治市委员会关于全市法治政府建设督察、行政诉讼案件、行政复议案件情况，听取全县行政诉讼案件、行政执法“三项制度”落实情况汇报。

【十八届县人民政府第七十四次常务会议】11月7日召开，传达学习全国易地扶贫搬迁后续扶持工作现场会精神，国务院、自治区、银川市疫情防控工作电视电话会议精神，听取全县秋冬季疫情防控工作情况汇报，审议《关于国务院应对新冠肺炎疫情联防联控机制秋冬季疫情专项督查发现问题整改工作方案》；听取全县国民经济和社会发展“十三五”规划实施总结评估汇报；审议《贺兰县居家和社区养老服务改革试点实施方案》，并安排部署相关工作。

【十八届县人民政府第七十五次常务会议】11月24日召开，传达学习国务院总理李克强在2020年全国大众创业万众创新活动启动仪式上的讲话，全国、全区根治欠薪冬季专项行动动员部署电视电话会议精神；听取全县脱贫攻坚工作情况及优化营商环境工作情况的汇报，审议《贺兰县优化营商环境工作考核制度》；听取全县2020年秋冬季大气污染治理及污染防治重点工作百日攻坚情况汇报；审议《贺兰县推动科技创新引领高质量发展的实施意见》，并安排部署相关工作。

信访工作

【概况】2020年，贺兰县信访工作坚持以习近平新时代中国特色社会主义思想和习近平总书记在宁夏视察重要讲话精神为指导，严格按照县委、县政府的工作部署，积极适应社会主要矛盾的新变化，坚持以人民为中心、以社会治理创新为动力、以依法及时就地解决群众合理诉求为目标，持续开展信访矛盾化解攻坚战，推进新时代信访工作高质量发展，确保年度信访“约束性”控制指标全面完成。信访事项办理“三率”指标方面，全县网上信访事项及时受理率100%，按期答复率97.15%，信访部门群众满意率98.20%、责任单位满意率94.55%，信访部门参评率97.84%、责任单位参评率96.36%。

【信访专项攻坚行动推进】2020年，贺兰县共开展两项信访专项攻坚行动，一是银川市重点信访问题“清零”攻坚行动，该行动共涉及贺兰县信访突出问题40件（含重复件9件），截至年底已结案销号34件，正在办理6件，办结率85%，达到了银川市要求办结率达到85%的攻坚目标；二是贺兰县信访遗留问题“百日攻坚”专项行动，该行动共涉及重点信访问题38件，截至年底已结案销号25件，正在办理13件，办结率65.8%，完成了初步的任务目标。

【信访工作责任制】2020年，贺兰县落实围绕县委、县政府重点工作，认真落实“属地管理、分级负责”和“一岗双责”信访工作责任制，将信访工作纳入责任单位月度、季度和年度绩效考核，进一步完善量化约束性指标控制工作，监督和强化信访工作责任制落实，强化平时考核、综合考评、指标控制监督通报工作，着力压实信访事项主体责任和化解责任。县委、县政府每季度听取信访工作情况汇报，研究问题，安排部署落实工作任务。

【领导干部定期接访工作机制】2020年，贺兰县继续推行领导干部定期接访带案下访机制，每个工作日安排1名县级领导和1名县直部门领导在县信访局接待室接待来访群众，确保每天有接访领导到信访接待场所接访。截至9月底，共有21名县级领导参与接访1498人次，县直部门21名领导参与接访1498人次，共接待来访群众273批1498人次（含重复访）。自全国“两会”开始，接通市级领导视频接访通道，每天安排接访领导在银川市信访局的指导下接待来访群众。

【矛盾纠纷排查化解工作】2020年，贺兰县健全完善矛盾纠纷排查化解的常态化工作机制，严格落实县（市）区每半月、乡镇(街道）每周排查、重点敏感时段专项排查的工作制度，突出排查重点，重点对涉及民生保障、房地产建设、不动产登记办理、农业农村及涉众型经济案件受害群体等领域可能存在引发群体性事件的隐患进行排查梳理。针对摸排梳理出的重点问题逐一建立台账，逐案分析，落实牵头部门、责任单位和责任人，超前谋划预防，及时采取有力措施化解矛盾纠纷，最大限度地预防和减少信访突出问题和群体性上访，确保全县社会环境和谐。

【矛盾纠纷化解攻坚战】2020年，贺兰县集中推进的信访矛盾纠纷化解专项攻坚行动有两项：一是银川市重点信访问题“清零”攻坚行动，二是贺兰县信访遗留问题化解“百日攻坚”专项行动。经区、市信访部门多次工作指导，县委、县政府多次专题研究，各县级包案领导牵头抓总，各责任单位强力攻坚克难。

【信访基础业务规范化建设】2020年，贺兰县加强《信访条例》宣传、推广，2020年5月是新修订《信访条例》颁布实施15周年。5月中旬在银川市信访局带领下，各县市区信访局积极开展了《信访条例》15周年宣传活动，持续深化了广大群众法治信访意识，引导其理性维权。强化信访基础业务规范化建设，及时转送、交办信访问题，并及时电话指导责任单位出具受理告知书、做好满意度评价工作等，提高网上信访工作效率和办理质量。积极落实基层网上信访代理点的建设运用，推动网上信访向基层组织延伸。强化网上信访情况通报，每月在全县范围内通报各责任单位网上信访工作情况，并积极做好平安建设考核打分工作，实现以考核压实责任、倒逼工作的效果。

档案工作

【概况】2020年，贺兰县档案馆坚持以习近平新时代中国特色社会主义思想为指导、深入学习习近平总书记视察宁夏重要讲话精神、党的十九大及十九届二、三中、四中全会精神，以“干部作风建设强化年”活动为抓手，认真履行“为党管档，为国守史、为民服务”工作职责，加快推进档案资源、档案利用、档案安全保障“三个体系”建设，有效地提升了档案服务中心工作的能力和水平，为争创银川都市圈高质量发展示范县做出积极贡献。

【疫情防控】2020年，贺兰县档案馆以科级领导干部疫情防控包片为单元，及时在联系的居安苑小区、塞上雅居小区成立了片区临时党支部和小区临时党小组，为疫情防控提供了组织保障；制定了《档案馆小区管控工作指导手册》，将“七管七有”“四包一”“四服务”“全国疫情分类”等进行了整合，与自制的临时党支部、党小组组织架构图和下沉人员联系信息、小区卡口管理措施等编印成册，为做好疫情防控工作提供了参考；统筹安排做好疫情防控工作，制作《档案馆下沉小区值班安排表》，对8名工作人员进行了明岗示责，采取“三班倒”的形式，从8:00开始至22:00结束，不间断地开展两个小区的卡口管理、疫情防控工作；突出小区卡口“管人管车辆”和“管居家隔离”重点，在认真开展“七管七有”“三返”人员信息摸排等的同时，每天由“四包一”人员对居家隔离人员开展“四服务”。共对片区2587户、6557人进行了信息摸排，对97户、291人进行了为期14天的居家隔离上门服务，直至全部解除隔离。在组织落实好小区疫情防控的基础上，组织留守人员采取电话预约、发号排队、限量进入等方式，为前来查档的干部职工提供了参加工作分配和录用文件的查找复印服务，为贺兰县国有企事业单位干部人事档案专项审核提供了基础保障，为其他急需档案利用的人员提供了便利。

【政治建设】2020年，贺兰县档案馆坚持用习近平新时代中国特色社会主义思想武装头脑、指导实践、推动工作，着力提升履职担当的自觉性和越是艰难越向前的创新意识；坚决执行和维护党的政治纪律和政治规矩，工作生活中始终心存敬畏、手握戒尺，自觉强化政治定力、纪律定力、道德定力、抵腐定力；严格执行新形势下党内政治生活若干准则，切实增强党内政治生活的政治性、时代性、原则性、战斗性；认真贯彻执行民主集中制，工作中注重民主基础上的集中和集中指导下的民主相结合，民主议事的范围进一步拓宽，民主共事的氛围进一步浓厚。

【理论学习】2020年，贺兰县档案馆利用每周一、五和党员大会、主题党日、业务讲坛等，组织党员干部认真学习了习近平新时代中国特色社会主义思想、习近平总书记视察宁夏重要讲话精神、党的十九大及十九届二中、三中、四中全会精神，学习了自治区市县全委会精神和四级“两会”精神，学习了《中国共产党章程》《中国共产党支部工作条例（试行）》《关于加强和改进中央和国家机关党的建设的意见》等党内重要法规，学习了档案法律法规和理论业务知识，进一步提升了党员干部政策理论和业务知识水平。年初以来，共组织开展专题研讨 9 次、党建知识测试 2 次。

【党建责任履行】2020 年，贺兰县档案馆按照“三强十一严”工程所列内容，强化党支部书记主体责任，严格落实“三会一课”、“主题党日”制度和党费管理等规定，积极开展创建“让党中央放心、让人民群众满意”模范机关创建工作。年初以来，支部书记以党建“第一责任人”的身份组织召开支委会 9 次、党员大会 8 次，讲党课 3 次，到“五七干校”、盐池革命烈士纪念馆、稻渔空间、宁夏工委纪念馆开展党性教育活动 4 次，引导组织党员足额缴纳党费，认真开展“主题党日”活动，主动践行“三进”联系，积极参与业务讲坛，严肃对待重温入党誓词活动。

【党风廉政建设】2020 年，贺兰县档案馆坚持以落实党风廉政建设主体责任为抓手，强化党风廉政建设“两个责任”全程纪实工作，严格党要管党、从严治党基本要求。共召开党风廉政建设会议 9 次，开展专题研讨交流 2 次，组织党风廉政理论知识、典型案例等学习 9 次，研究制定《2020 年党风廉政建设工作计划安排》和《全面从严治党“三个清单”》，并通过与党员签订党风廉政建设责任书，加以巩固和提高。

【意识形态责任制落实】2020 年，贺兰县档案馆成立了意识形态工作领导小组，研究制订了年度意识形态工作计划，依据工作计划在认真开展相关文件及理论知识学习的基础上，组织党员干部切实抓好意识形态各项工作的落实。年初以来，召开意识形态专题会议 3 次，组织意识形态知识测试 1 次。

【安全生产】严格落实库房每天首入末出、每周一次卫生保洁、每月一次重点场所安全隐患排查备案登记、每季度召开一次安全生产专题会议长效机制。

【档案业务指导】2020 年，贺兰县档案馆共对环保局、统计局、纪检委等 28 家单位文书档案进行了指导整理，指导整理永久类档案 5700 件、30 年档案 5026 件，收集整理 20 个单位的全宗介绍、大事记、保管期限表各 60 份，收集各单位重大活动照片 309 张，并对 2 家企业的项目档案进行整理指导和达标验收。

【来访接待服务】2020 年，贺兰县档案馆严格落实上班时间即来即办、双休日预约查档等便民服务措施，极大地方便了群众查档利用要求。年初以来共接待到馆查档人员 1496 人次，提供档案复印资料 2966 份，接待率达 100%，申请提供档案证明件率达到 100%，群众满意率达 95%以上。特别是配合开展了事业单位工作人员档案规范化整理工作和自治区政协办公厅对新中国成立以来贺兰县有关移民档案资料的查阅利用，并收到来自区政协办公厅的感谢信。

【信息化建设】2020 年，贺兰县档案馆组织业务人员对历年进馆的各类档案进行了清点核实，对以往进馆的 13208 件文书档案进行补录及数字化处理，对新进馆的 4539 件婚姻档案全部进行条目录入和全文扫描，馆藏档案的数字化率达到 85%。

【村居档案规范管理】2020 年，贺兰县档案馆按照《城市社区档案管理办法》（国家档案局 11 号令），对马家寨社区档案进行了现场指导、示范引导和检查督促，帮助社区规范化整理归档 2005 年至 2015 年各类档案共 152 盒、3013 件。按照《村级档案管理办法》（国家档案局 12 号令），启动实施了金贵镇汉佐村档案规范化整理工作，村上已落实了专门的档案室并挂牌，制定了村级档案工作制度，指导做好档案收集工作。

【档案法治宣传】2020年，贺兰县档案馆以“6·9”国际档案日为契机，在馆内设点，积极主动向来访群众宣传档案法律法规和档案查阅程序等，赠送《档案法律法规宣传手册》和档案编研资料《珍藏在历史档案中的知青岁月》《民国档案汇编》《辉煌贺兰60年》等近300本；完成了新修订的《中华人民共和国档案法》宣传手册的制作和印刷工作，并在进门登记处和档案查阅室随时向办事群众宣传发放；主动参与档案局组织开展的档案管理及整理移交进馆工作督查，共对20个单位的文书、业务档案及档案室建设等情况进行了全面督查，并将督查结果以督查通报向全县各单位进行了通报。

【综合档案馆业务评价自评】2020年，贺兰县档案馆严格落实《自治区档案局关于开展市县级综合档案馆业务建设评价工作的通知》精神，根据《市县级综合档案馆业务建设评价标准》，研究制定了《关于落实〈自治区档案局关于开展市县级综合档案馆业务建设评价工作的通知〉的安排意见》，对评价指标内容进行了责任分工，全体工作人员严格按照任务分工脚踏实地地查漏补缺，完善资料，扎实做好了迎评前自查自评工作，为迎评工作奠定坚实的基础。

【“贺兰县民国档案汇编”项目实施】2020年，贺兰县档案馆按照《国家档案局关于批复2019年国家重点档案专项资金任务预算的通知》（档审字〔2019〕39号）中对项目资金和绩效目标的要求，截至年底，出版档案图书1200本、拍摄时长10分钟宣传片1部、制作50米长的实体展板1个、修复档案扫描件6185件，并购置用于档案实体存放的档案柜和数字处理存储的电子设备，支付项目资金20万元，达到了项目规定的目标要求，项目已通过自治区档案局的初步验收。

【史志档案编研】2020年，贺兰县档案馆完成《贺兰年鉴（2019）》和《贺兰县经济体制改革40年》编辑定稿工作，与印刷厂对接印刷；完成《贺兰年鉴（2020）》组稿工作。

行政审批

【概况】2020年，贺兰县审批服务管理局紧紧围绕县委、县政府中心工作和年初制定的工作目标，以“干部作风建设强化年”为契机，圆满地完成了各项工作。

【职能转变】2020年，贺兰县共承接下放行政审批事项181项，全县相对集中行政许可率达到96.5%。积极对接贺兰工业园区审批服务中心，及时移交审批事项资料，指导配合园区审批服务中心顺利承接运行，实现“企业的事园区办，园区的事园内办”。

【审管分离】2020年，贺兰县严格执行“双随机、一公开”制度。根据《关于深化行政审批制度改革加强事中事后监管实施方案》，建立审管会商、信息推送制度，各监管部门明确监管内容，落实监管责任。行政审批部门及时将审批结果推送至监管部门，加强事中事后监管。

【营商环境优化】2020年，贺兰县推行政务服务“好差评”制度。研究制定了《贺兰县政务服务“好差评”实施方案》，在服务窗口醒目位置设置“五级评价”二维码，以工作人员办事效率、服务态度、业务熟练程度为指标，实现企业和群众现场服务“一次一评”、网上服务“一事一评”。在各大厅配备意见箱和意见簿、评价表，实现点评“线上线下”全面融合。同时，综合利用“12345”政务服务平台、投诉举报电话、意见箱，及时接受群众监督，对群众反映的问题及时分析解决，并由专人负责问题处理及跟踪回访。邀请专业的政务礼仪培训机构对大厅、街道、乡镇政务服务中心工作人员进行政务服务标准化及政务礼仪培训，为打造一流政务服务队伍树立典范。推行 AB 岗工作制、预约服务、延时服务，确保窗口不空岗、工作不脱节，进一步提升群众满意度。邀请市优化营商环境指挥部办公室主任围绕优化营商环境进行集中辅导培训，提升服务质量。

【总体部署】2020 年，贺兰县针对政务服务和项目审批工作，认真分析研究政策法规，集思广益提出工作方案，努力用工作“新机制”打破审批“老模式”。牵头研究制定《贺兰县企业投资项目代办服务工作制度（试行）》《贺兰县政府投资管理实施办法》《贺兰县审批服务管理局项目审批容缺办法》等，进一步发挥制度“内功”，强化审批“外功”。

制定《贺兰县审批服务管理局进一步推进政务服务标准化建设实施方案》，按照标准化要求对进驻事项、布局标识、场所管理、人员管理、监督管理进行规范。在全县四镇一乡一街道设立 6 个民生服务中心，在各社区、村设立 75 个便民服务代办点，统一机构名称，规范标识标牌，整合服务资源，完善服务功能，强化基础建设，健全服务机制。

有针对性地制定《贺兰县审批服务管理局进一步优化营商环境工作实施方案》，确定具体目标、具体任务、倒排工期、压实责任、狠抓落实，努力推进优化营商环境落细落实。

【服务优化】2020 年，贺兰县全力推行“四减一优”工作（减材料、减流程、减时限、减费用，优服务），实现减材料 31%，减环节 39%，较法定办结时限减少 73%，其中不动产所有登记最多 5 个工作日办结，时限减幅达 75%至 83%，进一步优化服务。

以“一件事一次办”改革为契机，联合县医保局、县税务局、县自然资源局等 17 家单位，对 40 项事项梳理出“我要开餐厅”“开设民办学校”“开办中医诊所”等 26 个“一件事”。着力优化和重构政务服务事项流程，按照提交材料最少、环节最简、流程最优，再造业务流程，实现一次告知、一表申请、一次递交、一次办好。切实解决企业和群众办事难、办事慢、多头跑、来回跑等问题 。同时在马家寨社区推出“我要开餐厅”“我要开商店”“一件事一次办”套餐服务，深入推进政务服务“就近办”，从群众的角度出发，以群众的要求为标准，提供高效、优质的政务服务，让群众有更多获得感。

【商事制度改革】2020 年，贺兰县严格落实市场准入负面清单制度和国家各项减税降费政策，推进“证照分离”“一照一码”“多证合一”改革，实现“23 证合一”。简化企业住所登记手续，设置企业自助服务区，同时设立商事服务专区，将营业执照、银行开户、印章刻制、发票申领、社保备案等企业开办涉及的窗口并联，做到企业开办“一站式”服务 3 小时办结、个体营业证照即来即办。同时，进驻多家银行机构，方便企业在取得营业执照后自主选择银行开户及办理税务信息采集等业务，加快市场准入效率。截至 9 月底，共办理企业设立 1032 件，变更 1212 件，注销 351 件；个体工商户设立 2772 件，变更 507 件，注销 1451 件；全程电子化注册 1086 件。

【“一门一窗一网”通办】2020 年，贺兰县优化窗口设置，全面推行“前台一窗受理，后台分类审批，综合窗口出证”新模式，深化并联审批、联合评审、联合勘验等集成服务；以为群众办好“一件事”为基本单元，先后实行不动产登记与税务缴费、企业注销与税务清税等关联事项“一窗联办”，解决了群众“两边跑，两边等”的问题，实现企业和群众“一站办成事，一窗办多事”。同时，将物业储备金缴纳进驻“公共资源交易”大厅，物业储备金和契税缴纳业务一同办理，时间由 1 天以上压缩为十几分钟。加强对自治区电子证照库录入工作，及时录入证照库，确保业务办理结果及时汇入证照库。通过线上线下多种方式，加大宁夏政务服务网、“我的宁夏”App、“i 银川”App 网上办事平台等的宣传推广及应用，提升政务服务水平，最大程度实现政务服务更优化、管理更智能、办事更便捷。同时，专门安排工作人员下社区、村代办点，一对一、手把手指导代办员，进一步提升代办人员业务素质，提高办事效率。设置出入境自助终端、不动产自助查询机、发票自助申领终端、金融 ATM 机等，着力打造“数字政府”，提供智慧政务。不动产系统和税务“金三”报税系统的互联互通，实现信息共享，形成多方共赢的局面，提高了办事效率，提升了群众满意度。

【队伍建设】2020 年，贺兰县审批服务管理局制定了《贺兰县审批服务管理局绩效考核办法（试行)》《贺兰县审批服务管理局窗口工作人员考勤管理办法（试行)》《贺兰县审批服务管理局办事大厅管理办法（试行)》等 8 项规章制度，以制度管理人、以制度约束人，切实将落实岗位责任、转变工作作风落到实处。严格执行首问负责制、限时办结制、一次性告知、容缺受理、绿色通道等工作制度，以制度制约、完善、推动服务水平再提升。成立监察室，配备 4 名政治坚定、能力过硬的工作人员开展党风廉政建设、各类咨询、投诉回复、督办等工作。强化督查考核，建立巡察回访机制。建立“日巡查、月通报、季评比”的督考机制，通过电子监察系统实时监控、日常巡察和明察暗访、投诉举报核查反馈、办事群众满意度测评、岗位绩效考核等方式，加强对审批权力运行的监督制约，杜绝门难进、脸难看、不作为、乱作为、慢作为的情况发生，努力锻造出一支业务精、服务优、作风实、自律严、形象佳的政务服务队伍。截至 9 月底，共印发督查通报 10 期，大会作检讨 3 人，收到锦旗 6 面、表扬信 16 封。

【创新审批流程，服务市场企业】2020 年，贺兰县根据自治区工改办要求，项目申报全流程在宁夏回族自治区工程建设项目审批管理平台线上办理。进驻水电气窗口，设置了立项用地规划许可、工程建设许可、施工许可、竣工验收 4 个窗口，为工程建设项目“全流程”审批打好基础。加快推进贺兰县建设项目服务中心建设，已完成大厅整体建设。

【推行项目“容缺受理”、企业代办服务】2020 年，贺兰县审批服务管理局制定了《贺兰县审批服务管理局项目审批容缺办法》等，创新实施容缺办理机制。允许申请人在部分非主要申请材料在承诺时间内暂时缺少，通过“信用承诺”方式进行容缺受理，优化项目审批服务，最大限度简化审批流程，缩短审批时限，降低制度性交易成本，助力促进企业复工复产。制定了《贺兰县企业投资项目代办服务工作制度(试行)》，建立一支以审批局代办员为主、各相关部门协办员为辅的代办服务队伍，全程“保姆式”代办，加快推动企业投资项目早开工、早建设、早达效。已为 6 个重点项目提供全程代办服务。

【招投标流程规范】2020 年，贺兰县依托银川市公共资源交易中心，取消了报名限制，推广电子招投标，用好用足交易平台，不断增强公共资源交易透明度。截至 9 月底，贺兰县企业投资项目办理直接发包备案 70 个，项目投资 68.08 亿元；政府投资公开招标项目 40 个，中标金额 7.371 亿元。

【疫情防控】2020 年，贺兰县审批服务管理局组织 74 名党员、干部职工，积极投身社区和园区疫情防控工作。主动帮扶基层解决实际问题，捐赠生活物资和消毒物品等；党员和干部职工捐款 5820 元。常态化疫情防控不松懈。成立疫情防控领导小组，责任到人到事，对大厅进出人员进行登记和测温，每天全方位无死角对大厅进行消毒，确保政务大厅人员和环境安全；同时对节假日离宁人员严格管理，核酸检测正常方可上岗。为避免人员聚集，加快办事效率，通过推出“网上办、预约办、邮寄办、自助办、容缺办、上门办”等“六办”服务，确保疫情防控和政务服务两不误。

中国人民政治协商会议贺兰县委员会

Zhongguo Renmin Zhengzhi Xieshang Huiyi Helanxian Weiyuanhui

综　述

【概况】2020年，贺兰县政协以习近平新时代中国特色社会主义思想为指导，坚持党对政协工作的全面领导，坚持团结和民主两大主题，认真贯彻落实习近平总书记视察宁夏重要讲话、中央和自治区市县党委政协工作会议精神，围绕自治区市县党委全会决策部署，积极发挥专门协商机构作用，紧扣统筹推进常态化疫情防控和经济社会发展工作履职尽责，凝心聚力，为推动全县高质量发展、建设美丽新宁夏贡献智慧和力量。

【政治引领】2020年，贺兰县政协始终把学习宣传贯彻习近平新时代中国特色社会主义思想作为政协工作的重中之重，把坚持和发展中国特色社会主义作为巩固共同思想政治基础的主轴，作为落实增强“四个意识”、坚定“四个自信”、做到“两个维护”的具体行动。召开党组会、主席会、常委会会议、党支部会39次，层层传达学习宣传贯彻中共十九届四中五中全会、习近平总书记视察宁夏重要讲话、中央和自治区市县党委政协工作会议以及区市县党委全会精神，结合政协实际提出贯彻意见并认真抓好落实，取得积极成效。建立习近平新时代中国特色社会主义思想学习座谈会制度，召开界别工作室、功能型党支部会16次，把党中央和自治区市县党委重要会议、重要文件精神传达给政协委员。扎实开展“新时代新使命新样子”学习讨论活动，对照“三个专题”“五个方面的新样子”，把学习讨论、专题研讨、检视问题、整改提高贯穿始终，制定活动方案，明确学习内容、专题研讨要求，持续推动学习宣传贯彻习近平新时代中国特色社会主义思想、习近平总书记关于加强和改进人民政协工作的重要思想往深里走、往心里走、往实里走，组织开展“新时代新使命新样子”集中学习41次，召开党组理论学习中心组学习12次，专题研讨交流8次，查找问题并完成整改9项，机关干部、政协委员畅谈学习体会153人次。

【政协系统党的建设】2020年，贺兰县政协坚持以党的建设引领和推动履职实践，完善了政协党的组织体系，实现了“两个全覆盖”。党组成员带头参加“三会一课”等双重组织生活28次。细化方案、创新思路、丰富内容，扎实创建“让党中央放心、让人民群众满意”的模范机关。召开了功能型党支部专题组织生活会，对67名党员委员履职情况进行评议，并反馈给委员所在单位党组织。认真落实全面从严治党主体责任和“一岗双责”，开展廉政警示教育周活动和党纪党规日常学习教育19次，积极支持派驻政协机关纪检监察组履行监督责任。政协机关被列为县委统战工作领导小组成员单位，县委常委、统战部部长兼任政协党组副书记，6名乡镇、街道统战委员进入政协委员队伍。

【意识形态责任制落实】2020年，贺兰县政协贯彻落实党管意识形态工作要求，召开意识形态工作分析研判会4次，强化委员履职通、微信群等阵地管理，在政协会议、视察调研、提案办理、界别活动等履职中，对委员发言、社情民意、意见建议、工作信息等内容中严格审核把关，不断教育引导委员提高政治觉悟。发挥教科文卫体界别工作室与文联民族团结进步教育基地作用，大力弘扬社会主义核心价值观和以爱国主义为核心的民族精神、中华优秀传统文化，通过引导思想观念、凝聚政治认同、推动文化传承等，推进建设具有强大凝聚力和引领力的社会主义意识形态。

【协商机制】2020年，贺兰县政协始终把服务发展、助推发展作为政协工作的主题，认真落实党委会同政府、政协制定年度协商计划制度，确定政协常委会会议和专题协商会议议题，组织广泛征集议题，按照相关程序审议确定协商议题12个，纳入县委和县政府总体工作部署，列入督查事项和考核体系。围绕自治区政协协商会议开法“九条”、协商议政“七要七不要”等协商规则，修订完善政协贺兰县委员会全体会议工作规则、政协贺兰县委员会常务委员会会议议事规则等机制，落实“学习于调研之前、调研于协商之前”的要求，推进政协工作制度化、规范化、程序化。

【协商议政】2020年，贺兰县政协把握“基层政协要把协商放在重要位置”的要求，以制定协商方案、组织开展学习、深入调查研究、召开协商会议推进协商议政工作。围绕实现经济发展量的合理增长和质的稳步提升，召开关于推进贺兰工业园区高质量发展常委专题议政会和全县重点项目建设专题协商会，提出建议10条，为促进全县经济运行稳中有进稳中向好贡献力量。着眼不断满足人民群众对美好生活的新期盼，与区市政协委员三级联动调研，召开关于加强健康贺兰建设、提高全县人民健康水平常委专题议政会和“互联网+教育”专题协商会，提出建议13条，为推进健康贺兰建设、坚持教育优先发展建言献策。更好推动各民族交往交流交融，召开关于全面深入持久推进贺兰县民族团结进步创建工作专题协商会，提出建议4条，为民族团结宗教和顺局面持续巩固、成功创建全国民族团结进步示范县献计出力。

【履职为民】2020年，贺兰县政协始终把提升人民群众的获得感、幸福感、安全感作为履职为民的重要内容，组织委员就贺兰县公办（普惠性）幼儿园“5080”目标任务完成情况、小康社会指标和脱贫攻坚目标完成情况、文明城市整改创建工作、社区服务能力建设等6项议题开展民主监督，以党政所需、群众所盼、政协所能推动委员履职由“软监督”向“硬实力”转变，提出工作建议25条，彰显人民政协为人民的初心使命。组织43名委员列席县委全委会、县政府常务会，参与季度考核测评会，不断拓宽委员知情明政渠道。组织34名委员旁听法院案件庭审、参加检察院开放日、信访听证会和电视问政，推荐2名委员担任特约监察员。

【强化联谊做好凝聚共识工作】2020年，贺兰县政协加强同各民主党派、人民团体、无党派人士和各族各界人士的沟通联系，主动征求对政协工作的意见建议5条，结合政协实际认真改进提升。组织各党派团体参加调研视察、座谈交流、民主监督等活动10次，提出建议23条。组织11名宗教界委员参加协商活动，反映社情民意13条，充分调动参政议政、履行职责的积极性主动性。

【提案办理】2020年，贺兰县政协注重提案的征集审查、立案交办、领衔督办、督查推动、答复评价等环节，推动提案工作提质增效。县人民政府高度重视27件提案办理工作，分解任务，压实责任，强化督查，召开4次常务会议，推进办理进度，提高办理实效。县委、县政府、县政协主要领导、分管领导领衔督办重点提案5件，召开提案专题协商会、督办会、座谈会5次，通报提案办理情况3次，开展提案办理“回头看”和满意度测评。办结提案25件，办结率92.6%。

【微党课活动】2020年，贺兰县政协积极发挥政协更好凝聚共识的作用，搭建“微党课”学习平台，丰富委员学习形式，制订季度学习计划，每旬在政协委员微信群推送1篇习近平总书记重要讲话、理论文章或中央和自治区市县党委政协工作会议精神等内容，鼓励委员线上学习交流，引导委员坚定理想信念。已编发“微党课”25期，机关干部、政协委员撰写心得153篇。

【界别委员工作室】2020年，贺兰县政协不断激发界别委员建言资政活力，完善了界别工作室制度、召集人制度，制定了界别委员联系社会组织工作办法，设立委员会客室2个，在农业界别委员工作室建立“自治区市县三级委员联络小组”。以专门委员会为基础，以界别为依托，以委员为主体，组织开展界别活动8次，提出意见建议24条。

【有事好商量】2020年，贺兰县政协认真贯彻落实习近平总书记“有事好商量、众人的事情由众人商量”的要求，积极搭建“请你来参与、有事好商量”协商平台，按照商自民意、商有基础、商有质量、商有结果的工作程序，组织政协委员、社区居民和职能部门围绕公共体育场地规划建设、解决大班额问题等4项议题协商提出建议10条，找准群众意愿和部门履职的最大公约数，有力推动解决群众的揪心事、烦心事、操心事。

【社情民意】2020年，贺兰县政协扎实做好“民情直通车”工作，坚持切口小、情况实、覆盖广的原则反映社情民意，畅通履职渠道，注重下情上达。选出9名专业性强的界别委员组建“特约信息员”队伍，将其专业特长和参政履职结合起来，让专业的人说专业的话，形成参政议政成果。向区市政协、县委、县政府编报信息51篇，得到县委、县政府领导批示及部门办理回复32篇，自治区政协采用9篇并推送全国政协2篇，《开展长期护理保险试点工作，让更多退休老人获益》得到自治区政府领导批示办理。

【委员队伍建设】2020年，贺兰县政协把13篇领导讲话、文件规章编印成册发给政协委员学习，不断增强委员履职本领。认真学习贯彻习近平法治思想，组织2名律师委员每周2次在委员微信群推送解读《中华人民共和国民法典》，不断提升委员的法治思维。修订完善了《贺兰县政协委员履职考核办法（试行）》，通报委员履职考核2次，提醒约谈委员13名，督促做好“年度作业”。2020年考核称职以上委员较去年上升12.6%，提交提案、反映社情民意数量同比增加37%。依照政协章程和履职考核情况，劝辞委员4名，撤销委员资格1名，严格审核把关增补委员10名。加强与委员所在单位沟通，积极支持其参加政协活动。县委召开各界别委员座谈会，28名委员为“十四五”经济社会发展和二〇三五年远景目标规划建言献策。积极鼓励支持委员示范引领产业发展，广银米业荣获第四届全国稻渔综合种养模式创新大赛一等奖。疫情期间委员迅速行动、响应倡议，践行初心使命，参与疫情防控，积极奉献爱心，35名委员累计捐款捐物181万元。

【机关建设】2020年，贺兰县政协严格执行中央八项规定精神，扎实开展“干部作风强化年”活动，认真落实“基层减负年”要求。开展“不忘初心、牢记使命”主题教育“回头看”，持续推进“两学一做”学习教育常态化制度化。政协班子成员包抓疫情防控、脱贫攻坚、河长制、“进百企”、后进村党组织整顿、“6+3”重点特色产业等工作取得积极成效。完成市委巡察反馈7个问题整改，修订制度66项。完成“七五”普法工作。机关党员帮扶的26户建档立卡户全部脱贫。积极参加周三周五创建文明城市志愿服务、文明交通志愿服务活动。《华兴时报》等媒体报道政协工作52篇，展示了与时俱进、履职为民的良好风貌。发挥文史资料“存史、资政、团结、育人”作用，认真编辑《贺兰文史资料（第十辑）》。接待自治区外政协调研考察12批次，积极宣传贺兰、推介贺兰。做好离退休老干部服务保障工作。从严落实机关管理各项制度规定，内强素质，外树形象，机关凝聚力战斗力不断增强。

重要会议

【中国人民政治协商会议贺兰县第十届委员会第五次会议】2021年1月11日召开。会议听取和审议政协贺兰县第十届委员会常务委员会工作报告；听取县人民政府关于政协贺兰县第十届委员会第四次会议委员提案办理情况的通报；听取和审议政协贺兰县第十届委员会常务委员会关于十届四次会议以来提案工作报告；列席贺兰县第十八届人民代表大会第五次会议，听取和讨论贺兰县人民政府工作报告及其他报告；讨论贺兰县国民经济和社会发展第十四个五年规划和二〇三五年远景目标纲要；听取和审议政协贺兰县第十届委员会第五次会议提案审查委员会关于提案审查报告；审议通过政协贺兰县第十届委员会第五次会议决议。

【贺兰县政协党组（扩大）暨政协贺兰县第十届委员会第二十次常委会会议】2020年6月15日召开。会议传达学习习近平总书记在宁夏视察听取宁夏回族自治区党委和政府工作汇报时暨亲临贺兰视察时的重要讲话精神传达提纲、国务院政府工作报告、中国人民政治协商会议全国委员会常务委员会工作报告及中国共产党宁夏回族自治区第十二届委员会第十次全体会议精神传达提纲。

考察调研学习

【调研创建全国文明城市整改工作】4月16日，县政协副主席马文霞带领调研组调研创建全国文明城市整改工作开展情况。

调研组一行先后到光明社区未成年人心理辅导站、海亮便民市场及2号地停车场、贺兰县垃圾分类基地等6个调研点，详细查看小区环境综合整治、小微公园改造提升、街道破损、人行道塌陷及树框维修等，听取各调研点负责人介绍环境卫生整治、综合执法整治、生态环境保护、未成年人思想道德建设等情况，对调研点存在的问题提出整改意见。

调研结束后，在政协会议室召开座谈会，县人民政府副县长马刚通报了贺兰县争创全国文明城市工作开展情况，委员们就创建全国文明城市整改工作提出一些建设性意见和建议，县政协主席恩建国就贺兰县创建全国文明城市整改工作存在的问题提出要求：一是进一步提高思想认识。按照市委、市政府、县委和县政府的工作要求，树立“四个意识”，坚持与全市文明城市创建工作同频共振，同步推进，巩固贺兰县自治区文明城市成果，扎实开展争创全国文明城市工作，确保圆满完成银川市整改创建全国文明城市工作任务。二是进一步调动群众参与。充分发挥小巷管家作用，加大宣传力度，动员广大群众参与到争创全国文明城市中来，积极规劝、自觉抵制不文明行为，切实提高群众对争创全国文明城市的认可度。三是进一步加强部门联动。充分发挥街道和乡镇属地管理职责，建立“街巷吹哨，部门报到”工作机制，全面调动全县机关单位、社会团体、企业、商铺和城乡群众创城的积极性和主动性，广泛开展各类创城志愿服务，强化志愿服务意识，形成全民发动、全民参与的社会氛围。四是进一步调动委员积极性。政协委员要充分发挥界别优势，树立创城意识，在学校、机关、企业、农村、社区及家庭中带头成为文明行为的引领者、参与者，大力宣传全国文明城市创建的意义和美好愿景，积极为创城工作出主意、当参谋、做贡献，树立和展示政协委员新时代新使命新样子。

【助力企业复工复产】4月23日，由县政协办公室和各专门委员会主任牵头，组织机关党员分五个组，深入结对的宁夏沃林机械制造有限公司、万丰塑胶管材有限公司、宁夏德鑫汉克集成家具制造有限公司、宁夏丽秋玻璃有限公司、宁夏上陵卓恒宇汽车销售服务公司五家企业，开展下基层活动。

在企业，各小组详细听取已建立党组织的企业党建工作开展、班子配备、党员底数以及党建活动阵地建设使用情况等，并指导企业完成4月份党建工作重点，严格落实“三会一课”、支部主题党日等制度，以“党建+机关党员进企业”解决实际问题为抓手，促使企业党建带业务。对尚未建立党组织的企业，因受疫情影响，了解了企业生产经营情况及复工复产需求，帮助企业协调解决矛盾和问题，助力企业快速有效复工复产。同时，全面摸清企业党员底数、党员组织关系状况，完成了新一轮党员立档工作，发挥了组织优势协调各方资源，展现了机关党员干部“助推器”作用，锤炼了机关党员干部担当作为精神。

经走访摸底，县政协办公室结对的5家企业，有2家企业建立了党组织（其中，有1家企业党组织班子配备不齐全），有3家企业未建立党组织。已复工复产企业2家。

【集中学习全国政协十三届三次会议精神】5月28日，集中学习了中国人民政治协商会议全国委员会常务委员会工作报告、全国政协主席汪洋在全国政协十三届三次会议闭幕会上的讲话精神及中国共产党宁夏回族自治区第十二届委员会第十次全体会议精神。围绕“新使命”专题，结合近期学习和工作情况，就深刻理解人民政协在新时代的新使命开展交流研讨，5人就各自的理解和认识作了交流发言。

【调研贺兰工业园区高质量发展】6月10日，县政协副主席马文霞、马建民、贺佩带领政协常委会组成人员对贺兰工业园区高质量发展情况进行调研。

调研组一行先后到宁夏厚生记食品有限公司、宁夏凯晨电器集团有限公司、宁夏西夏啤酒（集团）有限责任公司、宁夏麦尔乐食品股份有限公司、宁夏华泰家具制造有限公司、丰利源（宁夏）智能制造有限公司进行实地查看，听取企业负责人介绍企业发展状况，详细了解贺兰县工业园区高质量发展情况。同时，建议要切实发挥好工业园区在县域经济高质量发展中的“生力军”和“主战场”作用，激励工业园区改革创新的积极性和主动性，实现园区经济发展质量变革、效率变革、动力变革。

【督导督查隆源村脱贫攻坚工作】6月22日，县政协主席恩建国带领班子成员、各专委会主任及相关部门负责人到南梁台子隆源村督导督查脱贫攻坚工作。

围绕落实6月19日全县脱贫攻坚工作调度会议要求，针对隆源村“两不愁三保障”“四查四补”等方面存在的短板、弱项，逐个梳理问题，采取座谈交流的方式督导督查。县扶贫办、县水务局、县住建局、县自然资源局、县医保局等部门分别就存在的问题提出解决的意见。县政协主席恩建国就做好隆源村脱贫攻坚工作提出了三点要求，一是要切实做好“两不愁三保障”“四查四补”等排查工作，切实抓好务工收入、医疗保障、饮水安全、住房保障、危房改造、控辍保学等各项重点工作，着力解决“两不愁三保障”突出问题；二是各帮扶单位要把扶贫工作作为政治任务，不断强化责任意识、服务意识，主要领导要率先垂范，带头入户走访、解决问题，不落一户、不漏一人的宣传政策，让贫困群众真切感受到党和政府的关怀；三是要紧盯目标任务，各副主席和牵头部门负责人要压实责任，南梁台子管委会和隆源村党支部要紧盯时间节点，制定“任务清单”“问题清单”“责任清单”，确保整改任务条条有着落、件件有回音、事事有落实，确保所有问题按期“清零”。

中国共产党贺兰县纪律检查委员会 贺兰县监察委员会

Zhongguo Gongchandang Helanxian Jilü Jiancha Weiyuanhui Helanxian Jiancha Weiyuanhui

【概况】 2020年，贺兰县纪委监委坚持减存量、遏增量工作主线，聚焦主责主业，持续正风反腐，不断强化监督检查和审查调查，推动全县党风廉政建设和反腐败各项工作高质量发展。

【贯彻落实三级纪委全会精神】 组织召开县纪委十四届六次全会，学习传达十九届中央纪委四次全会和自治区、银川市纪委全会精神，安排部署全县2020年党风廉政建设和反腐败工作，分别制发贺兰县纪委监委2020年贺兰县全面从严治党、党风廉政建设和反腐败工作主要任务分工方案，将“严”的基调进行传导，并持续督促落实具体措施130项，不断推动各项工作有序开展。

【压紧压实全面从严治党政治责任】 对2019年党风廉政建设责任制进行考核，通报并督办整改问题81个。印发《贺兰县2020年落实全面从严治党“两个责任”工作要点》，督促全县65个党组织全面梳理责任，查找问题486个，明确责任落实措施1308项。创新开展“一函两清单”，以督办函、“一把手”履责清单、问题整改清单落实情况进行季度考核、年度对账，点对点发送问题整改督办函178份，督促整改问题424个。对主体责任落实不力的16名科级干部进行问责，约谈党政主要负责人和班子成员54人。

【疫情防控监督】 持续跟进监督确保疫情防控各项措施落细落实。举全系统之力，对全县各乡镇村、社区、学校、农贸市场、商业网点、园区企业等领域疫情防控、复工复产等工作开展不间断督导检查，累计督查2276次，下发督查通报47期，督促整改问题490个。对敷衍塞责、失职渎职等问题党纪政务处分3人，问责10人，组织处理87人，有力推动了各项防控措施落到实处。

【环保责任落实监督】 对《贺兰县关于落实自治区督查全县1—7月污染防治重点工作反馈问题整改方案》中27个问题65项措施，开展不间断日常督导，督促整改问题5个，落实措施22项，对督导发现的42个问题下发督办函26份，向4名县处级包抓领导发送提醒函9份，切实压紧压实环保责任。

【监督助力脱贫攻坚】 以有力监督助力打赢脱贫攻坚战。坚决贯彻落实中央纪委《关于切实加强7省区2020年扶贫领域腐败和作风问题专项治理工作的指导意见》，将精神实质纳入全县扶贫领域腐败和作风问题专项治理工作要点，紧盯隆源村、广荣村和四个挂牌督战村整体脱贫出列，实时跟进监督检查，开展日常监督20余次，督促各责任单位落实整改问题276个。开展扶贫领域监督执纪专题培训，全体纪检监察干部对122户兜底户扶贫政策落实情况完成6轮实地走访，发现问题38个，向27个单位下发限期整改督办函。对近3年问题线索全面起底排查，共梳理扶贫领域问题线索72件，办结71件，问责26人，党纪政务处分7人。

【巡视巡察整改】先后组织开展实地督查3次，印发通报2期，点名道姓通报单位16个次，向11个县领导印发整改提醒函，约谈相关责任人24人，清退违规资金560余万元。截至年底，自治区党委第一巡视组反馈问题36个，整改完成33个；选人用人、意识形态、巡察工作专项检查反馈问题23个，已全部整改；市委第九、十轮巡察共反馈20个单位党组织198个问题，整改完成189个。

【形式官僚主义突出问题治理】全面查纠形式主义官僚主义突出问题。精准聚焦6个方面22项负面清单，以问题起底、督促整改、完善制度等助力县委“作风建设强化年”活动，推动干部作风持续好转。截至年底，共查找问题167个，新建制度40项，废止制度17项，查处干部“三不为”问题57起，组织处理194人次，约谈责任领导187人次，党纪处分4人。开展电视问政整改“回头看”，对2018年以来电视问政中反映的医疗卫生、安全生产等群众关心的热点问题复查复核，发现并二次曝光5个未整改到位问题，对4个单位通报批评并督办整改。

【巩固落实中央八项规定精神成果】结合“坚决制止餐饮浪费行为”专项行动，对县机关事务管理中心、县发改局、常信乡等20个单位2018年以来落实中央八项规定精神情况进行专项检查，发现办公经费支出不规范，单位内控制度执行不彻底、建立不完善，公车使用不严格等8个方面35个问题，督办整改。

【整治民生领域腐败和作风问题】聚焦教育、医疗、食品药品安全等群众关心关注的问题，细化14个领域75项重点整治内容，通过自查自纠、暗访督查、12345举报办理跟进、电视问政督查落实等方式，严肃整治侵害群众利益问题，截至年底，自查发现问题20个，制定整改措施40条，完成问题整改16个，党纪政务处分2人，问责13人。持续开展违建别墅、大棚房、农村违规占用耕地建房问题清查整治，实地督查3次，督促拆除违法建筑14处，没收23处，问责2人。

【开展扫黑除恶专项斗争监督执纪问责】在2019年线索核查率96.86%的基础上，集中力量，合力攻坚，提前3个月完成288件以扫黑除恶专项斗争名义移交、转办各类问题线索清零目标。开展线索核查“回头看”。联合银川市纪委对12337智能平台转办、同一件问题多次举报反映问题线索逐案过筛，查漏补缺，截至年底，未发现新增公职人员充当“保护伞”的问题。

【惩防并举】统筹力量集中攻坚“清库存”。围绕“三清零”要求，组织成立多个重点问题线索核查小组，精准发力、合力攻坚。对巡视巡察移交等各类问题线索，倒排核查进度、定期通报反馈。截至年底，共处置问题线索435件，其中初核275件，函询85件，直接了结75件，立案67件68人，给予党纪政务处分34人。

【治理信访举报居高不下问题】组织开展打击诬告陷害及时澄清正名专项行动，制定联席会议及与公安机关双向移送问题线索制度，向县公安局移交涉嫌诬告陷害信访举报行为问题线索4件，对6件不实举报问题组织召开反馈会进行澄清正名，为干部撑腰鼓劲、消除不良影响。对近两年实名举报的544件初核卷全面起底摸排，对其中89件答复情况不满意的问题线索重新分析研判，开展纪委监委班子成员与案件主办人“1+1”信访举报“回头看”，并采取纪委监委班子成员与乡镇党委书记“1+1结对驻点”模式，对64名问题线索实名举报人进行反馈跟踪、寻症化访，答复满意21人26件。

【做实审查调查“后半篇”文章】制发《贺兰县做好查办党员干部违纪违法案件“后半篇文章”推动以案为戒以案示警以案促改以案正风工作实施方案》。组织县处级领导及各部门“一把手”到自治区警示教育中心接受警示教育。对2020年新提拔的 85 名领导干部进行集体廉政谈话及警示教育。从组织、宣传、公检法等部门优选 18 名干部组建贺兰县廉政宣讲团，精选近年查办的 30 余件典型案例，在县乡村三级开展“点课式”警示教育，已深入部门及乡镇开展宣讲 7 场，受众党员干部 800 余人。开展处分决定执行情况、检查、监察建议落实情况“回头看”，发现执行、落实不到位问题 21 个，以督办函、下发通报等方式督办整改，追回执行不到位资金 10.5 万元。坚持严管厚爱相结合，对 105 人次受处分干部进行回访教育，帮助卸下思想包袱。围绕扫黑除恶专项斗争建立健全长效机制工作要求，在县公安局组织召开首场“以案促改”大会，分析问题、剖析原因，以案明纪、以案促改。

【纪检监察队伍建设】 通过系统培训不断锻造专业化队伍，共组织开展“每月一课”、业务能力学习班、消防急救安全演练等集中培训 40 余场次。在纪检监察系统开展系列警示教育活动，严防“灯下黑”。扎实开展“制度建设规范年”活动，分类梳理各项制度 51 项，宣布失效废止 13 项，继续执行 9 项，完成新建 20 项，正在修订 9 项。

【内部监督制约机制】 全面落实各项安全制度，严格履行审批程序，强化安全隐患排查。截至年底，共开展安全排查 39 次，发现并整改问题 40 个，进行谈话体检 1128 人次，取消不适宜谈话 50 人次，开通绿色通道 2 次。严格审查调查流程内部管理，开展案卷质量季度评查，对上半年 217 册案卷进行两轮评查，逐卷列明问题清单，共自查并督促整改问题 64 个。

【派驻机构改革】 全面完成 8 个派驻纪检监察组驻点工作，制定定期报告、述责述廉、工作例会等 6 项制度，不断强化监督管理。以各纪检监察室点对点指导、分管常委重点督办、疑难线索联合处置等方式对各派驻纪检监察组查办案件全程跟踪指导，2020 年以来，各派驻纪检监察组共处置问题线索 143 件，办结 120 件，给予组织处理 67 人，立案 18 件，党纪政务处分 7 人。

群众团体

Qunzhong Tuanti

贺兰县总工会

【概况】2020年，贺兰县总工会坚持以党的十九大、十九届二中、三中、四中全会精神及习近平新时代中国特色社会主义思想和习近平总书记视察宁夏重要讲话精神为指导，紧紧围绕县委中心工作，坚决落实常态化疫情防控措施不放松，全力助推企业复工复产见实效，在加强组织建设、维护职工权益、创新民主管理等方面取得新进展、彰显新作为。

【思想政治建设】2020年，贺兰县工会强化政治引领，扎实开展理论学习，把贯彻落实习近平新时代中国特色社会主义思想和习近平总书记视察宁夏重要讲话精神作为首要政治任务，按照县委十四届七次全委会精神，认真制定干部职工理论学习安排，严格落实周一、二、五干部理论学习日制度，截至年底，共组织党员干部政治理论集中学习49次；组织召开党组（扩大）会12次、支部党员大会8次、支委会14次；组织开展主题党日活动9次；上党课3次，着力在工会彰显党的主张，把握正确的政治方向，进一步引导党员干部职工听党话、跟党走。

【工会队伍建设】2020年，贺兰县总工会从严从实加强党员干部作风建设。不断强化党员干部思想武装，通过集中学习、“三会一课”、理论学习中心组的学习，扎实开展“不忘初心、牢记使命”主题教育，形成理论学习制度化、常态化。认真贯彻落实全面从严治党的决策部署。加强组织领导，全面落实党风廉政建设责任制；强化责任落实，建立完善全面从严治党“三个清单”；切实履行主要负责人落实党风廉政建设责任制第一责任人职责；扎实整改市委第九轮巡察反馈问题，形成整改长效机制。夯实基础，不断推进意识形态工作。党组书记及全体党员干部签订意识形态工作责任书，坚决贯彻落实意识形态工作责任制，每季度听取意识形态工作汇报，并对下季度工作进行部署。加强民族宗教教育。切实加强民族宗教观教育，始终坚持党的领导，确保党员树立正确的民族观、宗教观。全面完成脱贫工作任务。严格按照县委、县政府工作部署，定期深入建档立卡户及结对帮扶户家中开展走访帮扶，真心实意帮助解决实际困难，严格落实产业帮扶措施，按时完成脱贫攻坚各阶段目标任务。

【疫情防控】2020年，贺兰县总工会深入企业，坚守社区，踊跃投身到疫情防控一线开展志愿服务工作，坚持高标准、严要求，班子成员亲力亲为、率先垂范，做好共建社区的“四包一”“七管七有”防控工作。在疫情防控阶段的第一时间，紧急下拨60万元资金，专项用于慰问战斗在疫情防控斗争第一线的医务工作者和防控一线干部职工，并携手多家企业工会、劳模爱心捐赠物资2300余万元。向疫情期间深入防控一线开展疫情防控及卡点执勤的10家企业及县直机关单位，拨付购买疫情防控物品补助和助力企业复工复产资金共计7

万元。按照区总工会“守护健康情暖职工”助力复工复产活动通知要求，积极动员企事业单位2358名职工参加体检活动。

【工会自身建设】2020年，贺兰县总工会全力推进工会组建，增强工会组织蓬勃发展的凝聚力突出重点抓建会。新建工会48家，发展会员4945人，累计发展会员62477人，分别完成市总下达任务的137%和142%。深入开展职工之家建设活动。打造县级“职工之家”10家，其中3家被评为市级“会站家”一体化职工之家示范点；市总工会命名先进职工之家2家、职工小家1家、劳动者驿站示范点2家，争取支持7万元。扎实开展企业厂务公开、职代会工作。实行厂务公开企业443家，占95％以上，职工满意率达96%，其中，宁夏泰益欣生物科技有限公司被评为银川市级厂务公开民主管理示范单位。建立职工代表大会制度的非公有制企业452家，占97%以上。

【职工素质建设】2020年，贺兰县总工会开展电工、电焊工等技能培训共4期，共计培训困难职工（农民工）267人；举办经审工作培训班一期；开展安全生产月系列活动，切实加强我县职工安全生产意识；围绕“当好主力军·建功新时代”助力企业复工复产，聚焦职工密集等重点行业开展“六比一创”劳动技能竞赛8场，带动600余名职工参与；表彰疫情防控与复工复产“十佳”企业，共10万元；表彰“五小成果”57项，以奖代补资金14.4万元；评选表彰“最美劳动者”20名；获得“凤城工匠”助推奖励2人；打造创建技能人才（劳模）工作室4家，已全部通过了银川市总工会的考评验收；创建“六有”标准的户外劳动者服务站点13家。

【解困帮扶】2020年，贺兰县总工会扎实开展“四送”等帮扶救助品牌活动。开展“冬送温暖”活动，对11家春节不停产企业开展节前慰问，慰问职工618户，发放慰问物资239400元；联合县人社局、县就业局共同开展“春风行动”等活动9场次，参与招工企业241家，提供就业岗位7887个；开展“夏送清凉”活动共发放“解暑礼包”650余份、西瓜万余斤；申请“金秋助学”4户、申请“工会班”7户；“中国农民丰收节”慰问一线劳模及农民工300名，发放慰问物资45000元。期间走访慰问困难职工（农民工）51户，发放慰问物资17300元；疫情期间帮助29户困难职工申请困难救助；积极开展职工医疗互助保障工作，2020年核报职工55人，核报金额64488.35元。累计开展职工医疗互助保障活动六期，参保企业722家，参保人数39384人次，共核报437人次，核报金额86.8万元。

【职工维权】2020年，贺兰县总工会促进工资集体协商工作向纵深发展。建会企业452家，共签订集体合同434份，签订率96%，覆盖职工人数41052人；签订工资专项集体合同429份，签订率95%，覆盖职工人数40624人。优化“16331”工会维权模式。建立“工会+”劳动争议多元化解（诉调对接）工作机制，共排查受理劳动纠纷案件138件316人次，挽回经济损失46万元，更好地维护了劳动关系领域和谐稳定，将问题消除在萌芽状态。并于2020年7月牵头联合县法院、县人社局共同成立了贺兰县劳动争议、人事争议、劳务合同诉调对接中心。截至年底，共受理案件87起，调解成功81起，为职工（农民工）挽回经济损失278.35万元。

【职工文化建设】2020年，贺兰县总工会，按照银川市总工会加强服务一线职工的要求，投资升级打造了县职工文化活动中心书画室、棋牌室和电子图书阅览室，完善了电子图书阅览室、书画室的服务功能，为全县职工活动中心建设起到了示范引领作用；为响应国家全民健身户外运动场面向社会开放的精神，投入60余万元对县职工文化活动中心户外体育场进行维修改造，为广大职工群众提供了安全、舒适的运动场所；为建设“书香贺兰”，向12家“职工书屋”捐赠图书1900册，推进了基层工会组织文化建设，完善了“会、站、家”阵地文化服务功能；为13个社区、村镇的“爱心超市”投入补助资金11万元；建立了“贺兰工会”微信公众号，及时对县委的重要工作及全县工会活动进行了广泛宣传。

【女职工权益维护】 2020年，贺兰县工会扎实做好女职工权益及健康维护工作加强女职工权益保障工作及健康维护工作，为具备条件单位的女职工建设爱心妈咪小屋、四点半课堂，为困难女职工进行两癌筛查健康体检等工作。

共青团贺兰县委员会

【概况】 2020年，共青团贺兰县委员会在县委政府的正确领导和区市团委的正确指导下，以习近平新时代中国特色社会主义思想为指导，牢牢把握共青团思想政治引领这一根本任务，始终坚持围绕中心、服务大局这一工作主线，切实发挥好党联系青年这一桥梁纽带作用，全面落实从严治团这一方针要求，以改革担当的精神推动政治建团、思想立团、固本兴团、改革强团、从严治团各项工作，圆满完成了各项工作。

【理论学习】 2020年，共青团贺兰县委员会建立团组织理论学习中心组学习制度，将习近平新时代中国特色社会主义思想、习近平总书记视察宁夏重要讲话精神等纳入“三会两制一课”学习内容，推动青年政治学习制度化。成立贺兰县新时代文明实践百人“青春宣讲团”，组织党员干部、青年教师、青年典型等走到青少年中，开展分众化、面对面、有针对性、互动性的宣讲活动20余场，覆盖1000余人次，把党的理论讲清楚、讲明白，着力打通青年理论武装工作“最后一米”，不断巩固和扩大党执政的青年基础。

【主题教育】 2020年，共青团贺兰县委员会大力开展“青春心向党，建功新时代”“中华民族一家亲，同心共筑中国梦”“传承红色基因，争做时代新人”“从小学先锋，长大做先锋”“让红领巾更加鲜艳”等教育活动，广泛开展入团、入队仪式，集中开展主题团队日，激励和引导青少年坚定理想信念，为实现中华民族伟大复兴的中国梦而矢志奋斗。

【优化网络引导】 2020年，共青团贺兰县委员会抓实网上“青年大学习”，不断扩大全团有效覆盖，参学人数达12600余人。50人青年网络文明志愿者队伍，积极参与网宣网评工作。开展“开学第一课”“网上祭英烈”“向国旗敬礼”等青少年主题网络活动。开展热议“两会”“党的十九届五中全会”等网络话题活动，发布微信500余期，阅读量达30万余人次，引导广大团员青年用“网言网语”唱响主旋律、凝聚正能量。

【疫情防控】 2020年，共青团贺兰县委员会通过“两微多群”、流动宣传员围绕疫情防控知识、重大决策等发布权威信息，充分挖掘和宣传青年战“疫”榜样、青年突击队等先进事迹，开展网上红领巾课堂、心理帮扶等活动，共推送信息170余篇，阅读量达3万人次，循环播放《温馨提示》《致全县人民一封信》等1000余次，张贴发放宣传单15000余份。发布《青年防疫志愿者招募令》，以团干部、团员先锋为队伍主体，依托青年文明号、青年突击队和青年安全示范岗等“青”字号集体，成立青年突击队26支，200余名团干部、700余名共青团员、300余名志愿者发挥排头兵、先锋队作用，奋战在防控一线，累计服务时长960000多个小时。

【脱贫攻坚】 2020年，共青团贺兰县委员会开展机关干部与国定贫困户青少年结对帮扶活动。争取“爱助事实孤儿”项目，资助事实孤儿44名7.68万元。开展“希望工程·圆梦行动”，争取各类助学项目135.1万元，团县委自筹52.38万元，资助贫困学生252人145.3万元，对全县建档立卡贫困家庭贫困青少年实现资助全覆盖。开展“志智双扶”巡回演讲、脱贫致富青年典型宣讲、参观移民青年创业基地等10余次，拔掉贫困青少年的精神“贫根”，激发脱贫内生动力。

【在高质量发展中下好“带头棋”】2020年，共青团贺兰县委员会开展大学生“返家乡”社会实践，组织70余名大学生参观县域企业、参加人才交流会，引导青年学子体会家乡发展，增强建设家乡的责任感。擦亮“号、手、岗、队”等“青”字号品牌，申报区级青年文明号3个，市级青年安全示范岗2个，开展青工技能岗位比武等活动，引导鼓励青年立足岗位建新功。成立农村青年致富带头人联盟，建成涉农青年创业实训基地2个，联系培育青年致富带头人30人，集聚助推乡村振兴的青年力量。建成未成年人校外心理健康辅导中心1个，发布青年志愿服务品牌项目2个，开展“文明创城、青春同行”“同饮一渠黄河水，共植一片青年林”“保护母亲河”等青年志愿服务活动50次，在基层社会治理和创建文明城市中争当先锋。

【青年工作】2020年，共青团贺兰县委员会依托《贺兰县青年工作联席会议制度》，建成县委、县政府指导青年工作、制定青年政策、协调青年事务的重要机制，加强同县级有关部门的协调配合，保障青年发展政策措施落到实处。定期研究安排部署就青年思想引领、青年教育、青年就业创业和维护青少年合法权益等方面工作。

【关心助力青少年成长】2020年，共青团贺兰县委员会开展“青春筑梦·创响贺兰”青年创业创新大赛，评选出17个优秀项目，发放奖金21.8万元。发布招聘、公考等信息50余篇，开展网络招聘会20余场，发布就业岗位3000余个，助力青年创业就业。深化“共青团与人大代表、政协委员面对面”“特需青少年关爱帮扶”“预防青少年违法犯罪”等品牌工作，帮扶特需青少年15人，协助未成年人审讯3次，切实维护青少年合法权益。邀请银川市12355青少年综合服务中心送课青少年，开展青春期教育、考前减压等各类心理健康教育讲座20余场。常态化开展“青少年禁毒创意大赛”“网络安全周——青少年日”“扣好人生第一粒扣子”等活动，强化青少年法治、禁毒教育等。

【青少年文化生活】2020年，共青团贺兰县委员会以“团组织+社会组织+志愿者”的联动模式，组织和引入青年社会组织2个、青年志愿者55人、大学生支教团3个，依托新时代文明实践站、红领巾成长课堂、青年之家等17个阵地，为留守儿童提供学业辅导、自护教育、思想引领等志愿服务，惠及青少年600余名。联合多部门认定2020年贺兰县中小学生研学实践基地21个，开展红色教育、绿色环保、科普等特色研学活动，丰富青少年的学习经历和生活体验。开展相亲交友、集体婚礼、青年典型事迹分享等活动10余次，打造青年之家3个，拓展服务青年的有效载体。

【队伍建设】2020年，共青团贺兰县委员会选优配强管好团干部队伍，及时调整补充团干部17人，全县各级团组织领导干部整体配备率年均达95%以上。举办团（队）干部专题培训班，引导团干部准确掌握新时代团青工作方向，提升素质能力。严把入口关，做好团前队前教育，新发展团员380人录入100%，中学建队全覆盖，分批入队4500余人，初中、高中团学比分别控制在11.4%、34.4%，学社衔接率达97.3%，对标定级213个支部100%。

【组织建设】2020年，共青团贺兰县委员会广泛联系青年社会组织和新兴青年群体，新建非公团组织25个，扩大团的组织覆盖面。建强团的阵地，实现64个行政村、11个社区全覆盖。落实团中央“1+100”团干部联系青年制度，依托“1+3+N”模式，通过1个团组织，3个团干部，广泛联系致富、宣讲、志愿服务青年群体。加强基层团组织指导，落实“三会两制一课”“团建清单”“对标定级”等，严肃组织生活，巩固和夯实团的基层基础，促进团的工作制度化标准化规范化。

贺兰县妇女联合会

【概况】 2020年，贺兰县妇女联合会紧紧围绕区、市妇联的工作部署和县委、县政府的中心工作，以“干部作风建设强化年”活动为抓手，全县各级妇联组织以认真学习宣传贯彻习近平总书记在宁夏视察重要讲话精神为主线，以保持和增强政治性、先进性、群众性为目标，着力凝聚全县妇女团结奋进的强大力量，着力做好服务大局、服务妇女群众的各项工作，着力推进妇联改革向纵深发展，各项工作取得新的进展和成效。

【妇女思想政治引领】 2020年，贺兰县妇女联合会坚持以习近平新时代中国特色社会主义思想为指导，强化妇联政治担当。组织妇联机关干部、各基层妇联主席、副主席、专干等100余人集中宣讲了党的十九届四中全会精神，在妇联微信公众号、微信群、QQ群推送习近平总书记在宁夏视察重要讲话精神、中国妇女第十二次全国代表大会、党的十九届四中全会、习近平总书记在联合国大会纪念北京世界妇女大会25周年高级别会议上重要讲话精神等内容，扩大宣传覆盖面，召全体妇联干部要听党话跟党走，坚定信念，做好妇女工作。三八妇女节期间，评选出38名三八红旗手和8个三八红旗集体，并在微信公众号展播，大力宣传她们在抗击疫情中奋勇争先、拼搏实干的典型事迹。定做三八妇女节110周年纪念保温杯，由四套班子领导分别带队到各个社区、防疫点开展慰问活动，向奋战在一线的女医护人员、社区工作者送去节日祝福。联合洪广镇妇联及广荣村村委会在广荣村举办了“感恩母爱 传递幸福”母亲节主题活动，通过一系列丰富多彩的亲子活动，营造了理解母亲、歌颂母爱、珍视家庭的良好社会风尚。举办了“我是妇联执委，我为贺兰发展作贡献”主题演讲比赛，进一步激发了全县妇联干部艰苦奋斗、开拓进取的精神和奋发有为、昂扬向上的工作热情。

【巾帼脱贫行动】 2020年，贺兰县妇女联合会坚持以全面建成小康社会为目标，促进妇女创业创新。一是深化巾帼脱贫行动。联合团县委、关工委组织南梁台子管委会隆源村的25名孩子开展了“庆祝六一儿童节 移民儿童看银川”活动，进行爱国主义教育和国防教育。扎实推进关爱女性健康“爱妮保”参保工作，广泛宣传保险惠民政策，将投保任务分解到各乡镇（场），压紧压实工作责任。截至年底，全县共投保3928人，缴纳保费39.28万元。组织40多名银光村移民妇女开展了为期三个月的线上识字班，提高移民妇女文化素质。在洪广镇广荣村举办2期手工制作培训班，培训80余名移民妇女，为移民妇女实现居家就业搭建平台，增收致富。

【乡村振兴巾帼行动】 2020年，贺兰县妇女联合会通过发放倡议书、组建巾帼志愿服务队、举办提升农村妇女清洁整理水平培训班、开展农村人居环境整治观摩学习等，助力农村人居环境卫生整治再上新台阶。扎实开展“美丽庭院”创建评选活动，确定立岗镇永华村为2020年银川市“美丽庭院”创建示范村，举行了银川市“美丽庭院”示范村专项培训班，为永华村30户“美丽庭院”示范户进行授牌并赠送绿植。推选自治区“最美庭院”9户、市级“美丽庭院”18户，对第一批受市级表彰的9户市级家庭开展了送荣誉到家活动。评选出100户县级“美丽庭院”示范户，举行了贺兰县“美丽庭院”奖励物品发放仪式，并组织镇村干部、锣鼓队为“美丽庭院”示范户送去全自动洗衣机及示范户门牌。在贺兰妇联公众号及各类微信工作群中将市、县“美丽庭院”示范户创建成果进行展播。

【创业创新巾帼行动】 2020年，贺兰县妇女联合会争取“双培双带”项目资金5万元，进一步培育村级组织女带头人和农村女致富带头人。持续做好妇女小额贷款工作，强化政策宣传及贷款申请审批受理相关工作，已经完成审核227笔，贷款金额2082万元，其中建档立卡户5笔，贷款金额

44万元。做好农村贫困家庭女青年防疫补助金项目，通过摸底核查上报19名来自建档立卡贫困户家庭受益人，每人一次性补助800元。在太阳城社区举办为期20天的中级育婴师培训班，在友爱社区举办为期10天的老年人照料专项能力培训班，共培训妇女100余人，助力妇女创业就业。

【家庭幸福工程】2020年，贺兰县妇女联合会坚持以家家幸福安康工程为抓手，发挥家庭家教家风在基层社会治理中的重要作用。一是着力深化家庭文明建设。与县文明办、县卫健局等部门联合下发寻找“最美家庭”“文明家庭”评选、创建“健康家庭”等通知，通过晒、议、评、讲、秀等环节，大力传播家庭文明正能量。截至年底，向自治区妇联推荐自治区五好家庭3户、最美抗疫家庭3户、其他最美家庭3户及家庭工作先进个人1名、市级“最美家庭”11户，评选县级“健康家庭”100户。在如意湖健身步道打造“好人好家风”长廊1个，在健身公园打造家训家风主题小广场1个，努力营造家风正、民风淳的良好社会氛围，让好家风深入千家万户。

【家庭教育指导服务】2020年，贺兰县妇女联合会，联合县教育体育局推出《特殊时期 特殊家教》家庭教育讲师线上微课，引导家长疫情在家期间用正确的思想和方法教育孩子。联合县文明办、团县委对全县11个社区家庭教育服务指导站点工作开展情况进行实地督查2次，对发现的问题督促整改落实。联合县教体局下发了《贺兰县2020年家庭教育工作要点》《贺兰县关于开展2020年暑期关爱儿童家庭教育宣讲活动的通知》，进一步明确工作职责，切实推动家庭教育向纵深发展。开展了“以爱之名·共享甜蜜时刻”暑期儿童关爱服务活动，指导各基层妇联开展了以“守护童年 牵手共成长”为主题的暑期儿童关爱服务活动20余期，内容涵盖交通安全知识、防溺水安全教育、防性侵等。

【妇女维权】2020年，贺兰县妇女联合会做好接待来访妇女群众工作，确保“12338”维权服务热线畅通，微信、微博平台及时回复。截至9月底共接待妇女来访咨询30人次，其中电话信访12件，现场来访18件。及时对接乡镇、街道妇联组织，联合司法、法院、公安、检察院等部门，发挥“枫桥经验”，把矛盾化解在基层，把危险化解在萌芽状态，切实维护妇女儿童合法权益。指导金贵镇妇联召开反家暴联席会议，强化婚姻家庭矛盾纠纷化解工作，提升基层维权能力。在隆源村、泰益欣生物科技有限公司等举办了5场自治区妇联“和谐婚姻大讲堂”和《宁夏妇女权益保障条例》巡讲活动，强化普法宣传，扎实推进婚姻家庭矛盾纠纷预防化解工作。

【关爱帮扶】2020年，贺兰县妇女联合会举行了2019年度“农村贫困母亲两癌”中央专项彩票公益金发放仪式和2020年自治区民生实事城乡贫困“两癌”妇女救助金发放仪式，为32名患病贫困母亲发放了32万元救助金。春节期间，向200名适孕妇女发放“幸孕套餐”温暖包，对共建单位银光村、如意湖社区的22名贫困单亲母亲及“两癌”妇女发放慰问金6600元；对7名退休村妇联主席发放慰问金7000元；向市妇联争取春节慰问金10.4万元，共慰问贫困单亲母亲、两癌患病妇女104人。联合县慈善总会对7名“三癌”贫困妇女每人救助5000元。做好北京市红十字基金会.正心基金爱心妈妈项目，通过入户调查确定拟救助对象10名。

【两规划落实】2020年，贺兰县妇女联合会认真做好2020年“两规划”统计监测工作，真实、准确、及时收集规划实施情况和有关统计数据。积极组织人员参加区市妇女儿童工作培训班，提高工作人员业务水平和综合素质。认真做好“两规划”终期评估工作，成立终期评估领导小组，制定工作方案，召开了2020年妇女儿童工作委员会全体（扩大）会议暨终期评估工作推进会，全面总结2019年工作，安排部署“两规划”终期评估工作及“新两规”编制工作。县妇儿工委“两规划”终期评估专家组会同县政府督查室对各成员单位落实“两规划”重难点指标完成情况及终期评估工作开展情况进行了全面督查，针对各成员单位存在的问题，下发督查通报，及时整改问题。

【基层组织建设】2020年，贺兰县妇女联合会夯实基层党组织，强化战斗堡垒作用。坚持党建带妇建，党建与业务工作融合。制订《贺兰县妇联党员干部理论学习计划》，将党章、条例、准则和习近平总书记在宁夏视察重要讲话精神、相关会议精神及业务知识纳入学习内容，每周组织2次集中学习。通过重温入党誓词、巾帼志愿服务、帮贫助困送温暖等形式，开展“主题党日”活动9场次，党员干部人均书写学习笔记7000余字、撰写心得体会2篇，运用“学习强国”学习平台，不断丰富党员干部政治理论知识，提高思想政治站位，坚定政治立场，增强党性观念，凝聚思想共识。

【巡察问题整改】2020年，贺兰县妇女联合会狠抓巡察整改工作，确保问题整改到位。围绕市委巡察组反馈的8个方面9个具体问题，按照坚持问题导向、坚持举一反三、坚持以点带面的整改思路，成立了巡察反馈问题整改工作领导小组，拟定了《贺兰县妇女联合会落实市委第九轮巡察第五巡察组巡察反馈意见整改方案》，制定整改措施36条，明确责任领导、责任人和整改时限。共召开6次会议安排部署、推动落实整改工作，共修订完善规章制度13项，反馈的9个具体问题已全部整改销号。

【党风廉政建设】2020年，贺兰县妇女联合会落实党风廉政主体责任，全面加强党风廉政建设。层层签订2020年党风廉政建设目标责任书，落实党风廉政建设主体责任和“一岗双责”；全体干部职工签订贺兰县妇联干部职工个人廉政承诺书，进一步强化作风建设。联合县纪委、文明办印发《在全县开展“树清廉家风 创最美家庭”主题系列活动方案》，向全县广大党员干部家庭发出家庭助廉倡议书，推动党员领导干部及家庭成员增强廉洁修身、廉洁齐家意识，努力建设风清气正政治生态。

【疫情防控】2020年，贺兰县妇女联合会强化担当作为，着力做好疫情防控服务工作。在疫情防控期间，充分发挥妇联“微平台矩阵”作用，开展“立足岗位 争当最美巾帼奋斗者”主题征集活动，开办《致敬了不起的她》专栏，宣传先进典型；开办有声《我家的战“疫”故事》栏目，讲述家庭抗疫故事；开展晒晒我的“最美”活动，集中展示各级“最美家庭”居家抗“疫”攻略。全体干部职工下沉结对社区开展疫情防控人口普查、“四包一”“七管七有”志愿服务，共入户走访月湖湾小区21栋楼、1562户，排查常住户823户、出租户147户共2425人，空户592户。为外省市返贺兰居家隔离人员提供物资采购等服务共计34户95人。助推广荣村巾帼扶贫车间恢复生产，送去防疫物资，坚持一手抓疫情防控，一手抓巾帼脱贫，为夺取疫情防控和经济社会发展双胜利贡献巾帼力量。

贺兰县科学技术协会

【概况】2020年，贺兰县科学技术协会工作在县委政府的正确领导下，在区市科技部门的精心指导下，紧紧围绕县委、县政府重大决策部署和各项目标任务，深入学习习近平新时代中国特色社会主义思想，贯彻落实党的十九大、十九届二中、三中、四中全会精神，切实以习近平总书记在宁夏视察重要讲话精神为指导，以党建为统领，以企业需求为导向，以提升服务水平为目标，以推动企业转型升级为宗旨，加快补齐科技创新发展短板，扎实推动科技创新引领县域经济高质量发展。

【R&D经费投入】2020年，贺兰县科学技术协会印发《贺兰县科技创新引领高质量发展三年行动计划(2020—2022年)》，明确了科技创新引领县域经济高质量发展八大行动，起草《贺兰县推动科技创新引领高质量发展的实施意见》，进一步提升科技创新支撑引领经济社会发展作用。争取区、市各类资金共计2732.2万元。其中奖补资金680万元，项目资金1106.3万元，企业研发费用后补助资金945.9万元。2019年全社会R&D投入达到1.843亿元，R&D强度达到1.33%，比上年增长0.14%；县本级财政R&D投入达到1467.7万元。兑现2018年创新驱动奖补资金562万元，积极落实2019年度自治区研发后补助县级配套资金313.57万元、2020年科技计划项目资金465万元、2019年创新驱动奖补资金406万元。申报国家、区、市科技项目47项，预计争取资金2664.2万元，已落实1213.2万元。指导企业申报2021年自治区重点研发计划项目22项。组织开展贺兰县2020年科技计划项目申报工作，征集项目57项，公示立项31项。

【县域产业特色发展】2020年，贺兰县科学技术协会根据市场需求、加强人才引进，积极协调区市科技部门，依靠科技项目的支持和引领，激发企业创新动能，攻克企业生产关键技术难题，助推和引领企业技术进步与发展。新民渔业、天荣现代等水产企业通过微生物技术，构建了水质生态修复系统，实现了水资源循环利用，提升了水产品质量，让老产业焕发新的生命力。凯晨电气与俄罗斯利夫科技合作，采取订单生产，大幅提升电器产品的品质；艾尼科技在北京建立公司成立研发团队，解决散热器节能增效的关键技术问题；丰利源智能制造成立宁夏智慧供热技术创新中心，实现了能源节约化利用，解决了居民取暖不平衡问题，让供热更节能、供热更清洁、供热更智慧。

【科技型企业数量质量双提升】2020年，贺兰县科学技术协会建立完善科技型企业梯次性培育库，培育厚生记、北极星、双玉防水、九三零农牧申报国家高新技术企业，培育昊裕油脂、新明水产等10家企业申报农业高新技术企业，成功备案鲜丰农业、领航岩棉、麦清香等27家企业为自治区科技型中小企业。

【科技创新平台建设】2020年，贺兰县科学技术协会支持百瑞源枸杞股份有限公司等7家企业申报自治区工程技术研究中心、科技成果转化中试基地、技术创新中心等科技创新平台，支持宁夏领新耘智空间科技有限公司等2家企业申报自治区众创空间，支持银川融神威自动化仪表厂（有限公司）等3家企业申报自治区创新团队。

【科技人才培育】2020年，贺兰县科学技术协会依托贺兰县科创中心自治区科技孵化器，全职引进高层次人才2名，累计柔性引进高层次人才33名。引进海外人才尹新博士团队，在银川国家科技园新平核心区实施复合微生态菌剂在改善设施果蔬连作障碍中研究应用项目攻关。

【自治区高新技术开发区创建行动】2020年，贺兰县科学技术协会紧盯工业园区内高新技术企业占比和高新技术产业总产值两块短板，创新举措，积极对接银川市政府、科技局及自治区科技厅。各项申报工作已接近尾声，由银川市人民政府向自治区人民政府申报，待自治区科技厅专家评审。

【科技创新服务提升】2020年，贺兰县科学技术协会协助4家企业争取自治区科技金融专项资金143.1万元；推荐5家企业申报自治区科技金融项目入库；成功为18家企业申请“宁科贷”资金2750万元；支持企业向高校科研院所和中介机构以科技创新券兑付科技查新、科技成果评价、知识产权等科技服务30万元。

【科技培训】2020年，贺兰县科学技术协会组织科技管理人员及企业人员参加自治区、市、县举办各类线上线下讲座、培训、观摩30期，参与人数1000余人次；印制自治区市科技政策解读宣传册2000册，深入企业送政策送服务90家次，发放宣传资料800余份。

【科普教育】2020年，贺兰县科学技术协会支持丰利源等5家企业申报自治区科普基地；顺利开展

2020年贺兰县科技活动周活动，其间共展示40余家科技型企业最新科技成果，发放宣传资料500余份，覆盖群众1000人次。

【科技成果】2020年，厚生记、塞尚乳业等5家企业荣获2020年自治区科学技术进步奖；易兴新材料、如意科技等公司新登记自治区科技成果10项；登记技术合同17项，完成技术交易额1549.5万元。

【自治区渔业科技示范展示区建设】2020年，贺兰县科学技术协会以科海渔业为龙头，新民渔业、晶诚水产、海永农牧等企业参与，共同建设贺兰县渔业科技示范展示区。科海生物和新民渔业分别与上海海洋大学、清华大学合作执行自治区重点研发项目，争取资金250万元，运用微生物絮团技术、微生物水循环养殖技术解决贺兰县鱼品品质低、水面面源污染、排放不达标等问题，为改善黄河流域水资源提供技术支撑。

【科技特派员创新创业专项行动】2020年，贺兰县科学技术协会强化政策保障，起草《贺兰县关于深入推进科技特派员制度的实施方案》《贺兰县科技特派员创新创业专项管理办法》《贺兰县科技特派员管理办法》等文件，支持引导科技特派员创新创业。加强队伍管理，解聘科技特派员15名，新选聘宁夏大学、北方民族大学4名专家为科技特派员，为企业进行技术指导服务。全县累计选派科技特派员102名。加大事迹宣传。在今日头条、宁夏电视台公共频道、《宁夏日报》、《宁夏科技日报》、《银川晚报》等媒介对示范引领带动发挥作用明显的科技特派员10余名先进典型事迹进行多渠道的宣传报道，提高企业知名度。

【科技人才大市场建设】2020年，贺兰县科学技术协会按照“构建一套市场运营体系、搭建一个线上网络平台、建设一处线下服务大厅”的总体思路，建设贺兰县科技人才大市场，进一步集聚科技资源，优化科技营商环境，加速科技成果向现实生产力转化。建设工程正处于施工阶段，预计11月初完工，2021年年初正式投入运营。

【科技成果转化】2020年，贺兰县科学技术协会深入贯彻落实以需求为导向的科技项目形成机制，引导企业与清华大学、上海海洋大学、宁夏大学等高校积极开展合作，围绕新材料、先进装备制造、乳产业等自治区重点支持领域，围绕设施园艺、食用菌、渔业等县域主导产业，通过精准对接技术、项目、成果，引进专家团队25个，成功对接产学研科技项目36个。在扶贫领域，支持科技特派员扶贫科技项目5个，与移民签订务工合同38份，累计带动建档立卡户360户，带动解决移民548人就业，培训移民660人次，实现以产业发展带动移民脱贫致富。

指导宁夏稻渔空间乡村生态观光园（有限公司）“互联网+农业+观光旅游”项目获第九届中国创新创业大赛（宁夏赛区）成长组一等奖、最佳人气奖，将代表宁夏参加国赛；宁夏蓝悦信科技服务有限公司“刷脸支付（支付4.0）会员营销系统”项目获青年创新奖，银川市中科国润环境技术有限公司“一种用于污染物降解的纳米生物炭材料”项目获优胜奖；贺兰县科学技术局因组织有力、成绩显著获此次大赛组织奖。

贺兰县残疾人联合会

【概况】2020年，贺兰县残疾人事业以习近平新时代中国特色社会主义思想为指导，紧紧围绕自治区残联下达年度指标任务和贺兰县委、县政府工作重心，围绕残疾人脱贫攻坚重难点，着力实施残疾人兜底保障、康复服务、无障碍改造等民生实事项目，促进残联组织改革和服务能力提升，加快推进残疾人全面小康进程。

【项目资金争取】2020年，贺兰县残疾人联合会，争取中央预算内投资480万元，自治区配套150万元，建成总投资950万元、面积2000平方米的残疾人托养中心；争取自治区残联配套康复中心、托养中心设施设备资金 150 万元，完善功能设置和设施设备，邀请专家论证分析，制定康复中心、托养中心一体化运营管理方案，争取“两中心”尽早投入运营。

【残疾人脱贫攻坚】2020 年，贺兰县残疾人联合会，制定印发《贺兰县残联开展“四查四补”高质量打赢脱贫攻坚战的实施方案》《贺兰县残联 2020 年助推残疾人脱贫攻坚工作的实施方案》《贺兰县贫困残疾人政策保障兜底实施方案》，明确了目标任务、人员职责分工、工作推进措施，将残疾人脱贫攻坚工作列为重点工作，确保全县残疾人脱贫攻坚工作顺利推进。对历年户籍从西吉县、原州区等地迁移到贺兰县一直未办理残疾人证迁移手续的 117 名残疾人进行登报公告，迁移办理残疾人证 10 人，同时开展上门鉴定办证工作，上门服务 54 人，其中现场入户评定 22 人，确保纳入兜底保障的贫困残疾人享受各项政策不断档；制定出台了《贺兰县残疾儿童康复救助实施方案》，筛查登记 0~14 岁脑瘫、智力、孤独症残疾儿童 231 名，完成 0~6 岁残疾儿童转介 62 名，结算 2019 年度残疾儿童康复救助资金 54 人 72.5 万元；实施残疾人个性化家庭医生签约服务包，与 5 家乡镇卫生院合作为有康复需求的建档立卡户、低保户残疾人提供 80 元康复训练包和 130 元中医康复理疗包等精准康复服务，家庭医生签约残疾人 4936 人，精准服务 200 人 300 人次；投入资金 14 万元，在南梁台子隆源村、洪广镇欣荣村、广荣村、金贵镇银光村等 6 个村社区建设辅具循环借用服务站，采购轮椅、腋杖、坐便器、助行器、四角手杖 200 多件用于各服务站循环借用；投入资金 28 万元，为 383 名残疾人评估适配各类辅助器具 1079 件，覆盖建档立卡、边缘户残疾人 64 人；完成假肢、矫形器配型 17 人，落实“重塑未来”项目 7 人；争取自治区残联项目资金 11.4 万元，完成 39 户建档立卡户重度残疾人家庭无障碍改造项目。

【贫困残疾人生活保障】2020 年，贺兰县残疾人联合会，全面落实残疾人“两项补贴”制度和农村重度残疾人深度贫困专项救助政策，2664 名残疾人享受困难生活补贴，3193 名残疾人享受重度护理补贴，4129 名残疾人享受两项补贴，1175 名残疾人享受农村深度贫困补贴；春节慰问困难残疾人 600 人 18 万元，累计发放临时救助 11 人 0.82 万元；落实残疾人个体工商户自主创业补贴 6 人 1.92 万元，盲人个体工商户养老保险补贴 4 人 1.49 万元；为 3 家福利企业、3 家盲人按摩机构发放疫情就业补贴 3.58 万元。

【残疾人幸福感获得】2020 年，贺兰县残疾人联合会，实施第三代智能残疾人证更换工作，截至目前，共更换发放第三代残疾人证 970 张；落实扶残助学项目，联合教育局入户走访 4 名义务教育阶段在校建档立卡户残疾学生，每人发放助学金 1000 元，计 4000 元；发放 2019 年残疾大中专学生扶残助学金 2 人 0.6 万元，发放 2020 年学前教育补助 9 人 0.9 万元；投入资金 5.67 万元，举办残疾人面点制作职业技能培训班 3 期，培训残疾人及家属 121 名；开展 2019 年残疾人按比例就业年审工作，截至 10 月 15 日完成按比例安排残疾人的机关企事业单位年审 33 家，完成残保金入库 287.67 万元，33 名残疾人实现按比例就业；实施残疾人居家托养服务项目，200 户就业年龄段低保户、建档立卡户贫困重度肢体、智力和精神残疾人享受到人均 1000 元政府购买居家托养服务。

【残疾人发展环境优化】2020 年，贺兰县残疾人联合会，借助微信群、融媒体等平台宣传残疾人事业和扶残助残先进典型 4 个，全年共撰写工作简讯 46 期。借助贺兰县融媒体平台，对在全国第十届残疾人运动会暨第七届特殊奥林匹克运动会上赢得 1 枚金牌 1 枚银牌 1 枚铜牌奖牌的三名运动员进行直播访谈宣传，弘扬了残疾人“自强不息奋勇争先”体育精神。实施贺兰县脊髓损伤者“希望之家”康复服务项目，为全县 23 名脊髓损伤伤友提供全方位、系统性的康复服务、社会融合活动 8 次。组织开展各类慰问、志愿服务等扶残助残活动 10 场次。

【残联组织服务能力提升】2020 年，贺兰县残疾人联合会，全面加强党的建设，深入推进“两学一做”常态化制度化，持续推进“三化”专项排查治理，把党的民族政策和宗教工作基本方针、意识形态、扫黑除恶专项斗争、创建全国文明城市工作融入残疾人工作领域，推进“迎着困难问题上、围着服务残疾人转”主题实践活动和“学听跟”专项活动深入开展，以党建促各项业务健康发展。以《贺兰县残疾人联合会改革实施方案》为指导，推进完成乡镇、街道残联组织改革和服务创新，加强基层残疾人组织建设和残疾人专职委员队伍建设，不断提升残疾人工作者归属感、荣誉感。

【疫情防控】2020 年，贺兰县残疾人联合会，严格落实县委、县政府的安排部署，抽调 10 名干部下沉社区，累计完成 2100 多户住户信息排查、50 多户居家隔离“四包一”服务和 3 个小区大门值守工作任务，在疫情防控工作中践行了联系群众、踏实苦干的优良作风。

【干部队伍建设】2020 年，贺兰县残疾人联合会，以开展“干部作风建设强化年”活动为契机，充分利用“学习强国”学习平台、钉钉群、微信群等学习平台，加强干部学习研讨交流，不断提高综合能力素质，提升服务残疾人工作能力和业务水平。

【党风廉政建设】2020 年，贺兰县残疾人联合会，严格执行“三会一课”制度、民主集中制、“三重一大”制度等，累计召开支部党员大会 10 次，开展“抗击疫情、党员先行”“脱贫攻坚我助力”等形式多样的主题党日活动 10 次。制定了 2020 年党建工作要点、党风廉政建设和反腐败工作要点，签订党风廉政建设责任书，摸排党风廉政岗位风险点 12 个，制定防范措施 17 条，按时上报每月党建成绩清单，形成党风廉政建设齐抓共管的良好局面；开展“廉政警示教育”主题党日活动，通过正面典型引路，反面警示教育，筑牢廉政思想防线。

贺兰县文学艺术界联合会

【概况】2020 年，贺兰县文学艺术联合会坚持以习近平新时代中国特色社会主义思想为指导，全面贯彻落实党的十九大精神、十九届二中、三中、四中全会、全国宣传思想工作会议和贺兰县委十四届六次、七次全会精神，围绕县委、县政府重点工作，坚持以人民为中心，以创新为动力，以多出精品、多出人才为中心环节，着力培育文艺工作者的社会主义核心价值观，着力建立文艺志愿服务的长效机制，认真履行工作职能，努力开创贺兰县文艺事业新局面。

【春节文化进万家】2020 年，贺兰县文学艺术联合会组织书法协会、美术协会骨干会员开展为期一个月的“我们的中国梦文化进万家”公益活动。送出春联福字 10000 幅，举办活动计 20 余场。深入文联结对帮扶的 10 户建档立卡户和包村桂南村贫困户家中，把党和政府的温暖送到每一位贫困群众的家中。联合宁夏文联、宁夏民协、宁夏曲杂协、银川市书协组建一支文艺小分队走进贺兰县凯添天然气公司，为企业职工和群众送上精彩纷呈的文艺节目和喜庆的剪纸春联。各艺术门类的老中青艺术家等 400 余人欢聚一堂，成功举办了第二届文联自身的大型综合节目——“百花迎春”联欢会。

【以艺抗疫】2020 年，贺兰县文学艺术联合会党员文艺工作者带头，共创作各门类文艺作品 616 件，音乐家协会副主席邓晴和理事邵敬为抗击疫情和感谢奋斗在一线的医务工作人员和志愿者，创作了原创歌曲《抓紧我》，歌曲被宁夏音乐广播收录并播放，入选全国首张抗击疫情公益歌曲电子专辑，并上线“学习强国”学习平台，点击量超过 5500 次。摄协举办“众志成城抗击疫情”摄影大赛，选出获奖作品 130 幅，在贺兰文创基地长廊展出优秀作品50幅。

【文创活动】2020年，贺兰县文学艺术联合会先后在移民村举办了剪纸艺术培训班、文化惠民秦腔专场演出、“决胜全面小康决战脱贫攻坚”主题宣传教育暨民族团结月专场文艺演出，丰富群众精神文化生活。

【脱贫攻坚摄影展征集】2020年，贺兰县文学艺术联合会征集作品12000幅，筛选出参展作品380幅。为确保评审公平公正，邀请专家评审，最终评选出118幅作品入展，并于10月底举办了展览。

【扶贫征稿】2020年，贺兰县文学艺术联合会作家王琪川进行脱贫攻坚题材的文学创作，已创作36万字长篇小说《野枸杞》。

【文化进校园】2020年，贺兰县文学艺术联合会送文化进校园，助力中华优秀传统文化传承发展。书法家协会到回民小学参加“翰墨颂党恩，永远跟党走”庆祝建党99周年主题活动。举办全县首届青少年绘画暨全县第三届青少年书法大赛活动，征集作品519幅，评选出100幅，并举行了颁奖仪式和获奖作品展。

【举办经典朗诵会】2020年，贺兰县文学艺术联合会举办了“中国梦黄河情”贺兰县经典朗诵会，推进黄河文化遗产的系统保护及蕴含的时代价值，讲好“黄河故事”做贡献。

【深化改革】2020年，县深改委印发《贺兰县文联深化改革实施方案》，全区深化基层文联改革加强基层文联建设现场交流推进会第一会场在贺兰县举行。县文联主席张宏荣代表贺兰文联在吴忠参加全区文联经验交流并发言，进一步延伸了工作手臂，下沉工作重心，团结引导广大文艺工作者潜心创作，服务人民。

【党建工作】2020年，贺兰县文学艺术联合会强化党建工作“第一责任人”，在工作中增强党的意识、党员意识、牢记“一岗双责”，充分发挥“领头雁”的作用，制订单位学习计划和个人学习计划，组织党员系统学习，截至年底学习10次。根据贺兰县基层组织建设重点工作任务和基层党组织建设任务清单，结合文联业务工作开展“支部主题党日”活动10次、党员大会10次，并按时填写报送党建清单。深化“三进”活动，把“三进”活动与“两学一做”学习教育常态化制度化有机结合，每月21日按时到洪广镇广荣村、欣荣村建档立卡户家中走访，完善明白卡、扶贫手册信息，宣讲相关政策。每月22日到宁夏宗达食品有限公司等企业进行走访，摸排口袋党员、流动党员等情况，并认真填写了联系服务群众台账。

【党风廉政建设】2020年，贺兰县文学艺术联合会。加强学习，采取党员自学和集中学习的形式，学习了《习近平关于党风廉政建设和反腐败斗争论述摘编》《习近平关于全面从严治党论述摘编》、习近平总书记在十九届中央纪委四次全会上的重要讲话以及自治区纪委十二届四次全会精神等。组织党员干部职工学习12次。组织党员干部观看了《国家监察》《叩问初心》等警示教育片。用身边的反面教材教育党员干部，警示党员干部坚定理想信念。组织党员干部到贺兰县机关党性教育基地参观学习。

【干部作风建设】2020年，贺兰县文学艺术联合会结合“干部作风建设强化年”各项活动，开展形式主义官僚主义突出问题“回头看”专项整治工作，从6个专项整治责任领域方面，严格对照22项整治内容以及单位年度任务分工内容，梳理了问题清单2条，结合市委第九轮巡察整改反馈问题，新修订制度9条。

【刊物质量提升】2020年，贺兰县文学艺术联合会坚持“三早”“三严”办刊工作制度，对《贺兰》刊物实行早约稿、早征集、早审定，严把刊物文字关、严把政策关、严把印刷质量关，满足不同层次读者的需求。同时刊物紧紧围绕习近平新时代中国特色社会主义思想、党的十九大精神、县委、县政府的中心工作，编辑刊发文章，做到艺术性和思想性的有机统一，2020 年 3 期《贺兰》刊物已如期发放。文创基地二期工程完善规划。积极引进了贺兰砚民间文艺传承项目，完成了招投标建设工作以及施工的各项准备工作。

【创作成果】 2020 年，在银川市第三届“贺兰山文艺奖”中，贺兰县获奖 14 人。其中：成就奖 2 人（李五奎、保元璋），新星奖 1 人（苏小桃），作品奖文学类 4 人（赵峻短篇小说《收骨头的人》、王兴国中篇小说《乘客》、刘占林小说集《永远的洪广营》、刘汉斌散文《植物神韵里的家国情怀》），美术类 2 人（戴春油画《快乐少年之二》、马永成油画《腊月的期盼》），摄影类 1 人（吕福进《喜庆》），民间文艺类 2 人（王永红泥塑《一个村子里的故事》系列，石梅旗袍服饰《墨上花开》），舞台艺术类 2 人（邵敬音乐《与爱同行》，张翠萍民歌《獐子吃草滚石崖》）。

在 2020 年宁夏黄河流域非遗作品创意大赛暨非遗讲解大赛中获奖 2 人，民间艺术家李五奎（五奎陶瓷烧制）获得一等奖，王永红（王氏泥塑）获得二等奖。

法治　军事

Fazhi　junshi

政法工作

【概况】 2020 年，贺兰县委政法委以维护全县稳定大局为中心压实责任，以扫黑除恶为重点，为全县社会稳定经济发展保驾护航。以政法队伍整顿为契机，纯洁队伍，服务人民，树立政法队伍为人民服务的良好形象。

【维护安全稳定】 2020 年，贺兰县委政法委紧盯重点领域，认真落实风险隐患排查化解管控机制，加强预判预警预防，牢牢守住不发生系统性风险的底线。严密防范境外敌对势力颠覆渗透破坏活动，有力维护了社会大局稳定。

【平安贺兰建设】 2020 年，贺兰县委政法委扎实推进常态化扫黑除恶斗争。开展涉黑恶案件（线索）“回头看”，通过开展案件倒查评查、重点案件线索倒查等方式深入挖掘涉黑恶线索，发现新的违纪违法情况。开展信息网络、交通运输、金融放贷等六大行业领域突出问题专项整治，针对发现的问题发出“三书一函”9 条，持续深化矛盾纠纷多元化解。发挥综治中心联动联防联治实战功能，建立完善约访机制，由“接访”变“约访”、由“上访”变“下访”。统筹整合多方纠纷化解资源，全方位打造基层矛盾纠纷化解矩阵，完善人民调解“四张网”，依法设置人民调解委员会 121 个，调解小组 864 个；成立贺兰县物业供热纠纷诉调对接中心及贺兰县金融消费纠纷调解中心；打造在线矛盾纠纷远程调解模式；组建“1+3+N”公共法律服务团队，引导群众依法理性处理纠纷。完善公共安全防控体系。“雪亮工程”项目完成两期建设任务，持续推进智慧小区建设工作。做精社会面巡防巡控机制，及时组织直管党员、在职党员、志愿者队伍等开展综治巡查，落实街巷巡查制，累计开展综治巡查 5000 余次。组建由辖区老党员、热心志愿者、网格员等参与的巡防志愿者队伍，及时收集报送信息，实行上下联动，第一时间做好化解疏导维稳工作，维护社会和谐。推动“双中心”融合建设。继续推进县综治中心与智慧城市运营管理指挥中心融合建设，安排专人纵向对各乡镇场、街道办及各村（社区）综治中心政法专网进行了布线，为平台运行提供了基础保障。加强铁路护路工作。组织义务巡逻队、平安志愿者等群防群治力量开展铁路安全隐患集中排查 30 余次，对发现的隐患问题集中整治 10 次。主动认领并完成自治区铁路整治办下达的整改任务 42 处。组织签订双保公约 400 余份，全面做好铁路沿线重点群体的管理。严厉打击涉路违法行为，加大督查巡查力度，每周开展 1~2 次督查巡查，督促及时清理涵洞积水，确保群众出行安全，共清理积水、结冰涵洞 60 次。

【锻造新时代贺兰政法铁军】 2020 年，贺兰县委政法委深入贯彻落实《中国共产党政法工作条例》。全面坚持党对政法工作的绝对领导，开展政治督察、执法检查、案件评查 4 次，切实增强贯彻落实条例的政治自觉、思想自觉和行动自觉。严格执行重大事项请示报告制度，严格落实“三重一大”民主决策事项，确保政法工作沿着正确方向前进。以党史学习教育为契机，强化机关建设。进一步学深悟透习近平新时代中国特色社会主义思想特别是习近平法治思想精髓要义，不断提升政治“三力”，打牢绝对忠诚的政治底色。购买各类书籍资料 118 本；累计开展集中学习 103 次，交流研讨 13 次，班子成员讲党课 8 次，党史知识测试 4 次，撰写心得体会 68 篇；组织观看《党史故事 100 讲》60 次，转发党史故事 300 余期。以政法队伍教育整顿为抓手，打造政法铁军。统筹协调全县深入开展政法队伍教育整顿。全县政法干警教育整顿参与率 100%，覆盖率 100%。政法单位“四长”完成“三个规定”“万长”大宣讲 6 场次，受众 350 余人次；党政领导干部签订“三个规定”承诺书 391 份。全县政法单位 4 个党委（党组）、16 个党支部在专题民主（组织）生活会查摆问题 122 条，全部完成整改。梳理出的制度建设任务 39 项内容已新建、修订完善制度机制100 余项，促使教育整顿措施制度化、成果长效化。

公　安

【概况】 2020 年，贺兰县公安局紧盯辖区征地拆迁、家庭邻里等的突出矛盾纠纷问题，制定《贺兰县公安局矛盾纠纷排查化解办法》，排查重点矛盾纠纷 2147 件，化解率 92%。滚动排查、治理道路交通安全隐患 38 处，确保了全国“两会”及党的十九届五中全会警卫任务等重大政治活动期间全县的安全稳定。

【违法犯罪打击】 2020 年，贺兰县公安局及时梳理提炼专项斗争中行之有效的经验做法，形成《贺兰县公安局涉黑涉恶线索核查制度》等 15 份规范性文件，为推动扫黑除恶工作走向常态化、规范化、制度化工作奠定了基础；严厉打击传统“盗抢骗”。抓获嫌疑人 274 人，起诉 38 人，判决 39 人，判 5 年以上徒刑 4 人，较前三年平均数呈“一下降一持平三上升局面”；成立经侦导侦研判室，打击防范涉众型经济犯罪的能力水平不断提升，在全区公安机关经侦大比武中取得了预赛第一名的优异成绩，辖区连续三年未发生“两非”案件；侦破“6·25”特大传销案，抓获 120 名高级别传销人员，查扣涉案资产 6000 余万元，保持对毒品违法犯罪的高压严打态势，吸毒人员增幅率降至 1.1%，实现四年连降，戒断三年巩固率连年攀升。

【社会治理创新】 2020 年，贺兰县公安局秉承“警力有限、民力无穷”工作理念，积极组建群防群治队伍，组建的“乡村义警队”“螃蟹护卫队”“平安先锋队”等 10 余支群防群治队伍活跃在城市、乡村，进一步推动社区警务工作由公安“唱独角戏”向“齐抓共管”转变；利用辖区寄递物流企业集中的区位优势，积极督促协调中通等 5 家寄递物流企业将数据接入区公安厅科信局，累计清洗入库快递进出港数据 6771 万条，为全区公安大数据建设贡献了贺兰力量；自主开发“贺兰县公安局违法人员信息监管系统”，将打击处理过的 11000 余名传销人员汇集导入系统，通过向社区、行业场所用户开放录入比对权限，不断挤压传销人员的活动空间，实现“进不来”“留不住”“不反弹”的目标。

【公安队伍履职能力提升】 2020 年，贺兰县公安局牢固树立“执法安全是底线、执法法规是保障、执法质量是追求”的执法理念，狠抓流程标准、教育培训、能力提升、责任追究四项环节，狠抓“关键少数”能力提升，创新开展的法制部门随警作战、法制流动小课堂等工作机制被自治区公安厅推广。

检　察

【概况】 2020 年，贺兰县人民检察院坚持以习近平新时代中国特色社会主义思想为指导，全面贯彻党的十九大精神，十九届二中、三中、四中、五中全会精神和习近平总书记视察宁夏重要讲话精神，依法全面履职，各项检察工作取得新进展。

【扫黑除恶专项斗争】2020年，贺兰县人民检察院依法办理全国扫黑办挂牌督办的马某某等18人涉黑案，18名被告人均被判有罪，主犯马某某被判处有期徒刑25年。深入开展“六清”行动，完成了“线索清仓”“案件清结”目标，紧盯“行业清源”，强化传销治理。提前介入自治区公安厅挂牌督办的“6·25”特大组织、领导传销活动案，为创建“无传销县”提供法治保障，批准逮捕34人，追捕7人。强化长效机制，首推会签举措。与县公安局、县法院、县司法局会签《“三书一函”案件评查执法监督检查工作制度》，把握“六建”工作要求，扫黑除恶专项斗争趋向常态化。

【三大攻坚战服务保障】2020年，贺兰县人民检察院推动强化监管、源头防控。受理公安机关移送审查起诉涉及破坏社会主义经济秩序案件17件67人，涉案金额共计2.4亿元，为贺兰经济和金融良性循环、健康发展提供了有力的法治保障。高标准推进精准扶贫工作，扎实做好帮扶村脱贫攻坚工作，通过送政策、送服务、送法律，打好精准扶贫“组合拳”。结对帮扶建档立卡户26户，均脱贫。向因案致贫返贫的受害家庭发放司法救助金3万元。紧盯拖欠农民工工资问题，支持农民工起诉12件87万元，切实维护农民工合法权益。对“携手清四乱，保护母亲河”专项活动开展“回头看”工作，共监督立案14件，对推动黄河贺兰段“四乱”整治、黄河流域生态保护和高质量发展发挥了积极作用。

【民营经济保障】2020年，贺兰县人民检察院坚决落实习近平总书记提出的“两个毫不动摇”和“三个没有变”总体要求，持续落实服务民营经济11项检察政策，严格落实“少捕、少押、慎诉”司法理念，准确把握违法行为与刑事犯罪界限，审慎适用人身权和财产权轻刑措施，最大限度降低对民营企业正常生产经营的负面影响。与县工商联会签订了建立常态化沟通联系工作机制，助力“六稳”“六保”。办理涉民营企业经济犯罪案件10件10人，其中，作出不起诉5件5人，建议判处缓刑2件2人，监督公安机关撤案3件3人，努力实现办理案件、维护稳定与促进发展的有机统一。

【未成年人检察】2020年，贺兰县人民检察院结合《中华人民共和国民法典》《中华人民共和国未成年人保护法》等相关法律法规，开展以老师、学生和家长为授课对象的“法治进校园”巡讲活动63场次，听课人数16300人，全县中小学听课覆盖率达到100%。开展涉及未成年人民事、行政监督工作，深入学校周边、池塘、水坝等有安全隐患的地方，发出综合治理类检察建议书18份。

【群众来信回复】2020年，贺兰县人民检察院，畅通人民群众诉求渠道，坚持“检察长接待日”制度，不断优化“12309”检察服务中心接访软环境，共收到群众来信来访来电网络118件，同比上升19.2%，均在7日内告知、3个月内结果答复。大力化解矛盾纠纷，加大公开听证力度，对4件司法救助案件邀请人民监督员、社会人士进行公开听证，以“看得见”的方式增强国家司法救助案件办理公信力和透明度。

【刑事检察】2020年，贺兰县人民检察院充分发挥刑事诉讼主导作用，以高度的政治自觉、法治自觉、检察自觉办好每一起案件。共受理公安机关提请批准逮捕案件90件178人，件数同比下降34.8%，人数同比下降19.82%；批准逮捕58件109人，件数同比下降45.8%，人数同比下降35.12%；受理移送审查起诉案件206件283人，件数同比下降33.3%，人数同比下降30.5%，其中受理职务犯罪案件2件2人。提请批捕数、逮捕数、审查起诉案件数同比下降，严厉打击涉疫案件。审查起诉1起虚假销售口罩的诈骗案件，1起拒绝隔离妨碍公务案件，被告人均被判处有期徒刑以上刑罚，有效维护防疫秩序、规范市场秩序、警示涉疫犯罪。检察官依法履行指控证明犯罪主导责任，既是犯罪追诉者又是无辜保护者。对不构成犯罪或证据不足的决定不批准逮捕56人、不起诉 7 人，较 2019 年分别上升 24.4%和 75%。有力平稳落实认罪认罚从宽制度。适用认罪认罚案件 196 件 270 人，适用率 87.9%，确定刑量刑建议采纳率为 98.6%。严格落实“少捕慎诉”理念。强化审前主导和过滤作用，加强沟通协商，甄别分析社会危险性，尽量减少不必要的审前羁押，逐步实现逮捕措施由普遍适用向必要适用转变。对 30 件 67 人作出不批准逮捕决定，不捕率 38.07%，同比上升 15 个百分点；对 51 件 77 人，作出不起诉决定，不起诉率 25.08%，同比上升 18%；对 74 名被告人提出缓刑意见，轻缓率 39.78%。准确把握办案与监督的关系，充分利用派驻检察室，采取“1+1”监督方式，即一名检察官加一名助理，共监督公安机关立案 5 人，撤案 31 人，纠正漏捕 5 件 14 人，纠正漏罪 6 件 7 人，纠正遗漏同案犯 15 人，发出纠正违法通知书 4 份。出席法庭支持公诉案件 165 件，列席法院审委会 12 次。提出刑事抗诉案件 4 件，加大了对脱管、漏管、虚管的监督力度，发出检察建议书、纠正违法通知书 6份。

【民事检察】2020 年，贺兰县人民检察院加大对民事生效裁判、执行活动的监督，综合运用提请抗诉、再审检察建议、检察建议等手段提升监督精准度和权威性。共办理民事案件 75 件，其中不服生效裁判监督 8 件，对审判违法监督 30 件，对执行活动监督 25 件，支持起诉 12 件。注重精准监督，打造精品案件。努力办理对经济社会发展有引领价值的典型案件，发挥对类案的指导作用。严厉打击虚假诉讼。与县法院、县公安局、县司法局会签《关于防范和查处虚假诉讼的若干意见》，共核查虚假诉讼线索 11 件。

【行政检察】2020 年，贺兰县人民检察院充分发挥行政检察监督职能，构建行政非诉执行、行政审判、执行、综合治理等多元化监督格局，强化对行政权力的监督和制约，助推法治政府建设。共办理行政社会治理案件 22 件，提出检察建议 22 件；办理行政非诉执行 2 件，提出检察建议 2 件；开展行政审判活动监督，通过阅卷发现问题卷宗 32 册，归类立案 5 件，提出检察建议 5 件，均已采纳整改。

【公益诉讼检察】2020 年，贺兰县人民检察院坚持把公益诉讼检察工作作为执法为民、服务大局、服务法治政府建设的抓手，扎实推进公益诉讼工作的开展，实现了生态环境和资源保护、食品药品安全、国有财产保护、国有土地使用权出让四大领域全覆盖。坚持把诉前实现维护公益目的作为最佳司法状态。提出诉前检察建议 43 件，整改 43 件，监督清理生活垃圾 2100 吨，清理农业生产废弃物 1200 吨，清理建筑垃圾 2320 吨，清理沟渠道路 170 余公里，填封 12 处 14 眼非法取用地下水自备井，规范 11 家大型超市散装食品销售，规范 11 家农贸市场“三小”行业食品经营。加强公益诉讼“新领域”探索。积极稳妥地拓展公益诉讼案件范围，办理了涉及英烈保护、道路安全、飞线充电 8 件等外领域案件。

【政治建设】2020 年，贺兰县人民检察院深刻领悟习近平法治思想，坚持党对检察工作的绝对领导，实施“补钙强基工程”，教育引导检察干警补足精神之钙，夯实思想之基。采取集中学、个人学、听专家讲座、座谈交流、主题党日、观看爱国影片等灵活方式，推动学习贯彻习近平新时代中国特色社会主义思想往深里走、往心里走、往实里走。压实意识形态工作责任制，全面清理“毒瘤思想”，规范管理“两微一端”等检察自媒体，引导检察干警增强“四个意识”，坚定“四个自信”，做到“两个维护”。

【司法体制改革】2020 年，贺兰县人民检察院完成内设机构改革工作，严格落实入额院领导办案制度，入额院领导办理案件 295 件，占全院员额检察官办案量的 30.23%。以检察官业绩考评工作为抓手，不断提升办案质量和司法效率，助推检察工作高质量发展。

【检察队伍建设】2020 年，贺兰县人民检察院以全面落实从严治党方针为指引，以全县干部作风建设强化年活动为契机，以强化干警思想政治教育为抓手，着眼解决队伍存在的突出问题，共下发督查通报10期。扎实开展正风肃纪大整治和“以案示警、以案为戒、以案促改、以案正风”集中教育整顿活动，严肃查摆问题、剖析问题、整改问题，组织干警参观自治区廉政警示教育基地，观看廉政警示教育片，教育全体干警时刻保持知敬畏、存戒惧、守底线，坚守司法办案职责。认真落实民主集中制，坚持三重一大事项集体研究决策，严格落实“三个规定”，确保司法公正。落实完善“周例会、月督查、季分析、年考核”工作机制，积极参加区、市、县组织的各类培训、业务竞赛和组织开展岗位练兵活动，以培促学、以赛促学、以练促学，大力提升队伍履职能力，各类学习培训共40期400余人次。

【检察公开】2020年，贺兰县人民检察院常态化开展检察开放日，邀请各界人士走进检察机关。认真落实人民监督员制度，将全部检察业务纳入监督范围。以案件程序、法律文书、重要案件的公开为重点，公开各类案件信息554件，公开法律文书311份，发布重要案件信息9件，将检务公开延伸到司法办案全过程。主动与媒体互动，接受舆论监督，不断加强检察意识形态阵地管理，充分利用网站、微博、微信公众号、抖音等检察自媒体，在传播检察好声音的同时，认真回应社会关切。

【律师执业权利维护】设置律师通道、律师会谈室、律师阅卷室，为66名律师提供电子阅卷服务64次。推进律师参与涉诉信访工作，为201名犯罪嫌疑人提供法律咨询。

法　院

【概况】2020年，贺兰县人民法院坚持以习近平新时代中国特色社会主义思想为指导，深入学习贯彻习近平总书记视察宁夏重要讲话精神，认真落实“六稳”“六保”工作任务，着力打造高质量司法，保稳定、促发展、提质效，为推进黄河流域生态保护和高质量发展先行区建设作出了新贡献。受理各类案件12669件，同比减少7.17%，审结12386件，同比增加0.55%，结案率97.77%，同比上升了7.51个百分点，法官人均结案354件。诉前调解案件7996件，诉前化解案件3574件，占全院收案数的45.99%。集中消化旧存案件1310件，清积率98.57%。

【疫情防控】126名干警积极投身社区防控、疫情普查、交通卡口、数据分析、防疫宣传等抗疫战线，严守法院防疫工作“三无”防线，发布21条涉企措施，审结各类涉疫情民事案件8件，严惩1起抗拒检疫隔离措施犯罪，1起防疫期间实施诈骗口罩犯罪，依法保障群众生命财产安全。强化智慧法院建设，探索指尖诉讼、掌上办案，网上立案1398件，在线开庭19次，电子送达5235件11386次，确保疫情防控不松懈、服务群众不掉线、智慧执行不缺位。

【平安贺兰建设】全面贯彻总体国家安全观，受理刑事案件209件318人，审结203件273人，结案率97.13%。严厉打击妨碍社会管理秩序类违法犯罪，审理虚假诉讼案件2件，组织领导传销案件10件。严厉打击危害公共安全和群众生命财产安全犯罪102件102人，审结故意伤害、强奸等侵犯公民人身权利犯罪20件32人。依法审结杨某某重大交通肇事致6死14伤刑事附带民事案，沈某某等3人运输、贩卖毒品案，屈某某等集资诈骗案，李某某等5人侵犯公民个人信息案，郑某某、周某某寻衅滋事案，付某寻衅滋事案，有力地维护了社会和谐与稳定。推进以审判为中心的刑事诉讼制度改革，办理被告人认罪认罚案件170件，平均结案周期29.3天，刑事速裁程序审结案件率29.6%，当庭宣判率47.78%。严把案件事实关、证据关，检察机关撤回起诉3件；不断增强司法人权保障，召开庭前会议12件，“四类人员”4出庭作证2人，律师辩护209件，辩护率 100%。

【扫黑除恶专项斗争】全力推进“六清”行动，深入谋划“六建”工作，向案件清结、黑财清底、长效常治发起总攻，历时 12 个月，依法审结全国扫黑办挂牌督办的马某某等 18 人犯组织、领导、参加黑社会性质组织等罪一案，完成案件清结目标。紧盯“黑财清底”，创新执行方式，组建执行专班，开展专项执行行动，紧扣“六必查”，穷尽执行措施，确保应执尽执、应追尽追，“浮财暗财”一网打尽，以执行实效铲除黑恶犯罪经济基础。3 件案件执行财产刑 135.29 万元，执行到位 84.6086 万元，执行到位率 62.54%。

【营商环境优质】加强对各类市场参与主体合法权益的司法保护，受理民事案件 7962 件，审结 7834 件，结案率 98.39%。依法化解人身损害赔偿、劳动就业、社会保障等纠纷案件 657 件，妥善审结各类合同案件 4608 件。综合运用重整、和解、破产等手段，审查申请破产案件 4 件，审理企业破产和强制清算案件 10 件，涉及债权总额超过 17.77 亿元。防范化解金融风险，审理金融案件 599 件。审慎适用查封、扣押、冻结、拘传等强制措施，不轻易中断企业的正常运转和资金往来，努力营造最优法治化营商环境，促进县域经济高质量发展。

【执行工作】开展“凌晨行动”、服务保障“六稳”“六保”执行专项行动，受理执行案件 4393 件，执结 4244 件，执结率为 96.61%，执行标的 19.87 亿元，执结率位列全区法院第一位。紧盯“3+1”核心指标，全面提升执行案件质效，网络查控 9300 余次，结案数、结案率分别较 2019 年同期上升 8.24%、13.98%，执行团队平均办案 849 件，个人办案最高达 519 件。前置“执行通知”程序至审判裁判文书，完善立审执工作衔接。深入推进执行指挥中心实体化运行，采取网络拍卖 3D 建模技术和 VR 看房等新举措，开展网络司法拍卖直播活动，全年网络司法拍卖累计成交额 2724.13 万元，为当事人节省拍卖佣金 134.31 万元，执行工作机制创新成果丰硕。

【现代化诉讼服务体系建设】升级改造诉讼服务中心诉讼引导、自助服务、立案受理、速裁快审等功能区域，制定 16 项制度，推行诉前鉴定委托，财产保全、委托鉴定集约化管理及文书送达、查阅卷宗线上办理，推进诉讼辅助事务剥离。发挥 4 种服务终端系统便民功能，推进“一站式”现代化诉讼服务体系九大平台使用，智慧服务提档升级。当事人自助书写诉状 96 份，自助评估诉讼风险 102 次，当事人申请网上立案 1782 件，在线立案率为 18.68%，跨域立案 33 件，跨域立案与网上立案总量占民商事立案总量的 23.38%。

【诉源治理】完善多元化纠纷解决机制改革，建立 8 个诉调对接窗口，10 个诉调对接工作室，设立 8 个审务工作站，7 个“无讼村居”创建点及驻村法官联络点，吸纳 17 个特邀调解组织，116 名特邀调解员，诉调对接网络实现县、乡、村三级网络全覆盖。在 4 个人民法庭辖区乡、镇、街道探索形成了“1+1+N”无讼村居创建机制，就地化解群众矛盾纠纷 61 起，“无讼”创建村涉诉案件明显减少，乡风民风明显改善。将 4 个人民法庭划分为 1 个专业法庭、3 个乡镇法庭，打造专业特色法庭。建立婚姻家事心理援助站，对当事人心理辅导 35 次，引入县民政局现场办理离婚登记，为 9 件案件当事人发放离婚证。以车载法庭、法律“六进”活动等为载体，审理“三农”案件 898 件，深入社区乡村、田间地头开展巡回审判 52 次，主动送法普法 25 次，受教育群众达 5500 余人次，探索形成了“1+4+3”乡村治理模式。创新类案纠纷“法院 +”调解，引入律师诉外化解，与人民银行联合下发工作规程，与县工会及县人社局联合下发实施方案，集中化解家事、道路交通事故、物业、金融服务、劳动争议等类案，探索形成了 4 项机制充分保障，若干个中心合力实施的“4+N”诉源治理模式。

【社会管理法治化】支持和监督行政机关依法行政，受理行政非诉执行案件40件，审结40件，结案率100%。与银川市铁路运输法院对接，设立全区首个行政诉讼巡回审判点，加大司法救助力度，缓减免诉讼费6.95万元。努力凝聚法治正能量，审查、审理再审案件20件，审结19件。积极开展涉诉信访多元化解，认真办理信访案件25件。设立律师工作站，律师驻点参与化解涉诉信访矛盾980人次，及时回应群众关切期待。

【繁简分流改革】按照全国人大和上级法院统一部署，优化程序，剥离职能，民事诉讼程序繁简分流改革试点工作有机衔接、协同推进，小额诉讼、简易程序、普通程序适用独任制审理驶入“快车道”，审结小额诉讼程序案件1741件，适用率17.04%，平均审理天数16.55天；审结简易程序案件5514件，适用率85.63%，平均审理天数33.48天；普通程序适用独任制审结案件444件，平均审理天数82.25天，试点改革简出效率、简出质量，多项经验做法被上级法院肯定。

【司法体制改革】深化法官员额制改革，完成2020年法官入额遴选工作及23名员额法官及审判辅助人员的等级按期晋升、择优选升工作。充分发挥绩效考核指挥棒、风向标作用，探索“1+N”积分制绩效考核管理模式，促进了队伍稳定，人心凝聚，质效稳增。

【审判监督管理】明确监督管理权力清单，升级完善19项制度。严格审限管理，实时监控、动态跟踪案件每个环节和节点，对临近审限的509件案件分别发出15期催办令、督办令，避免超审限。加强审判质效研判，推行“一分析五通报”机制，发出37期审判态势分析及审判管理通报。细化法官权责清单，修订“四类案件”监督办法，院庭长办理案件4623件，结案4540件，结案率98.2%，监督管理案件254件。针对45件重大敏感案件发布重大案件情况通报11期，向县委及上级法院上报28件，做实做细重大风险防范工作。

【法官专业化建设】强化分级分类培训，综合采取集中脱产培训、专题授课、交流研讨等形式，组织参加学习新法律法规和司法解释、信息宣传、舆情应对技巧、心理压力疏导等方面的培训200余人次。注重提升干警学术调研能力，撰写调研文章及案例31篇。加强审判业务研讨，开展法官教法官活动，组织审判委员会及法官学习6次，其中法官授课3次；召开专业法官会议38次、审委会会议32次、审判质效分析会4次、专题研讨会11次，干警综合素质不断增强。

【党风廉政及作风建设】认真开展集中警示教育专项活动，以“三个以案”警示教育活动和政法队伍教育整顿活动，以案为戒、以案示警、以案促改、以案正风。健全完善30项工作制度促巡察反馈问题整改，确保改到位、改彻底。支持县纪委派驻法院监察工作，将2个编制划转县纪委监委，并做好日常配合监督工作。坚持随案发放廉政监督卡，主动接受当事人监督。加强廉政风险防控，定期梳理廉政风险点，加大线索核查力度，及时答复群众投诉举报，核查线索22条，均查否。

【司法监督】依法接受人大及其常委会监督，定期向代表通报法院工作情况，3次专题向银川市、贺兰县人大常委会报告多元化纠纷解决机制建设工作情况，集中开展“大联络、大走访”活动，开展法院开放日活动4次，邀请60名代表委员旁听庭审、视察座谈、见证执行181人次，认真听取意见建议7条，实现监督工作“零距离”。自觉接受政协民主监督，向银川市政协汇报以审判为中心的刑事诉讼制度改革工作。依法接受检察机关法律监督，检察长列席审委会会议17次，办结检察建议55件，共同维护司法公正。主动接受社会监督，在中央、区市县各类媒体发表稿件196篇。积极保障人民参审权利，完成增选69名人民陪审员的选任工作，108名人民陪审员参审案件501件，陪审率97.45%，确保司法在阳光下运行。

【司法公开】深入推进信息化与审判工作深度融

合，建成各类应用系统 9 项，努力实现智慧法院工作新常态。优化升级四大公开平台，通过网站、短信、微信等方式向当事人推送案件流程信息 28670 次，发布上网裁判文书 9802 份，直播庭审 1317 次，在线观看人数突破 56 万人次，有效保障了人民群众的知情权、参与权、表达权和监督权。

司法行政

【概况】2020 年，贺兰县司法局紧紧围绕党的十九届四中全会、自治区十二届九次全会、县委十四届七次全会精神，着力补齐民生领域短板，全面推进县域社会治理体系和治理能力现代化，不断开创全县司法行政工作新局面。对接招商引资项目 2 个，开工 2 个，重点完成律师产业园 2000 万元项目和宁夏顺意汽车销售服务有限公司 1200 万元项目。

【法治政府建设】2020 年，贺兰县制定印发《贺兰县 2020 年法治政府建设工作要点》《贺兰县法治政府示范创建活动实施方案》，列出清单，挂图作战，销号管理；建立经费保障机制，配备 120 万元用于法治政府建设工作，全面提升法治政府建设及示范创建质量和水平。对照《自治区政府部门权力清单指导目录》，对 25 家县直部门权力清单共涉及行政许可、行政处罚等 10 大类 3595 项行政权力事项完成合法性审核工作。对县人民政府、各部门的重大行政决策事项文件出具合法性审核意见 150 余次，组织工作人员及法律顾问参与重大行政决策事项会议 37 次。

【法治思维和依法行政能力提高】2020 年，贺兰县司法建立政府法律顾问统筹制度，聘请 2 家律师事务所为县人民政府及职能部门（乡镇）提供专业法律服务，实现法律顾问全覆盖。编印《贺兰县行政执法指导手册》《违法建筑物拆除流程》《国有土地上房屋征收与补偿工作流程》《行政机关征收拆迁典型案例选编》，并向全县执法单位发放，提升执法人员依法行政能力。

【行政执法监督】2020 年，贺兰县司法局组织行政执法“三项制度”及执法监督平台培训班 2 次 517 人次，组织 211 名新申领执法证件人员考试，对 426 名执法人员证件年度审验，颁发行政执法证件 107 本。开展行政执法“三项制度”落实情况调研 1 次，案卷评查 1 次。加强宁夏行政执法监督平台的应用力度，各执法单位录入案卷 119 件，24 家行政执法单位完成公示信息。

【行政复议和行政应诉】2020 年，贺兰县司法局受理行政复议案件 16 件，结案 12 件，受理行政诉讼案件 60 件，办结 37 件。法治政府建设及行政执法“三项制度”5 月 21 日在全区作经验交流。

【基层社会治理】2020 年，贺兰县司法局坚持发展“枫桥经验”，采取普遍排查和集中排查、重点排查和专项排查相结合的方式，深入开展“两节两会”、新冠肺炎疫情、国庆节等节点矛盾纠纷排查化解工作，通过微信工作群，认真落实日报告、周汇报、月总结工作机制。各级各类人民调解委员会共开展矛盾纠纷大排查 841 次，受理各类矛盾纠纷 719 件，调处成功 687 件，防止群体性上访 3 件 76 人次，未发生“民转刑”案件。充分发挥商会人民调解委员会职能优势，及时化解涉企纠纷 20 件，助力企业恢复生产。联合银川铁路运输法院建立贺兰县行政争议协调化解中心，成立由县政府副县长任组长、铁路法院副院长任副组长、县 26 家行政机关、乡镇（街道）、管委会“一把手”为成员的贺兰县行政争议协调化解联席会议小组，制定《贺兰县行政争议协调化解工作规则》，建立以政府为主导、法院为保障、司法行政部门协调、涉诉行政机关为主体责任的化解模式，形成优势互补、多方联动、广泛参与的行政争议化解新格局，组织各室主任、司法所长到海原县、同心县、盐池县司法局实地观摩学习，将好经验、好做法融入司法所标准化建设中，不断提升司法所工作水平。举办全县人民调解员培训班 1 次 110 余人次，不断提升全县人民调解员依法调解水平和调解能力。对 2019 年调解成绩突出、表现优异的5个人民调解委员会及10名人民调解员表彰奖励，完成县人大常委会对全县人民调解工作的视察工作。习岗镇人民调解委员会副主任王爱玲获“全国模范人民调解员”称号。

【公共法律服务】2020年，贺兰县司法局组织律师积极参与河滩地收回、万科翡翠城、污水处理厂特许经营权处置、贺麓山庄拆迁等工作。组织律师深入14家企业开展“法治体检”“法律暖企”活动，帮助企业解答法律问题9件，提出法律意见和建议23条。强化法律援助工作。为29名农民工、40名妇女、9名未成年人提供法律援助，办理法律援助案件258件，挽回经济损失236.43万元，解答法律咨询359人次，发放233件法律援助案件以案定补资金384700元。组织法律援助律师积极参与信访案件化解工作。强化“一村一法律顾问”活动。69名村居法律顾问充分结合扫黑除恶、新冠肺炎疫情、反邪教、打击传销、民法典等内容开展专题法治讲座73场次，现场解答法律咨询2800人次，代书128件，为村集体经济发展审查修订合同145份，有效促进村（居）“两委”民主管理、科学决策、深化“互联网+法律服务”模式。借助宁夏广电4K机顶盒，充分发挥村居电子阅报屏、法治贺兰模块作用，畅通村居公共法律服务工作室与各乡镇司法所、派出所、基层法庭的信息互联互融互通，精准研判群众法律需求，实现公共法律服务“有求必应”。通过“互联网+法律服务”在线人民调解32件，解答法律咨询460人次，收集矛盾纠纷线索17条，审核法律援助申请5件。

【社区矫正】组织、指导、协调全县《中华人民共和国社区矫正法》的学习宣传贯彻工作。印制2000本《中华人民共和国社区矫正法》，发到县委、县人大、县政府、县政协及各部门、乡镇场、园区所有领导手中。充分利用集市、街道、广场、电子屏、微信公众号等方式开展宣传17场次，形成全方位、多层次学习宣传贯彻《中华人民共和国社区矫正法》的良好氛围。制定印发《关于进一步加强疫情防控期间社区矫正与安置帮教工作的通知》《贺兰县社区矫正对象分类教育工作实施方案》，罗列社区矫正人员清单和责任人清单，将社区矫正警察纳入工作专班，做到“四知道一跟上”。实施分类个性化教育，丰富教育内容，有针对性地消除社区矫正对象可能重新犯罪的因素，深化教育成效。2020年，共举办社区矫正对象入矫培训班4期70人次，未成年社区矫正对象警示教育培训班8期40人次，为183人开展社区矫正宣告仪式。疫情防控期间，开展社会调查评估25人次，入户摸排社区矫正对象160人次，网上排查622人次，重点矫正对象通过电话、微信视频谈话374人次，利用“学习强国”、微信视频开展集中教育21次。

【法治宣传】完成“七五”普法验收，对全县79家普法成员单位“七五”普法工作进行督查，整理形成了全县“七五”普法档案，顺利通过了区市守法普法协调小组办公室的验收。完善普法制度动态调整。组织各部门根据机构改革后重新调整的职能职责，修改完善各单位各部门的普法工作“四清单一办法”。提升普法宣传质效。以“服务大局普法行”“法治助力脱贫攻坚及乡村振兴”等活动为主题，组织各普法责任单位通过集市、新媒体宣传、举办讲座、网上答题等多种形式开展法治宣传活动150余场次，发放宣传资料20万余份。组织全县科级领导干部民法典专题讲座1次150余人，民法典进社区、进乡村、进企业等活动31场次。结合“行政诉讼案件集中化解专项行动”“打击诬告陷害、及时澄清正名专项行动”“历史遗留问题清零专项行动”，组织全县领导干部集中学习《中华人民共和国行政处罚法》《中华人民共和国行政许可法》等法律法规，开展网上学法考试5门3641人，切实提高干部依法履职能力，着力打造法治文化精品工程。建设了贺兰县首家以传播法治文化、弘扬法治精神、坚定法治信仰理念为主题的法治主题公园，新建贺兰县首个宪法主题广场。打造“银河路‘七五’普法宣传一条街”、“禁毒宣传一条街”、“青少年禁毒普法基地”，惠泽园小区、一品尚都小区“法律进社区”示范基地，银河村、广荣村法律进农村示范点，如意集团法治基地等；县税务局打造的税法教育基地被命名为自治区级“法治文化阵地”。

【扫黑除恶专项斗争】建立线索分析、线索排摸、重点领域排查3项工作机制，建立领导包片核查机制，核查移交线索5条，办结5条，核查调解案卷427本。71名律师依法代理78件涉黑涉恶案件。

【政治引领】认真坚持学习贯彻习近平新时代中国特色社会主义思想和习近平总书记视察宁夏重要讲话精神，制定印发《贺兰县司法局党组理论中心组学习制度》《贺兰县司法局党组会议议事规则》《贺兰县司法局局长办公会议事规则》《贺兰县司法局干部婚丧嫁娶制度》《贺兰县司法局个人重大事项报告制度》等多项制度，夯实组织建设基础，严格执行“三会一课”制度，结合司法行政系统教育整顿，积极开展“让党中央放心、让人民群众满意”模范机关创建活动，逐步提升党组织建设能力。强化“一岗双责”，严格落实党风廉政主体责任和全面从严治党三个清单，确保领导干部清正、廉洁。召开党组中心理论组学习9次、交流讨论会9次，举行党建知识测试7次，举行“三进”活动9次，召开党员大会9次，上党课3次，举行主题党日活动10次。

综合执法

【概况】2020年，贺兰县综合执法局坚持“人民城市人民管、管理城市为人民”的工作导向，对标提升城市精细管理和现代治理水平的工作目标，扎实推进市容市貌整治、环境卫生治理、绿化市政管护等各项基础性、保障性工作呈现新常态、取得新进展、实现新突破。

【基层党组织建设】2020年，贺兰县综合执法局规范党组中心组学习，落实学习教育常态化。组织中心组学习9次、交流研讨3次，完善党组议事规则，严格落实三重一大集体决策制度。召开党组会20次，研究人事、财务、工程等重大事项149项。认真落实“三会一课”等党内基本制度，召开支委会14次、党员大会10次，开展党课3次。加强党员教育管理，严格按照流程，把好党员入口关，确定入党积极分子4名，2名预备党员按期转正，转出党员1名，转入党员6名，支部党员全员按期足额缴纳党费。抓好市委巡察反馈问题落实整改工作，按期完成巡察组反馈的4个方面13项问题，并制定完善内部管理制度15项。从严落实党风廉政建设主体责任，领导班子带头加强监督检查和提醒，严防“四风”问题反弹。抓好意识形态和精神文明要点工作，持续加强对内引导和对外宣传，密切关注舆论动向、主动回应群众诉求，切实提高引导水平。设置以保护未成年人、孝老爱亲等社会主义核心价值观念为主题的户外公益性广告830块，大力营造人人讲文明、带头树新风的浓厚氛围。办理各类群众投诉问题1260余件，及时回应群众关切，全力赢得群众信赖。

【综合执法改革】2020年，贺兰县综合执法局对照捋顺执法机制、明确执法权责的目标，整合市政运行管理、环境管理、交通管理等相关职能，划转了住建、市场监督管理等方面的行政处罚权，承担的执法权限增加至460项。按照属地管理、重心下移的思路和“乡镇履行管理主体责任、城管执法服务向下延伸”的原则，成立南梁台子综合执法中队，乡镇执法中队数量增加至6支。

【执法主体责任落实】2020年，贺兰县综合执法局严格执行行政执法三项制度，坚持执法全过程记录，推进执法信息公开，加强执法队伍培训，在贺兰县政府网、诚信银川和“互联网+监管”平台共公示行政处罚案件信息119条。组织执法人员培训4次，内容为规范制作执法文书、文明执法培训、以案释法等，进一步增强执法人员的法律意识，提高执法人员的法律素养和执法能力。

做好行政处罚案件的立案调查、依法办理工作，坚持从严、从实查办各类违法违规案件。办理各类行政处罚案件642起，罚款金额398.073万元。

【马路市场规范】2020年，贺兰县综合执法局采取宣传引导和疏堵结合的方式，清理整治占道经营、店外经营，规范管理马路市场。清理影响交通出行和市容环境等占道摆摊、设点经营现象28000余处，暂扣经营工具及物品960余件。在9个居民小区门口及县城主要街道开展了临时摊点限时占道经营、沿街餐饮商户规范出店经营活动；在新天地便民市场、客运家园停车场等5个区域设置限时定点小吃售卖市场，规定炸串、烧烤等小吃摊贩在固定地点有序售卖；规划设置瓜果临时销售摊点110个，满足群众生产经营需求。

【市容乱点整治】2020年，贺兰县综合执法局深入推进综合执法与环卫治理一体化管理，全力整治市容乱点，有序规范街面秩序。签订“门前三包”责任书6224份，发放“门前三包”蓝牌4700个，“门前三包”签订率达98%以上。清拆整治违章建筑15处，清理乱堆乱放、破损广告12300处。不定期开展联合治理和专项整治，规范非机动车停放秩序，重点攻克非机动车无处停和乱停放的问题。累计施划非机动车停车点位830个，规范整治乱停乱放非机动车8200辆，清理设置障碍物占用公共停车位现象2600处，配合县公安局交巡警大队清理“僵尸车”90辆。

【养犬管理】2020年，贺兰县综合执法局做好养犬办证、犬证年检、不文明养犬行为整治、流浪犬只收容等养犬管理工作，引导居民加强养犬管理，自觉履行养犬管犬的义务。开展养犬宣传44次，覆盖小区50余个、宠物店10余家。排查整治不文明养犬问题410余件，办理养犬管理投诉200余件，处罚不文明养犬行为3起。办理犬证197个，年检犬证332个，抓捕收容流浪犬224只，按规定整治禁养犬7只。

【渣土运输管理】2020年，贺兰县综合执法局严格按照“两点一线”管理制度，把好源头管理重要关口，联合县住建局多次深入德胜片区公园悦府、公园华府、紫藤名著等在建工地现场督促各建筑工地文明施工。在丰庆西路等重点路段定点设卡，实行24小时无间隙值班制度。严查无证运输、篷布未遮盖密闭、带泥上路、随意抛撒遗漏等各类违法运输渣土车辆，累计罚没款9.1万元。

【环卫治理机制完善】2020年，贺兰县综合执法局制定了农村环卫保洁市场化服务考核办法、沙尘天气道路清扫管理制度、沙尘天气洒水降尘管理机制等基本制度，针对城乡环卫治理中责任划分不清、协调机制不畅的问题，积极对接县委政府、编办协调解决，进一步明确了乡镇小微公园监管责任主体，完成了农村环卫治理职责向县农业农村局的划转移交。

【环卫设施配置优化】2020年，贺兰县综合执法局多方筹措资金、持续加大投入，不断完善环卫配套设施建设，采购侧装垃圾桶3600个、侧装垃圾车等保洁车辆35辆、移动式压缩箱1台，新建垃圾中转站1个。

【环卫清扫保洁细化】2020年，贺兰县综合执法局加强对外包公司的监督考核，督促外包公司做好环卫保洁和垃圾清运工作，结合文明城市创建、爱国卫生运动等，大力开展整脏治乱、清洁家园行动，对主次干道、背街小巷、河湖沟渠卫生死角进行全面清理整治，做好垃圾中转站、公共卫生间清扫保洁工作。清运各类垃圾73493.77吨，城市生活垃圾无害化处理率达到100%，农村生活垃圾无害化处理率达90%以上。

【爱国卫生运动】2020年，贺兰县综合执法局狠抓病媒生物防治，开展全民健康教育，全面落实爱国卫生工作目标管理任务。组织开展“爱国卫生日”活动9次，举办了“美丽乡村、爱卫同行”宣讲暨贺兰县农村生活垃圾治理推进会。完成了春、秋季蚊媒消杀工作，共计消杀 88 个小区、1418 栋楼、597 个街道管口、15 条街道、16 个公园广场和水域。大力推进健康促进县建设，牵头举办了健康村建设知识培训班，向银川市爱卫办推荐健康单位 3 家、健康社区 2 家、健康村 1 个。

【生活垃圾分类】2020 年，贺兰县综合执法局建成生活垃圾分类示范点 82 个，覆盖人口 3 万人。建立了垃圾分类二维码信息平台，用户达 2.5 万余户。开展示范点垃圾分类推进宣传活动 329 场次，入户宣传 86 场次，主题宣传活动 19 场次，发放各类宣传品 5.5 万份，分层次推进入户宣传、小区集中宣传。全县党政机关、事业单位生活垃圾分类覆盖率达到 98%，县城城区生活垃圾分类示范片区覆盖率达 15%，示范片区居民生活垃圾中的资源垃圾回收利用率均达到 30%以上，农村垃圾分类覆盖率达到 15%。

【绿化养护】2020 年，贺兰县综合执法局对 35 处缺株断带严重的绿地进行苗木补植，栽植绿化植被 76000 余株。在公园广场、街头绿地播种花草籽，对 25500 平方米裸露空地进行了绿化覆盖。完成县城 23 条主干道路及 109 国道、虹桥路等地段 26000 余株乔木、灌木的刷白养护工作，确保树木顺利越冬。做好树木修剪和绿地卫生整治工作，切实改善植被生长环境，提升绿化景观品质，清理绿地内杂草、垃圾等 5100 余车次，修剪行道树 2500 株。加大对随意破坏园林绿地、随意砍伐、损坏绿化树木等违法行为的处罚力度，查办违规案件 13 起，收缴罚没款 0.47 万元。

【市政管护】2020 年，贺兰县综合执法局年完成 70 余条街巷约 29280 余平方米路面的维修，维修完成率为 89%。切实抓好照明设施日常维护和紧急抢修工作，全面保障路灯着灯率，着力优化夜间照明环境。全年夜间巡查路灯亮灯情况 70 余次，调整路灯开关时间 27 次。累计维修故障照明设置故障点 580 余处，更换路灯引线、电缆 9660 米，解决了桃林南街、虹桥路、沙海东路等街巷夜间照明不良的问题。更换欣兰广场螺旋灯 16 组，更换灯罩、灯泡 1344 组。做好市政排水设施检修与维护工作。维修、更换排水管网 290 米，更换维修市政井盖（圈）230 余套、雨水井篦子（圈）190 套，新砌护市政井 107 座，清掏雨水井 5500 余座，解决了银河西路、朔方北街等区域因排污管网塌陷、排水设施故障等引发的排水堵塞、污水外溢问题。

贺兰县人民武装部

【概况】2020 年，贺兰县人民武装部认真贯彻落实宁夏军区、银川警备区党委（扩大）会议精神，以有效履行“六部职能”为牵引，注重抓基层打基础、抓重点带全面、抓作风促落实，扎实推进各项工作顺利展开，部队全面建设持续向上向好发展。

【理论武装】坚持用习近平新时代中国特色社会主义思想武装头脑，采取党委中心组带机关的方式，定期组织干部职工和文职人员学习《习近平谈治国理政》（第三卷）、《习近平新时代中国特色社会主义思想三十讲》、《军委主席负责制读本》等理论书籍。坚持读原著、学原文、悟原理，采取集体读书、个人自学、授课辅导、研讨交流等方式深化学习效果，推动理论入心入脑。组织观看《铁纪强军》《见证初心和使命的“十一书”》《营区里的伪装者》，以及武汉战疫全景纪录片《英雄之城》等系列教育片，召开党小组会，深入讨论交流，听党指挥、维护核心的政治自觉更加坚定。

【思想教育】坚持定期组织议教，分析阶段性思想教育形势，梳理教育中存在的矛盾问题，研究整改提高的措施办法。积极参加警备区组织的“传承红色基因、担当强军重任”主题教育，采取讨论交流、参观见学、任务牵引等形式，注重搞好配合活动，进一步深化学习效果。结合形势任务、季节特点和人员现实思想，突出抓了“五看五增强”教育活动和形势政策教育，引导大家正确看待当前国际国内形势，自觉保持思想稳定。坚持融入日常、抓在经常，围绕使命、责任、纪律、安全等内容，扎实开展经常性思想教育，定期组织摸排人员思想状况，广泛开展谈心交心活动，有针对地搞好教育疏导工作。

【学习贯彻党的十九届五中全会精神】利用党委会、党委中心组、机关支部党员大会、主题党日以及参加上级集中宣讲等形式，深入学习党的十九届五中全会精神，深刻领会全会精神的重大时代意义、政治意义、指导意义，持续搞好思想发动和学习宣传贯彻。印制了全会精神辅导材料，利用广播、电视、报刊、手机网络等宣传载体搞好宣传学习。组织全体党员原原本本学习党的十九届五中全会公报、建议以及《人民日报》社论等内容，围绕“认真学习贯彻党的十九届五中全会精神，以良好的精神状态和作风纪律投入国防动员练兵备战”为主题进行讨论交流，让大家在潜移默化中加深学习理解。

【民兵思想政治教育】针对民兵现实思想特点，制定下发了2020年民兵政治工作计划和政治教育方案，利用入队训练、集结点验、集中轮训、专业分队训练、执行大项任务等时机，围绕贯彻落实习近平强军思想、党管武装、职能使命、优良传统、形势战备、疫情防控等内容持续抓好民兵思想政治教育，引导广大民兵立足岗位实践，争当“爱军习武，精武强能”排头兵。

【战备训练】定期落实党委议战议训制度，及时修订完善战备方案、常态落实战备值班制度。依据新大纲研究制定军事训练计划，突出首长机关军事理论、技能、体能等课目，区分机关、基层、民兵三个层次，规范建立军事训练“年方案、月计划”，推进了军事训练任务有效落实。坚持“编为用、建为战”思想，采取优选对象、集中授课、单兵操作等方式扎实开展民兵教练员、专武干部集训。

【国防动员体系建设】结合党管武装述职大会，召开全县国防动员工作会议，传达学习全国国防动员工作会议精神，研究部署年度工作任务，健全县国防动员机制和领导机构，下发了2020年国防动员工作要点。注重改进和加强国防动员潜力调查统计，组织7个国动委成员单位，采取以会代训的方式开展业务培训，明确任务、压实责任，利用“自下而上梳理上报、集中组织会审编报”的办法，按时完成国防动员潜力数据汇总上报工作。

【民兵调整改革】军区、警备区民兵整组方案下发后，及时向县委、县政府作了专题汇报，结合政府机构改革，调整了民兵组织整顿工作领导小组，联合县政府下发了《贺兰县2020年民兵整组工作实施方案》。结合县域实际，积极创新民兵编建思路、改进编组方法、优化结构布局，力争把思想好、业务精、技能强的人员纳入民兵队伍中来。

【兵员征集】联合县委宣传部制定下发2020年征兵宣传方案，大力宣传《中华人民共和国国防法》、《中华人民共和国兵役法》和征兵工作政策法规，利用有线电视、发放彩页、播放宣传片等形式开展征兵宣传，提高适龄青年依法服兵役的政治热情。从严建立兵役登记、应征青年报名“周报告、月通报”等制度，为进一步提高大学生征集比例，主动挖掘潜力，采取电话联络、短信推送、逐人发动的方式进行精准动员。

【基层建设】深入学习贯彻新修订的《军队基层建设纲要》，定期分析基层建设形势，针对存在的矛盾问题，制订下发《2020年贺兰县人武部抓建基层计划》，规划基础建设、明确工作任务。组织党委班子成员与各乡镇（街道）挂钩帮建，检查督导年度重点工作推进落实。着眼组织功能发挥，狠抓机关党支部建设，严格落实“双重组织生活”“三会一课”、党费收缴、党员思想汇报、党的纪律教育等制度，组织建设得到巩固加强。通过参加军区师团级党委正副书记培训，正副书记抓班子、带队伍的能力素质得到了有力提升。

【四个秩序“规范”】 依据军委国防动员部下发的人武部“四个秩序”规范，按照硬件、软件同步推进建设的思路，硬件建设以警备区试点规范为推动，积极协调县委、县政府支持，先后投入58万元对人武部军事馆、营区训练场、战备值班室进行了规范建设和升级改造。软件上突出常态规范运行这个难点，紧密结合人员少、工作任务重，标准要求高、转换进度快，官兵思想活、隐患问题多等实际，紧盯“最经常、最基础、最常态”的工作，“解剖麻雀式”地剖析基层建设形势，逐问题研究制定规范措施。采取每周交班通报讲评的办法，持续揭摆“上下班迟到早退、日常值班人员脱岗、人员车辆出入登记不严、库室管理检查不经常、伙食管理制度落实不严格和经常性训练制度不落实”等具体问题现象，“四个秩序”进一步规范有序。

【基层武装部规范化建设】 严格落实军区、警备区关于加强基层武装部规范化建设的总体要求，紧紧抓住试点机遇，高标准规范基层武装部正规化建设。积极协调县委、县政府支持，继2019年投入90万元整县推进打造6个基层武装部规范化建设的基础上，为真正打通落实的“最后一公里”，又专项安排74万元为全县74个行政村、社区按一个标准，分批次打造民兵连部“阵地建设”。

【脱贫攻坚】 投入15万元开展党建帮扶、入股扶贫车间企业和壮大村集体经济3个项目，巩固提升脱贫成果，助力广荣村如期完成脱贫攻坚目标任务。

【军烈属、退役军人帮扶】 根据军区、警备区统一部署，在摸排走访的基础上，确定了帮扶军烈属、退役军人，结合家庭和个人实际困难，研究制定了“一户一策”帮扶措施；采取政策、产业、就业、医疗帮扶等多种手段加大扶持力度，改善帮扶对象生活条件。5月下旬，联合县退役军人事务局、银川康群医院以“关爱军烈属、退役军人及困难群众健康、助力打赢脱贫攻坚战”为主题，组织开展了健康宣传及公益巡诊活动，利用一周时间在全县4个乡镇7个点位进行公益巡诊，发放免费体检卡300余张，取得了良好社会反响。

【双拥共建】 始终把双拥工作作为强武拥军的基础性工程，认真组织公祭革命先烈、全民国防教育日、征兵宣传月等教育活动，每年邀请国防大学教授开展国防知识讲座，扎实推进国防教育进机关、进校园、进社区，形成全社会关心国防、热爱国防、建设国防的共识共为。协调县委、县政府建成双拥模范一条街、双拥主题公园，双拥工作得到了国家双拥办和区市领导的高度肯定。2020年10月份，贺兰县获得了“全国双拥模范县城”称号。

【疫情防控】 积极投身疫情防控阻击战，成为疫情防控战场的重要力量。广大民兵积极投身抗疫一线，主动当好宣传员，带头稳人心、树信心，勇挑重担、为民服务。广大民兵自觉服从安排、认真履职尽责，圆满完成了隔离点位执勤任务，表现出了强烈的政治意识、大局意识，涌现出了一大批先进模范。民兵教练员张磊被自治区评为“战‘疫’模范”，民兵干部左占虎、田帅被县评为优秀党员，多名优秀民兵被列为入党积极分子。严格落实营区封闭式管理、来访人员盘查、信息填写、体温检测等硬性措施，常态抓好人员口罩佩戴、工作场所消杀、落实分餐、外省归队人员核酸检测等规定要求。认真核查填写疫情期间在岗人员信息核查表，逐人签订防疫工作承诺书，利用各种会议时机，教育全体人员坚决克服松懈麻痹思想，严格落实各项措施规定，确保疫情防控工作落地落细落实。

【党风廉政教育】 组织全体党员学习《中国共产党章程》《中国共产党问责条例》等，及时传达学习上级关于违规违纪问题的通报。突出党委班子和文职人员这个关键，坚持每季度开展一次党风廉政警示教育，打牢拒腐防变思想根基。坚持把党的纪律教育与巡视巡察反馈问题整改、固定资产清理清查等工作结合起来，深入搞好检视剖析，认真组织查纠整改，推动纠治整改深入落实。坚持挺纪在前，进一步肃清郭徐房张流毒影响，先后组织专人对会议室、办公室、图书室、资料室、荣誉室、各类库房等部位开展拉网式清理清查，确保不留死角、不留隐患。

【自身建设】研究制定了加强人武部党委自身建设措施、党委议事规则以及加强党风廉政建设措施。部党委班子成员带头落实组织生活制度，主动到所在党小组汇报思想，积极参加党小组活动，以普通党员身份过好组织生活、自觉接受广大群众的监督。认真开展军地交叉地带廉政风险排查，传达学习《军队行业部门廉政主管责任规定》，深入查摆剖析问题，制定措施狠抓落实。扎实开展社团专项清理整治，督导人人填写报告表，会同地方民政部门联合排查，确保自查工作不漏一人。

【服务保障】注重抓好民兵训练保障工作，先后圆满完成了民兵整组点验、军区拉动考评、军地演练、执行安保任务、民兵集中轮训、专业分队训练等的食宿保障任务。细致做好现役、文职人员服装的请领、发放和调换工作，立足已有条件积极搞好干部职工、文职人员的伙食调剂，伙食保障水平进一步提高。按照军区定点采购要求，及时保障各科日常办公用品的采购、发放工作。

【营区营院建设】指定专人负责，定期对营区营院水、电、暖、气等基础设施进行检修维修，及时查纠整治存在的隐患问题，确保了用电、用水、用气安全。整修了部分办公生活场所，更换了部分办公设施设备，积极营造拴心留人的良好环境。

【安全管治】坚持把依法治军、从严治军作为经常性、基础性工作紧抓不放，进一步强化依法管理、依法抓建的思想意识。利用党委会、办公会、专武干部例会等时机，认真传达学习上级关于安全稳定工作的文件精神，定期分析研判安全形势，以安全大检查为抓手，深入开展隐患排查整治，全面纠治隐患。以国防动员部《安全稳定工作手册》和上级下发的事故通报为主要教材，扎实开展安全警示教育，进一步强化安全意识、打牢安全发展基础。积极发挥党员干部的模范带头作用，特别是在任务重、人员少的情况下，始终做到任务一线有党员、有骨干，确保安全责任落实到人头、延伸到末端。结合开展“条令法规学习月”活动，注重人员作风养成，严格人员日常管理，建立健全考勤制度，不断加强“四个秩序”。扎实开展部队管理领域负面问题清理整治、“军车交通安全月”、“零酒驾”创建和“百日安全活动”，突出工作作风、社会交往、八小时以外管理、车辆安全管控等重点，认真开展安全大检查和保密清理集中整治，逐库室、逐点位、逐人员逐装具建立安全责任，压实方法步骤、狠抓末端落实，为年度各项任务圆满完成奠定了坚实基础。

经济事务管理

Jingji Shiwu Guanli

经济发展和改革

【概况】2020年，贺兰县发改局深入贯彻落实习近平总书记视察宁夏重要讲话精神和自治区党委第十二届十一次全会、银川市委第十四届十次全会和县委第十四届八次全会精神，统筹推进疫情防控和经济社会发展工作，为打赢疫情防控人民战争、努力完成全年目标任务、决胜全面建成小康社会奠定坚实基础。

【防控物资保障】2020年，贺兰县发改局按照县新冠肺炎疫情防控工作领导小组工作安排，立足部门职能，切实做好疫情防控物资保障工作，加强疫情防控期间各类防控物资的接收、管理、调拨。疫情防控期间共筹措各类物资80余种，累计发放酒精7.9725吨、各类消毒液1217瓶、各类口罩452184个、各类手套55560双、各类防护服3333件、各类隔离衣2101件，为全县疫情防控工作筑牢了安全屏障。积极组织社会各界力量参与疫情防控阻击战，收到爱心企业和爱心人士捐款计4663590元。做好秋冬季防疫物资采购、代储工作，与国药集团（宁夏）医疗器械有限公司签订物资销售合同，完成第一批、第二批秋冬季新冠肺炎疫情期间防疫物资采购及保管工作。共储备免洗外科手消毒凝胶3000瓶、一次性乳胶检查手套100000双、医用隔离衣5000套、医用防护服7000套、N95口罩60000个、红外线测温仪1500个、测温门50台、一次性医用口罩150000个、一次性头套20000个、一次性鞋套40000双、防护面罩1000个、医用外科口罩100000个、防渗一次性隔离衣5500件、一次性医用靴套30000双、防雾护目镜1000个、速干手消液4000瓶、75%酒精2000瓶、抗菌洗手液2000瓶，确保关键时刻防疫物资拿得出、调得快、用得上。

【主要经济指标调度】2020年，贺兰县发改局牵头起草制订《贺兰县2020年国民经济和社会发展主要指标分解计划》，全力支持和推动各类企业、重大项目复工复产。加强重点行业、重点企业运行情况监测，重点做好工业经济运行情况月度分析和11项经济指标季度预测工作，对经济运行中出现的突出问题和困难，及时预警并提出对策和建议。

【企业扶持】2020年，贺兰县发改局出台惠企政策，制定实施《贺兰县关于印发应对新型冠状病毒肺炎疫情支持中小企业生产经营的十条政策措施（暂行）的通知》《贺兰县贯彻落实自治区“工业稳增长24条”实施方案》《贺兰县贯彻落实〈自治区关于推动制造业高质量发展的实施方案〉任务分工方案》等一系列政策文件，稳住经济基本盘，提升经济发展质量。协调园区组织开展39家减停产企业的调研分析，摸清情况，精准施策。奖补资金，牵头组织兑现落实应对新冠肺炎疫情支持中小企业生产经营的10条政策措施，共涉及奖补企业5303户次，企业享受补贴金额2.4亿元，其中县财政补贴户数128户次，补贴金额 6772.7 万元。牵头组织兑现贺兰县“援企稳岗”保市场主体及扶持企业奖补资金，奖励企业 91 户次，兑现奖补资金共计 1265.14 万元。牵头组织实施《贺兰县 2020 年县处级领导干部“进百企”活动实施方案》，由 29 名县处级领导结对帮扶 75 家工业企业，“一对一”结对帮扶辖区规模以上工业企业以及部分有发展潜力的成长型、创新型企业，破解企业投资生产经营中的“堵点”“痛点”，增强企业发展信心和竞争力。认真做好技术改造奖补资金、贷款贴息、电价补贴扶持政策的组织申报、审核筛选及资金拨付等各项基础工作，积极帮助企业争取各级各类政策扶持。建自治区智能工厂 2 个、自治区数字化车间 5 个、自治区工业互联网发展试点 3 个、自治区双创示范平台 2 个、自治区服务型示范企业和项目 6 个，获评自治区“专精特新”示范、技术标杆、成长标杆的企业共有 33 家。争取自治区市各类工业扶持资金 4619 万元。牵头组织兑现 2020 年技术改造奖补资金。

【节能降耗】 2020 年，贺兰县发改局制定下发了《贺兰县 2020 年节能监察工作要点》，按季度分解目标任务，切实抓好目标责任落实。联合市节能监察中心对列入 2020 年重大工业节能监察名单的宁夏天雄碳材料等 3 家企业开展节能监察，督促企业进一步强化节能基础管理工作。鼓励商贸流通企业开展绿色营销，引导消费者树立“节能、环保、低碳”消费理念。深入开展公共机构节能，以节电、节水、节油、节材等为重点，建立健全公共机构节能管理制度，开展节水型单位创建工作。联合县市场监督管理局对泰益欣等 12 家重点用能单位宣传政策、调查情况，确保如期完成能耗在线监测系统建设。

【项目谋划】 2020 年，贺兰县发改局印发《贺兰县 2020 年项目谋划指南》《关于开展国家重大建设项目库相关工作的通知》等文件，指导各部门开展项目谋划工作，强化项目储备。全县谋划基本建设项目 263 个，总投资 509.83 亿元，年度计划投资 125.33 亿元。谋划“十四五”项目 186 个，概算总投资 506.85 亿元。谋划黄河流域生态保护和高质量发展方向项目 83 个，概算总投资 80.72 亿元。编制储备 2021 年建设项目 204 个，总投资 540.93 亿元，年度计划投资 111.13 亿元。严格落实项目审批工作，有效运用在线审批监管平台，指导项目单位通过在线审批平台进行网上申报工作。

【项目建设】 2020 年，贺兰县发改局起草落实《贺兰县 2020 年县处级领导包抓重点项目工作实施方案》《关于成立贺兰县 2020 年重点项目协调服务领导小组的通知》等，以全县 2020 年重点投资项目为目标，认真梳理项目清单，列出重点项目任务分解表，将任务分解到各县处级领导、责任部门，明确项目推进时间节点，统筹服务协调，千方百计加快项目建设进度。制订下发《贺兰县 2020 年第一批及第二批政府投资项目计划》及“全县 2020 年基建项目推进情况统计台账”。

【项目督查】 2020 年，贺兰县发改局按照“计划项目促开工、在建项目促进度”要求，积极配合县委、县政府督查室不定期对项目进行现场督查，对标找差，及时整改，确保建设项目真动工、真开工，确保项目按月度计划如期开工建设。编制《贺兰县投资项目招投标监督记录本》《贺兰县政府投资项目踏勘记录本》《贺兰县政府投资项目验收记录本》，对日常监管中发现的问题组织核查，提出整改意见，督促整改，并将重大问题及时报送有关部门。截至年底共验收政府投资项目 71 个。对全县项目进行充分调查摸底，重点围绕新兴产业、基础设施、社会民生、服务业等领域，做好项目前期基础，积极向上申报项目，共争取到农业、基础设施、社会事业、工业、教育等领域项目 168 个，落实项目资金 6.78 亿元。

【粮油监管】 2020 年，贺兰县发改局做好订单粮食收购推进工作，落实三大粮食品种订单收购 118525 吨，其中水稻 53525 吨、小麦 10000 吨、玉米 55000 吨，落实订单销售 12000 吨。扎实开展应急成品粮油承储库存检查工作，做好应急供应网点监督巡查、资金拨付工作，对全县10家应急供应网点及1家配送中心拨付应急供应网点及配送中心补助费用2万元。做好夏、秋粮收购监督检查及样品采样工作。做好贺兰县2018—2019年度“优质粮食工程”建设项目资金拨付，拨付贺兰县2018—2019年度“优质粮食工程”建设项目验收资金费1757.7万元。

【价格监测】2020年，贺兰县发改局为稳定重大节日期间市场肉价，在“元旦”“春节”“五一”“国庆”节期间，利用价格调节基金，在永泰百货超市、双宝、新百生活超市、百鲜园超市，对牛肉羊肉猪肉实行临时价格干预措施，有效抑制肉价过快上涨趋势。疫情期间加强对平价商店的巡查，对市场28种蔬菜和粮油肉蛋等生活必需品开展采价工作，及时掌握价格走势动态，每日监测汇报监测情况。严格按照《宁夏回族自治区幼儿园收费管理实施细则》，完成对辖区内5所民办幼儿园的价格备案工作，指导幼儿园控制合理的办学成本，保障家长、孩子的切身权益。根据《宁夏回族自治区机动车停放服务收费管理办法》，完成17起商业停车场的价格审批，率先在全区制定了半小时停车不收费的政策，维护了消费者、经营者的合法权益，营造了良好的停车秩序。运用政务公开网、银川“12345”和“12315”等互联网平台，累计回复价格方面咨询147件，办结率100%。对全县18个社区乡镇农牧场的人员发放了临时价格补贴，发放补贴1813156.41元，有效保障了城乡低收入人群基本生活。

【诚信建设】2020年，贺兰县发改局印发《关于调整“诚信贺兰”建设工作领导小组的通知》，明确了由县政府主要领导任组长、副县长和分管副县长任副组长、全县30个部门和单位主要负责人为成员的领导小组，形成了规范有效的工作机制，加强了诚信建设的组织领导和工作保障。起草了《贺兰县2020年社会信用体系建设重点任务分工方案》，形成政府推动、全社会广泛参与的社会信用体系建设新格局。全面落实“双公示”工作，对行政许可和行政处罚事项目录进行全面梳理。法人统一社会信用代码转换工作已全部完成。县税务局联合各银行积极做好“银税互动”合作，主动向纳税人提供各类“银税贷”相关政策，鼓励小微企业以“纳税信用”换取“银行信用”并获得贷款。审批局建立政务服务对象失信“黑名单”机制，在行政审批过程前环节嵌入信用承诺，引导群众和企业诚信经营；县商务局建立惠企政策兑现台账，按照兑现前置条件、兑现节点、兑现金额，主动对接联系企业，变“被动兑现”为“主动兑现”；县人社局加大严重失信企业及法人监督检查力度，将47家20万元以上欠费大户的欠费行为认定为严重失信行为。

【营商环境优化】2020年，贺兰县成立县优化营商环境领导小组，负责统筹制定全县优化营商环境有关政策措施，协调解决推进过程中遇到的重大问题。对标落实自治区及银川市优化营商环境各项工作部署，印发《贺兰县优化营商环境实施方案》，细化了17个指标137项重点工作任务，出台《贺兰县优化营商环境指标对口包抓实施方案》、信息报送制度、督查督办制度、投诉举报制度等政策措施，夯实了营商环境建设基础。

【党建工作】2020年，贺兰县发改局以深化“不忘初心、牢记使命”主题教育成果为载体，强化学习型党组织建设。采取注重“自学”、倡导“领学”、分类“促学”、创新“导学”的方式，创新学习载体，灵活学习方式。截至年底，共开展党委中心组理论学习9次，集中学习70余次，撰写工作动态170余篇。对党委下属11个党支部开展党员相关情况调查统计工作，进一步摸清各支部党员信息底数，为今后更好地开展工作奠定基础。切实做好3个非公企业和县粮食局退休党支部党员组织关系转接工作，全面完成市委巡察整改工作任务；严格落实“三会一课”制度，加强党员教育和管理，提高党员素质，增强基层党组织的战斗力。2020年共转正党员8名，发展入党积极分子3名。全面发挥党员先锋模范作用，组织党员积极为防疫工作进行捐款，局党委11个党支部300多名党员自发性捐款17025元。

【党风廉政建设】2020年，贺兰县发改局建立完善领导班子全面从严治党责任清单、问题清单和问责清单“三个清单”，压紧压实管党治党责任，严格落实单位主要负责人落实党风廉政建设主体责任清单季报告制度，及时查找工作中存在的问题和不足，有效推进党风廉政建设工作；深入开展“干部作风建设强化年”活动，扎实开展形式主义、官僚主义专项整治“回头看”，扎实开展扶贫领域和作风问题专项治理，共审批扶贫项目8个，项目概算总投资为2644.68万元；验收扶贫项目3个。

【脱贫攻坚战】2020年，贺兰县发改局研究制定了《贺兰县发改局全面开展“四查四补”高质量打赢脱贫攻坚战的实施方案》，并对照方案进行“查损补失、查漏补缺、查短补齐、查弱补强”。做好反馈问题整改，对照自治区、银川市、贺兰县督查反馈问题台账，制定整改方案、整改台账，逐一进行整改，确保将各项问题整改到位。

市场监督管理

【概况】2020年，贺兰县市场监管局紧紧围绕县委、县政府和自治区、市市场监管工作部署和要求，充分发挥监管职能，认真履职尽责，积极做好常态化疫情防控下市场监管各项工作，奋力谱写市场监管工作新篇章。

【食品安全监管】2020年，贺兰县市场监管局开展碘盐市场“飓风行动”，检查批发市场、农贸市场、生产企业、商场超市等经营单位973个次，收缴不合格食盐1125公斤。开展工地食堂治理，排查建工地食堂43家，限期整改食堂12个，取缔不合格食堂10家。开展食品“三小”行业、散装食品、特殊食品、白酒、面制品等专项检查及“两节”、“两会”、“一节一展一集市”、中高考等重大活动食品安全保障，消除各类食品安全风险隐患近千个，责令改正经营单位100余家，取缔私屠滥宰点22个，下架未经检验检疫上市肉品8.5吨，办结各类食品违法案件29件，收缴罚没款82.2万元。

【药品安全监管】2020年，贺兰县市场监管局深化药品医疗器械化妆品生产经营风险等级评定工作，共进行药械化经营风险等级评定245家，其中Ⅰ级单位238家，Ⅱ级单位7家。开展中药饮片、无菌和植入性等医疗器械监督检查、美容机构化妆品专项整治五大专项检查。推选宁夏壹康源医药有限公司贺兰分公司等20家零售药店作为第一批争创自治区级“阳光药店”示范店，免费发放温湿度监测设备20台。

【特种设备监管】2020年，贺兰县市场监管局开展特种设备安全知识宣传工作6次，组织从业人员培训、应急演练9次。开展节前检查、电梯维保单位检查、客运索道等18个专项检查，出动执法人员438人次，发现并消除安全隐患139处，下达特种设备安全监察指令书58份，立案查处7家特种设备生产使用单位，结案4起，罚款7.5万元。

【质量分层和监管】2020年，贺兰县市场监管局开展食用农产品抽检550批次，合格率99.8%，三小食品抽检150批次，合格率99.3%；对25件国抽、自治区抽、监督抽检不合格食品进行核查处置，罚款67万元。抽检药品71批次、医疗器械1批次、化妆品21批次，抽检肥料、柴油车、床上用品和内衣等工业产品155批次。

【案件查处】2020年，贺兰县市场监管局共查办案件718件，收缴罚没款281.97万元。其中，查处5起销售无产品合格证、无厂名厂址电动自行车案，没收电动自行车61辆，罚款1.06万元；查处巨力房地产企业发布虚假广告一案，罚款38.5万元；申请强制执行介绍诱骗他人参与传销案件3起，行政处罚共计30万元。

【规范广告市场秩序】2020年，贺兰县市场监管局开展清理整治含有“软色情”等低俗庸俗媚俗广告行动。检查各类经营主体及载体75户（处）次，其中检查广告经营者7家、其他经营场所及商场橱窗、以展示牌等为载体的户外广告63处，进一步规范广告发布行为。

【“双随机、一公开”落实】2020年，贺兰县市场监管局制定《贺兰县市场监督管理局“双随机、一公开”监管工作实施方案》，实施“双随机、一公开”抽查和日常监督巡查相结合的监管模式，逐步实现“双随机、一公开”监管全覆盖、常态化。随机抽查483户，并对抽查结果进行公示公开。

【商标知识产权保护】2020年，贺兰县市场监管局开展“大武口凉皮”、“主席”酒、“中宁枸杞”、“中卫硒砂瓜”等商标侵权及知识产权“铁拳行动”专项检查行动，引导企业加大对自主品牌的保护力度。认真落实知识产权保护政策，及时为19家企业核发知识产权补助资金96.1万元。

【反不正当竞争】2020年，贺兰县市场监管局从市场准入、产业发展、招商引资、招标投标、政府采购等涉及市场主体经济的规章、规范性文件和其他政策措施的文件进行审查清理，共计增量审查101件，均符合竞争影响评估标准，没有存在违反公平竞争情况。

【疫情防控】2020年，贺兰县市场监管局印制张贴疫情防控各类通告、告诫书、指南3万份，发放疫情防控宣传彩页、图册1.5万张。检查各类市场主体5.85万户次，对20家违反疫情防控规定的经营户责令停业整顿。对全县203家药店分组分区进行监督检查，共检查药店2870家次。在疫情防控工作中，做到管控到位，放开有序，积极受理查办涉及疫情防控用品举报投诉案件，受理关于口罩价格投诉325件，立案查办涉及无照经营医用酒精案件3起，收缴罚没款34970元，立案查办涉及医疗器械以假充真、哄抬物价、未明码标价等案件11起，收缴罚没款共39133.9元。

【“散乱污”企业整治】2020年，贺兰县市场监管局排查“散乱污”企业69家，对8家有营业执照的经营户，责令限期清理及搬迁；取缔有证无照经营户13家，立案查处2起，罚款金额2万元。

【散煤治理】2020年，贺兰县市场监管局建成7家具备销售资质清洁煤加工配送中心，在全县范围内推广使用。对辖区6个散煤点进行检查，对存放销售散煤的经营户下发责令整改通知书，限期清理。对全县108家经营范围涉及煤炭销售的企业开展摸排工作，通知办理经营范围变更手续，对6家未经环保部门环评，达不到环保要求的煤炭销售个体户责令办理注销手续。

【文明城市创建】2020年，贺兰县市场监管局组织辖区大中型餐饮服务经营户举办“文明餐桌——光盘行动”观摩推进会议，通过现场观摩学习马伟手抓餐饮经营管理有限公司、鼎丰餐饮经营管理有限公司在落实公筷公勺、文明用餐方面好的做法，在餐饮经营户大力倡导推广，制作“光盘行动”、使用公筷公勺公益宣传画2500份、文明用餐宣传牌500块、文明餐桌桌签2000个，全部免费发放张贴在餐饮服务单位店内醒目位置，形成良好的宣传氛围。在全县开展文明规范市场创建活动，使市场开办方、广大经营户树立规范自律的文明经营意识，积极参与创城工作。制作安装宣传牌80块，张贴、发放“文明健康 有你有我”倡议书及诚信经营宣传画1500份，发放温馨提示2000余份。组织执法人员加大对集贸市场的日常监管力度，严厉打击违章违法经营行为，重点打击制假售假、以次充好、假冒伪劣、短斤少两等违法违规行为，营造规范诚信、文明繁荣的市场经营环境。

【打击传销】发挥打击传销领导小组办公室工作职能，积极落实“双备案”制度，加强“以房管人”力度，不断压缩传销生存空间。共查获传销人员596人，捣毁传销窝点48个，行政处罚427人，罚款83.3万元。

【党风廉政建设】深入开展了廉政警示教育活动，观看廉政警示教育片。调查回复群众干部作风信访投诉5件，调查回复关于干部不作为纪委函询2起。把作风提升与干部评优评先、提拔晋级挂钩，有力促进干部担当作为。组织党员干部认真学习贯彻党的十九大精神、习近平总书记视察宁夏重要讲话精神、《习近平谈治国理政》（第三卷）、党章、准则、条例等，坚持“三会一课”制度、民主评议党员制度、民主生活会制度等党内政治生活制度常态化、制度化。自觉增强党要管党、从严治党的意识，认真落实支部书记“第一责任”职责，建立健全党支部建设工作制度，做到定时开会、定时检查、定时解决难题，形成了主要领导亲自抓，分管领导具体抓，班子成员配合抓，齐抓共管的工作格局。积极创建“让党中央放心、让人民群众满意”模范机关，进一步提升机关党建工作。

审　计

【概况】2020年，贺兰县审计局聚焦主责主业，充分发挥监督职能全面推进审计项目工作。2020年共安排审计项目18个，完成并出具审计报告9个，结束现场审计阶段项目3个，推进项目6个，审计查出问题43个，提出审计建议38条。扎实开展政策跟踪审计，完成了全年重大政策落实跟踪审计、全县各相关单位清理拖欠民营企业中小企业账款情况专项审计调查；扎实开展专项资金审计，完成了应对新冠肺炎疫情防控资金和捐赠款物专项审计、贺兰县扶贫资金督查检查工作、贺兰县2019年度扶贫专项资金管理使用情况审计；扎实开展预算执行及其他财政财务收支审计，完成了2019年度县本级预算执行审计、银川市生态环境保护局贺兰分局2019年预算执行及财政收支审计；扎实开展重点项目及政府投资审计，完成了全县“大棚房”专项整治项目审计，推进贺兰县五所学校EPC工程总承包项目全过程跟踪审计；扎实开展全县64个行政村村级财政财务收支审计，制定审计实施方案并成立工作领导小组，通过审前培训、现场测评、全员审理、召开审计进点会等举措确保村级财政财务收支审计取得实效；完成了贺兰县小学校舍维修及学校教学设备采购踏勘、包银铁路征地拆迁补偿费用核实、政府采购资金检查、县自然资源局土地储备事项审计、国有企业投资奖补资金核实中央八项规定回头看检查、协调解决习岗镇黎明村片区历年征地拆迁安置费用、配合银川市审计局开展新增财政直达资金惠企利民情况跟踪审计8个临时交办项目。

【落实经济责任联席会议办公室职责】2020年，贺兰县市场监管局科学制定经济责任审计计划，充分利用经济责任审计项目信息系统，重点梳理出全县54名领导干部，将长期担任主要领导但从未接受过经济责任审计及近5年未接受过经济责任审计的审计对象作为2020年经济责任审计项目计划的依据，逐步推进经济责任审计全覆盖。扎实开展经济责任审计项目，2020年县委组织部委托经济责任审计项目7个，完成5个，推进2个，召开2020年度经济责任审计工作联席会议，审议通过《贺兰县党政主要领导干部和国有企事业单位主要领导人员任前经济责任告知办法（试行）》《贺兰县经济责任审计工作联席会议议事规则》《贺兰县经济责任审计工作联席会议办公室工作规则》。

【提升审计质量】2020年，贺兰县审计局创新采取“432”的管理新模式，即“四个清单”“三项制度”“两个承诺”，确保审计工作统一、规范开展，既提升了工作效率，又确保审计程序合法合规；首次采用“数据先行”的大数据审计方式，实现了全县61个预算单位审计全覆盖，通过对采集的数据进行“转化、建模、分析”，全方位提升了审计效率；以经济责任审计为“1”，融合开展领导干部自然资源资产离任审计、预算执行审计等审计项目项，采取“一个审计组、一次进点、一批实施”的项目管理方式，努力做到一审多项、一审多果、一果多用。

【项目全程管控】 2020年，贺兰县审计局强化质量控制，以“深化审计质量提升年”为契机，执行“七个严格”管理方式，实行“审前调查、审中座谈、审后回访”全过程控制，定期开展审计业务研讨会、审计项目推进会，着力提升审计质量；强化现场管理，对每一个审计项目“挂图作战”，明确审计进度、完成时限及相关责任人，压实责任、倒逼时限，提升审计现场管理精细化水平；强化法治复核，明确法制室在审计质量控制中的监督定位，建立了审计质量关键点考核细则（试行）、审计业务流程图，从审计职责、审计程序、审计目标、审计档案等层面进行全方位考核；强化审计报告质量控制，对审计中发现的普遍性、倾向性的问题进行整理归纳提炼，从体制机制上研究解决问题的办法，提出审计意见建议；强化审计理念，将财政资金绩效评价作为2019年预算执行审计项目中的重点，加强对资金使用、政策执行等效果的监督和评价。

【审计问题整改】 2020年，贺兰县审计局联合纪委监委、组织、人社等部门对审计查出问题整改情况进行了督查，对未整改到位的问题进行指导，对已整改到位问题帮助建立长效机制，深化整改成果；联合政府办对全县12个部门下发审计查出问题整改督办通知书，建立督办台账，整改一个销号一个，全面提升整改成效；制定出台了《贺兰县关于加强审计整改工作的管理办法》，并将审计查出问题整改情况纳入县政府对全县机关事业单位绩效管理考核内容，切实压实责任。

统　计

【概况】 2020年，贺兰县统计局坚持以习近平新时代中国特色社会主义思想为指导，以强基础、严质量、优服务、求创新、争一流的工作目标，严抓干部队伍建设，强化重点工作落实，为全县经济社会平稳发展提供了有力的统计保障。

【政治思想建设】 2020年，贺兰县统计局制定完善《贺兰县统计局2020年机关党建工作要点》和《党建工作路线图》，严格落实“三会一课”和各项学习制度，以开展支部主题党日活动为抓手，把常规抓实、把落实抓细，助推全年经济社会发展平稳开局。局党组中心组开展理论学习15次，坚持学《中国共产党章程》、学讲话，学习党内政策法规，坚持集体学习、专题学习和自学相结合，持续学习《习近平谈治国理政》（第三卷）、习近平总书记视察宁夏重要讲话精神、《中华人民共和国民法典》、《中国共产党党和国家机关基层组织工作条例》等，进一步提升班子领导工作能力。召开党员大会8次、支委会会议8次，讲党课5次，组织全体党员开展集中学习28次，开展主题党日8次，开展“三进”活动9次，“学习强国”学习平台参学率达100%，进一步强化了机关党员思想建设，提高干部职工的凝聚力和向心力。

【党风廉政建设】 2020年，贺兰县统计局制定下发《2020年贺兰县统计局全面从严治党、党风廉政建设和反腐败工作主要任务分工》，层层签订党风廉政责任书，进一步强化源头治腐工作；认真开展“干部作风建设提升年”活动。制订工作计划，修订相关制度，建立“不忘初心、牢记使命”主题教育常态化学习机制，组织干部职工认真学习重要理论知识，学习心得48篇，坚持学习讨论相结合，突出知行合一；深入开展形式主义、官僚主义突出问题集中整治行动。班子对照重点整治的6个方面22项突出问题，认真开展自查自纠，自查出6个问题领域的13个问题，针对性地制定了14项整改措施，新建制度4项，坚决抵制形式主义、官僚主义；切实做好意识形态工作。召开专题会议安排部署，层层签订意识形态责任书，组织干部集中学习《意识形态工作应知应会手册》，党组会、干部学习会开展马克思主义民族观宗教观教育。

【脱贫攻坚】 2020年，贺兰县统计局共有帮扶对象20户，已全部脱贫。每月召开会议检视脱贫存在问题，集中分类解决，从落实产业扶贫政策、金融扶贫政策、就业扶贫政策等方面深入持久做实做细扶贫。20户中，落实金融扶贫12户，落实教育扶贫政策12户20人，惠农政策务工交通补贴5人，落实公益岗位3户，办理低保1人，春节开展帮扶村、社区和移民慰问20户。

【统计政策学习】 2020年，贺兰县统计局组织全局干部认真学习统计工作意见、办法、规定，圆满完成国家统计督察整改的各项任务，针对督察存在的4个方面10个问题，逐个制定整改措施，形成整改方案，配合自治区对5家工业企业和4家商贸企业进行立案查处。

【严控数据质量】 2020年，贺兰县统计局严守“四上”单位进库入口。全县新入库5000万元以上投资项目6个，小升规企业13家；实行数据上报动态监控制度和数据异动查询制度。加强统计执法检查的力度。重点对执法内容、任务进行量化分解，30家部门、企业进行统计执法检查工作，对未按照统计法律法规开展统计工作，且存在统计违法事实的单位，下发限期整改通知书5份。

【经济形势分析】 2020年，贺兰县统计局编印《统计年鉴》《统计月报》《统计公报》《月度卡片》，共编发工作动态105篇、统计信息81篇、统计分析29篇，专报6期；及时分析研判数据。根据各时段经济运行特点，开展调查研究，形成专报，及时上报信息。疫情期间，编发了《企业复工情况的分析报告》、《企业复产情况的报告》、《全县二季度经济形势预警》、全县能耗高位运行的分析报告等，形成各季度经济形势分析报告，为县委政府科学决策提供科学依据。

【统计基层基础建设】 2020年，贺兰县统计局加强统计业务及法律法规的学习，持续开展专业培训，外出培训22人次，新招聘人口普查人员9人。健全完善统计守信激励和统计失信惩戒机制，对378名统计从业人员进行“守信”信用认定。顺利通过市文明办实地督察考核，并被自治区文明办确定为“自治区文明单位”；《勠力同心共谋高质量发展 砥砺奋进加快追赶超越》和《消费增速提升结构亟待优化》分析报告，被自治区统计局评为一等奖和三等奖。

【第七次全国人口普查】 2020年，贺兰县统计局印发了《关于开展贺兰县第七次全国人口普查宣传月宣传活动的通知》，努力提高居民对入户摸底调查的知晓率。发放《致住户的一封信》19.3万份、宣传海报1.6万份、宣传彩页41万张、自主填报折页2.3万份、宣传横幅120条，启动全县各乡镇、街道电子屏及乡村大喇叭宣传人口普查标语，普查员在小区、街道等人口密集场所张贴普查公告、宣传海报、悬挂人口普查宣传标语等做好入户前的宣传动员，并通过学生家长微信朋友圈转发《致学生家长的一封信》，确保人口普查工作家喻户晓，人人皆知。通过抽调机关干部、调用“三支一扶”、组织网格员、社会招聘等渠道，落实“两员”普查员和普查指导员1800人，基本满足每个普查区至少配备1名普查指导员，每个普查小区至少配备1名普查员的要求。落实资金324万元。对全县94961户开展了政策宣传、入户走访、调查核实等工作。购买手提包1900个、手电筒1900个、笔记本2000个、笔2000支、围裙11000个、网布袋11000个、PAD60台。圆满完成银川市人口普查综合试点工作、建筑物标识图绘制、“两员”培训等工作。1800多名普查指导员和普查员，对全县82个普查区、1819个普查小区，逐门逐户实地勘察，摸清每个区域的建筑物数量和有人居住的住房单元。

自然资源管理

【概况】 2020年，贺兰县自然资源局紧紧围绕全年任务目标，认真贯彻上级工作要求，扎实推进重点工作和各项任务落实。

【党的建设】 2020年，贺兰县自然资源局积极落实主体责任，全年共召开支委会9次、机关党支部召开党员大会9次、支部主题党日9次、党组会议13次、党组专题会议10次；组织党组中心组学习9次、党课3次、“党员应知应会”知识测试1次、“民法典”知识测试1次、接收预备党员1名，预备党员转正1名，发展积极分子5名；开展“三进”活动9次；组织全局党员、非党员参加“学习强国”学习，让线上学习成常态。制定《2020年全面从严治党党风廉政建设和反腐败工作主要任务分工方案》《贺兰县自然资源局2020年全面从严治党党风廉政建设和反腐败工作要点》，及时召开党风廉政建设会议，签订党风廉政建设责任书，安排部署全年党风廉政建设工作；结合工作实际梳理党风廉政风险点，形成排查表并开展检查；制定全面从严治党“三个清单”，进一步细化分解党风廉政工作责任。全年召开1次工作会议，进行2次党风廉政专项检查，开展1次参观学习。扎实开展巡察整改。制定整改措施76项，清退各类资金3.1964万元，修订完善制度23项，问责、约谈8人。

【国土绿化】 2020年，贺兰县自然资源局完成8个自治区级示范村绿化美化建设，绿化面积260亩；实施三北防护林建设2950亩；完成引黄灌区平原绿洲绿网提升面积1400亩；建设北环绕城两侧义务植树基地，栽植树木3.2万株，新增林地322亩。实施4处小微公园建设，总面积164亩，抓好建成区交通主干道生态绿化景观建设，实施兴旺路、虹桥路、德翔西路、永胜西路、沙海路、花园北街等道路绿化提升改造；完成县城空地绿化12处，总面积107.6亩；完成8个森林社区、11家森林单位绿化提升。

【规划体系建设】 2020年，贺兰县自然资源局编制完成《贺兰县乡村振兴战略规划（2018—2035）》，完善《贺兰县德胜局部片区“退二进三”控制性详细规划》；协助调整《银川德胜商住区控制性详细规划》；开展全县村庄规划编制和村庄分类工作。完成生态保护红线评估。多次对接自治区自然资源厅、自治区林草局、银川市自然资源局，沟通交流贺兰县涉及的矛盾图斑，对重点图斑进行现场踏勘，合理编制供应计划，加大土地供应力度。合理编制2020年国有建设用地及经营性用地供地计划，保障重点项目建设用地需求。全年上报城镇批次6个，单独选址项目2个，集体建设用地3个，总面积1076.529亩。全年供应土地23宗，供应面积752.2335亩。其中：通过挂牌出让方式供应国有建设用地15宗，出让面积389.3835亩，收入土地出让金21951.42万元；划拨供应国有建设用地8宗，面积362.85亩。

【闲置土地处置】 2020年，贺兰县自然资源局按照“全面清理，分级负责，分类处理，依法处置”的原则，对全县批而未供土地和闲置土地进行清理，全年共处置闲置土地16宗，面积978.47亩；处置批而未供土地776.9245亩。

【第三次国土调查】 2020年，贺兰县自然资源局积极开展与兴庆区、金凤区、西夏区及平罗县的图斑接边工作，共完成所涉及图斑接边520处；调整权属变化图斑346个；完成统一时点更新变化图斑提取，国家下发监测图斑2122个，自主提取3672个；完成数据对比分析，形成数据分析报告。

【土地收储和征地拆迁】 2020年，贺兰县自然资源局共收储14宗土地，共计324.05亩，收储成本1871.1959万元。积极做好自治区滨河水体净化湿地扩整连通重点工程、新华百货项目、沈阳东路快速通道工程、呼包银高铁项目、银川市典农河旅游风景路（一期）（阅海—沙湖）绿化工程、110国道改造扩建、贺兰山路东延伸提畅改造、贺兰县至立岗公路改扩建工程、贺兰县北环路（广源街—富兴北街）项目等土地收储及征地拆迁等工作。

【不动产登记】2020年，贺兰县自然资源局建立不动产登记与征税业务“一窗受理、并行办理”集成服务模式；利用“互联网+”开启不动产抵押权登记“网上办、联合审”的审批服务新模式；进一步压缩业务办结时限，不动产首次登记效率提高80%，转移登记效率提高70%，转本位登记效率提高87%；针对房地产开发企业和金融机构开设“企业专办”业务工作室；启用不动产登记自助服务端，减少群众排队时间。全年累计受理不动产登记证书13156件，不动产登记证明20400件，档案查询25124件，唯一住房证明22630件，抵押注销登记4800件，查封登记1547件。

【规划用地“多审合一”“多证合一”改革】2020年，贺兰县自然资源局为简化办理流程，将“建设项目选址意见书”和“用地预审意见”合并为“建设项目用地预审与选址意见书”办理，全年共计发放“建设项目用地预审与选址意见书”15本，涉及土地面积1131.409亩。

【民生服务】2020年，贺兰县自然资源局推进农村“房地一体”确权颁证。全县确权颁证工作涉及4个镇1个乡56个行政村，共计36815宗宅基地，完成52个村29892宗宅基地的入户调查工作并进入制证环节，外业调查数量35867次，发放不动产登记证书19921本。扎实做好信访综合平台分流转办受理工作，全年受理各类信访平台2769件，解决答复2753件，答复率99.4%。

【城镇小区配套幼儿园治理】2020年，贺兰县自然资源局积极配合县教育局、县住建局对全县住宅小区配套建设幼儿园情况进行摸排统计。共计发现无规划不到位小区，未达到要求但需建设幼儿园小区2个，规划幼儿园但未与首期同步建设小区5个。

【政务公开】2020年，贺兰县自然资源局坚持以公开为原则、不公开为例外，推进自然资源信息“五公开”。全年共计公开信息590条，其中，县政府门户网站公开信息175条，政务微博发布信息390条，微信公众号发布信息25条。

【执法监察】2020年，贺兰县自然资源局制定《自然资源局2020年“七五”普法实施方案》《自然资源局2020年度普法工作计划》《贺兰县自然资源局建立以案释法的工作制度》《自然资源局2020年普法依法治理工作要点》《贺兰县自然资源局“四清单一办法”》等文件，以各类宣传活动为契机，开展普法宣传；完成“七五”普法终期验收考核，同时做好行政执法证年度审验、信息录入、管理工作。

【土地动态巡查】2020年，贺兰县自然资源局开展动态巡查143次，发现违法占地行为4起，下发责令停止违法行为通知书4份，涉及违法占地面积6亩，立案查处6宗，结案6宗，共计收缴罚款109056.55元。

【非法盗采矿产资源打击】2020年，贺兰县自然资源局对贺兰山东麓葡萄长廊及宰牛沟展开全天候、不定期、不间断巡查136次，打击盗采砂石资源行为的同时，杜绝盗采砂石行为造成的扬尘，发现非法盗采行为2起，口头制止2起。

【破坏森林资源违法犯罪打击】2020年，贺兰县自然资源局共受理违法破坏森林草原资源行为报警32起，立案10起，结案6起，处理违法行为人6人，罚款1.5159万元。

【安全生产】2020年，贺兰县自然资源局制订《贺兰县自然资源局关于开展企业明察暗访工作计划》，明确对非煤矿山安全生产工作的检查内容及检查方法。配合自治区自然资源厅、银川市自然资源局对贺兰县宰牛沟建筑用砂矿复工复产工作进行检查验收，按计划定期深入矿山企业开展安全生产检查工作。

【汛期地质灾害防治】2020年，贺兰县自然资源局成立地质灾害隐患巡查小组配合自治区自然资源厅地质灾害专业排查组完成2020年地质灾害隐患点排查工作，做到汛前排查、汛中巡查、汛后检查，并加强应急值守工作，进一步加强监测。

【森林防火】2020年，贺兰县自然资源局签订森林防火目标责任书9份；购买农药4120瓶用于各乡镇清除林带可燃物；在立岗镇沙枣林开设3条防火隔离带，消除火灾隐患；组织相关部门开展防火演练，开展2次防火应急演练；严格排查森林火灾隐患，全年共检查8个乡镇场及重点单位24次。出动警力50余人次，出动警车20余次。下发整改通知书8份，已全部整改落实到位。

【河湖水岸划界确权】2020年，贺兰县自然资源局完成了三条干沟、四条支干沟、七条支沟和五条干渠管理范围100%划界工作，建立了数据库，编制了《技术报告书》《质检报告》等；完成全部19条沟渠的边界划界工作并通过水利厅的初步验收。

【湿地保护】2020年，贺兰县自然资源局开展辖区内湿地产权确权图斑逐一核查，全面查清各类湿地利用现状及变化情况，共核对图斑140块；聘请湿地巡查保护人员做好湿地每日巡护工作；每月做好水质监测工作，及时清理湿地范围内的垃圾、杂物等，对湿地范围内水生植物及驳岸植被进行修复。

【林木检疫】2020年，贺兰县自然资源局办理产地检疫合格证42份，林业产地检疫率100%，有效减少了苗木病虫害发生。签发自治区内外植物检疫证书519份，木材调运检疫648立方米，检疫苗木702万株，复检苗木5.6万株，复检花卉567万株（盆）。

应急救灾

【概况】2020年，贺兰县编制《贺兰县推进城市安全发展实施方案》《贺兰县提高自然灾害防治能力建设重点工程实施方案》《贺兰县关于推进防灾减灾救灾体制机制改革实施方案》《贺兰县防灾减灾责任规定》《贺兰县安全生产专项整治三年行动实施方案》，积极推进应急管理、安全生产、消防安全领域改革。制定了《城市安全发展考核细则》，明确了全县各部门、各单位的工作责任。采取专项督查、个案督查、暗访抽查、联合检查等方式，组织对全县应急管理工作及时检查、通报和督促整改，着力推进各部门、各单位认真落实应急管理各项工作措施。

【安全生产】针对行业领域突出问题，结合季节性特点，及时下发督办单，推动重点行业领域落实行业安全监管职责。督促企业切实担负起主体责任，严格落实复产复工安全审查程序。按照《中共贺兰县委办公室 贺兰县人民政府办公室关于印发〈宁夏贺兰工业园区成立审批服务中心机构实施方案〉》的要求，县应急管理局制定了《贺兰县应急管理局行政执法委托协议书》并征求宁夏贺兰工业园区管委会、法律顾问意见后进行了修改，与贺兰工业园区管委会签订了协议，委托园区行使行政执法检查权、现场处理（违法行为制止）权、行政处罚权、提请查处权等监督管理职权。

【安全生产专项整治】制定了贺兰县安全生产专项整治三年行动方案，经县政府常务会议研究通过并以安委会印发。督促各成员单位制定专项方案，召开启动会1次、推进会2次，督促行业监管部门建立问题隐患和制度措施“两个清单”，明确时间表、路线图。联合县委党校举办全县应急管理体系能力培训班，促进各成员单位深入理解习近平总书记重要论述精神。开展各行业领域、重点单位场所、关键环节安全风险隐患排查治理，共检查企业144家，查处隐患1644条，整改1121条，罚款2.33万元。

【企业主体责任】推动企业完善安全生产责任和管理制度、风险分级管控和隐患排查治理、安全生产标准化建设和安全生产激励约束“四个体系”，提高防风险、治隐患的能力，切实保障员工安全、健康。已申报二级标准化评审企业1家，申报三级标准化评审企业2家；所有涉及重大危险源的危化企业全部接入自治区重大危险源在线监测预警系统。在危险化学品等高危行业领域推行安全生产责任保险制度，全县在产危化企业全部购买安责险。聘请自治区安全专家，从企业安全生产责任制、现场管理、设备设施、工艺流程等方面开展执法检查，现场提出整改建议，帮助企业高质量完成问题隐患整改。配合自治区危险化学品专家指导服务开展2轮检查，检查危化企业16家，查出隐患582处，整改445处。

【重点时段安全防范】突出抓好春节、两会、五一、十一、汛期、高温天气等重大节日、重点时段的安全生产工作，分领域开展横向到边、纵向到底的安全生产大检查工作。

【安全宣传教育】召开2次火灾现场警示教育会，组织各成员单位开展“安全生产月”和“安全生产万里行”活动，举办“安康杯”竞赛活动，利用微信、MAS短信平台、魅力贺兰等媒体渠道广泛宣传安全生产方针政策、法律法规，曝光违规违法典型案例，营造安全生产必须警钟长鸣、常抓不懈，丝毫不能放松的社会氛围。举办了全县企业有限空间培训班4期，参训员工300余人。聘请自治区专家为8家危化企业、27家加油站主要负责人和安全管理人员详细解读《危险化学品企业安全风险隐患排查治理导则》。举办了贺兰县2020年危险化学品泄漏政企联合应急演练，全县危化、涉氨、粉尘防爆等30多家企业员工现场观摩，有效检验了政府部门、企业安全生产应急预案的科学性、实用性和衔接性。

【守护应急管理“生命线”】全面排查整治风险隐患。联合县自然资源局、县农业农村局、县文广局、县气象局、县消防部门等对全县森林防火督导检查13次。对乡镇场应急救援队伍建立、应急物资储备、应急设备设施的维护保养等进行检查。开展“重点设施、重点工程、重点地段、重点单位”为内容的汛前检查，落实各项度汛措施。建立应急预案体系，提高实战能力。编制《贺兰县自然灾害抢险应急预案》，积极开展自然灾害应急预案演练。在金山林场开展森林防火演练，参演人员100余人，有效地锻炼了综合救援队伍和地方救援队伍的相互配合。在洪广镇金鑫村开展防汛应急演练，全县26家职能部门参演，通过演练提升实战能力，发现问题完善预案，以锻炼配合能力、熟悉装备、提高技能、增强实战能力。健全应急保障体系建设，制定《贺兰县应急救援队伍建设方案》，整合应急救援力量和资源，建立部门联动机制，组建25支944人的应急抢险队伍；完善应急物资储备，开展多种形式物资储备，形成储备形式多样化。加强应急救援物资的集中管理、统一调拨、统一配送，提高保障能力。严格落实领导带班和24小时值班制度，规范突发事件快报内容及行文格式，提高突发事件报告信息能力；熟悉使用应急综合业务系统，做好应急值班和信息报送。编制应急指挥信息化建设实施方案，积极对接区、市业务部门，实现横向与政府智慧城市中心衔接，纵向与区市指挥中心连接。逐步实现视频会商、指挥调度等；推进八大工程建设，督促推进《关于贯彻落实提高自然灾害防治能力建设重点工程的实施意见》。积极申请区市调配应急物资，动员企业捐赠酒精、口罩、温度计等价值18万元的防疫物资，及时将65顶帐篷、100张折叠床、100套被褥、500件棉大衣、4.9吨消毒液等应急设备和物资移交县发改局为各交通卡点统一调配。组织对疫情防控中隔离点、社区、企业、学校、宗教场所等安全隐患进行检查评估并督促整改，为疫情防控和复工复产提供了安全保障。

【防灾救灾减灾】出台《关于推进防灾减灾救灾体制机制改革实施方案》和《贺兰县防灾减灾救灾责任规定》，将防灾减灾救灾措施和责任纳入了全县各单位安全生产绩效考核内容。全面推进示范社区创建。成立联合检查组，对全国综合减灾示范社区申报单位进行检查和指导，推荐富兴街办事处金河社区申报全国综合示范社区。加强防灾减灾宣传，通过悬挂横幅标语、摆放展板、发放防灾减灾宣传册等方式在洪广镇集市、洪广社区、洪西村、欣荣村和富兴街道办事处开展防灾减灾集中宣传活动。

社会经济调查

【概况】2020 年，贺兰县社会经济调查队坚持以习近平新时代中国特色社会主义思想为指导，以习近平总书记视察宁夏重要讲话精神为指引，切实贯彻落实贺兰县委、县政府的中心工作，努力提高调查数据质量和统计服务水平。

【政治建设】始终把党的政治建设摆在首位，坚持用习近平新时代中国特色社会主义思想武装党员干部头脑，建立不忘初心、牢记使命的长效机制，增强“四个意识”、坚定“四个自信”、做到“两个维护”，在思想上政治上行动上同以习近平同志为核心的党中央保持高度一致，把政治标准、政治要求贯彻到统计调查中心工作各方面。

【统计法制自查】开展关于坚决杜绝违反统计法精神的文件和做法，清理、纠正 8 篇违反统计法精神的文件；落实国家统计局关于督察宁夏回族自治区统计局防范和惩治统计造假弄虚作假情况反馈意见的整改任务，对企业打捆报送、重复报送数据的问题，进行排查。

【统计法律法规】开展形式多样统计法律法规宣传工作。组织培训学习统计法律法规，开展了 1 次统计法律法规知识测试；召集城乡 140 户记账户、38 户畜禽监测户进行统计法律法规培训。印制 4000 余份《中华人民共和国统计法》读本及“大家来学统计法”、“统计法十三不得”等宣传彩页进行派发宣传；结合日常统计调查工作、基层党建工作，积极开展送法入机关、下乡镇、入社区等活动，宣传讲解统计法律法规知识。开展第十一届“中国统计开放日”活动，制作横幅、展架、宣传彩页、手提袋等，在县城繁华的公共场所进行统计法宣传，起到较好的宣传作用。

【高质量完成各项调查工作】严格按照宁夏调查总队印发《业务工作规范化操作规程及数据质量评估办法》高质量完成了全年粮食播种面积及产量、城乡一体化住户、固定资产投资、主要畜禽监测、农民工监测、移民监测、分乡镇农民收入调查等调查季报数据的上报、评估工作，及时健全、整理归档了各专业的基础台账。

【城乡一体化住户样本轮换】严格按照宁夏调查总队的样本轮换方案及要求开展入户摸底、开户及培训工作，较好地完成了城乡一体化住户调查换户工作。

【统计调查服务】统筹和处理好为区直部门服务和为地方政府服务的关系，充分发挥调查队的职能作用，拓展服务领域，深入开发利用统计调查数据，撰写统计调查信息、分析，积极主动地做好统计服务工作，开展重大信息调研等不断提高服务水平。完成各类工作动态 235 篇、经济信息 193 篇、调查分析 27 篇、重大信息调研 4 篇，其中被国家统计局内网采用 2 篇、地厅级刊物采用 1 篇、县级刊物采用 2 篇、《统计与经济》杂志采用 2 篇，21 篇分析得到县处级领导的批示。

消防救援

【概况】2020 年，贺兰县消防工作取得明显成效，全县共接警 249 起，其中火灾 172 起，抢险救援 50 起，社会救助 15 起，公务执勤 12 起，直接财产损失 131.8 万元，过火面积约 2.9 万平方米。按照发生火灾的区域划分，富兴街道办 22 起、贺兰工业园区 5 起、融合产业园 2 起、常信乡 23 起、立岗镇 34 起、洪广镇 14 起、习岗镇 35 起、金贵镇 37 起；按照起火原因分析，因生活用火不慎引发火灾占51.2%，电气火灾占24.3%，自燃引起的火灾占6%，其他原因占18.5%。

【消防安全责任落实】把消防工作纳入全县经济社会发展规划，坚持党政同责、一岗双责、齐抓共管，对消防工作坚持常抓不懈，对重点工作有部署、有督导，有效推动了消防安全责任落实。政府12次召开会议研究部署消防工作，党政领导先后15次带队检查、组织约谈、现场督办解决消防安全重大事项，有力推动了消防工作任务落实。

【齐抓共管】各行业主管部门认真履行消防安全监管责任，组织开展经常性消防检查和宣传培训，规范行业系统内部消防安全管理。园区紧盯复产复工企业消防安全，积极分析研判，严格管控突出风险；县教育局将消防安全列入教育工作重要议事日程，做到同研究、同部署、同检查、同考评；交管部门积极发挥部门资源优势，在微信公众号开放“随手拍”平台，将占用消防车道违法行为纳入其处罚范围；县农业农村局制定《供港蔬菜种植基地员工宿舍消防安全管理规定》推动标准化管理；各乡镇每季度召开消防工作专题会议，研究部署消防安全重点工作，并积极发动网格员按照周、月、季不同要求进行深入排查，确保农村火灾形势稳定。

【消防安全环境改善】受疫情影响，企业停产、复产、居民小区封闭等因素，使得火灾形势异常严峻。各单位顺应形势需要，创新工作模式，采取线上、线下同步推进的工作方式，坚持集中排查、错时检查、每日一查等工作措施，以冬春火灾防控和消防安全专项整治三年行动为抓手，深入开展了医疗、教育、宾馆饭店、商市场、危化品企业、劳动密集型企业、社会福利机构、公共娱乐场所、高层建筑等16类场所专项治理，强力排查整治火灾隐患。针对疫情防控中火灾风险特点，有关单位多次联合消防对涉疫医院、隔离点、疫情防控卡口进行实地检查，确保疫情防控最前沿的消防安全。针对园区消防安全突出风险，园区管委会、县应急管理局、县市场监督管理局、县消防救援大队、县综合执法大队等部门成立2个专项检查小组开展为期10个月的区域性消防安全专项整治，针对消防车通道被违规占用、堵塞的问题，住建、交管、消防持续开展消防车通道专项治理工作。完善消防车通道管理部门间会商研判、信息共享、移送抄告、联合查处和征信管理等长效机制，消防大队共检查单位1252家次，督促整改火灾隐患825处。

【消防宣传培训】本着“接地气、全覆盖、齐参与”的理念，各单位全方位拓宽消防宣传领域，以提升社会化消防宣传成效为目的，扎实做好消防宣传工作。先后开展打通生命通道、“消防志愿者送平安进万家”、“全民消防我体验”、灭火与疏散逃生大演练和消防宣传“五进”等活动，举办消防公益性培训班20期，将基层网格员、派出所民警、志愿者等培养成消防安全“明白人”。疫情期间印制6万余份居民家庭防火指南，同时，利用云“MAS”短信平台业务，在重要节点及节假日发送消防安全提示短信2万余条，依托消防宣传车深入单位、社区、广场、农村开展教育培训20余次，受教育群众5万余人。

社会事务管理

Shehui Shiwu Guanli

人力资源管理

【概况】 2020年，贺兰县人力资源和社会保障局以习近平新时代中国特色社会主义思想为指导，认真贯彻落实党中央、国务院及区市县党委、政府关于统筹推进疫情防控和经济社会发展各项工作的决策部署，坚持以人民为中心的发展思想，把稳就业作为重中之重，统筹推进社会保障、人事人才、劳动关系、行风建设等工作，着力促改革、惠民生、防风险、保稳定。

【重点群体就业】 开展劳务经纪人培训班1期，学员140人，带动就业1920人次，办理铁杆庄稼保11063人，统筹实施高校毕业生“青年见习”基层服务项目，9家就业见习基地累计招募青年见习人员88人。

【公共就业服务】 开展23场招聘会（其中线上招聘8场，线下就业扶贫招聘会15场），338家参会企业提供就业岗位13844个，达成意向1649人。安置自治区区级公益性岗位451人，安置建档立卡公益性岗位101人，“十二五”劳务移民30人。

【稳岗补贴政策落实】 实施失业保险援企稳岗“护航行动”和“展翅行动”，为119家企业发放稳岗补贴209万元，惠及职工5709人；为2755人发放失业金347万元，发放失业补助金69.8万元，惠及失业人员633人。

【创业融合发展】 开展创业培训12期345人，培育创业实体514个，带动就业2625人，创造新岗位1114个。发放创业担保贷款96笔1299万元。

【职业技能培训】 全面推行终身职业技能培训制度，开展重点群体线上技能培训38期1831人。开展“两后生”技能培训29人。

【养老金待遇调整】 全县企业退休人员月平均养老金1897元，机关事业单位退休人员月平均养老金4745元。调整后城乡居民基础养老金达到每人每月255元，居全区较高水平。

【降低社会保险费政策】 为全县企业及个人累计减负12760万元，其中，降低养老保险缴费基数和比例方面受益企业1941户25348人，为企业、单位及个人累计减负10376万元；降低失业保险缴费基数和比例方面受益企业1936户28598人，为企业累计减负2384万元。

【社会保险费减免政策】 全县养老保险受益单位1747个，受益22948人，累计减免单位缴费11218万元；失业保险受益单位1721个，受益23217人，累计减免单位缴费374万元；工伤保险受益单位1729个，受益27690人，累计减免单位缴费517万元。

【基金安全平稳运行】实地稽核企业140家，稽核率22%。清理养老保险历年欠费2502万元，清理失业保险费73万元。社会保险待遇稽核发现9名服刑人员违规领取养老保险，违规金额19.10万元，深入推进和谐劳动关系提升行动。以贯彻落实《保障农民工工资支付条例》为抓手，加大宣传培训、执法检查、督察督办力度，深入推进农民工工资清欠工作。

【执法检查】建筑工程领域疫情防控、项目开（复）工、劳动用工、小微企业劳动用工专项检查，检查辖区各类单位290家，其中：检查辖区企业230家，建筑施工项目单位60家，涉及总用工数32148人，合同签订29862人，合同签订率93%。联合县市场监督局开展了清理整顿人力资源市场秩序专项执法行动，检查劳务派遣公司15家，涉及用工数631人，合同签订598人，合同签订率95%；社保参加人数514人，参保率为81%。收缴60个工程项目农民工工资保证金3569万元。退还75个工程项目的农民工工资保证金，涉及金额2300.46万元。推进建筑领域重点项目监控工作，确定重点监控项目11家，其中政府投资类项目2家，社会投资类项目9家。

【诚信体系构建】开展2017年、2018年诚信承诺企业复审情况及2019年诚信承诺企业推荐评选工作，收到申报诚信承诺企业6家，资格复审8家。联合县住建局开展了互观互检及明察暗访，检查在建项目14个，对劳动合同签订不规范、未缴纳农民工工资保证金等问题进行了通报，在诚信承诺企业评定中进行了扣分处理。依托劳动保障“两网化”，实行欠薪预警报告制度。

【加大维权力度】通过组织专题学习培训、集中宣传、下沉企业建筑工地宣传培训等形式，切实提升条例知晓率，发放宣传资料3万份。启动了“送条例、进工地、稳就业、保民生”百场普法进工地活动，累计发放宣传资料500份，解答咨询100人次。畅通举报投诉渠道，引导农民工依法理性维权，办理宁夏网上信访综合管理平台信访投诉46件、“12345”投诉咨询795件、人民网地方领导留言板留言案件17件、书记信箱信访件3件。加强仲裁调解和工伤认定工作，切实维护劳动者合法权益。接待申诉287件（其中立案281件，不予受理6件），已结案228件，追回追缴劳动权益经济标的495.23万元。受理工伤认定案件234件，其中予以认定170件，不予认定14件，中止工伤认定程序15件，终止工伤认定程序3件，不予受理1件。收到行政复议2件，行政诉讼1件。

【人事人才管理提升】制定印发《贺兰县机关事业单位编外聘用人员管理办法（试行）》，对编外人员的招录、使用、管理进行规范，切实保障用工单位和编外人员的合法权益。完成了编外人员摸排统计，共统计编外人员2984人。成立了贺兰县事业单位公开招聘和公开选调工作领导小组，规范事业单位工作人员职称评审，组织各单位申报初级职称12人，推荐评审高级职称5人、中级1人。开展了专业技术和技能人才盘点工作，共盘点专业技术人员4194人，其中高级职称593人、中级职称1236人；盘点全县机关事业单位技能人才96人，其中技师44人、高级工31人、中级工13人，初级工8人。落实贺兰县人才强县工程支撑高质量发展实施意见等系列人才政策，申报2020年享受国务院政府特殊津贴人员2人、申报自治区全职引进博士硕士工作补助7人、申报自治区青年拔尖人才培养工程人选10人、申报中青年深造补助1人、申报2020年银川市政府特殊津贴6人、申报2020年人才工作载体和自治区特聘专家项目2人。推荐19家企业申报“2020年青年见习基地”，其中9家企业被评为“银川市2020年青年见习基地”。

【工资福利】完成了全县事业单位2019年度工资年报的统计及上报工作。对全县符合正常晋级的3264人进行增资核定，共计增资24.5万元；做好全县取得专业技术职称的347名教师工资变动工作，月增资共计 96640 元。认真执行退休、丧葬费政策，按照管理权限审批 37 名事业单位工作人员的退休金并办理退休手续；完成 24 名死亡人员丧葬费、抚恤金、遗属生活费审核工作。做好事业单位团结奖审核工作和奖励性绩效审批工作。完成 55 个事业单位 656 人的乡镇补贴审核工作，共审批 239.4 万元。

【行风建设】以“干部作风建设强化年”为契机，深化“放管服”改革，结合人社业务练兵比武活动，党支部组织引领，党员干部带头示范，围绕 10 个“一件事”，实行打包“一次办”；针对 11 个高频事项，推行“提速办”；加大证明材料精简力度，实行“简便办”，为企业和群众提供“一站式”办事服务，打造营商环境优化升级的“人社模式”。

就业创业

【概况】2020 年，贺兰县就业创业和人才服务中心，坚持以就业和社会保障为重点，统筹兼顾，开拓进取，真抓实干，经过努力，各项工作进展顺利，就业形势基本保持稳定态势。

【公共就业服务】结合疫情形势变化，积极开展线上线下招聘活动，开展 23 场招聘会(其中线上招聘 8 场，线下开展就业扶贫招聘会 15 场)，参会企业 338 个，提供就业岗位 13844 个，咨询求职者 8000 余人，投递简历 4915 份，达成意向 1649 人。加大就业援助力度。对就业困难人员落实公益性岗位兜底政策，落实乡村公益性岗位政策，安置建档立卡公益性岗位 101 人，劳务移民 30 人。

【落实稳岗补贴政策】加大就业创业政策宣讲力度，邀请区市领导开展“惠企”就业政策宣讲会 5 次，组织工业园区 100 余家企业参加。编制“就业创业惠企惠民政策一卡通”“惠企惠民政策十四条”“就业创业政策 21 条”等，发放各类宣传资料 8000 余份，加大政策宣讲力度，宣传报道 60 余次，在政府门户网站发布动态信息 33 篇，实施失业保险援企稳岗“护航行动”和“展翅行动”，用“真金白银”为企业减负稳岗。

【实施脱贫富民战略】以劳务输出、就业培训、就业援助等为主要措施，确保建档立卡贫困户就业增收。提升贫困劳动力就业创业能力，在挂牌督战村共开展线下时间短、易掌握的公益性技能培训讲座 10 期，惠及移民群众 230 余人，并对有培训意愿的人员建立动态台账，推荐参加线上培训课程，引导有网络条件的贫困劳动力参与到线上技能培训中来，提升就业能力。开展 5 期新媒体运营公益性创业培训班，惠及移民群众 178 人。开展驾驶员技能培训 374 人，做细做实贫困劳动力就业情况、就业意愿等基础性工作，对贫困劳动力就业困难群体兜底安置乡村公益性岗位 101 人，安置“十二五”劳务移民 30 人。

【创业融合发展】围绕打造银川都市圈高质量发展示范县的战略目标，力促电子商务与三大产业深度融合，充分发挥人才引进作用，做好电商人才创业培训工作，开展创业培训 12 期 345 人，培育创业实体 514 个，带动就业 2625 人，创造新岗位 1114 个。

【职业技能培训】贯彻落实自治区职业技能提升行动，全面推行终身职业技能培训制度，开展重点群体线上技能培训 38 期 1831 人。鼓励引导企业组建职业技能培训中心（基地)，完善培训体系和培训管理制度，搭建校企合作平台，探索“校企合作”新模式，有效为企业引进高技能人才，从而推动企业创新发展，鼓励职业院校招收“两后生”学生，引导其学习技能，增添为企业输送人才的渠道。

【线上招聘】组织开展“2020 年春风行动首届网络招聘会”8 场次，依托“贺兰县融媒体中心”“贺兰人社”微信公众号免费为企业和求职者提供 24

小时不打烊全天候线上招聘服务。招聘会提供就业岗位 2379 个，招聘会招聘信息浏览量达到 10000 余次，招聘企业接到求职咨询电话 1478 个，收到简历 436 份，初步达成意向 228 人。

【线上授课】积极构建“线上培训”服务平台，开展“互联网 +”技能培训。开展重点群体线上技能培训 28 期 1400 人，培训专业包含电工、焊工、保育员、育婴员、美容师等就业前景好，市场需求旺的专业。

【建立“一户一档”，织密基础信息网】建立农村劳动力（移民劳动力）动态就业跟踪服务机制，进行内容全面、格式规范的“一户一档”台账资料细化，组织人社部门 60 余名工作人员积极发挥乡镇、社区（村）公共就业服务机构的力量，特别是社区（村）网格员的作用，下沉 4 个镇 1 个乡、66 个行政村，进行就业回访，并将就业情况录入就业扶贫信息系统，建立就业动态跟踪，及时进行就业政策服务。

【政策宣传】组织开展政策培训会议 5 次，切实解决农村转移就业人员外出打工的后顾之忧。

医疗保险

【概况】2020 年，贺兰县医疗保障局全面贯彻落实区、市医疗保障各项工作要求，紧紧围绕县委、县政府中心工作，坚持精准服务工作理念，以城乡居民、城镇职工基本医疗保险等扩面参保和待遇支付为核心，以强化落实医保基金监管为抓手，以惠及百姓、创新服务为重点，稳步推进城乡居民医疗保障平稳运行。

【医疗保险参保扩面】细化分解各乡镇场、街道参保任务，实行每周通报制度。广泛宣传，全力动员。共投入经费 12 万元，印制发放参保宣传彩页、公告、政策指南等 5 万份，在各移民村及医疗机构制作永久性政策宣传栏 15 个，切实提高广大城乡居民政策知识知晓率和参保积极性。在缴费期前，协调相关部门提取各类困难人员信息及时进行维护，确保各类困难人群医保政策全覆盖。协调银行做好柜面缴费工作，引导群众利用“我的宁夏”App、“黄河银行”微信公众号等多渠道进行参保缴费。

【基本医保支付方式改革及政策落实】加强跨省异地就医直接结算线上线下备案工作。优化备案服务，简化备案流程，规范所需材料，缩短时限。利用经办窗口、电话、传真、微信等手段扩宽备案渠道，减少群众跑路。异地备案 67 人（其中 2 人为网上备案），转区外就医备案 118 人次。137 人次完成跨省异地就医直接结算，结算总金额 389.21 万元，统筹支付 166.68 万元，大额 72.08 万元，补助支付 17.84 万元。75 人次外省参保人员在贺兰县实现跨省异地就医直接结算，费用总额 60.5 万元，统筹支付 34.01 万元。县域内 4 家医疗机构实行跨省异地就医结算，15 家医疗机构实现区内异地就医结算。

【落实疫情期间医保各项惠民惠企政策】两家定点发热门诊接诊医院共免费接诊发热病人 1243 人次，免除发热病人医疗费 4.03 万元。落实阶段性减征企业职工基本医疗保险费惠企政策，全县应享受医保减免企业 1566 家，22199 人享受了减免政策，减免金额总计 846.69 万元。

【药品集中采购和使用试点扩围】进一步扩大县域医药机构使用国家组织药品集中采购和使用 25 种药品的范围。将县域内所有定点医药机构全部纳入集中采购范围。

【做好参保缴费工作，确保法定人员全覆盖】全县各类困难群众参保缴费 17197 人。8035 名建档立卡人员和207 名边缘户全部实现基本医疗保险 100%参保。3953 名低保、1422 名高龄、551 名重点优抚、237 名城乡特困供养、2977 名一二级重度残疾及 22 名离休干部遗孀困难人员全部参保，参保率100%。

【建档立卡人员医保待遇落实】落实好建档立卡贫困户享受医保待遇政策，建档立卡患者住院就诊人次525人，总费用456万元，基本医疗保险统筹支付208.08万元，大病保险支付30.23万元，大病保险财政补助26.05万元，扶贫保支付20.91万元，医疗救助66.68万元，政府兜底44.7万元，合计支付396.65万元，实际报销比例达86.99%。落实好因病致贫建档立卡贫困人口“四保障一兜底”“一站式”结算工作。实现因病致贫建档立卡贫困人口年度内住院个人自付费用实际报销比例不低于90%或累计不超过5000元。因病致贫因病返贫建档立卡患者住院就诊人次250人，总费用324.99万元。基本医疗保险统筹支付133.62万元，大病保险支付25.25万元，大病保险财政补助23.36万元，扶贫保支付18.28万元，医疗救助52.85万元，政府兜底44.7万元，合计支付298.06万元，报销比例达到91.71%。

【规范医疗保险服务行为】与61家定点医疗机构和177家定点零售药店签订2020年医疗服务协议，提高医疗服务质量，保障医保人员合法权益。开展智能审核监控，发现17家医疗机构违规行为并追回违规支出统筹基金32.56万元，严格落实医师诚信管理办法，切实规范医保服务医师诊疗行为。

【“打击欺诈骗保，维护基金安全”集中宣传月活动】以新媒体为主，线上线下同步推进，通过悬挂宣传条幅、发放宣传手册、政策咨询等线下形式和有线电视、魅力贺兰App、微信公众号等线上载体，对打击欺诈骗保专项治理行动有关内容进行广泛宣传。通过贺兰电视台综合频道播放打击欺诈骗保维护基金安全动漫专题片，播放公益广告和宣传标语，通过微信公众号和魅力贺兰App投放医保政策解读文章。

【医保基金监管专项治理】引入第三方力量，与中国人寿保险公司签订合作协议，以定点医疗机构和定点零售药店及参保人员为主要检查对象，以住院和门诊服务、药店购药服务为主要检查内容，逐一排查定点医药机构违法违规行为。共检查协议医药机构24家，依法依规对宁夏虹桥怡康妇产医院、立岗镇卫生院共9家医药机构进行行政处罚，行政罚款11.72万元。

民政工作

【概况】2020年，贺兰县民政局深入贯彻落实习近平总书记视察宁夏重要讲话精神和自治区党委第十二届十一次全会、银川市委第十四届十次全会和县委第十四届八次全会精神，积极发挥民政职能，切实践行“民政为民、民政爱民”工作理念，努力完成全年目标任务。

【疫情防控】强化养老机构疫情防控。及时对各类养老服务机构实行暂停或封闭式管理，避免老年群体出现交叉感染的风险，并落实疫情防控措施。疫情防控婚姻登记两不误，婚姻登记处在落实好疫情防控的基础上实行预约登记办理，有序开展婚姻登记。实施“一老一小”关爱活动，为全县“一老一小”群体1872人每人发放价值170元的食品、口罩、消毒液等物资共31.8万元。会同各业务主管单位做好社会组织疫情防控工作，引导社会组织发挥作用，累计两万余人参与疫情防控，捐赠物资1.34万元。为参与疫情防控志愿者购买价值30万元的新冠肺炎治疗保险100份。干部累计下沉社区1200余人次，进行电话和入户摸排、数据填报、小区值守、党员“四包一”等防控工作，同时为社区（村）“两委”成员、网格员发放口罩13000余个，并开展社区工作者心理辅导工作。

【脱贫攻坚】制定《贺兰县民政局关于全面开展“四查四补”高质量打赢脱贫攻坚战的实施方案》，通过召开多部门联合会审将符合条件的政策兜底户75户116人纳入低保，提标增人102户134

人。为8809人（户）困难群众每人发放临时生活补贴100元。对受疫情影响无法外出打工的146户555人劳务移民进行救助，发放临时救助金24.35万元。建立以“日间照料中心为基础，老年饭桌为依托，居家照护为补充”的政策保障兜底体系，集中托养20名政策兜底户和3名重度残疾人，日间照料52人，居家照护18人。

【社会救助】及时足额发放城乡低保金、特困供养金、事实无人抚养和困境儿童津补贴、城乡高龄老人津补贴、残疾人两项补贴、失能老人生活补贴、临时救助等社会救助金共计6275.15万元。为69名生活无着流浪乞讨人员发放救助金1805元，并给予生活物资救助。完成24个儿童之家建设任务目标，实现儿童之家全覆盖；开展未成年人关爱保护工作，通过政府购买服务的方式开展未成年人关心关爱和社会保护；组织开展留守儿童和困境儿童关爱保护政策宣讲进村（居）活动，累计宣讲296次，参与11984人次。将原来由民政局承担低保确认权限下放到乡镇、街道。全年累计为各乡镇下发405万元临时救助资金，用于辖区内困难群众的临时救助工作。

【养老服务】及时兑现老饭桌运营费、日间照料中心补贴，重新制定日间照料中心托管协议并续签托管协议，及时收回运营质量不高的日间照料中心重新委托运营方，以保障服务社区周边老年人的功能。制定《养老服务质量3年建设专项行动方案》，成立养老服务质量建设工作协调小组，对全县已有的5家养老机构逐项检查整改，加大资金投入力度，配备完善微型消防站、健身器材、文娱设施，并对部分敬老院开展适老化改造升级，切实提高养老机构服务质量。

【基层政权和社区治理工作】联合组织部等部门对各村村民代表会议制度、村务公开制度落实、村监会建设和履职情况、村规民约修订、红白理事会作用发挥和移风易俗工作推动情况进行调研指导。完成村（社区）“两委”成员、村（居）监会成员、网格员、村民小组长1500余人基础信息的采集和系统录入，完成各村基层群众性自治组织统一社会信用代码证书更换工作。指导对涉及村委会成员、村监会成员、村民代表和村民小组长缺额的村进行补选。会同相关部门联合下发《关于进一步做好村规民约和居民公约工作的实施意见》，指导各村（社区）做好村规民约和居民公约的修订工作。优化社区布局，完成社区数据摸底工作，对各社区管理常住户数、空户进行彻底摸排；重新划分364个网格，逐步提高网格员待遇，面向社会招聘14名专职网格员。坚决执行银川市《社区工作用房和居民活动用房管理办法》，累计完成5家房地产开发公司开发商住小区2500余平方米社区用房验收工作。积极参与社区治理，完成“万能章”清理及民主协商月活动，组织开展社工培训班及社工“大比武”活动。

【社会事务服务水平提高】争取银川市民政局资金支持，启动社区社会组织培育孵化项目1个，为全县城乡社区培育社区社会组织100家。完成58家社会组织年检。完成法治化营商环境、民营企业发展，营商环境整治排查工作。制定《关于2020年全县社会组织领域开展专项整治活动实施方案》《关于在全县社会组织开展涉嫌非法集资专项整治活动的实施方案》《关于开展全县行业协会商会收费专项治理工作实施方案》，细化《贺兰县社会服务机构（民办非企业）规范整治条目指南》，有序推进行业协会脱钩工作。累计接到信访案件2件均已办结；累计接收“12345”平台投诉32件，微博咨询8次，贺兰微博@回复3次，全部答复。组织社区进行禁毒宣传及戒毒康复人员回访工作，做好戒毒康复人员生活保障工作，将18名戒毒康复人员纳入低保。加强区划地名管理工作，完成富兴街街道办事处申报设置、乡镇行政区域界线勘测、协助完成立岗镇与平罗县黄河滩涂地的部分行政区域界线勘测、宁蒙行政区域界线贺兰段联检、不规范地名清理整治等工作，对部分有路无名道路进行命名，提供地名公共服务。顺利完成清明祭扫工作，共接待祭扫群众约

4 万人次，接待祭扫车辆 2 万余辆；完成贺兰山东麓江西旅投葡萄文化园项目区迁坟工作，共计迁坟 245 穴；积极治理散埋乱葬现象，协助乡镇场进行农田水利建设、美丽乡村及 109 国道改线项目区迁坟安置工作，认真落实殡葬救助惠民政策，共发放殡葬救助金 20.7 万元，救助困难群众 181 人。

脱贫攻坚

【概况】 2020 年，贺兰县 1720 户 8031 名建档立卡户全部脱贫，3 个贫困村全部脱贫出列。贫困群众人均纯收入从 2013 年的 2000 余元增长到 2020 年的 11000 元，增长 5 倍多。移民地区基础设施和公共服务不断改善，实现了贫困人口搬得出、稳得住、能致富。

【产业扶贫】 按照“一村一品、一户一业”的产业规划，立足各移民村资源优势，因地制宜，培育壮大特色产业。重点发挥扶贫产业园作建档立卡贫困户进入园区自己发展种植养殖业或者通过利益链接机制每年分红，建档立卡户每户每年享受固定分红外，还可以在园区务工，学习技术，增加工资性收入。建设优质鲜食红树莓特色扶贫产业示范项目、南梁台子隆源村梅花鹿养殖项目、南梁台子冷库项目，带动贫困户增收致富效果明显。

【金融扶贫】 按照“产业 + 金融 + 扶贫保”的模式，鼓励引导贫困户通过扶贫小额信贷和扶贫保险发展产业，脱贫致富，通过多方筹措，为小额信贷配备 934 万元风险补偿金，扎实开展“扶贫保”工作，为建档立卡贫困户购买意外伤害和大病补充医疗保险，覆盖人口 8031 人，覆盖率达 100%。

【教育扶贫】 2020 年，贺兰县共有建档立卡学生 889 人，其中幼儿园 174 人，小学 343 人，初中 284 人，高中 88 人。为确保义务教育阶段零辍学，贫困学生教育有保障，建立县、乡、村三级控辍保学联动机制，定期开展大排查、大动员、大劝返以及中小学教师“千名教师走万家”活动，建立控辍保学基础数据库，准确统计适龄学生入学情况，不断完善控辍保学动态监测与行政督促入学复学机制。实施困难家庭学生送学、送教制度，动员社会各界力量资助、帮扶困难学生。充分发挥网格员作用，将控辍保学指标纳入网格员考核范围，及时了解建档立卡家庭学生学习情况、思想动态，将辍学苗头消灭在萌芽阶段。

【就业培训】 按照“普惠 + 特惠”的原则，实行政府引导、社会参与、市场运作的培训新模式和“企业订单、培训机构列单、培训对象选单、政府买单”的新机制，开展职业技能和实用技术精准培训，对年度务工收入达到 1 万元以上的，给予一次性交通费补助 1000 元；对年度务工收入达到 2 万元以上的，给予一次性交通费补助 2000 元。

【政策保障】 加强农村低保制度与扶贫开发政策的有效衔接，实行动态管理、分类施保，做到“应保尽保”，认真做好民政社会救助相关工作，健全完善贫困家庭“三留守”关爱服务体系，摸清底数，做实关爱保护工作。全县建档立卡人员 8031 人，应参加基本养老保险 6095 人，已参保 6095 人，参保率 100%。建档立卡户医保缴费实行政府财政兜底代缴，实现全覆盖。建档立卡贫困患者城乡居民大病保险起付标准由 9500 元下调至 3000 元。实施建档立卡“因病致贫因病返贫”人员大病保险倾斜性政策，确保年度内住院医疗费用实际报销比例达到 90%，与商业保险公司在政务中心窗口合署办公，解决群众来回报销跑路现象。

【文化扶贫】 建立欣荣村农民文化大院、图书馆，广荣村综合文化大舞台、乡情文化园、数字电影放映厅，完善基础设施。组织开展特色文化广场演出 264 场次、扫黑除恶专题巡演 50 场次，在欣荣村开展“四点半”课堂活动，用典型案例进行思想引导，加大力度宣传优秀文化和进步思想，培育文明乡风、良好家风、淳朴民风，激发贫困群众的内生动力，主动参与生产经营，积极务工就业，从“要我脱贫”变为“我要脱贫”。

退役军人事务管理

【概况】2020年，贺兰县退役军人事务局深入学习贯彻习近平总书记关于退役军人工作重要指示精神，积极开展疫情防控、创建全国双拥模范县、创建全国示范型标杆型退役军人服务中心（站）等重点工作，各项工作取得了实实在在的成效。

【全国示范型标杆型退役军人服务中心（站）创建】成立创建活动领导小组，召开全县推广新时代“枫桥经验”创建全国标杆型示范型退役军人服务中心（站）建设推进会，制定印发《贺兰县创建全国示范型标杆型退役军人服务中心（站）实施方案》。县财政配套专项资金110万元，通过第三方劳务派遣方式为基层服务站配备专职工作人员10名。全年累计接待区内观摩学习11次300多人次；组织全县7个乡镇（街道）服务站站长和专干赴金凤区和盐池县观摩学习退役军人服务保障体系建设方面的先进经验和具体做法，开展全县互学互评观摩推进会2次。对全县创建活动进行督导检查4次，分类分项指导基层进行档案整理归档，确保内容全面详细，清晰完整。

【退役军人服务保障】春节、“八一”期间，县四套班子领导、企业家拥军协会以及建行贺兰支行走访慰问参战老兵、优抚对象、军属代表、驻县部队，发放慰问金，双拥成员单位为驻县部队送去慰问品。为优抚对象、发放抚恤金及生活补助，为生活困难退役军人发放临时生活救助，为困难退役军人发放医疗救助；发放驾驶培训补助、物价补贴，为重点优抚对象发放困难生活补助。组织优抚对象到宁夏工人疗养院参加为期10天的短期疗养，为优抚对象进行全面的身体检查，为现役军人家属送立功受奖喜报，联合康群医院到移民村为群众开展义诊活动21场次，义诊2800余人。县级财政配套资金，以政府购买服务方式给退役士兵安排工作，位居全区各市县前列。

【退役军人就业创业】联合县科学技术局创办贺兰县退役军人创新创业孵化中心，通过“中心+企业+服务+孵化+协会+基地+产品+就业”的“1+7”军创链条式服务体系，为退役军人创业者搭建专业化、规范化的创业新平台。积极发挥好线上“退役军人网上招聘平台”和线下“退役军人就业招聘会”作用，积极为退役军人与用人单位搭建双向互动平台，举办3期退役军人及家属招聘活动，其中，2场网上招聘，1场线下招聘，共有130余名退役士兵及家属与招聘企业达成就业意向。举办退役士兵SIYB创业培训班1期，30名退役士兵参加并取得结业证书，让退役士兵及时掌握创业技能，切实解决就业难、创业难、融资难问题。

【军政军民融合发展】制定下发《贺兰县双拥工作要点》《贺兰县2020年争创全国双拥模范县实施方案》，联合县政府督查室对全县双拥工作暨基层退役军人服务体系建设进行督查，与65个成员单位签订双拥工作目标责任书。投入资金75万元打造“一场两街三公园”及退役军人爱国教育基地—雷锋纪念馆；在如意湖社区建立“老兵之家”，创新“党建+退役军人”活动载体，开展“五角星+六情”服务活动。制作设立大型永久性双拥宣传牌500余块，宣传橱窗350个，双拥专题片、微视频等3部，在电视台开设“老兵风采”宣传栏，推送双拥信息240余条，其中12条信息被《中国双拥》《宁夏双拥》《中国民兵》《中国退役军人》等杂志刊发。

【退役军人遗留问题化解】印发《贺兰县退役军人重点信访案件“清零”攻坚行动实施方案》，充分发挥“老兵调解室”“老兵服务热线”作用，成立县乡退役军人法律服务工作站9家。

【新时代退役军人政治理论水平提升】组织全县

1800余名干部职工、青少年和社会各界人士开展“致敬·2020清明祭英烈”网上祭扫活动；联合贺兰县农商行以及部分退役军人在银川烈士陵园开展“9·30”公祭日向人民英雄敬献花篮活动。为退伍老兵送去慰问品，为2020年新入伍的新兵每人送去1个行李箱，表达对他们的关心关爱之情。联合贺兰农村商业银行走访慰问30名参加抗美援朝、抗日战争老兵以及生活困难退役军人，为每人送去慰问金500元；为8名参加抗美援朝战争的老战士颁发“中国人民志愿军抗美援朝出国作战70周年”纪念章，为每人送去慰问金3000元；国庆、中秋双节期间，组织全县退役军人事务系统干部职工走访慰问困难退役军人家庭，送去米面油等生活用品。

【全国双拥模范县和自治区双拥模范县创建】 10月20日，由全国双拥工作领导小组、退役军人事务部、中央军委政治工作部联合在北京召开全国双拥模范城（县）命名暨双拥模范单位和个人表彰大会，贺兰县成功创建全国双拥模范县。9月25日，经自治区党委、政府和宁夏军区研究决定，贺兰县被拟命名为全区双拥模范县，获自治区双拥模范县四连冠。

【出台《贺兰县烈属和军属及退役军人优待工作实施办法（试行）》】 印发了《关于做好烈属和军属及退役军人优待工作实施办法（试行）》，积极为全县烈属和军属及退役军人做好兜底保障工作。

工业园区建设

Gongye Yuanqu Jianshe

宁夏贺兰工业园区

【**概况**】2020年，宁夏贺兰工业园区党工委、管委会在县委、县政府的坚强领导下，全面贯彻落实习近平总书记视察宁夏重要讲话和重要批示指示精神及自治区党委第十二届十一次全会、银川市委第十四届十次全会、贺兰县委第十四届八次全会精神，统筹推进疫情防控和经济社会发展工作，实现了“两手抓、两不误、两促进”，园区经济持续回升、稳步向好，呈现出良好发展态势。

【**疫情防控**】2020年，宁夏贺兰工业园区着手早、行动快，科学防、依法控，勇担当、扛责任，迅速打响同时间赛跑、与病魔较量的阻击战，坚守了疫情“零发生”的园区阵地。园区创新的抗疫“3456工作法”（抓实“开工前、生产中、复产后”三个关键环节，严把开工前“四项报备”、生产中“五个必须”和复产后“六个严禁”三道关口）被银川市委发文作为典型经验在各县（市）进行推广，被自治区党委发文给予通报表扬并充分肯定。

【**项目建设**】2020年，宁夏贺兰工业园区狠抓项目建设，实行重点项目、技改项目、招引项目领导包抓责任制，制定路线图，明确时间点，践行“一线工作法”，现场协调解决存在问题，对推进缓慢的项目，及时召开项目推进专题协调会，力促项目有序推进。

【**招商引资**】2020年，宁夏贺兰工业园区积极与谷川联行（北京）科技有限公司专业招商服务机构，聚焦园区产业定位，以延链补链强链为目标，以京津冀、长三角、珠三角、川渝四个招商区域为重点，实施招商引资外包的公司化运营，实现招商引资专业化、精准化。通过“腾笼换鸟”引进杞蕴枸杞加工项目、博澳醋酸酯项目、智尚乳胶漆项目、中自装备制造及服务平台4个项目，盘活低效用地168.5亩。积极对接江苏省苏州吴江工业园、常州市滨江工业园等园区的高端医药、银川经开区，实现鸿广玉面粉、茂鑫源韩国现代商用车、葡天商贸公司、爱里食品、中通快递、傲浦尔6个项目签约落地，积极跟踪对接深圳宝能智慧科技城、凯利汽车欢乐广场、北京秋实生物蛋白、华谊兄弟星剧场、西紫自控阀门、东方雨虹新材料等一批重点在谈项目，力促项目尽快签约。

【**数字经济**】2020年，宁夏贺兰工业园区强化科技创新支撑。创建自治区智能工厂1家、自治区数字化车间5家、自治区绿色工厂2家、自治区制造业行业领先示范企业1家、“宁夏优品”称号企业14家、“宁夏老字号”称号企业3家，成立科学技术学会2家，其中园区企业汤姆森电气入选2020—2021年度企事业单位知识产权试点。组织大北农科技、凯添燃气、艾尼工业科技等企业申报2020年度高精尖缺人才6人、学术技术带头人储备工程21人，区市“人才小高地”建设项目4个，优秀技能人才培养基地1个，推选2020年“贺兰最美科技人”4人。举办为期一个月的宁夏

2020年首届云端车展，共计45个品牌参与，开展了54场次直播，47家汽车4S店实现集客1.3万人次，完成销售订单2618台，完成销售额4.33亿元，借助云端车展成功研发德胜汽车谷小程序，助力园区汽车销售再攀新高。

【环保安全】2020年，宁夏贺兰工业园区强化安全环保底线红线意识，认真履行属地监管职责。加大安全隐患排摸整治力度。走访检查企业及个体工商户500多家，发现隐患1600多处，现场要求整改600多处隐患，下达整改通知书190多家，下发执法文书5份，开展应急预案演练4次，督导园区企业做好高温和防汛安全应急工作。以自治区党委第一生态环境保护督察组督察为契机，全面开展“散乱污”企业排摸清理整治。共排查出“散乱污”企业48家，整改完成32家，16家正在整改。接转自治区党委第一生态环境保护督察组转办件5件，其中3件办结；实施智慧园区、一般固废综合处置中心、暖泉片区污水管网改造工程，德胜片区基础设施改造工程和暖泉污水处理厂提标改造，进一步提升园区环保承载能力和治理智能化、现代化水平。

【高质量发展】2020年，宁夏贺兰工业园区按照《开发区整合优化和改革创新实施方案》（宁党办〔2018〕82号）、《开发区整合优化和改革创新实施方案》（银政发〔2018〕217号）、《关于印发关于推动工业园区高质量发展的实施意见的通知》（贺党发〔2019〕29号）和《关于印发〈宁夏贺兰工业园区成立审批服务中心机构实施方案〉等4个方案的通知》（贺党发〔2020〕58号）精神，成立审批服务中心机构实施方案、行使部分行政执法权方案已全面完成，按照“管委会+公司”实施方案，拟初步组建宁夏德胜综合服务有限公司和宁夏贺兰工业园区投资运营公司，按照“发展一个、成熟一个、组建一个”的原则，有序分期组建成立。

【全面从严治党】2020年，宁夏贺兰工业园区把党风廉政建设和反腐败工作与园区工作同规划、同部署、同落实；修订完善了宁夏贺兰工业园区党工委、管委会各项工作规章制度，并装订成册印发至各部室；制定了《宁夏贺兰工业园区党风廉政建设各项制度》《宁夏贺兰工业园区党风廉政建设和反腐败主要任务分工方案》，进一步强化班子成员“一岗双责”和部室责任的落实，聘用10名党风政风监督员，强化纪检组织建设，推动主体责任落实，为园区高质量发展提供坚强的纪律保证。通过党建品牌创建、实施“双培双带”工程、派驻非公党组织第一书记和整治软弱涣散党组织等举措，全面提升园区非公党组织标准化、规范化建设，为企业高质量发展安装红色发展引擎。创建百瑞源“六个引领”、大北农“六结合”、凯添燃气“红色运输线”等党建品牌；培养123名入党积极分子，发展45名预备党员；整治14个软弱涣散党组织。

军民融合产业服务中心

【概况】2020年，银川市军民融合产业服务中心以习近平新时代中国特色社会主义思想为指导，认真学习贯彻习近平总书记视察宁夏重要讲话精神，紧扣“军民融合发展”国家战略，围绕建设黄河流域生态保护和高质量发展先行区目标，全面落实县委十四届八次全会安排部署，加大招商引资力度，加快项目建设进度，全力盘活现有资源，不断推动园区逐步实现高质量发展。

【疫情防控】2020年，银川市军民融合产业服务中心成立防控工作领导小组和临时党支部，全面加强对防控工作的领导，严格落实联防联控、应急处置、物资储备等防控措施，扎实开展企业员工摸底、拟返回人员信息核实上报、分级隔离管控及“四包一”责任制落实等工作。累计居家隔离51人、集中隔离11人，在做好防控工作的同时，统筹推进企业复工复产，针对疫情对经济发展、招商引资、项目建设等重点工作造成的影响，加快落实和兑现产业、财税、社保等一系列惠企扶持政策，积极采取精准帮扶，解决企业后顾之忧，保障顺利生产。

【项目建设】 2020年，银川市军民融合产业服务中心始终把项目建设作为推动园区发展的强有力“引擎”，加快推进重点项目签约和落地，新建项目5个续建项目3个，计划总投资约11亿元，年度投资约2亿元。其中，睿鑫智能科技产品及医疗器材生产项目完成改造装修建设并试生产。能霸LED智能照明生产项目、昊睿光电摄像头生产项目已完成总工程量的80%，中骏新能源锂离子电池项目第一批组装生产线设备进场。艾威鑫精密电子电路生产项目厂房消防改造已完成，企业即将入驻。

【招商引资】 2020年，银川市军民融合产业服务中心把招商引资作为推动园区发展的“生命线”，重点围绕无人装备、智能保障、网络信息安全、空间信息应用等四大主导产业开展精准招商，通过招商小分队形式，分赴北京、西安、湖南、成都、深圳等地对接企业、商会、科研机构等27家，累计接待客商考察50次，外出考察12次（省内3次）。共签订投资合同（协议）5份，总投资8.5亿元，对接意向性企业5家，总投资17.5亿元。把盘活孵化园现有标准厂房作为拓展产业链发展的有效路径，深入广东、福建等地吸引上下游产业聚集，引进智能电子终端制造企业6家，初步形成液晶屏模组、电子线路板、锂离子电池、蓝牙耳机、摄像头、玻璃盖板等智能终端产品产业链雏形。

【科技创新】 2020年，银川市军民融合产业服务中心争取工信部如意纺织数字化智能纺织绿色工厂专项资金1350万元；争取自治区2020年战略性新兴产业专业项目资金300万元用于宁夏易聚高显智能化工厂建设。人才资源总量大幅增加，2人被评为银川市高精尖缺人才，2人被评为银川市学术技术带头人储备工程培养人才。组织申报2020年享受政府特殊津贴专家项目1人，申报2020年度银川市学技术带头人储备工程人选项目9人。加强与大专院校的沟通和交流，宁夏交通学校、宁夏青松技工学校、宁夏水利电力工程学校与园区企业初步达成学生实训合作意向。

【党建工作】 2020年，银川市军民融合产业服务中心按照“围绕经济抓党建，抓好党建促经济”的工作要求，成立中心党支部，严格落实“三会一课”制度，召开支部委员会4次、党员大会3次，开展主题党日活动4次，讲党课2次，举行“三进”活动5次。坚持不懈抓好“不忘初心、牢记使命”主题教育，对照梳理出的问题，研究制定15条整改措施，并作为加强党的建设的永恒课题和全体党员、干部的终身课题。

【社会治理】 2020年，银川市军民融合产业服务中心按照安全生产三年行动方案总体要求，加大监督检查力度，紧盯隐患整改，切实增强企业主体责任意识。共检查企业92家次，查处隐患22处，整改22处。完成孵化园四号AB一楼厂房展厅拆除、消防改造及初步验收工作。开展清理拖欠民营中小企业账款清欠工作，共涉及欠款总计811.16821万元，通过协商实际化解资金438.2111万元，共核减金额372.9571万元。积极化解社会矛盾纠纷，全力做好信访工作，共受理网络信访投诉21件，自治区市县各级督办信访事项上报材料26余件，接待群众来访、来信、来电共7批次，60余人。

农林经济

Nonglin Jingji

农业与农村

【概况】2020 年，贺兰县深入贯彻落实习近平总书记视察宁夏重要讲话精神，紧紧围绕乡村振兴战略，以推动农业农村高质量发展“十大行动”为抓手，以农民增收为目标，以“稳粮、扩菜、优渔、增畜、靓酒”为重点，进一步优化农业产业结构。农业综合生产能力不断提升，农业主导产业发展特色鲜明，优势突出。全年完成农牧渔业总产值 36.71 亿元，同比增长 4%，完成一产增加值 18.32 亿元，同比增长 5%。农村居民人均可支配收入 17201.7 元，同比增长 8%。

【粮食产业】2020 年完成粮食生产 31.11 万亩，同比增长 0.1%，其中：夏粮小麦面积 6.75 万亩，秋粮玉米面积 9.35 万亩，水稻 15.01 万亩。超额完成自治区下达给贺兰县粮食种植面积 31.1 万亩的生产任务。超额完成自治区下达的粮食产量 15.8 万吨的任务。

【畜牧产业】2020 年，全县牛存栏 7.22 万头，同比增长 5.54%，其中奶牛存栏 5.10 万头，同比增长 8.43%；猪存栏 2.79 万头，同比增长 15.27%；羊存栏 14.10 万只，同比增长 23.21%；家禽存栏 82.53 万只，同比下降 13.71%。肉、蛋、奶产量分别达到 10858 吨、3435 吨、270281 吨，同比增长 –2.20%、–2.55%、2.14%。畜牧业产值达 16.45 亿元，同比增长 4.25%，其中奶业产值 10.46 亿元，同比增长 3.98%。全年水产品总产量 5.5 万吨，渔业经济总产值 6 亿元。

【葡萄酒产业】2020 年，贺兰县引进葡萄酒企业 56 家，建成酿酒葡萄基地 2.1 万亩，酿酒葡萄种植面积15032 亩。

【农田水利基本建设】2020 年，贺兰县秋冬农田水利基本建设共规划建设重点片区 12 个，建设高标准农田 10.76 万亩，改善灌溉面积 4.47 万亩，新增高效节水灌溉面积 0.94 万亩，实施农机三项作业 26.42 万亩。以规模化种植、标准化生产、商品化处理、品牌化销售在立岗镇兰丰村建设露地蔬菜基地 1 个；续建永久性蔬菜基地 1 个，全县永久性蔬菜基地面积累计超过 4.3 万亩；通过种植结构调整、温室性能提升、装备改造提升、综合技术配套等内容，建设管理好、环境好、质量好、效益好“四好”设施农业园区 2 个；新增水产设施温棚 2 万平方米、工厂化车间 0.43 万平方米，累计建成设施温棚 40.3 平方米，工厂化车间 3.2 万平方米。

【技术支撑】2020 年，贺兰县开展粮食、蔬菜新品种、新技术示范及蔬菜生物菌剂施用技术、“宽沟深槽”稻渔综合种养技术、名特优新水产品示范推广，采用渔业工厂化养殖、畜牧养殖节本增效、奶牛生产性能测定（DHI）技术、全混合日粮（TMR）饲喂技术等新技术 20 余项，深入推进全县种养殖标准化生产，加快转变农业生产方式。

建设粮食作物新技术示范点4000亩；推广测土配方技术30万亩；推广精准水肥一体化9.5万亩；推广“稻鱼、稻蟹”等综合种养2.1万亩；引进奶牛性控冻精0.78万只，冷配改良肉牛3700头，引进优秀种公羊300只。

【农业机械化水平】2020年，贺兰县积极争取农业机械提升项目资金1625万元，进一步优化农机具配置，扩宽农机社会化服务，提升农机使用率。各类农业动力机械1.4万台，农机装备农业机械总动力达43.2万千瓦，全县主要农作物全程机械化综合水平达95.7%。

【新型经营主体规范提升】2020年，贺兰县实施家庭农场和农民合作社提质升级行动，积极开展龙头企业申报认定工作。新增培育农民合作社12个，家庭农场10个，完成第八批县级龙头企业申报认定5家，累计认定县级以上龙头企业82家，全县82家农产品加工企业期末从业人数7631人，总产值607569.6万元，营业收入483058.8万元，利润总额68134万元。

【产业融合发展】2020年，贺兰县休闲农业经营主体48个，其中：农家乐29个、休闲农庄13个、休闲农业园区5个、民俗村1个。规划推介3条县级休闲旅游精品线路。休闲农业从业人员1310人，接待游客40余万人次，营业收入1100万元。

【品牌认证推广】2020年，贺兰县将“贺兰山下”商标作为全县区域公用品牌打造，完成商标扩类增项申报工作，配合县商务局在丰收节期间完成品牌带货直播、发布等活动。

【产业扶贫】按照“一村一策”产业扶贫发展规划，在欣荣村积极引进金富蔬菜产销专业合作社、宁夏绿天果业发展有限公司等企业，发展食用菌、红树莓、肉兔、肉鸽等特色产业，回购力农羊场改造、推广温棚种植、改建农副产品加工项目、实行奶牛托管计划，助力移民增收脱贫。食用菌产业实现户均增收1.2万元，带动300户建档立卡户脱贫；红树莓产业采摘期吸纳务工300人，实现人均日增收100元；农副产品加工项目带动移民务工21人，人均月增收2100元。在广荣村实施枸杞芽菜种植项目，采摘期带动移民务工500余人，日均增收100元，村集体增收13.8789万元；在南梁台子隆源村建设永久性蔬菜产业园项目，带动村集体增收20万元，移民月收入3000元。建设梅花鹿扶贫产业园项目，为155户建档立卡户实行梅花鹿养殖托管，户均年增收3000元。在金贵镇银光村建设有机蔬菜基地扶贫产业园，以投改股大棚每年固定分红39.5万元，冷库每年固定分红17万元。在金贵镇江南中心村建设精准扶贫有机设施农业园区，实现优质有机蔬菜年产1800吨，年销售收入3000万元，带动移民年务工收入人均3万元。

【农村生活垃圾治理】全县65个村均开展常态化保洁，累计清运农村生活垃圾68893吨，清理畜禽养殖粪污等农业废弃物数量19804吨。

【绿色农业】2020年，贺兰县依托银北百万亩盐碱地农艺改良，果菜茶有机肥替代化肥等各项农药化肥减量项目与新技术应用推广，积极推动农业面源污染治理。积极探索开展农药肥料包装废弃物回收处置模式，重点推广小麦水肥一体化、玉米高效节水、水稻保墒旱直播、蔬菜滴管水肥一体化等节水灌溉技术，积极推广粮食作物高效节水示范面积4.53万亩，结合畜禽养殖场（户）粪污处理设施进行改造提升工程，全县规模养殖场粪污处理设施配套率达到100%，畜禽粪污资源化利用率达到97.55%。

【农村改革】2020年，贺兰县全面推进农村承包地确权登记后续工作。完成确权43.2万亩，颁证38920本。推进农村金融服务创新，探索农村产权抵押融资有效途径。依托贺兰县农村产权流转交易服务中心，继续开展农村承包地经营权抵押贷款和抵押贷款财政贴息试点工作。以农村土地制度改革为主线，积极开展农村综合改革试点村创建工作，高质量完成农村集体产权“三变”改革。全县7个乡镇（除京星农牧场）64个村全部完成了改革任务，进一步规范农村土地经营权有序流转。新增土地流转面积1.2万亩，流转累计面积30.7万亩。

【农业行政监管】2020年，贺兰县对农机作业、设施农业园区等重点领域开展隐患排查检查501次，共发现安全隐患153处，督促整改126处；排查养殖户6.4万户，禽畜约3464.61万只，消毒面积998.77平方米。累计发放各类动物疫苗47.53万毫升、59.9万头份；累计免疫各类畜禽433.67万头（只、羽），将124家农业投入品经营企业与33个农产品生产基地纳入农产品质量安全信息化追溯平台。开展农产品质量安全追溯体系建设。

【农产品质量安全监管】2020年，贺兰县累计完成产地检疫畜禽297.9405万头（只），屠宰检疫2.7269万头（只），无害化处理动物8797头（只），产地检疫实施到位，屠宰检疫申报受检率达到100%。完成畜产品质量安全抽检49批次，瘦肉精抽检4291批次，检测结果均为阴性；完成水产品质量例行抽检6个批次159个样品，检测合格率100%；完成果蔬农药残留定量检测280份，合格率100%；果蔬农药残留定性检测样本14102份，合格率99%。

农业技术推广

【概况】2020年，贺兰县农技中心坚持以习近平新时代中国特色社会主义思想为指导，以实施乡村振兴战略为总抓手，以自治区现代农业转型升级“十大行动”及现代农业高质量发展为目标，以种植业重点项目实施、优新技术试验示范为重点，持续深化农业供给侧结构性改革，促进优质粮食、特色蔬菜产业提质增效。

【新技术应用】2020年，贺兰县大力发展优质粮产业，开展粮食作物新技术示范推广项目3个，开展不同品种、不同播量、不同机型、不同追肥小麦对比试验4个，开展不同品种、化肥减量、不同播期等相关技术试验3个。其中，建立小麦绿色高产高效技术模式示范点1个，面积300亩；建设麦后复种两熟模式示范区1个，面积200亩；推广水稻保墒旱直播轻简栽培技术1个，面积500亩；建立春小麦立体匀播种植示范区，示范面积3000亩。实施盐碱地农艺改良田间试验示范各1个。实施测土配方施肥田间试验6个。

【蔬菜产业】2020年，贺兰县在贺兰县立岗镇金星村建设蔬菜新品种展示园及示范点1个，集中示范茄果类、瓜类、叶菜类等20类200个以上新品种；开展蚯蚓生物技术、蔬菜生物菌剂施用技术试验研究2项；开展蚯蚓生物技术尾菜处理、套种套养模式示范及秸秆生物反应堆技术示范推广；建设露地蔬菜基地1个；在立岗镇蔬菜公园续建永久性蔬菜基地1个，在立岗镇金星村建设冷凉蔬菜良种繁育基地1个；在习岗镇新平园区、金贵镇雄英园区通过种植结构调整、温室性能提升、装备改造提升、综合技术配套等为内容，建设管理好、环境好、质量好、效益好“四好”设施农业园区2个，示范带动周边农户适时调整种植结构、改造提升装备、应用种植业综合配套技术等，提高种植效益和水平。

【推进化肥减量】2020年，贺兰县通过推广测土配方施肥技术，完成粮食作物测土配方施肥技术推广面积30万亩，粮食作物测土配方施肥覆盖率96.43%；完成1.81万亩的盐碱土壤调理剂改良示范，发放土壤调理剂63.38吨；实施银北百万亩盐碱地农艺改良项目，完成发放生物有机肥和含腐植酸有机肥5745.1吨；在全县日光温室开展果菜茶有机肥替代化肥面积2.88万亩；推进精准水肥一体化技术示范、应用和推广面积9.5万亩；建设稻麦绿色高质高效试验示范面积3.6万亩。

【推进农药减量】2020年，贺兰县通过选用抗病优良品种、加强病虫害监测预报、大力推广使用绿色防控技术、开展病虫草害农药减量控害技术示范，全县实现农药减量 19 吨。

【农药肥料包装废弃物回收处理】2020 年，贺兰县采取政府购买服务的方式，由实施主体定期到各乡镇（场）回收点收集农药包装废弃物，并由定点处理机构实施无害化处置。

【节水农业】2020 年，贺兰县按照控制农业灌溉用水总量、提升用水效率的要求，重点推广小麦水肥一体化、玉米高效节水、水稻保墒旱直播轻简栽培节水模式、蔬菜滴灌水肥一体化节水灌溉技术等，开展小麦水肥一体化试验示范 300 亩，亩均节水 100 立方米；推广玉米高效节水模式，包括滴灌和全生育期不灌少灌，大中拱棚种植面积 0.49 万亩，全部采取滴灌水肥一体化节水灌溉，高效节水灌溉率达 100%，供港蔬菜种植面积 10.05 万亩，全部采取喷灌，露地蔬菜高效节水水肥一体化滴灌 7.15 万亩，高效节水灌溉率达 90%。

【提升种植业质量效益】2020 年，贺兰县在欣荣村引进企业调整种植结构，发展鲜食番茄、葡萄、樱桃高产高效种植，开展日光温室性能提升、秸秆生物反应堆等配套栽培技术提质增效；在隆源村通过农业财政永久性蔬菜生产基地建设、精准水肥一体化等项目为产业扶贫助力，积极与自治区、银川市对接，申报蔬菜生产设施建设、供外及粤港澳大湾区“菜篮子”蔬菜基地、银川市扶持发展产业扶贫示范村和产业扶贫型骨干企业等项目。实施盐碱地改良项目，该项目覆盖广荣村 375 亩、欣荣村 500 亩，施用有机肥 122.5 吨；果菜茶有机肥替代化肥项目覆盖欣荣村 56 栋二代温棚，提供有机肥 49 吨。

【农残检测】2020 年，贺兰县加强农药残留定性定量检测。果蔬农药残留定量检测样品 280 份，涉及品种 25 个，建立农残速测站点 19 个，基层农残速测点共完成果蔬农药残留定性检测 14102 份，合格率 99%；完成农业农村部农产品例行抽检样本 18 份，合格率 100%；配合农业农村部做好监督检查工作、配合区农业农村厅在贺兰县农产品监督抽检两次，全县共抽检样本 35 份。强化农产品质量检测和检测数据上传工作。及时上传监测站和乡镇速测点农产品检测数据，做到检测数据实时公开。加强对已建乡镇速测点农残速测业务指导和培训力度，确保按时完成各项检测任务。

【重点项目实施】2020 年，贺兰县积极争取各级农业产业化及农技推广项目 11 项，到位资金 1161 万元，通过项目带动发展有效促进种植业领域重点项目推进和关键技术应用。将 21 项农技推广重点项目及工作任务挂图作战，通过加强监督、考核等手段，确保各项工作落到实处、抓出成效。

【耕地保护与质量提升】抓好耕地保护与质量提升、耕地环境质量类别划分、耕地地力保护补贴等项目实施。严格按照《宁夏耕地质量等级评价指标体系》要求，对宁夏北部引黄灌区耕地评价“指标权重（地形部位、灌溉能力等 16 项）”、“指标隶属函数”和“等级划分指数”开展评价，积极宣传耕地地力保护补贴政策，督促各乡镇场将补贴资金及时发放到农户，开展贺兰县耕地土壤环境质量类别、耕地土壤环境质量类别划分图件、耕地土壤环境质量类别划分技术报告、开展贺兰县耕地土壤环境质量类别划分数据收集，形成了《贺兰县耕地土壤环境质量类别划分工作报告》《贺兰县耕地土壤环境质量类别划分技术报告》《贺兰县耕地土壤环境质量类别划分清单》《贺兰县耕地土壤环境质量类别划分图件》等成果。对 2 个国家级长期调查监测点和 4 个自治区级耕地质量长期调查检测点，定点取土调查，以监测贺兰县耕地质量及其变化。

【“四好”设施农业园区建设】2020 年，贺兰县按照自治区《关于创建“四好”设施农业园区的指导意见》，结合“大棚房”问题整改，以打造管理好、环境好、质量好、效益好“四好”设施农业园区为内容，分别在习岗镇新平园区、金贵镇雄英园区建设“四好”设施农业园区 2 个，开展日光温室性能提升、配套栽培技术提质增效，提升设施农业园区整体技术水平，以促进设施农业园区生产管理水平、园区环境条件、产品质量安全和生产效益全面提升。

水 务

【概况】2020 年，贺兰县水务局以发展民生水利、保护环境、建设人民满意的服务型机关为宗旨，全力以赴推进水利各项工作持续发展。

【安全防汛度汛】2020 年，贺兰县水务局落实领导带班、24 小时防汛值班制度，开展雨量水情监测，保障通信信息畅通。对易发内涝的骨干沟道、对淤积严重的金山行洪沟道进行汛前检查，对金山拦洪库泄洪闸、导洪堤进行巡查，对存在安全隐患部位及时进行维修维护。汛前开展“三个责任人”培训工作，发放各类讲义、教材 50 多份。储备充足防汛物资，及时开展应急演练，提高应急调度能力。完善《贺兰县 2020 年防汛抗旱应急预案》《贺兰县 2020 年山洪防御应急预案》《2020 年金山拦洪库汛期防洪应急预案》等五个预案修编，并通过专家审议，建立健全水旱灾害防御专业应急救援队伍。投资 300 余万元，实施金山防洪堤 4 号泄洪闸进行维修提升改造。实施贺兰山泄洪沟道山洪灾害治理工程、金山拦洪堤防雨淋坑整治、金山堤防二号退水闸维修维护，在金山防洪堤防 4 个泄洪闸安设水位尺，便于及时观察库区水位，为防汛泄洪调度决策提供依据。做好防汛险工险段隐患排查，及时整改，保障生态经济安全。

【推进河湖长制】2020 年，贺兰县水务局深入开展“携手清四乱 保护母亲河”专项行动。对境内 10 处大型违建进行了拆除。对典农河南梁台子水源地渔业养殖进行清理整治。联合银川市生态环境局贺兰分局对境内重点沟道、湖泊水域水质进行检测，实时掌握水质变化，查找污染源，牵头解决水质污染。更新河湖长制公示牌信息。及时更换损毁、字迹不清、河湖长更换的公示牌，对自治区、银川市暗访督查问题，到现场进行核实、整改，印发贺兰县河湖长制重点任务通报 7 期，通报问题均已进行了整改。

【保障饮水安全】2020 年，贺兰县水务局解决各乡镇建档立卡 1721 户 8064 人的饮水问题，农村集中供水率由 97.5%提高至 98%，自来水普及率由 93.16%提高至 96%。完成自来水入户 1124 户，含集中取水点 80 处 1041 户，贫困边缘户 8 户，完成贺兰县金贵水厂、立岗水厂、南梁水厂等消毒设备及洪广常信饮水安全巩固提升工程隆源水厂净水（除铁）设备采购项目，消毒设备、除铁设备全部安装调试完成，对金贵镇通昌水塔、南梁水厂机电设备、欣荣水厂变压器进行应急抢修，保障设备设施正常运行，群众正常用水。

【开展水土保持与水库移民扶持工作】将全县 12 个水土保持项目审批情况录入宁夏水土保持动态监测管理系统。对黄委录入专项整治行动信息平台的 2011 年以来已批水土保持方案的 27 个项目清单进行初步核实和违法违规认定，在专项整治信息平台录入项目信息，形成完整项目清单。对贺兰县 2020 年第一期 48 项水土保持违法违规图斑进行实地核查，形成项目清单，并录入生产建设项目水土保持信息化监管平台。开展大中型水库移民后期扶持直补资金发放工作，大中型水库农村移民人口进行详细复核，复核人口为 2595 人，发放直补资金 155.7 万元。

【水资源管理】2020 年，贺兰县水务局加快推进贺兰县现代化生态灌区建设，深化农业水价综合改革。编制完成了《贺兰县深化农业水价综合改革实施方案》《贺兰县农业水价综合改革精准补贴和节水奖励办法（试行）》并印发执行。积极探索水权交易，盘活已有水资源。全面推进节水型社会达标建设工作，编制了节水达标建设实施方案，落实水资源消耗总量和强度双控目标的责任主体。大力开展水行政执法，关停城市公共供水覆盖范围内自备井26眼。落实计划用水，严格用水总量控制，制定印发《贺兰县2020年农业及生态灌溉水量分配计划及调度预案》《关于下达贺兰县2020年度工业及生活取用水计划的通知》，确保2020年用水总量不超标。

【扎实推进重点水利项目】2020年，贺兰县水务局实施贺兰县现代化生态灌区项目年常信、立岗片区田间建设工程、贺兰县沙井子沟金山段治理二期工程、四二干沟调蓄水闸建设工程、宁夏中小河流治理项目贺兰县四二干沟治理工程，贺兰县供水工程提升改造项目、第二批中央水利发展资金项目贺兰县农村饮水工程维修养护工程等重点工程项目，投资1.2981亿元。

【安全生产】2020年，贺兰县水务局坚持“安全第一、预防为主”的方针，坚决杜绝事故发生为基本原则，不断改进和加强安全生产工作。对在各类检查和日常执法监督中发现的重大隐患和危险源，及时登记台账备案，隐患不消除，台账不销号。通过对13座蓄水池进行拉网式排查，进一步完善防护措施。检查在水域（体）安全警示标牌和安全防护围栏的设置，加强巡查巡护，有效杜绝违反规定私自游泳、钓鱼等造成人员溺亡事故发生。《贺兰县水务局2020年“安全生产月”和“安全生产万里行”活动方案》，对落实“安全生产月”活动工作进行具体的安排部署。开展“消防安全知识培训”，联合利民社区在朝阳公园开展“防灾减灾”宣传活动。制定《安全生产隐患排查治理制度》《安全生产责任制度》《危化品储存和领发管理制度》《安全生产宣传教育培训制度》等制度，建立健全全过程安全生产管理制度。

城乡建设与环境保护

Chengxiang Jianshe Yu Huanjing Baohu

住房与城乡建设

【概况】 2020年，贺兰县住房与城乡建设局深入贯彻全国“两会”精神，扎实做好“六稳”工作，全面落实“六保”任务，紧紧围绕县委、县政府目标任务，全面推进住建领域各项工作。

【人防系统问题专项治理】 专项治理以来共计梳理人防审批项目393项，其中欠费项目70项，欠费金额1605.5万元。针对欠缴费用，召开专项治理会议，积极约谈企业，及时下发整改、催缴通知书和行政决定书。

【疫情防控】 2020年，贺兰县住房与城乡建设局党员干部深入疫情防控第一线，守好全县201个住宅小区“关口”，督促指导物业企业落实小区防控措施。全力推进企业复工复产工作，创新建筑工地“两证九表+五星”分类管理办法，严格做好疫情重点地区返贺兰人员信息登记，建立疫情防控体系，制订应急预案。指导房地产企业创新销售方式，大力推广“互联网+”销售模式，通过线上选房、线下“一对一”，促进商品房交易。

【脱贫攻坚】 2020年，贺兰县住房与城乡建设局完成1720户“建档立卡户”房屋安全鉴定；完成143户农村危房改造任务；开展261户抗震宜居农房建设改造工作。

【大气和水污染防治】 2020年，贺兰县住房与城乡建设局有效提升建筑工地扬尘治理成效，大力推广扬尘在线监控系统，全县52个项目安装扬尘在线监控。下发整改、停工通知单85份，诚信扣分企业2家，移交处罚案件24起。完成建成区内40蒸吨以下燃煤淘汰任务。配合银川市生态环境局贺兰分局对物业企业的燃气锅炉进行低氮改造，已改造完成18台。

【项目建设】 2020年，贺兰县住房与城乡建设局房地产项目完成固定资产投资46.21亿元，非税收入完成1.09亿元。争取4个项目补助资金共计1747万元。招商引资完成11亿元。清理拖欠民营中小企业31个项目资金，共计5164.53万元。

【城市路网完善】 2020年，贺兰县住房与城乡建设局投资1995.64万元，实施园艺路西延伸段、桃李路道路及给排水工程，太阳城西内环与桃林街连通工程，虹桥街大连路至居安西路交通整治（机非隔离）工程。

【完善城市排水系统】 2020年，贺兰县住房与城乡建设局投资9622.55万元实施排水系统提升改造工程、交警大队五小车辆管理所片区给排水管网工程和永胜东路—丰庆路段4S店污水工程。

【优化空间布局】 2020年，贺兰县住房与城乡建设局投资4370.26万元，实施贺兰县园艺路电力电缆隧道工程、贺兰县35千伏习立线（6~25号）迁改工程。

【为民办事解民忧】2020 年，贺兰县住房与城乡建设局投资 1666.29 万元，对新生资楼、客运家园、兴泽苑等 7 个小区进行维修改造。实施贺兰县西北片区供热及配套管网项目改造工程和银川市都市圈城乡西线供水（贺兰段）项目。推进美丽村庄建设，指导完成金贵镇通昌村、南梁台子隆源村，洪广镇金鑫村美丽村庄项目。对广源街、习岗镇新胜村、洪广镇广荣村路灯进行建设维修。

【综合治理】2020 年，贺兰县住房与城乡建设局持续优化营商环境。创建供水、供气多元化办理渠道，压缩办理时限，推进工程建设项目审批制度改革，制定“一窗受理”规划，试行“一站式”全程办理，推行容缺承诺制，积极对接企业协调化解审批难题，确保项目建设顺利实施。

【扫黑除恶专项斗争】2020 年，贺兰县住房与城乡建设局深化工程建设领域突出问题专项整治和“以房管人”制度，构建起出租房“三色管理”模式，完成“六清”任务，谋划“六建”工作，建立健全建设领域综合治理长效机制。

【行业监管】2020 年，贺兰县住房与城乡建设局监督在建工程 64 项，面积 209.72 万平方米。持续推动标准化建设，推进“智慧工地”创建，评定县级安全标准化工地 9 个，推荐市级质量标准化工地 1 个。强化隐患排查，抓好重大危险源防控管理，移交处罚 15 项，约谈企业 8 家，诚信扣分企业 18 家，对项目关键岗位人员诚信扣分 28 人。推进安全生产专项整治三年行动，促进全县安全生产形势稳定向好，为经济复苏提供有力安全保障。

【农民工欠薪问题的治理】2020 年，贺兰县住房与城乡建设局设立“一卡通”工资专户、搭建实名制考勤通道、设立农民工领导小组办公室 64 个，设立农民工维权信息公示牌 64 个。为 5838 名农民工办理了工资银行卡，发放农民工工资 17191.8755 万元。

【房地产市场健康发展】2020 年，贺兰县在建房地产开发项目 46 个，总面积 268.53 万平方米。新建商品房销售 10159 套，面积 124.93 万平方米，销售总额 83.16 亿元。商品房预售面积 86.87 万平方米，同比下降 9%。累计可售面积 158.57 万平方米，其中住宅 107.97 万平方米。

【住房保障】2020 年，出台《贺兰县公共租赁住房管理办法（试行）》，实物配租公共租赁住房 62 户，发放租赁补贴 71250 元，发放退休干部住房补贴 821445.81 元。加快推进 2015 年、2018 年棚户区改造项目剩余任务，完成 2018 年棚改二期任务 512 套。完成原种场、良繁场、北环路四标段房屋征收工作。

【物业管理】2020 年，贺兰县全面推进物业服务标准化建设及物业企业信用管理，积极开展“红色物业”党建工作，成立 6 家“红色物业”。联合多部门对全县高层住宅小区开展消防专项安全检查，督查检查物业小区 248 次，下发巡查限期整改通知书 193 份，扣除信用计分 22 家。不断提高供热、供水、供气服务质量，严格落实安全生产责任。

【防灾减灾】2020 年，贺兰县积极开展防灾减灾宣传活动，加强人防工程建设管理，加大人防警报建设力度，坚持人防应急预警管理工作，全年开展人防综合执法检查 2 次，下发限期整改通知书 30 份。加强地震监测管理，新增南梁台子铁东村梅花鹿养殖观测点，提升消防审查验收服务能力，做到审核程序规范、“应建必建”，审批人防项目 90 项、抗震设防 64 项。完成自治区防空警报鸣放任务，强化震情观念。

环境保护

【概况】2020 年，贺兰县深入推进生态环境保护领域目标任务，为黄河流域生态保护和高质量发展提供坚实的环境保障。

【土壤环境质量】 2020年，全县未发生因耕地土壤污染导致农产品质量超标且造成不良社会影响的事件，未发生疑似污染地块或污染地块再开发利用不当造成不良社会影响的事件。全县固废处置率达80%，危废处置率为100%。

【环保在线】 打造《环保在线》专栏，对生态环境保护工作成效进行宣传报道，对环保违规违法进行曝光。通过正面引导和反面警示相结合的方式，发挥新媒体的正面舆论导向作用。

【环保管家】 2020年，贺兰县扎实整改落实中央环保督察反馈的贺兰工业园区暖泉片区突出环境问题，聘请相关领域高层次专家深入企业了解现状，全面应用“环保管家”模式，着力解决暖泉片区重点企业异味、废水等方面业务难题。

【蓝天保卫战】 与贺兰县气象局优势互补，签订共同推进贺兰县气象灾害应急处置合作协议，推动污染物数据及天气预报、预警信号等大数据的应用共享。建立常态化的信息共享和重污染天气应急联动与合作工作机制，提高全县大气污染防治的应对能力。

【全国第二次污染源普查圆满收官】 2020年，贺兰县全面完成污染源普查工作，清查入户登记2309个普查对象，普查入户登记727个普查对象，全面建立污染源基本档案。清查工作的漏查率、重复率、错误率，入户调查与数据采集的差错率，数据汇总的遗漏率均达到评估标准“优”，获得全国第二次污染源普查先进集体。

【机制建设】 组织19个重点部门、5个重点企业签订生态环境保护目标责任书。对各责任单位污染防治责任落实情况开展监督检查90次，印发环保督察通报9期，印发《贺兰县河沟湖水质分析及整治提升方案》《贺兰县2020年蓝天工程、水污染、土壤污染、农业农村污染防治工作实施方案》紧盯目标，指导全县工作开展。

【蓝天保卫战】 2020年，贺兰县拆除建成区内40蒸吨以下燃煤锅炉7台共165蒸吨。宁夏泰益欣生物科技有限公司3台150蒸吨燃煤锅炉完成超低排放改造。宁夏天雄碳材料有限公司等3台烟气在线监测设备完成安装。全县挥发性有机物重点行业43家企业全部安装挥发性有机物设备并验收投用。开展非道路移动机械摸排登记，完成非道路移动机械登记381台（辆）。持续推进燃气锅炉低氮改造，17家企业29台燃气锅炉完成改造任务。加快推进65蒸吨及以上燃煤锅炉超低排放改造工作，开展“散乱污”企业清理整治，新排查出散乱污企业42家，其中搬迁入园2家，整改提升6家，关停取缔34家。强化重污染天气应急能力建设，修订《贺兰县重污染天气应急预案》。因违反大气污染防治法共立案7起，处罚金86万元。

【碧水保卫战】 2020年，贺兰县全面完成南梁水源地水产养殖清理工作。对县域内4个“千吨万人”农村水源地开展保护区划分工作并完成划定方案编制取得批复。对23家规模化养殖场环保“三同时”制度执行情况及配套环保设施落实情况进行现场检查。督促新建4家酒庄做好污水处理设施建设及环评验收，做到稳定达标排放。严格落实“河（湖）长制”，常态化开展重点入黄排水沟及农村污水处理站巡查检查，封堵丰庆沟、红旗沟及其他沟渠排污口5处。编制《贺兰县农村生活污水治理专项规划》，为全县水环境治理进一步奠定基础。

【净土保卫战】 2020年，贺兰县开展固废专项整治，审核工业企业申报危废管理台账79家。建立涉固废危废重点企业问题清单，完成6家涉危废重点单位25处问题整改。加大对汽修行业的监督检查，对248家汽修企业进行检查，下达限期整改209份。动态更新土壤重点监管企业名单，新增宁夏泰益欣生物科技有限公司和宁夏贺兰磷肥有限责任公司，签订土壤污染防治责任书，并督促企业开展土壤自行监测。强化医疗废物和辐射设备规范化管理，审核医疗废物申报备案69家，对辖区内银川康群医院等12家医疗机构Ⅲ类射线装置情况进行核查并下达限期整改，18 个问题全部整改完成并通过国家核技术利用管理系统数据质量核查。

【项目建设】2020 年，贺兰县争取污染防治专项资金 5068 万元。围绕排水沟水质不达标问题，认真踏勘分析，研究治理方案，典农河贺兰段综合治理项目取得项目建议书批复，完成银新干沟、四二干沟人工湿地移交运营维护。结合县域实际，积极组织实施无集中供暖区域煤改电（清洁能源）试点示范项目。

【园区大排查专项行动】重点围绕中央环保督察反馈问题整改、工业企业污染物排放、污染防治设施运行等，开展贺兰工业园区全覆盖点穴式专项执法行动，做到应立案查处的从严从速查处。共排查环境问题 111 个，下达限期整改通知书 75 份，进一步推动企业环境问题整改见效，主体责任落实到位。

国土绿化

【概况】贺兰县林地总面积 123029.55 亩，森林覆盖率 5.95%。草原总面积 16710.62 亩，草原覆盖率 38%。湿地，总面积 13.1 万亩，湿地保护率达 90%。全县共有特色经济林（不含枸杞、酿酒葡萄）总面积 1.215 万亩，新增 475 亩；共有枸杞 3355.3 亩，新增 859 亩。良种繁育总面积 120 亩，主要为刺槐、白蜡。

【营造林工程】2020 年，贺兰县完成新造林 2010.6 亩，全部为乔木林。引黄灌区平原绿洲生态区绿网提升工程计划任务 900 亩乔木林，实际完成合格乔木林 901 亩，其他营造林任务 500 亩乔木，实际完成造林 501.3 亩。

【天然林保护】2020 年，贺兰县天然林管护总面积 9.6 万亩，中央补助资金 64.5 万元。各乡镇聘请护林员分段划片进行林地管护，加强管护区域巡视。对非公有制企业所有林地进行监管，预防森林火灾、林木盗伐等情况发生。

【村庄绿化】2020 年，贺兰县村庄绿化总面积 153.06 亩。共涉及 5 个乡镇，主要为立岗兰光村、金星村，金贵银河村，习岗桃林村、新平村。各乡镇均加强了村庄绿化，部分中心村建设了公园和环村林带，提高了乡村绿化面积，改善了乡村生态环境。

【特色经济林】2020 年，贺兰县特色经济林（不含枸杞、酿酒葡萄）总面积 1.215 万亩，新增 475 亩；共有枸杞3355.3 亩，新增 859 亩。形成了以常信、洪广、南梁台子为主的苹果、红枣、枸杞产业带；以金贵、习岗为主的设施果树产业带；以金贵、常信、洪广为主的花卉产业带。形成了以丰之源、科育、祁源等为主的花卉企业 4 家，以百瑞源、冠名、杞农丰、厚生记、合丰祥等为主的枸杞企业。

【草原资源保护】2020 年，贺兰县通过草原保护、修复管理和宣传，提高了草原植被盖度，增强了草原生态系统防范风险能力，促进草原生态系统趋于中长期稳定。完成县域范围内草地禁牧巡查 50 余次，加强执法监察力度，严厉打击各类盗采偷猎违法行为。在贺兰县沙沟圈和栏圈设置 2 处监测样地，对设置的样地样方内的草本、半灌木及矮小灌木进行实地调查和数据采集，完成数据汇总。结合“全国草原普法宣传月”、“6·25”全国土地日等，以“依法保护草原，建设美丽银川”为主题，开展形式多样的草原普法宣传活动。设置宣传展台 4 处，悬挂宣传条幅 5 幅，发放各类宣传彩页、宣传手册 2000 份，提高了广大居民及企业对森林草原的保护意识。

【湿地保护】2020 年，贺兰县继续做好全县湿地巡查保护工作，打击盗捕野生鸟类等违法行为，确保野生动物安全生存；及时测量湿地水质、水位，防止湿地发生污染事件。加大对破坏湿地行为的处罚力度，严禁未经审批占用湿地进行建设的违法行为，加强湿地保护宣传，利用“湿地日”“爱鸟日”等，向民众宣传湿地作用及保护湿地的重要性，调动民众参与，做到全民爱护，全民保护。与各乡镇签订保护目标责任书，逐级压实责任，形成县、镇、村三级保护机制，确保湿地面积不减少，质量不降低。

【义务植树】2020年，贺兰县组织全县455家机关事业单位、25家自治区属事业单位2411人参加了义务植树，完成义务植树总面积292亩，主要位于贺兰县北绕城高速两侧。

交通运输管理

Jiaotong Yunshu Guanli

交　通

【概况】 2020年，贺兰县交通运输局深入贯彻落实自治区、银川市2020年交通运输工作会议以及县委十四届六次、七次、八次全体会议精神，围绕扎实落实“六稳”“六保”任务，以及努力建设黄河流域生态保护和高质量先行区、持续推进交通运输高质量发展等目标，统筹推进交通运输“建、管、养、运”协调发展，保持了交通运输系统稳中有进、优化提效的良好态势。

【交通运输管理体系完善】 2020年，贺兰县全面深化交通运输综合执法改革，整合交通运输领域7个执法门类，挂牌成立贺兰县交通综合执法大队，形成不交叉、全覆盖的交通运输执法体系，全面提高执法工作效率。完成交通运输综合执法队伍建设，配备综合执法大队大队长1名、副大队长2名，制定交通运输综合执法大队内设机构设置方案，实现人员、办公场所、车辆全部到位。实行“四进四优”工作机制，精减审批事项1项，审批时间压缩为7个工作日，进一步提升服务效率。

【路政执法】 2020年，贺兰交通运输局积极与交警部门协调，派驻交警执法人员常驻五渠治超检测站，综合运用法律、行政、技术管理等手段，有效遏制超限运输现象。加大干线公路、边际公路的流动巡查力度，提高夜间公路巡查频率，对重点路口进行24小时设点值守，维持治超高压态势。合理设置限高限宽设施。全面推行行政执法公示制度。查处超限超载车辆233辆，转载货物12517吨，车辆严重超限超载的态势得到有效遏制。

【安全生产专项整治】 2020年，贺兰交通运输局紧盯重点行业，开展专项检查，检查全县客运企业5家、货运企业14家、驾校6家、维修企业16家、机动车检测企业1家，排查一般安全隐患59处，严格执法监督，对货运源头单位进行约谈并重点监督，推动执法力量向一线下沉，保障一线执法工作开展。提高公路巡查频次，强化农村公路日常执法监督。加强隐患整治，实施清单化管理，做好在用的六座四、五类危险桥梁的经常性巡查。实施农村公路“一灯一带一牌”和“千灯万带”工程，完成4处铁路安全隐患整治。落实安全风险和隐患“双重预防”机制。

【公路养护】 2020年，贺兰交通运输局以美丽农村公路建设和农村人居环境治理为抓手，推进农村公路路域环境整治，完成月贺线南梁台子段、洪广镇金沙村金荣公路、金贵镇雄英村潘西公路路面维修3634平方米。重点对距离村镇居民点、设施园区、企业较近，桥下倾倒和堆放垃圾杂物问题较多的107座桥梁加大巡视清理，有效保护、管理农村公路桥梁桥下空间。创新养护小修保养工程定额承包模式，公路养护品质不断提升。在全区首创农村公路日常保养“交投+”承包模式，引进宁夏交通科学研究所有限公司承担农村公路日常保养任务，实现农村公路养护专业化、机械化，有力提升农村公路养护品质。

【完善公共交通运输体系】2020年，贺兰交通运输局科学合理调配运力，认真做好春运、“五一”、“十一”等节假日旅客运输工作，共输送旅客100余万人次，满足城乡居民出行需求。投入运营新能源公交车43台，建成配套充电站桩27个；增置新能源客车150台。加快政协提案及意见建议办理，为方便市民前往银川市民大厅办事出行，调整319路公交首末站，增加贺兰新建妇幼保健院和七小公交班次，方便群众就医和出行，积极推广公交一卡通，183台公交车辆已全部安装，市民可刷卡乘车，同时按卡的类别享受政府惠民政策。推广使用“银川行”App服务平台，支持实时公交、电子扫码乘车、充值、咨询等服务。加大公交车辆安全设施投入，银川市公交公司贺兰分公司对所属183台车辆均安装公安视频监控、对111台改装驾驶室防护栏；对401、315、319路新能源公交车进行车辆动态监控。

【交通扶贫】2020年，贺兰交通运输局深入推进脱贫攻坚“四查四补”实施方案，加大贫困村道路建设力度。实施贺兰县南梁台子军垦桥至隆源村公路项目，路线全长2.545公里，总投资282万元，实施欣荣村至立暖公路项目，路线全长约2.8公里，实施贺兰县高荣九社至欣荣新村公路项目、贺兰县北庙村至欣荣村公路项目。

【疫情防控】2020年，贺兰交通运输局成立贺兰县交通运输局突发公共卫生事件应急队伍，共有交通系统应急人员73人。制定《贺兰县设卡防控组突发公共卫生事件应急处置预案》，规范防控和应急处置流程，明确设卡防控组各成员单位工作责任，增强设卡防控各成员单位协同配合、应急指挥、综合协调能力，有效应对可能发生的疫情反弹。落实“六保”任务，安排专人负责秋冬季疫情防控物资申领、调度工作，保障疫情防控一线物资及生活必需品保障，确保秋冬季疫情防控工作有序开展。

道路管理

【概况】2020年，贺兰县整合道路运政、公路路政、地方海事行政、安全生产监督管理等职责，新组建成立贺兰县交通运输综合执法大队在做好道路运输行业监管和治理货车超限超载的同时，持续深入推进道路运输行业扫黑除恶专项斗争工作，严厉打击非法运输经营行为，维护道路运输市场秩序。辖区有班线客运公司2家，县内客运班线14条，旅游运输公司2家，客运租赁公司1家，出租汽车公司1家；有营运客车222辆（其中：中巴车58辆，旅游车121辆，租赁小客车19辆，出租汽车24辆）；有机动车维修企业214家（其中二类维修企业18家，三类维修企业196家）；有危险品运输企业10家，危货运输车辆192辆；有5辆以上普通载货汽车的货运企业45家，营运普通载货汽车3297辆；有驾驶员培训学校6家，水运管理溜山头渡口渡船1艘；路政管理县乡、农村公路374条，里程1097.732公里；有固定治超检测站2个。

【新冠肺炎疫情防控】及时停发和恢复农村客运班线中巴车，做好疫情防控的同时保障群众正常出行。引导企业有序复工复产，大力开展小微企业财政补助等惠企政策宣传，统计上报道路运输行业小微企业4家，补助金额16777.64元，提振道路运输企业发展信心。持续做好新冠肺炎疫情常态化防控工作。

【安全管理】督导企业层层签订安全生产责任书和安全管理承诺书，形成纵向到底、横向到边的安全管理格局。组织企业召开安全生产例会、安全警示会，贯彻落实全国和自治区安全生产电视电话会议精神、安全生产月部署会等各类安全会议15次，及时传达落实上级部门安全生产文件精神，强化从业人员安全意识；督导企业每月落实安全教育培训制度，对未参加培训人员要求进行补训。加强日常监督检查，检查客运、维修、驾培、货运企业 280 家次，共检查出一般安全隐患 122 处，约谈道路运输企业 2 家，行政处罚 5000 元，督促企业认真整改，及时消除安全隐患，实现闭环管理。扎实开展“安全生产专项整治三年行动”“安全生产月”“安全生产万里行”等活动，制定活动方案，明确时间节点，深入学习《习近平总书记关于安全生产重要论述》，督导企业组织驾驶员观看交通事故视频资料，印制宣传品并及时开展宣传活动，保障活动顺利开展。加强“两会”、国庆节等期间安全工作，落实节假日、重点时段领导带班值班制度，强化日常矛盾纠纷排查调处，办理“12328”“12345”等平台转办投诉 171 件，办结率 100%，确保辖区运输行业安全稳定。

【客运管理】做好客运企业和出租车公司的日常监管，督促企业落实安全生产主体责任，保障运输安全；全力做好节假日运输保障服务工作，做到假日提前安排部署，假日期间严格落实值班值守制度，督导企业落实安全生产主体责任，圆满完成节假日旅客运输任务。按时完成上年度农村客运班车燃油补贴统计、审核、上报工作；做好主干道路农村客运招呼站的维修、维护，依托中巴车和主干道路农村客运招呼站，做好扫黑除恶、创建文明城市等宣传活动。结合扫黑除恶专项斗争，严厉打击非法营运行为，共查扣非法营运车辆 22 辆，疏堵结合有效整治客运市场乱象，维护客运市场秩序。

【货运管理】对辖区 10 家危险货物运输企业和 4 家规模以上普通货物运输企业开展 2019 年度质量信誉考核。加强货运企业的日常检查和重大节假日前安全检查，对整改情况进行复检，做到隐患闭环管理。督促辖区各危货企业根据公司拉运介质分别开展应急演练，并根据开展情况及时修订完善应急预案，提高应急处置能力。及时将各地事故通报给运输企业，要求企业认真吸取各类事故教训，结合“安全生产专项整治三年行动”，开展安全生产隐患排查整改。针对“6·13 槽罐车爆炸事故”，召开安全警示教育会，对辖区货运（危货）企业开展拉网式的安全隐患排查整治。强化企业负责人教育培训工作，落实《银川市道路运输企业主要负责人和安全生产管理人员安全考核管理细则》的通知要求，督导企业做好“两类人员”的报考工作。

【机动车维修行业管理】做好辖区二类维修企业和三类维修企业的日常监管和安全检查，督导维修企业规范经营，保障消费者合法权益。疫情期间对符合疫情防控条件的复工复产维修企业进行审批，对复工复产企业疫情防控落实情况进行检查。对吉顺恒通、汽柴停车场等 40 家三类维修企业进行规范经营整治；配合常信乡对博大汽修违章建筑进行拆迁整治。对辖区内沿街汽修喷涂行业进行走访排查，梳理出含喷漆、烤漆工艺的机动车维修业户 43 家，发放责令整改通知书 37 份，建立整治台账；对拒不安装挥发性有机物处理设备的企业，抄告县环保局、县行政审批局等部门依照相关法律法规进行处罚。

【驾培行业管理】落实疫情期间驾培行业防控工作要求，驾培企业在疫情防控期间暂停培训业务；驾培行业复工后，加强驾培市场日常监督检查，对辖区内 6 家驾驶员培训学校的安全生产和日常经营情况进行检查。组织开展驾校开展质量信誉考核，协调区、市交通运输综合执法部门，做好辖区驾校经营许可证换发工作。及时处理“12328”“12345”转办驾培学校服务质量投诉，督导驾校提高服务质量。

【行政审批服务窗口管理】按照“统一受理、内部流转、限时办结、窗口出件”的方式为群众及企业提供各种交通行政审批服务，对 19 项交通行政许可事项进行“四减一优”，优化办事流程。

【超限超载治理】扎实开展打击货车超限超载“百日攻坚”专项行动，摸排公示货运源头企业，建立完善货运运单制度，督导货运源头单位落实源头装载管理主体责任，防止超限超载车辆出站出场。积极推广使用便携式称重设备，购置便携式称重设备2套，组织开展培训会1次，增加上路频次，扩大稽查范围，摸清超限运输车辆绕行规律，突出重点路段的流动稽查，提高执法效率。优先保障基层治超站点执法力量，维修升级固定超限检测站称重检测设备及相应附属设施，落实五渠治超检测站24小时值班值守制度，抓好站点拦截，严守超限治理第一阵地。加强过境营运车辆的治超监管，梳理长期过境不规范运输车辆清单，对相关车辆进行重点监管，发送属地通报函2份，约谈货运源头企业2家。出动执法人员831人次，出动执法车辆206辆次，固定治超检测站共检测货运车辆29550余辆，与交警联合查处超限超载货车95辆，总卸货1577.32吨。

【路巡路查】加强县乡、农村公路及农村公路主要路口限载、限高、限宽标志和隔离墩、隔离栏等设施的日常巡查，严防因设施损坏造成超限运输车辆绕行农村公路情况的发生。及时采取相应措施消除安全隐患，确保公路安全畅通。

【渡船检查】根据黄河水情变化，及时发布停航、复航通知，对溜山头渡运栈船舶进行安全生产检查12次，及时消除安全隐患，确保渡船安全运营。

【行业乱象治理】召开专题会议4次，及时传达学习和贯彻落实上级党委、政府关于扫黑除恶专项斗争工作的决策部署。对扫黑除恶专项斗争工作领导小组进行调整，对相关工作制度进行修订完善，持续加大道路运输行业乱象整治力度，确保扫黑除恶工作持续推进落实。抽调人员联合交警部门，对群众反映强烈的贺兰县马家寨、太阳城、县医院、祥和家园等区域，早中晚错时、错峰开展不定时巡查。查扣非法营运车辆22辆，未按规定路线进行驾驶员培训的教练车1辆，串线客运车辆1辆。继续开展涉黑涉恶线索摸排，发放入户调查表100份。加大疏导力度，通过投放新能源出租汽车和鼓励使用共享单车，丰富群众出行方式。

【农村公路社会化、专业化、机械化养护】2020年，宁夏交通科学研究所有限公司以113.5万元中标贺兰县488公里农村公路日常保养工程和沿线环境卫生整治项目，投入机械设备7辆，管理养护人员40人，充分发挥专业化公司技术、机械、人员、管理、施工组织、安全管理等方面的优势，通过合同管理、考核验收、全面统筹做好合同约定的所有农村公路日常养护作业项目。

【农村公路路域环境整治】结合全国文明乡村复验和人居环境治理工作，完成月贺线南梁台子段、洪广镇金沙村金荣公路等路面维修5040平方米。对金京公路与丰庆路、创业路交叉口等绿化景观进行提升改造，栽植樟子松、云杉等植株920株。将农村公路桥梁桥下沟岸、渠坝垃圾杂物清理保洁工作纳入桥梁常态化养护工作，推进“河长制”及美丽乡村环境整治工作。针对夏收、秋收期间打场晒粮及农机带泥上路污染农村公路现象，加大机械和人工保洁清理力度。

财政　税务

Caizheng Shuiwu

财　政

【概况】 2020年，贺兰县财政局认真贯彻落实自治区财政工作会议精神和贺兰县制定的各项有关政策，加强财源建设，进一步深化财税体制改革，积极组织收入，严格控制支出，加大财政监督力度，财政各项工作均取得了较好的成绩，县级一般公共预算收支排名位于全区市县前列。

【收入稳定增长】 2020年，贺兰县财政局进一步增强部门协作，加强信息沟通，积极开展欠税清缴，做到应收尽收。紧盯税收重点企业，做好政策措施扶持，巩固税源根基，努力克服新冠肺炎疫情不利影响，下半年税收收入逐步恢复提升。通过对闲置土地、国有房屋资产进行摸底，采取适当盘活处置措施，资产变现弥补了县级财力缺口。

【民生福祉改善】 2020年，贺兰县财政局围绕“六稳”“六保”，全力保障重点支出，全年保基本民生支出132356万元、保工资支出89817万元、保运转支出5673万元、其他刚性支出73426万元。严格落实财政存量资金定期清理机制，加大财政存量资金盘活力度，盘活资金8065.82万元，有效缓解了卫生防疫资金短缺问题。

【脱贫攻坚】 2020年，贺兰县财政局扎实开展脱贫攻坚，强化扶贫资金管理，争取和落实中央及区、市、县扶贫资金共计8329.12万元；发放扶贫小额信贷2237万元，469户贫困户从中受益。支持打好污染防治攻坚战，加强政府债务管理，清偿民营企业中小企业欠款12418.6万元；规范政府合法举债，在限额内共争取新增一般债券资金21100万元，专项债券资金34300万元。

【体制改革】 2020年，贺兰县国企改革取得重大突破，明确了融晟公司、国资公司、融信担保公司为主要组成的国有企业各自的功能定位、运营模式及主要运营业务板块，按照中国特色现代国有企业制度要求，建立并优化专业化运营管理队伍，通过实施市场化的薪酬分配制度，全面推行公平竞争的市场化用工模式和企业用人理念，同步完成国有资产监管体系改革，调整优化国有资本布局结构，提高国有资本配置效率。全面完成预算管理一体化改革，对预算管理各环节业务进行全流程系统化整合规范，将制度规范与信息系统建设紧密结合，不断提高财政管理水平。深化“政银企”联席机制，定期组织融信公司、各银行召开协调推进会，为企业解决金融融资难题。

【资金效率提升】 2020年，贺兰县财政局全面实施预算绩效管理，健全绩效指标体系，扩大重点绩效评价范围，对新增债券资金、扶持村集体经济发展项目、新冠肺炎疫情防控专项资金、农村改水改厕项目等开展绩效评价，总评价资金24.5亿元，占财政年度总支出76.6%。强化财政资金监管力度，开展安全生产资金、重点民生资金和扶贫资金专项监督检查。围绕全县国有企业改革，完成对亲水嘉苑项目、融晟公司资产、担保基金情况的检查，对全县32个重点预算单位开展预算执行大督查、大调研，为2021年预算编制、预算执行和资产管理工作打下坚实基础。加强政府投资项目评审工作，修订完善各项评审制度，进一步规范评审工作流程，规范政府采购行为，创新政府采购制度，实行政府采购网上无纸化备案，截至9月底，完成政府采购项目868个，累计节约资金1231万元。严格执行预决算公开规定，推动预决算公开规范化、常态化、制度化，提高财政透明度。

税　务

【概况】 2020年，贺兰县税务局共组织各项收入34.2亿元，同比增长6.1%。其中，税收收入26.3亿元，同比增长8.8%，组织社保费入库6.4亿元，其他收入1.5亿元。地方级收入完成13.6亿元，同比增长5.7%，增收7414万元，县级收入完成9.6亿元，同比增长4.8%，增收4404万元。

【党的建设】 2020年，贺兰县税务局把学习习近平新时代中国特色社会主义思想和习近平总书记系列重要讲话精神作为“第一议题”，坚持“读原著、学原文、悟原理”，引导党员干部提升政治站位，提高政治“三力”，在学思感悟中不断增强“四个意识”，坚定“四个自信”，做到“两个维护”。党委会落实“第一议题”24次，支委会、支部党员大会落实“第一议题”90余次。完善党史学习教育计划，依托党建平台线上线下齐发力，开展丰富的党史学习教育。开展中心组学习研讨17期，各党支部开展主题党日40次、青年干部理论学习11期、党史专题报告3期、党史学习教育5次。开展“我为纳税人缴费人办实事暨便民办税春风行动”，在为民服务中践行党史学习教育成果。落实推广“银税贷”业务，设置敬老关爱专窗，精简涉税资料，拓展业务联办，优化自助办税区。紧扣宁夏税务纪检“一三五十”工作思路，认真落实纪检监察体制改革各项工作部署。坚持纪检工作前置化，对减税降费、意见落实等重点工作提前介入、全程监督。不断加强党风廉政建设，开展纪律作风专项整治，强化“八小时之外”监督，改建廉政警示教育基地，持续巩固纠治“四风”成果。全年廉政提醒谈话29人次，电话回访纳税人500户。

【税收职能作用发挥】 2020年，贺兰县税务局筑牢疫情防控人民防线。面对突发疫情，局党委高度重视，第一时间组织党员干部深入疫情防控一线协助社区开展防疫工作。投入80余人对27个封控点50个单元，开展24小时防控值守，为贺兰县打赢疫情防控阻击战贡献了税务力量。精准落实税费优惠政策。全面落实能源电力保供，实施支持煤电企业纾困解难税收措施、中小微制造业企业缓缴税费政策等各类税费优惠政策，释放改革红利，减轻企业税费负担，促进企业健康发展。累计减免税费4.92亿元。税收数据分析服务经济发展。从行业、规模、经济类型等不同维度分析经济运行动态，为决策提供科学参考。撰写税收分析报告13篇，税收月度分析10篇，向县委、县政府报送经济税收分析专报3篇。

【依法依规征税收费】 2020年，贺兰县税务局坚决不收“过头税”、坚决防止和制止越权减免税。科学分解收入任务，建立纵向层级分解、横向部门共担的目标责任制。加强收入形势分析和研判预测，定期从不同维度对税收形势分析预测，为提高税收收入质量提供有效指引。着力提升征管努力程度，通过强化收入措施管理，提高税种精细化管理水平，加大打击虚开骗税力度等措施堵漏增收。加强社保费和非税收入管理，大力实施税费一体管理，努力提高社保费“四率”，不断加强与相关部门的联络沟通和信息共享力度。

【法治税务建设】 严格落实三项制度，拍摄税收执法规范化视频，在全市宣传推广，为规范执法提供有效参考。强化税收执法督察。开展联合执法检查，共督促整改风险数据314条，比对核查7

类共1400条疑点数据，对“六税两费”政策落实不力的责任人进行追责，有效降低执法风险。开展税费征缴专项检查。对近六年的217条契税疑点数据、近五年7万户次车购税档案进行全面检查，堵塞管理漏洞。

【营商环境优化】2020年，贺兰县税务局狠抓纳税人满意度提升，提高纳税人满意度作为一把手亲自抓的“一号工程”列入党委重要议事日程，每周听取纳税人满意度整改工作进展情况汇报，按月进行总结，按季召开工作推进会议，确保有行动、有改进、有提升。创新开展对551户企业所得税核定转查账征收企业、67户信用等级D级企业进行大走访，主动送政策问需求解难题。通过走访纳税人，精准提供服务618户次，精准开展辅导211户次，精准解决问题135个。持续开展“便民办税春风行动”，开展问计问需活动，征集并解决意见建议9条。组建“税花蓝”“春雨团队”等税收志愿服务团队，搭建“马丽工作室”，针对不同类型纳税人开展分类辅导，实现税收政策精准全覆盖。持续深化“放管服”改革，大力推广宁夏电子税务局和宁夏税务App，进一步完善“5+1+N”便民缴费服务体系，打造15分钟办税服务圈。改造升级办税大厅自助办税区域，引导辅助纳税人操作使用办税服务终端，构建起“网上办为主、自助办为辅、实体办兜底”的办税缴费格局。

【税收征管改革】2020年，贺兰县税务局通过党委会、局务会、专题研讨会等多种形式反复学精细学，学深悟透改革精髓，加快思想观念转变。将开展党史学习教育以及“我为群众办实事”实践活动与意见学习有机结合，在党史学习教育中激发深化税收征管改革新动能。组织各类形式的集中学习5次、专题研讨1次，撰写科研论文4篇。推进“精确执法”，严格落实“首违不罚”事项清单，对纳税人实施“容错纠错”，让执法更温情。推进“精细服务”，简化税费优惠政策办理流程和手续，大力推广“非接触式”办税服务，让办税缴费更便利、更省时。实现企业税费事项100%网上办，个人税费事项100%掌上办，税务注销平均7分钟办结即办率达98%以上，企业开办“一表集成”且1个工作日完结。推进“精准监管”，强化纳税信用管理，不断深化“线上银税互动”合作机制，62户企业通过“银税贷”获得信用贷款5429万元。A级纳税人同比增长46.37%，实现连续三年增长。持续加强发票全链条监管，全年共设置204户风险纳税人，认定涉嫌走逃虚开纳税人15户，有效震慑税收违法行为。推进“精诚共治”，不断加强与县财政局、市场监管、自然资源、住房城乡建设等部门信息共享力度，积极推进跨部门协同监管，充分发挥发挥政府各部门综合治税作用。

【队伍建设】2020年，贺兰县税务局认真落实“1+N+12”培训机制，全年共组织培训10期，“学习兴税”人均学习时长136小时，树立正确选人用人导向，选拔任用18名青年干部担任部门负责人，实施15名干部职级晋升，充分调动干事创业热情。被评为全区税务系统“职工之家”、贺兰县“让党中央放心，让人民群众满意”模范机关、贺兰县“先进基层党组织”等称号。涌现出全区税务系统“优秀共青团干部”、银川市“优秀党务工作者”等先进典型，精神文明创建硕果累累。

【行政管理规范】2020年，贺兰县税务局137篇信息被税务系统内部刊物采用，104篇被各类新媒体采用，树立了贺兰县税务局良好形象。紧盯重大安排部署、重点工作以及各类会议研究事项，及时跟踪督办。开展电话督导36次，实地督查18次。强化绩效管理，搭建数字人事日常考核评价体系，充分发挥绩效考核“指挥棒”作用，促进各项工作提质增效。加强保密管理和教育，建成标准化保密机要室，严防泄密事件。构建起“人防、物防、技防”三位一体的管理体系，网络系统稳定运行。

商贸　流通

Shangmao Liutong

招商引资

【概况】 2020 年，贺兰县商务和投资促进局统筹做好新冠肺炎疫情常态化防控、商贸流通、电子商务和招商引资等各项工作，取得了一定成效。

【保障生活必需品供应】 2020 年，贺兰县商务和投资促进局联合物美与县住建局推广多点线上下单、小区拼团采购方式采买生活必需品；协调街道办将居安社区等 10 余个小区设立社区抗疫自提点、社区拼团试点。联动县市场监管局，鼓励 200 余家社区蔬菜直销店营业；联动县住建局，支持合作社、零售商进入 25 个小区销售农产品；协调宁夏味福季食品科技公司在天鹅湖社区小区门口临时布设流动蔬菜销售车，方便社区居民就近、分散购买生活必需品。协调县内大型蔬菜供应商加大采购、调运力度，海吉星物流园各类蔬菜调配 3000 余吨；通过对接多个销售渠道，帮助习岗、金贵、洪广等地销售因疫情滞销的蔬菜 1000 余吨；为 26 辆车辆办理“车辆通行证”，保障蔬菜运输通道畅通。

【疫情防控】 2020 年，贺兰县商务和投资促进局积极发动在职干部全员出动，参与到疫情防控、保障供应、共建单位花园社区驻守等工作中。百鲜园生活超市免费为进店顾客发放 84 消毒液约 1000 公斤；海吉星物流园鼓励水产经营户进购鱼类生鲜产品 15 万公斤，并以 10 元 / 公斤的低廉价格销售；宁夏鲁豫鲜食品蔬菜配送有限公司向花园社区、居安社区、天鹅湖社区的疫情防控隔离人员、孤寡老人、困难党员群众、腿脚不便居民及社区一线工作者捐赠蔬菜 2065 公斤，总价值 18520 元。

【促消费活动】 2020 年，贺兰县商务和投资促进局联合贺兰工业园区成功举办“云端车展”，47 家 4S 店实现集客 1.3 万人次，完成销售订单 2618 台，完成销售额 4.33 亿元，同比增长 8.5%。联合县民政局，利用县政府 20 万元特别慰问金，面向全县困难群众发放“特别慰问消费券”，撬动消费增长。举办 2020 年贺兰县农产品产销对接会，采取专题会产品推介、线上直播卖货、线下体验展示等方式，大力宣传推介优质农特产品，进一步拓宽县域优质产品外销市场；“十一”期间，在“十一车展”活动和县政府 30 万元购车补贴政策刺激下，汽车销售企业零售额达 7385.73 万元，同比增长 38.16%；组织商贸企业开展促销活动，永泰百货销售额达 200 万元，奥特莱斯销售额为 410 万元，金盛国际家居销售额达 556 万元。

【助力企业纾困解难】 2020 年，贺兰县商务和投资促进局为参与疫情保障供应企业争取疫情防控补贴 177 万元，84 家中小企业税收补贴 28.57 万元，24 家餐饮企业春节期间退餐补贴 30 万元，争取 5 家商贸流通企业房租减免补贴。为常信乡农贸市场争取自治区商务厅完善城乡消费市场体系建设资金 140 万元。指导企业参与自治区商务厅关于批发零售行业开展扩大消费促进活动等奖补项目的申报，全县共上报31个项目；指导宁夏金河科技股份有限公司通过银川市商务局2020年现代物流业发展项目评审，获得奖补资金20万元。向商务厅争取2020年农产品外销窗口建设项目与农产品品牌培育项目奖补资金120万元。

【项目建设】2020年，贺兰县商务和投资促进局配合综合执法局，牵头推进金元新贸市场茂源街“六六大集”项目，推进新华百货商业综合体项目，紧盯海吉星内部配套建设项目建设进度，17号大棚已完成提升改造，入驻商家已正常营业；19号大棚提升改造进入筹备阶段。

【农村电子商务发展】2020年，贺兰县商务和投资促进局依托国家电子商务进农村综合示范县项目，全力推进农村电商产业体系建设。成立农村电商县级公共服务中心，建立“县＋乡＋村”全流程运营服务机制，搭建乡镇电商服务体系，建设7个乡镇、村服务站点并投入运营；完善“三级”物流体系建设，对接中通快递等物流企业，建设10个乡镇物流网点，打通产品上下行双向流通渠道；建设农村电商大数据平台，引入大数据监测系统，实时采集电商交易数据，建设县域优质产品O2O体验中心，积聚县域优质产品资源，加大对外销售力度，通过组织电商培训班、游学班等活动，为县域电商企业、合作社等提供专业电商知识培训服务。

【宁浙电商创业园企业活力提升】2020年，贺兰县商务和投资促进局出台《宁浙电商创业园企业扶持政策（试行)》，进一步增强创业园招商竞争力；建立积分考核动态管理机制，对排名前列企业给予奖补，对排名靠后企业限期整改，并对未整改企业予以清退；大力培育直播电商产业，引入中锐文化、科润达、银方传媒等9家直播型电商企业，分别主营化妆品、农产品、书画等产品；通过举办贺兰县首届网络主播创新创业大赛，共评选优秀主播10名，为直播电商产业发展提供人才保障。建立高校人才对接引入机制，定期在北方民族大学、宁夏交通学校等高校，组织人才招聘会，进一步保障企业用工需求。

【招商引资机制完善】2020年，贺兰县商务和投资促进局起草印发《关于成立贺兰县招商引资领导小组的通知》《贺兰县2020年招商引资工作思路》《贺兰县招商引资考核办法》等，突出实绩考核，强化正向引导，激发招商内生动力。制作《贺兰县招商优惠政策》《贺兰县招商引资宣传片》《贺兰县招商项目手册》等，从贺兰县资源优势、交通条件、产业基础、扶持政策等多角度全面展示贺兰县良好的投资环境，进一步提升贺兰影响力和吸引力。

【项目落实】2020年，贺兰县商务和投资促进局制订《贺兰县2020年招商引资工作计划》，明确各责任单位招商引资目标任务、工作措施、工作机制、工作要求等，压实工作责任，对招商引资活动实行周统计、月通报、季考核工作机制。招商引资项目采用评审制、备案制，严格执行招商领导小组工作会议机制，选派1名工作人员赴浙江开展驻点招商，与驻点所在地区政府、园区、商协会、企业等沟通联系，收集分析经济发展、产业转移、企业投资等信息，为两地企业开展合作牵线搭桥。

【高质量项目引进】2020年，贺兰县商务和投资促进局组织招商引资活动185次，其中“请进来”149批次，邀请了中国凯利集团公司、深圳朝气投资集团有限公司、宝能集团等企业赴贺兰县考察、对接项目；“走出去”36批次，由县委、县政府主要领导及分管领导带队，银川市军民融合产业服务中心、贺兰工业园区、县发改局、县自然资源局、县农业农村局等单位及乡镇组建招商小分队先后赴湖南、浙江等地对接湖南锐阳电子科技有限公司、算筹（深圳）信息科技有限公司、浙江晶盛机电股份有限公司等企业。

【行业治理】2020年，贺兰县商务和投资促进局联动县公安局、县财政局、县市场监管局、县税务局、县综合执法局对二手车市场、金融贷款公司检查60余次，与各企业签订责任书，发放“套路贷”“非法集资”宣传彩页500余份、宣传条幅24个。严把准入条件，指导符合条件的13家二手车经销企业进行网上备案。组织召开安全生产工作会议、季度专题会议、2020年第二次商贸领域安全暨消防全体会议和安全生产专项整治三年行动安排部署会议，指导企业建立健全安全生产事故应急预案，配备应急救援人员和设备，经常性开展安全生产自查、培训和演练，全力推进商贸流通领域安全生产专项整治行动。在“春节”“五一”“中秋”“国庆”等重要时间节点，组织开展消防安全检查；强化事故调查处理问责，对问题多发、专项治理工作不力等企业进行约谈2次；对发现在自查、排查中弄虚作假或存在突出风险隐患的企业，及时函告县应急管理局、县消防大队等处理。通过悬挂标语、发放宣传彩页等方式，进一步增强全民安全生产意识。

【脱贫攻坚】2020年，贺兰县商务和投资促进局鼓励社会各界力量参与扶贫行动，推动机关和国有企事业单位购买欣荣村滞销肉鸽肉兔、蔬菜等扶贫产品8万多元；动员宁夏海吉星物流园与广荣村扶贫产业园对接，采购消费扶贫产品961吨，销售额2077万元；贺兰二中3000余名学生校服的三年订单由广荣村月美制衣承接；部分学校餐厅与汉佐村蔬菜达成购销意向，供应茭瓜和茄子等农产品。加大电商扶贫工作力度，发挥浙江赶街平台优势，与县域当地农户、合作社等建立合作机制，利用丰收节等各类活动契机，采用直播带货、平台促销等方式，进一步带动产品上行。

供销合作

【概况】2020年，贺兰县供销合作社积极践行新发展理念，振奋精神、负重拼搏，着力提升建设“两个体系”高质量发展，创新思路，狠抓落实，有力地促进各项工作顺利推进。

【疫情防控物品保障供应】2020年，贺兰县供销合作社积极做好疫情防控期间春耕备耕工作。协助社属企业在加强疫情防控力度的同时，要求社属企业扩大储备能力，切实做好应急供应准备，扎实做好种子、化肥等农资供应，稳妥开展春耕备耕工作，保障贺兰县农业生产供给充足。积极组织蔬菜配送企业、专业合作社对全县滞销蔬菜进行收购，采购的各类新鲜蔬菜供应到银川50多个社区直销店，在满足银川市居民疫情期间蔬菜需求的同时也解决了蔬菜种植户卖菜难的问题。

【“两个体系”试点建设项目】2020年，贺兰县供销合作社协助基层社、社属企业申报新型基层组织体系建设项目，经过区供销社评审审核，确定了和平村农业综合服务社项目和贺兰县隆源村供销社综合服务社农资超市建设项目2个项目，区社支持项目资金70万元，其中贺兰县习岗镇和平村供销社项目60万元，贺兰县南梁台子隆源村综合服务社项目10万元，以股权投入的方式投入资金，用于支持两个体系建设，扶持基层企业创新发展。

【村级综合服务社创建】2020年，贺兰县供销合作社按照自治区供销社安排给贺兰县12个村级服务社建设任务，结合星级创建标准，确定了三星级社6个、四星级社4个、五星级社2个，通过村级综合服务社的创建，解决联系服务群众“最后一公里”的问题，把优质服务送到老百姓的家门口。

【农业种植技术培训服务】2020年，贺兰县供销合作社协助各基层社、社属企业通过课堂授课、现场讲解等方式，组织各类种植户学习农药法规及农作物病虫害防治技术、土壤检测及配方施肥技术、“天润万物丰”技术及水稻田除草剂“天一千金净”示范观摩会等技术培训服务，共培训学员达1370人次，受到广大农民的欢迎。

【基层社功能作用与措施】2020年，贺兰县供销合作社充分利用汇丰农资和汇元丰社会化服务站的特长，深入田间地头与种植户积极沟通，推广优势农资产品，提供无人机植保服务，通过对小麦、玉米、苜蓿、蔬菜等农作物，防虫防病以及追肥精的使用，成功降低了化肥的使用量，达到了减量增产的效果，在减少人工施肥的同时通过叶面喷施的方式有效地缓解了因化肥流失引起的土地盐碱化。

【数字化营运体系】2020年，贺兰县供销合作社围绕自治区供销社数字供销建设工作任务，利用全国“供销e家”电商运营中心和13个电商网点配合自治区供销社建成全区供销系统“三农”服务大数据营运和分享中心，按照“共建、共享、共用”的思路，通过新建、改造、租赁、加盟等方式，建设具有供销特色的数字化云仓体系，全面推进农村电商发展，构建强有力的物流体系，破解农村电商“最后一公里”和农产品进城“最先一公里”问题。发挥供销e家运营中心功能作用，对接专业合作社、涉农企业、种植养殖大户，将其特色优质产品优先提供给电商平台，优先销售供销社基层组织的农产品，并对基层网点进行培训，实现为农民增收农企提效，激发农村活力提供有力支撑。对建成的13个村级服务站点进行改造提升，改造提升网点11个，实现当地产品线上销售额30万元。

【农资及农产品销售】2020年，贺兰县供销合作社在确保春耕生产用肥需求保障的同时，及时对所辖企业进行跟进检查，确保农资供销应渠道畅通，农资销售质量得到保障。利用专业合作社和外销窗口优势，及时将贺兰县蔬菜销往区内外，销售各类蔬菜金额达4336万元，解决了蔬菜销售难问题。

教育　科技　体育

Jiaoyu Keji Tiyu

教　育

【概况】2020年，贺兰县教育体育局全面贯彻党的十九大和十九届四中全会精神，以全国、全区教育大会精神为指导，紧紧围绕县委、县政府中心工作和教育体育局总体工作安排，全面贯彻党的教育方针，坚持社会主义办学方向，把立德树人作为教育的根本任务，坚守为党育人、为国育才宗旨，不断加强学校基础设施建设，改善办学条件，推进教育改革创新，加强教育教学质量，努力做好学校疫情防控工作，努力办好人民满意的教育，圆满完成了各项工作任务。

【思想政治工作】2020年，贺兰县教育体育局加快推进中小学各学段德育一体化、中小学思政课一体化建设，努力构建不同学段循序渐进、螺旋上升的工作体系。深化“三全育人”综合改革，把立德树人作为教育部门的立身之本，坚守为党育人、为国育才的初心和使命，把培养德智体美劳全面发展的社会主义事业接班人作为根本任务。贺兰一小学生李懿伦、景博中学学生潘思朴被评为银川市“新时代好少年”，20人被评为县级“新时代好少年”。

【体育美育劳动教育协同发展】2020年，贺兰县教育体育局加强教体融合，开足开齐体育与健康课程，积极做好全国儿童青少年近视防控试点县工作，对5所中学的教室采光照明进行改造，为12所小学一、二年级配备升降课桌凳近7000套。扎实推进“阳光锻炼一小时”，开展“两操一课”“校园阳光体育”活动，深入开展校园足球、篮球运动。加强和改进学校美育教育，促进美育教学与学生生活相对接，推进学生艺术素质测评，把劳动教育纳入人才培养全过程，培养学生的劳动情感、劳动技能，培养吃苦精神、奋斗精神。

【学生身心健康发展】2020年，贺兰县教育体育局针对青少年学生心理问题频发多发，开齐心理健康教育课程，配强心理健康工作队伍，增强学生心理调适能力和社会生活的适应能力，为20所中小学校配置20名医护人员，全县300人以上学校均有专职医护人员，切实保障师生身心健康。

【城镇小区配套幼儿园治理】2020年，贺兰县教育体育局提高公办园和普惠园占比，增加公办园数量至30所，新增公办学位5000个，有效缓解群众反映强烈的入园远、入园贵、入园难问题。

【严格义务教育阶段免试就近入学制度】2020年，贺兰县教育体育局确保适龄儿童依法接受义务教育，全县“大班额”比例从28%下降至2.77%，66人以上超大班额全部消除。全面消除城镇学校“大班额”，推进城乡义务教育均衡发展。

【高中阶段教育普及】2020年，贺兰县高中阶段毛入学率达到94.1%，2020年本科上线率69.5%，高考成绩600分以上22人，比2019年增加7人，创历史新高，贺兰一中学生何英杰被清华大学高校专项计划录取。

【教学研究】2020年，贺兰县教育体育局组织教研员共听课180节，开展交流研讨活动39场次。开展中考复习备考跟进指导和高考语文备考研讨活动，召开高三年级质量检测成绩分析暨高考备考调研会，以名师引领、专家指导、教研联盟互动、课题研究等形式开展教学研究活动，促进教育教学质量提升。扎实开展“空中课堂”，实现停课不停学。制定“防疫期间学校教学工作方案”，成立教学工作领导小组，依靠“互联网＋教育”的平台优势，利用“空中课堂”“在线课堂”“云校家直播”等网络平台上课，小学三至六年级18名英语教师上在线互动课堂直播课109节，七八年级11名数学教师上互动课堂直播课120节，39名中小学教师参加了自治区“空中课堂”小学语文、英语等学科录课85节。

【师资队伍建设】2020年，贺兰县面向全区选调中小学、幼儿园教师23名，招录公费师范生58人、特岗教师30人，公开招聘校医20名，公开选聘中小学幼儿园编外教职工1434人，补充教师队伍。安排10%的专任教师进行城乡教师交流。邀请国内知名信息化专家、优秀“互联网＋教育”企业开展县级培训，组织教师参加“国培”教育。

【师德师风建设】2020年，贺兰县坚持把师德师风作为第一要求，落细落实新时代教师职业行为十项准则，切实加强教师思想教育工作，让教育者先受教育。大力弘扬高尚师德，严格执行师德师风一票否决制，对师德失范行为始终保持零容忍。

【教师减负】2020年，贺兰县开展教师减负专项整治，制定《贺兰县教师减压 学生减负实施方案》，列出教师减负清单和进校园事项目录，全面规范和清理针对教师的各类督查、检查、考核、评比以及各类社会事务进校园、各种报表填写、抽调借用教师等行为，为广大教师营造潜心教书、静心育人的良好环境。引导教师合理运用教育惩戒的规则，明确教师进行教育惩戒的权限、范围、程序，解决教师对学生不敢管、不善管的问题。

【中小学招生入学制度完善】2020年，贺兰县推进义务教育免试就近入学全覆盖，实行公办民办学校同步招生。坚持“以流入地政府管理为主、以公办学校接收为主”原则，保障随迁子女入学并接受平等义务教育。实行学籍属地管理，严禁中小学出现人籍分离、空挂学籍、学籍造假等现象。建立招生入学工作分析研判和风险防控机制，加强对区域内学龄人口变化趋势的预测分析，提前向社会发布预警提示，合理引导家长预期。

【义务教育阶段网上招生】2020年，贺兰县投入使用贺兰县义务教育阶段招生入学转学软件平台，以“平台”为依托，实施网上划片入学，降低入学招生人工录入的烦琐，学生入学转学实现网上提交，现场核验材料，让家长少跑腿，切实保障义务教育阶段招生工作规范有序开展。进一步建立健全适龄儿童少年网上信息采集体系，更加方便、准确地确定学位情况，切实推进贺兰县义务教育阶段阳光招生。

【办学条件改善】实施重点项目建设，不断改善办学条件。从重点项目建设、政府采购、固定资产投资等方面加大工作力度，狠抓工作落实，项目建设稳步推进，主要实施了德胜幼儿园、太阳城幼儿园、第六幼儿园3个项目续建工程，建设完成艾欣春华幼儿园。以EPC工程总承包模式实施回中迁建等5个学校项目建设。实施铁东小学综合楼、回民高级中学运动场改造项目。结合2020年为民办实事工程，实施贺兰县锦龙之家幼儿园等八所幼儿园提升改造和贺兰县幼儿园等五所幼儿园消防改造工程。完成了贺兰一中标准化考场改造、学前教育在线课堂等项目的招标采购。投入268万元新建和改造提升了贺兰二中、贺兰一中标准化考点，满足贺兰县各类国家教育考试的标准化考场需求。

【"互联网+教育"装备建设】2020年，贺兰县投入资金2500万元，建成多媒体"班班通"教室758间，更新换代计算机320台，建成在线互动教室112间、智慧教室90间、人工智能创客教室20间、VR创新实验室5间。完成"互联网+教育"应用示范校、标杆校建设9个。完成县级教育城域专网建设，实现所有学校光纤专线到校，网络接入总带宽达5000兆。完成校园网络改造建设，实现有线网络千兆到桌面、无线网络覆盖到校园教学和办公场所。

【"互联网+教育"资源建设】2020年，贺兰县引导教师使用云校家、教学助手、一起小学、洋葱数学等智能教学工具，探索开发个性化教学资源，完善个人教育资源积累。在宁夏教育公共服务平台网络人人通空间注册教师用户2766个，开通率100%，学生用户38075个，开通率100%，课程资源自建81593件。课程资源、课前导学、互动课堂、作业检测等智慧教学应用使用量达70万次以上。基于网络空间开设名师工作室20个，参与成员600余人次，开展网络活动100余次。建设网络教研课程社区112个，开展网络教研活动200余次。组建"互联网+教研"联盟，以优秀教师带动普通教师水平提升，推动优质教育资源在县内共享。运用"三个课堂"开课4754节，授课教师995人次。疫情期间，全县教师利用微信、钉钉、云直播等网络授课工具，开展线上课程5万余节次。各"互联网+教研"联盟开展教研活动100余次，开展公开课、示范课、交流课600余节。

【教师信息化应用培训】2020年，贺兰县借助各级各类集中培训和网络培训，以"领导懂、骨干精、人人会"为目标，采取通识培训和专业培训相结合，集中培训、网络培训和校本培训相结合的方式，开展以管理、应用、运维为核心内容的信息技术培训50余场，提高教师队伍信息化应用水平。

【脱贫攻坚】2020年，贺兰县教育体育局坚决打赢教育脱贫攻坚战。坚决打赢教育脱贫攻坚战。按照脱贫攻坚"四查四补"工作要求，紧盯义务教育巩固率这个硬指标、硬要求，实施"一校一对策、一生一责任人"的帮扶机制，采取进村入户、帮扶救困、"教师大走访"等措施，劝学复学3人，为39名残疾学生送教上门。义务教育阶段建档立卡学生零辍学，义务教育阶段儿童无因贫辍学。加大教育资助政策宣传力度，印制发放资助宣传手册1万余册，先后在欣荣村、广荣村、隆源村组织"2020年励志跋涉开拓进取资助宣讲会"和"摆脱贫困立志成才"主题教育6场次。全面落实教育惠民政策，通过学生资助解决贫困人群子女的上学费用问题，既减轻贫困家庭的经济负担，也有利于他们集中精力发展生产，尽快摆脱贫困。

【校园周边综合整治】2020年，贺兰县教育体育局重点整治流动商贩不规范经营、校园周边200米范围内存在娱乐性经营场所、商铺向学生偷售香烟、"三无食品"、低俗玩具及非法出版物等问题。开展扫黑除恶专项斗争工作，加强校园欺凌问题整治。师生安全感、满意度明显提升。

【安全教育】2020年，贺兰县教育体育局将中小学生安全教育纳入年度教育教学课程安排，开展卫生防疫、食品安全、消防安全、道路交通、用电安全、防溺水、防震减灾等安全教育活动，有效预防各类安全事故发生。推动全县教育系统树牢安全发展理念，强化安全生产底线思维和红线意识，着力提升中小学、幼儿园安全防范、安全教育、应急处置、综合保障等能力。完善和落实重在从根本上消除安全生产事故隐患的责任链条、制度成果、管理办法、重点工程、工作机制和预防控制体系，扎实推进校园安全治理体系和治理能力现代化，坚决遏制重特大事故发生，为学生健康成长、全面发展提供有力保障，为贺兰县教育系统高质量发展创造和谐、稳定的安全生产环境。

【疫情防控】坚决贯彻落实党中央、自治区党委、自治区政府和贺兰县委、县政府的决策部署，把疫情防控作为最紧迫最重要的任务，把师生生命安全和身体健康放在首位，迅速行动、周密安排，制定了“1—10”工作法，建立“两案十制”，认真落实“十二个到位”，为全县所有中小学校、幼儿园安装测温门，设置测温通道。学校在复课前均进行了不少于2次的应急演练，联合卫健、市场监管等部门对所有学校进行了4轮评估，学校扎实有效做好疫情防控、空中课堂开展、师生返校、开学第一课等各项工作，全县教育系统没有发生感染情况，学校教育教学工作安全有序。

科技创新

【概况】 2020年，贺兰县科技局紧紧围绕县委、县政府重大决策部署和各项目标任务，深入学习习近平新时代中国特色社会主义思想，贯彻落实党的十九大、十九届二中、三中、四中全会精神，以党建为统领，以企业需求为导向，以提升服务水平为目标，以推动企业转型升级为宗旨，加快补齐科技创新发展短板，扎实推动科技创新引领县域经济高质量发展。指导宁夏稻渔空间乡村生态观光园（有限公司）“互联网＋农业＋观光旅游”项目获第九届中国创新创业大赛（宁夏赛区）成长组一等奖、最佳人气奖，宁夏蓝悦信科技服务有限公司“刷脸支付（支付4.0）会员营销系统”项目获青年创新奖。银川市中科国润环境技术有限公司“一种用于污染物降解的纳米生物炭材料”项目获优胜奖。

【R&D经费投入】 2020年，贺兰县科技局印发《贺兰县科技创新引领高质量发展三年行动计划（2020—2022年）》，明确了科技创新引领县域经济高质量发展八大行动，起草《贺兰县推动科技创新引领高质量发展的实施意见》，进一步提升科技创新支撑引领经济社会发展作用。争取自治区、市各类资金共计2732.2万元。其中，奖补资金680万元，项目资金1106.3万元，企业研发费用后补助资金945.9万元。落实1213.2万元。指导企业申报2021年自治区重点研发计划项目22项。组织开展贺兰县2020年科技计划项目申报工作，征集项目57项，公示立项31项。

【县域产业特色发展】 2020年，贺兰县科技局根据市场需求、加强人才引进，积极协调区市科技部门，依靠科技项目的支持和引领，激发企业创新动能，攻克企业生产关键技术难题，助推和引领企业技术进步与发展。新民渔业、天荣现代等水产企业通过微生物技术，构建了水质生态修复系统，实现了水资源循环利用，提升了水产品质量，凯晨电气与俄罗斯利夫科技合作，采取订单生产，大幅提升电器产品的品质；艾尼科技在北京建立公司成立研发团队，解决散热器节能增效的关键技术问题；丰利源智能制造成立宁夏智慧供热技术创新中心，实现了能源节约化利用，解决了居民取暖不平衡问题，让供热更节能、供热更清洁、供热更智慧。

【科技人才培育】 2020年，贺兰县科技局依托贺兰县科创中心自治区科技孵化器，引进高层次人才2名，引进海外人才尹新博士团队，在银川国家科技园新平核心区实施复合微生态菌剂在改善设施果蔬连作障碍中研究应用项目攻关。

【科技创新服务提升】 2020年，贺兰县科技局协助4家企业争取自治区科技金融专项资金143.1万元；推荐5家企业申报自治区科技金融项目入库；为18家企业申请“宁科贷”资金2750万元；支持企业向高校科研院所和中介机构以科技创新券兑付科技创新、科技成果评价、知识产权等科技服务30万元。

【科技培训】 2020年，贺兰县科技局组织科技管理人员及企业人员参加区、市、县举办各类线上线下讲座、培训、观摩30期，参与人数1000余人次；印制科技政策解读宣传册2000册，深入企业送政策送服务90家次，发放宣传资料800余份。

【科普教育】 2020年，贺兰县科技局支持丰利源等5家企业申报自治区科普基地；开展2020年贺兰县科技活动周活动，共展示40余家科技型企业最新科技成果，发放宣传资料500余份，覆盖群众1000人次。

【科技成果】 2020年，贺兰县厚生记、塞尚乳业等5家企业获2020年自治区科学技术进步奖；易兴新材料、如意科技等公司新登记自治区科技成果10项；登记技术合同17项，完成技术交易额1549.5万元。

【自治区渔业科技示范展示区建设】 2020年，贺兰县科技局以科海渔业为龙头，新民渔业、晶诚水产、海永农牧等企业参与，共同建设贺兰县渔业科技示范展示区。科海生物和新民渔业分别与上海海洋大学、清华大学合作执行自治区重点研发项目，争取资金250万元，运用微生物絮团技术、微生物水循环养殖技术解决鱼品品质低、水面面源污染、排放不达标等问题，为改善黄河流域水资源提供技术支撑。

【科技特派员创新创业专项行动】 2020年，贺兰县科技局强化政策保障，起草《贺兰县关于深入推进科技特派员制度的实施方案》《贺兰县科技特派员创新创业专项管理办法》《贺兰县科技特派员管理办法》等文件，支持引导科技特派员创新创业。加强队伍管理，解聘科技特派员15名，新选聘宁夏大学、北方民族大学4名专家为科技特派员，为企业进行技术指导服务。累计选派科技特派员102名。在今日头条、宁夏电视台公共频道、《宁夏日报》、《宁夏科技日报》、《银川晚报》等媒介对示范引领带动发挥作用明显的科技特派员10名先进典型事迹进行多渠道的宣传报道，提高企业知名度。

【科技成果转化】 2020年，贺兰县科技局深入贯彻落实以需求为导向的科技项目形成机制，引导企业与清华大学、上海海洋大学、宁夏大学等高校积极开展合作，围绕新材料、先进装备制造、乳产业等自治区重点支持领域，围绕设施园艺、食用菌、渔业等县域主导产业，通过精准对接技术、项目、成果，引进专家团队25个，成功对接产学研科技项目36个。支持科技特派员扶贫科技项目5个，与移民签订务工合同38份，累计带动建档立卡户360户，带动解决移民548人就业，培训移民660人次，实现以产业发展带动移民脱贫致富。

体　育

【概况】 2020年，贺兰县体育中心以习近平新时代中国特色社会主义思想为指导，全面落实自治区党委、银川市委和县委、县政府关于推动高质量发展的重大决策部署，坚持体育以满足广大群众日益增长的精神需求为出发点、以增强全县人民体质和提高健康水平为目标、以培养优秀体育后备人才为着眼点、以培育体育品牌为突破口，群众体育、竞技体育和体育产业协调发展，各项工作顺利推进。

【群众健身组织完善】 2020年，贺兰县有体育总会、农民体育协会、老年人体育协会、社会体育指导员协会等17个体育组织，达到每个乡镇和街道均已成立老年人体育协会和社会体育指导员协会，每个村成立老年人体育协会和农民体育协会，协会定期举办各类单项体育赛事或协助体育部门承办群众体育活动。

【群众体育活动开展】 受新冠疫情影响，体育中心取消2020年上半年群众体育系列活动，关闭所有体育场馆。向市民大力推广居家健身活动，创作、推广科学文明的居家健身方法，引导广大市民开展居家体育锻炼，增强体质，陶冶情操，抗击疫情，贺兰县“云居家”市民线上健身大赛于2020年5月12—23日举办，比赛共设5个单项4个组别，报名人数1900人。融媒体中心邀请自治区钓鱼协会主席李小林开设“老李教钓鱼”专题，每周四下午5点在贺兰广播电视台播放，为钓鱼爱好者提供学习与交流平台。举办县内幼儿园家庭及小学生参加的贺兰县线上亲子运动会比赛，开展宁夏航模公开赛暨2020年贺兰县第四届航空科普节、开展2020年国民体质监测工作，测试1168人。承办2020年宁夏健身气功站点联赛，联赛由线上预赛和线下决赛组成，近1000人参加。承办银川市第九届青少年摔跤锦标赛暨自治区摔跤锦标赛银川市选拔赛，来自银川地区三区两县一市的100名摔跤健儿参加比赛。开展“全民健身日”系列活动，8月8—16日，举行贺兰县迷你马拉松比赛、贺兰县空竹邀请赛、银川市“民族团结杯”篮球联赛（贺兰赛区）、贺兰县趣味游泳比赛，1200人参加，开展第一届民间马拉松比赛，近200人参加了42公里的全程马拉松和21公里的半程马拉松比赛。

【弘扬健身文化】2020年，贺兰县体育中心把群众身边好的理念、长寿之道，如“每天锻炼一小时、健康工作每一天、幸福生活一辈子”“饭后百步走活到99”“我的健康我做主”等，通过各种形式进行宣传，让群众意识到健康对于人生的重要性。2020年体育工作先后在《宁夏日报》、《中国体育报》和《银川日报》、宁夏教育电视台等各大媒体和县融媒体中心共刊发新闻和健身宣传活动7次。

【竞技体育】2020年9—10月组队参加自治区青少年锦标赛17个大项的比赛，获得18枚金牌、16枚银牌、24枚铜牌继续保持竞技体育在全区的优势地位。

【体育设施不断完善】2020年，贺兰县争取国家、自治区体育局专项经费500万元，投资建设贺兰县兰山公园健身步道1.1公里、贺兰县体育中心拼装游泳池1个、典农河健身步道3公里、塞上名居多功能运动场1个。投资100万元为贺兰县老旧物业小区和部分村镇配发健身路径、乒乓球台、篮球架、休闲座椅等体育器材。做好人民公园后期体育设施的建设和维护。人均体育面积2.47平方米，机关、学校体育设施向社会开放、公共体育场馆免费或低收费向公众开放，公共体育设施开放率达到90%以上，城区15分钟健身圈形成。

【精准扶贫】2020年，贺兰县体育中心与洪广镇欣荣村10户困难群众和广荣村2户困难群众分别签订精准扶贫结对帮扶协议书，根据困难户具体情况，制定了详细的实施方案及帮扶措施，利用养殖、外出务工等形式帮助脱贫。

气象服务

Qixiang Fuwu

【概况】2020年，贺兰县气象局认真学习贯彻习近平新时代中国特色社会主义思想、党的十九大和十九届二中、三中、四中、五中全会精神，深入贯彻落实习近平总书记重要指示和讲话精神以及全区、全市气象局长会议精神，紧密围绕“生命安全、生产发展、生活富裕、生态良好”，聚焦“监测精密、预报精准、服务精细”的战略任务，推动贺兰气象事业又快又好地发展。

【政治理论学习】2020年，贺兰县气象局制订了《2020年党组中心组学习计划》《2020年党支部学习计划》，通过党组中心组学习会议、全体党员大会、全体职工大会，组织全体党员全面系统学习习近平新时代中国特色社会主义思想，党的十九大和十九届二中、三中、四中、五中全会精神、习近平总书记关于气象工作重要指示和视察宁夏重要讲话精神、意识形态相关文件要求，牢固树立“四个意识”，坚定“四个自信”，做到“两个维护”。2020年共组织召开党组中心组政治理论学习会11次，党支部组织政治理论集体学习11次，召开全体职工大会11次，党组专题研究党建工作5次。

【党组织建设】2020年，贺兰县气象局严肃党内政治生活，严格执行《关于新形势下党内政治生活的若干准则》《中国共产党支部工作条例（试行）》，严格落实党组织设置等基本制度规定，联合县农技推广中心、县水务局、县融媒体中心开展主题鲜明的支部“主题党日”活动。以创建模范机关为抓手，部署贺兰县气象局模范机关创建工作，充分发挥党员领导干部“三个表率”作用。召开党员大会11次，党员讲党课4次，开展“主题党日”活动11次。

【作风建设】2020年，贺兰县气象局全面贯彻落实中央八项规定及其实施细则精神，严格执行公务接待、办公用房、差旅费报销、车辆管理等有关规定，修订完善《贺兰县气象局业务用车管理办法》《贺兰县气象局差旅费管理办法》《贺兰县气象局请休假管理办法》等制度。

【纪律建设】2020年，贺兰县气象局严格遵守政治纪律、组织纪律、廉洁纪律、群众纪律、工作纪律和生活纪律，局党组自觉履行“一岗双责”。年内利用“主题党日”活动组织全体党员、职工和退休干部，参观贺兰县干部教育警示基地，主动接受廉政警示教育，筑牢拒腐防变的思想道德防线。

【基础业务工作】2020年，贺兰县气象局始终把提高气象基础业务质量作为重要问题纳入议事日程，严抓各项规章制度，认真组织地面测报人员学习技术规范，抓好预报服务人员的学习培训，通过强化职业道德及业务知识学习，使业务人员的素质进一步提高，基础业务质量保持稳定。

【气象防灾减灾和气象服务】2020年，贺兰县气象局在汛期前及时安排汛期工作检查，修订完善应急预案和各项业务规章制度，紧紧抓住灾害性、关键性、转折性天气，做好预测预报及资料服务工作。全年重大灾害性天气过程无漏报，为政府抗洪抢险提供了可靠决策依据，防灾减灾效益显著。2020年发布各类信息14万条，制作发布各类气象灾害预警信号125期，服务专报100余期。深化“政府引导、部门协作”，建立应急响应制度，加强对重大活动的气象服务和保障工作，共同做好贺兰县沿山防汛防洪和城市内涝工作。与贺兰县环保局召开打赢蓝天保卫战工作推进会，签订战略合作协议，健全重污染天气预警应急联动机制，加强信息共享。积极联络、走访政府各单位、乡镇、园区，及时掌握各级政府部门人员变动情况，对预警发布系统决策层、气象信息员等联系人及时进行了核实更新。加强人工影响天气作业，使灾害损失降到最低程度，完善贺兰县人工影响天气作业安全事故应急处理预案、作业流程等相关规章流程。完成全县两门人影作业火箭发射架的检修和维护，并将检查发现的问题进行了整改，确保作业安全。积极推进农业气象服务融入式发展，定期组织业务人员深入各农业种植企业一线，与企业、技术人员深入研讨实施现代农业提质增效气象保障服务措施。与县农技推广中心建立气象服务联合联动机制，对设施蔬菜服务产品共同把关，邀请专家授课或对服务产品进行把关等方式推进提升特色气象服务水平。完善防灾减灾救灾体系建设。完成贺兰山纵深暴雨山洪灾害监测系统气象观测站站点勘察2个，对区域自动站设备及主板老化5个站点进行升级改造。

【精准脱贫气象保障】2020年，贺兰县气象局制订《贺兰县2020年气象助力脱贫计划》，定期深入洪广镇欣荣村、广荣村贫困户中开展气象精准脱贫调研，认真做好脱贫台账登记，积极建立结对帮扶机制，做到全体党员干部和贫困户结对帮扶全覆盖。

【气象法治建设】2020年，贺兰县气象局大力提高气象依法行政能力，开展彩球监管执法8次、防雷安全检查8次，查处违法施放气球3次，检查企业38家。开展重大危险源安全专项检查1次，开展环境整治联合检查1次。

卫生健康

Weisheng Jiankang

医疗卫生

【概况】2020年，贺兰县卫生健康局深入学习宣传习近平总书记关于新冠病毒肺炎疫情防控的重要讲话精神和在全国抗击新冠肺炎疫情表彰大会上的重要讲话精神，认真贯彻落实中央、区、市、县关于疫情防控工作的各项决策部署，全力做好常态化疫情防控工作。对全县170家医疗机构开展了日常监督检查，重点检查预检分诊、发热门诊设置及运行情况、传染病防控、消毒设施和消毒情况、医疗废物的管理和处置情况、预防接种管理和病原微生物实验室管理情况。加强对公共场所新冠肺炎疫情常态化防控工作检查，全年共检查美容美发店、住宿场所、电影院等公共场所经营单位1400户次，针对存在的问题下达了卫生监督意见书并要求立即整改，确保公共卫生安全。对全县35所学校的学校卫生、学校传染病防控和学校饮用水安全工作进行了检查，对存在问题的单位下发了限期整改通知，并要求各单位认真落实疫情防控相关制度。加强传染病防控知识学习和秋冬季传染病疫情防控管理工作，联合教育、市场监管等部门，对全县64所幼儿园进行了开课前初验和传染病疫情防控监督指导。联合市场监管部门、校外托管机构行业协会对全县140所校外托管机构进行监督检查，对140名校外托管机构负责人及从业人员进行了传染病疫情防控培训。

【扫黑除恶专项斗争】2020年，贺兰县卫生健康局开展以打击非法行医、医疗美容综合监管执法等为重点的医疗乱象整治活动，全面深化医疗卫生领域行业乱象整治。对超范围执业、使用非卫技人员、违反消毒管理规定等问题的医疗机构进行立案处罚，医疗卫生行业领域监督管理明显改善，治理体系和治理能力现代化持续提升，人民群众的获得感、幸福感、安全感不断增强。对各类医疗机构监督检查250户次，对各类违法行为进行立案处罚32起，罚款金额9.9万元，其中医疗卫生案件23起，传染病防治8起，放射卫生1起。

【行政执法规范化】2020年，贺兰县卫生健康局全面落实行政执法公示、执法全过程记录、重大执法决定法制审核“三项制度”，全面推行持证上岗、亮证执法、文明执法，规范行政执法行为。加强对卫生监督协管员的培训力度，紧抓法治教育不放松，开展卫生监督协管月度例会培训11次，通过法律、法规和卫生监督协管业务培训，进一步提高了卫生监督协管员的业务理论水平。充分发挥社会舆论监督作用，优化信访渠道，及时受理各类投诉举报案件，针对广大群众通过电话、微博反映的医疗机构、公共场所等存在问题，指派相关负责人员核查处理，并及时将核查处理结果反馈当事人。妥善处置各类投诉举报事件23起，对6起违法情节严重、证据确凿的单位立案并进行了处罚。

【夯实依法治县群众基础】2020年，贺兰县卫生健康局立足卫生健康行业特点，坚持边执法边普法，把推进普法教育与卫生监督执法相结合，大力开展法律法规学习宣传教育活动，不断增强监管对象依法行医、依法执业、依法经营意识和全民学法、守法、用法的法治意识。深化与媒体的联合融合，充分利用微博、微信公众号，以图解、动漫、视频等直观、生动、便捷的普法方式，满足人民群众足不出户也能知法、用法多元化需求。加强对公共信息资源的整合，充分运用宣传栏、展板、电子显示屏等公开栏目发布有关法治公益宣传语、张贴法制宣传画，传播法治信息，加强法治文化阵地建设。发放宣传资料5000份，微信微博发布法治宣传相关信息200条，浏览阅读量10000余次，制作电子屏宣传标语50条。

卫生监督

【概况】2020年，贺兰县卫生监督所在做好疫情防控工作同时，忠实履行卫生监督职责，严厉打击各类卫生违法行为，全面完成了各项业务指标。

【新冠肺炎疫情防控】2020年，贺兰县卫生监督所全力以赴做好疫情防控工作，成立疫情防控工作领导小组，制定工作方案，明确各科室责任，多次召开会议传达区市县疫情防控工作会议精神，对疫情防控工作进行多次安排部署。

组织卫生监督员30人次参加自治区、银川市业务部门及县卫健局、县疾控中心组织的新型冠状病毒感染的肺炎疫情防控知识培训班，增强了卫生监督人员疫情防控知识。组织全县民营医院、个体诊所负责人和感染科主任参加县卫生健康系统新冠肺炎防控知识培训班，进一步提高基层医疗卫生机构疫情防控意识，落实传染病预检分诊责任、医疗机构发热门诊建设。制作宣传栏1块、条幅10条，印制新型冠状病毒感染的肺炎疫情防控宣传材料40000份，通过门口电子屏不间断播放疫情防控标语，增强群众疫情防控意识，营造全民共同参与疫情防控社会氛围。疫情期间，全所监督员和辅助性执法人员分为4个监督检查组分别对县级公立医院、民营医院、乡镇卫生院、社区卫生服务站、交通设卡检测点、宾馆、超市等的疫情防控工作进行监督检查，对存在的疫情防控漏洞和风险隐患下达卫生监督意见书并督促整改。加强公共场所管理，对全县宾馆进行拉网式检查，对全县春节期间营业的理发店和38家足浴店洗浴店进行全面监督检查，减少密切接触和人群聚集。对7个交通设卡检测点进行监督检查，督导落实站点人员个人防护、发热病人转（分）诊登记、明确发热病人转（分）诊流向、检测点消毒等内容。对全县58个居民小区疫情防控措施落实情况进行了监督指导，监督检查建筑用工企业53家，机构、个人防护、生活区域消毒。

【学校、托幼机构传染病防控工作监督】2020年，贺兰县卫生监督所对全县34所中小学和65家幼儿园进行了复课前新冠肺炎疫情防控工作检查验收，抽调监督员组成联合检查组对校外托管机构的复业情况进行检查验收。对全县34所学校及30所幼儿园每期间开学的传染病防控、饮用水安全管理及学校卫生工作进行监督检查，针对各单位存在的卫生安全隐患提出了整改意见并督促落实。对全县学校、托幼机构聘用的50名校医进行学校传染病疫情防控及学校卫生知识培训。对全县150名小饭桌负责人进行新冠肺炎疫情防控知识培训。

【职业卫生监督检查】2020年，贺兰县卫生监督所对全县200家企业进行了复工前及复工期间疫情防控及职业卫生管理工作进行了监督检查。召集60家企业的职业卫生主管开展了培训职业健康管理知识培训并发放了培训合格证书。开展了职业健康宣传下乡镇、进企业活动，通过开展职业病法律法规的科普知识宣传，提高居民对职业卫生工作的关注度。通过在企业车间向员工宣传讲解职业病危害，提高劳动者的自我保护意识。对全县160家企业开展作业场所职业危害因素现状调查工作，配合县卫生健康局开展尘肺病病人摸底随访调查工作。开展尘肺病专项治理工作，对全县部分石墨烯、化、家具制造、石材加工等车间存在粉尘、化学毒物危害因素的企业进行重点检查，督促企业落实职业病管理主体责任。

【公共场所监管】2020年，贺兰县卫生监督所开展公共场所量化分级管理和节日公共场所卫生安全专项检查，全年共检查公共场所经营单位1460户次，下达卫生监督意见书770份。结合文明城市创建，开展公共场所控制吸烟专项监督，共下达责令整改通知书48份。

【生活饮用水法律法规培训与管理】2020年，贺兰县卫生监督所举办全县生活饮用水法律法规培训班，共有县内市政集中供水、农村集中供水、二次供水、直饮水单位负责人40人参加了培训。培训班上发放《宁夏回族自治区生活饮用水卫生监督管理条例》宣传册1000本。加强集中式供水单位饮水卫生管理，保障群众用水安全，对全县3家市政供水单位、13家农村集中供水单位、54家二次供水单位进行两轮监督检查。检查内容主要包括卫生许可证、人员健康证、卫生管理制度、水源地卫生管理、饮用水消毒及周边环境卫生等方面。

【医疗机构日常监管】2020年，贺兰县卫生监督所对全县175家医疗机构开展日常监督检查和医疗机构不良执业积分管理。开展打击非法行医专项行动，对检查中发现的9起无证行医行为予以取缔并给予行政处罚，移交公安机关1起。利用医疗机构年度校验之机，审查、整改、规范不合法的行为。扎实开展医疗机构乱象治理工作，共对各类医疗机构监督检查250户次，对1家机构超出核准登记的诊疗科目开展诊疗活动、1家存在使用非卫生技术人员诊疗活动的行为，3家存在执业人员未在执业地点取得处方权的违法行为进行了立案处罚。开展医疗美容乱象专项整治行动，对3家医疗美容机构、130家生活美容机构进行了监督检查，对3起医疗美容违法行为进行了立案处罚。

【放射卫生及消毒产品卫生监督】2020年，贺兰县卫生监督所对6家放射单位和5家消毒产品生产单位进行了卫生监督，对存在问题的单位下发了整改通知，对1家存在违法行为的放射工作单位立案处罚。

【乡镇卫生监督协管指导】2020年，贺兰县卫生监督所加强对乡镇卫生监督协管人员的培训和指导，举办月度例会培训10次，每季度对卫生监督协管工作进行督导考核。通过法律、法规和卫生监督协管业务培训，进一步提高了卫生监督协管员的业务理论水平。各乡镇及社区卫生监督协管工作逐步规范，协管巡查覆盖率达到100%，协管资料逐步完善，卫生监督协管人员素质进一步提高。

【打击违法行为】2020年，贺兰县卫生监督所加大行政执法力度，严厉打击各类违法行为，共立案处罚46起（其中公共场所6起、医疗机构25起、传染病14起、放射卫生1起），简易程序19起，一般程序27起，共执行罚款9.9万元。

疾病防控

【概况】2020年，贺兰县疾控中心坚持基层党建引领疾控业务发展主题，以制度管理为主线，以人才培养为重点，以“作风建设强化年”活动为抓手，不断提升县级疾控中心七大职能履职能力，牢固树立新时代社会对疾病预防控制服务的新期待、新需求，努力打造基层信赖、群众放心、社会认同的贺兰疾控优质服务形象，圆满完成了自治区重点疾控工作目标任务，成功应对了新冠肺炎等重点传染病疫情防控、国家精神卫生综合管理试点、生活饮用水等公共卫生安全监测及国家地方病“十三五”综合评估等工作，获评“国家心血管病高危筛查与干预先进项目点”、“贺兰县新冠肺炎疫情防控工作先进基层党组织”和“三八红旗集体”，3名党员干部获评优秀共产党员、最美劳动者、最美抗疫青年。

【新冠肺炎疫情防控】2020年，贺兰县疾控中心制定专项应急预案、启动应急响应，全方位、全过程做好疫情响应处置工作；及时、完整执行疾病监测，认真研判、分析疫情态势，评估措施效果，做好全县疫情防控技术服务。全县无确诊及疑似病例、无症状感染病例报告。实施对交通卡口、集中隔离点、宾馆饭店、商贸物流、文化娱乐、教育培训、养老机构、宗教场所、复工企业等重点场所（环节）进行防控技术指导、审验评估。举办8场次专题培训，点对点实施现场防疫指导。规范复工、复产、复课、复市等疫情防控工作，向重点部门、社会团体发放价值16万元消毒、体温检测、个人防护等物资。认真分析疫情监测动态，科学研判，为全县65岁以上老年人免费接种流感疫苗。全县17728名老年人如期完成接种，达到群体性预防接种工作指标。

【传染病防控】2020年，贺兰县无甲类及参照甲类管理乙类传染病报告。年内报告乙、丙类传染病18种781例。

【艾滋病防控】2020年，贺兰县疾控中心完成国家“十三五”艾滋病防控规划评估，新登记艾滋病病人或感染者3例，管理现存活艾滋病病人及感染者94例，随访管理87例，抗病毒治疗87例，开展高危干预18次，HIV及梅毒抗体检测22人。完成HIV自愿咨询检测679人次，均为阴性。

【结核病防治】2020年，贺兰县疾控中心完善结核病“三位一体”防治工作。全年定点医院登记初诊病人199人次，接诊随访病人384人次，确诊各类活动性结核病人70例，确诊病人均落实免费治疗。完成8000名大中专、初、高中新生结核病筛查工作。

【免疫规划稳步推进】2020年，贺兰县疾控中心维持高水平免疫接种率，规范实施冷链运转，筑牢免疫屏障；国家免疫规划疫苗基础免疫接种率及加强免疫接种率均达98%以上。完成全县80所小学、托幼机构新生预防接种证查验及补种工作。

【慢性病综合防控】2020年，贺兰县疾控中心重点慢病监测累计报告各类恶性肿瘤642例，其中新发病例401例，肿瘤死亡病例241例，报告肿瘤发病死亡率2.6‰；报告心脑血管疾病920例，以脑梗死为主。

【严重精神障碍疾病管理】2020年，贺兰县疾控中心累计确诊1256例，总检出率4.34‰。其中在管1110人，为600余名患者发放免费药品及相关补助76万元。累计筛查癫痫患者511例。

【国家心血管病高危人群早期筛查与综合干预项目】2020年，贺兰县疾控中心完成初筛1021人，高危干预251人，长期随访调查2330人，长期随访完成率93.2%；整体工作质量优、进展快，在全国项目执行中排名居前。

【基本公共卫生服务能力提升】2020年，贺兰县疾控中心全面提高主要技术服务质量14类52项基本公共卫生服务工作扎实开展，群众服务满意度上升，年内自治区第三方考核较上年度上升3位，全区排名继续靠前。

【地方病防治工作】2020年，贺兰县疾控中心顺利通过国家地方病“十三五”防控工作评估，碘缺乏病、饮水型地方性砷中毒、地方性氟中毒等监测、检测工作如期完成，病高危人群检测1500人次，诊断新发布病患者5人，完成国家包虫病项目工作，实施B超筛查3100人，落实包虫病外科手术救助病人1例。完成1000只中间宿主（羊）检测，未发现感染棘球蚴病变脏器。完成全县8618只登记家犬9轮次驱虫，驱虫治疗率为99.06%，完成犬粪棘球绦虫抗体检测600份。完成国家土源线虫病监测，监测5个乡镇常住居民便样1024份。

【公共卫生安全监测】2020年，贺兰县疾控中心完成5家学校采光照明“双随机”抽检工作，完成7所学校、2339名学生常见病和健康影响因素监测，对 1660 名中小学生开展健康常识问卷调查并及时完成分析报告。完成 11 家医疗机构 40 名放射诊疗人员个人剂量监测 4 次。持续开展农药中毒监测，全年报告农药中毒病例 24 例，23 例均为生活性自服，1 例为生产性自用。完成市政、农村人饮工程生活饮用水水质监测 125 份，以乡为单位覆盖率达到 100%；完成 2 家游泳场馆、24 家医疗机构、86 家宾馆、商场、电影院、美容美发等公共场所公共用品消毒效果监测。开展 12 轮次覆盖全县的病媒生物监测，指导县城街道、社区开展病媒防治消杀。食源性疾病监测全覆盖，年内共报告食源性疾病病例 156 例，完成食源性疾病事件调查处置 3 起。

【检验检测】 2020 年，贺兰县疾控中心及时完成新冠肺炎疫情防控重点人群、重点食品、重点环境咽拭子，拭子采样送样 6563 份，保证了疫情防控核心工作有序、有效的开展。强化实验室内部质控，顺利通过国家尿碘、盐碘盲样考核，通过自治区性病、艾滋病盲样考核，完成食源性疾病、饮用水安全等公共卫生事件及手足口、人皮肤炭疽、布氏菌病等现场采样监测工作。

【健康宣教】 2020 年，贺兰县疾控中心向社会、大众发布疾病预防、健康生活信息 1080 条；宣传专线接受群众电话咨询 860 余人次。把握正确舆论导向，规范风险沟通，制作、分发大众健康宣传用品 10 万份，为县电视台推送疫情防控动态及健康教育知识 3 期。多途径开展健康促进机关创建工作，坚持日常宣传教育与主题日宣传教育活动有机结合，以线上和线下、健康扶贫、“三进三下”相融合的模式，深入开展卫生健康主题进学校、进机关、进企业、进社区、进乡镇等活动。

文化旅游与广播影视事业

Wenhua Lüyou Yu Guangbo Yingshi Shiye

文化旅游

【概况】2020年，贺兰县文化旅游和广播电视局以习近平新时代中国特色社会主义思想为指导，坚持文旅大融合发展战略，大力弘扬社会主义核心价值观，加快发展文化事业，全力推进文化旅游产业，夯实了软实力，壮大了硬实力，满足了人民日益增长的文化需求，推动全县社会的和谐、稳定、繁荣和发展。

【构建全域旅游发展新格局】2020年，贺兰县文化旅游和广播电视局全面完成《贺兰县全域旅游发展规划（2017—2020年）》《贺兰县关于加快全域旅游发展实施意见》《贺兰县全域旅游图解》编制。配合做好《贺兰县乡村振兴战略规划》《银川市文化旅游产业发展规划》等综合性规划。努力推动贺兰县旅游向全民、全时、全业、全景的全域旅游迈进。起草《关于加快推进贺兰县工业旅游发展的实施方案》，推出旅游精品线路10条，其中贺兰县工业旅游线路2条。将乡村旅游规划编制纳入全县乡村振兴规划，制作全域旅游宣传手册，组织召开文化系统创建全域旅游示范县动员部署会，启动全域旅游示范县创建活动。

【构建全域旅游发展新引擎】2020年，贺兰县将乡村旅游作为创建国家全域旅游示范县的“新引擎”，将“民宿+民俗”作为推进乡村旅游的“发力点”。乡村旅游的接待人数和综合收入不断刷新，乡村旅游释放的经济红利迅速攀升。光明渔村、马莲湖农庄被命名为五星级乡村旅游点，天骏青青生态园、兰健欢乐谷、富贵农庄、成元渔村被命名为四星级乡村旅游点，李家大院、田园情休闲农庄、黄河玉米村被命名为三星级乡村旅游点。星级乡村旅游点（农家乐）达到17家，常信乡四十里店村成功创建全国乡村旅游重点村，立岗镇通义村列入自治区项目库。推进百瑞源枸杞庄园、金龙湾、稻香村、艺丰四季田园、兰健欢乐谷等一批乡村旅游项目。结合春节系列活动，开展“民宿+民俗”文旅融合过大年主题活动25场次，举办2020年“迎新春”群众美术书法作品展等系列活动。2020年1月18日，全国乡村春晚宁夏分会场庆祝活动在四十里店18社乡村民宿集开展，以同步直播形式进行网上浏览30万次，新华网等10余家自治区内外媒体广泛宣传报道。策划开展“东西南北中·直播游贺兰”、乡村旅游宣传片、网络“大咖”带你游等线上活动，承办2020年“银川市首届乡村文化旅游节”启动仪式及乡村美食大比拼、县长直播带货、田园生活趣味运动会、健身大赛等线下活动，促进全县文化旅游市场人气回升、消费回暖、经济复苏。开展工业旅游和休闲农业旅游线路推介2场次，推介工业旅游线路1条、农业旅游线路3条。

【工业旅游】2020年，百瑞源中国枸杞馆成功创建国家AAAA级旅游景区，录入国家工业旅游示范点名录。麦尔乐宁夏枸杞食品文化馆成功创建国家AAA级旅游景区，创建贺兰县首家市级研学旅游基地。积极申报指导领新耘智·3D Park、贺金樽酒庄、沃尔丰酒庄、厚生记观光工厂创建国家AAA级旅游景区申报工作。百瑞源中国枸杞馆、麦尔乐枸杞食品文化馆、宁夏华泰龙工厂家居超市、贺兰雷锋纪念馆、宁夏领新耘智3D打印创新馆5家企业被评为2019年“最受欢迎新工业旅游示范点”。以乡村旅游带动引领，以稻渔空间为代表的休闲观光游、六六夜市为代表的夜间游、百瑞源为代表的工业游、3D打印为代表的研学游、通义民俗村为代表的民俗游、农业嘉年华为代表的节庆游、四十里店村为代表的精品民宿游、兰健欢乐谷为代表的康体养生游、立岗民间航空基地为代表的低空飞行游、金龙湾为代表的自驾露营游等十大特色文化旅游产品，彰显“旅游+”效益。贺兰山岩画、贺兰山国家森林公园、宁夏百瑞源枸杞博物馆入选自治区十佳景区，昊王国际饭店入选十佳文明星级饭店，选树文明旅游人20人。

【“文化+旅游”深度融合】2020年，贺兰县大力开展“文化进景区”工作，将文化和旅游深度融合发展。完成兰健欢乐谷、蔬菜公园、稻鱼空间、领新耘智3D打印基地等景区“图书岛”工作。在“5·19”中国旅游日开展“云旅游”、科普长廊共建、“工业旅游”、摄影大赛等多项活动，举办农业嘉年华、农民丰收节等旅游节庆活动20余场次。评选表彰“十佳文化旅游能人”10人。开展工业旅游和休闲农业旅游线路推介2场次，制定贺兰县精品旅游线路10条。2020年谋划重点项目6个，其中新建项目4个，续建项目2个，领新耘智3D打印基地项目、金龙湾自驾营地、通义稻香村、艺丰农场、兰健欢乐谷等5个项目开工建设，谋划黄河流域高质量发展项目2个，概算总投资3100万元。“十四五”谋划项目11个，概算总投资12373万元。重点推进乡村旅游集聚区综合服务体系建设项目，扩展旅游项目多元化，衍生生态旅游产业链条。打造稻渔空间生态观光园、艺丰农场等乡村旅游示范点，融合现代农业发展特色，打造彩色稻田画、科普长廊、农耕体验、儿童娱乐以及观光休息驿站等旅游全要素内容，提升乡村旅游服务功能。

【文化惠民】2020年，贺兰县不断完善基层公共文化服务体系建设，为全县29个村级文化服务中心配送图书5400册，完成全县11个阅读岛的建设任务，为11个阅读岛配送桌子20张、椅子56把、书柜24个，电脑2台，配送图书3800册。开展各项文化惠民活动1822场次，送电影下乡1246场次。开展文化志愿者“乡村行”下基层文化辅导培训共65天，开展民族民间舞、广场舞培训2期。

【群众文化活动】2020年，贺兰县始终坚持服务基层、服务群众，举办多姿多彩的群众活动。举办“金鼠迎春 欢乐贺兰”首届乡村春晚，“文化之春”戏曲春晚暨“民宿+民俗”文旅融合过大年文化活动。完成“严打黑恶犯罪·弘扬社会正气”“健康人生·绿色无毒”“塞上儿女一家亲·同心共筑中国梦”“移风易俗深化年”“庆七一”慰问演出。“七五”普法、送戏下乡惠民文艺巡演350场次。举办2020年“迎新春”“庆七一”、“迎中秋 庆国庆”“这是个好地方”群众美术书法作品展。

【文化遗产保护】2020年，贺兰县抓好文化阵地及文化队伍建设，做好非遗项目、非遗传承人申报工作，完成12个门类、537条非遗项目线索，303项非遗普查项目，25盘摄像资料。先后在文化馆、欣荣村、广荣村、隆源村举办了刺绣、剪纸、编结、皮艺等多期针对移民村闲散劳动力的培训活动；洪广镇广荣村为乔雪师傅的手工皮艺搭建“新巢穴”，解决了欣荣村、广荣村1500多人的就业问题。自治区市县级传承人45人，市县级传承点9个。在奥特莱斯打造了300平方米的非物质文化遗产展厅，进一步加大文化遗产保护力度。

【文化市场秩序维护】2020年，贺兰县文化旅游和广播电视局出动执法检查人员5994人次，检查文化旅游经营企业1897家次，对26家疫情期间违规经营的网吧等娱乐场所进行停业整顿。召开行业专题会议5次，悬挂宣传横幅15条，制作宣传展板2块，印发宣传海报2000余份，检查各类出版物经营单位30余家次，查缴非法出版物2400册、光盘等盗版制品300张，集中运送至吴忠市造纸厂销毁，有力净化了贺兰县音像、出版物市场。

图书馆

【概况】 2020年，贺兰县图书馆累计到馆21.32万人次，组织开展“书香贺兰·全民阅读”群众性文化活动，在“书香贺兰”微信公众号开展以“书香贺兰诗词鉴赏，阅读通达未来”为主题的线上活动，线下开展了第四届“书香贺兰”乡村读书节。完成《贺兰县基层公共文化服务中心运行与管理中存在的问题及对策调研报告》1篇。

【公共数字文化项目提升计划和市民阅读岛建设】 2020年，贺兰县图书馆开展“四送六进”文化惠民工程。2月20日，进防疫定点宾馆送图书800册，5月19日，进宗教场所送图书250册。做好村级文化中心建设工作，为全县29个村级文化服务中心配送图书5400册。完成政协提案和2020年公共文化服务建设项目，在图书采购及阅览设备完成招标的前提下，完成了全县11个阅读岛的建设任务，为11个阅读岛配送桌子20张、椅子56把、书柜24个、电脑2台，配送图书3800册。在亲水嘉苑老年活动中心图书流通店配备阅览桌2张、书柜4个、椅子8把、图书600册，设置全民阅读岛标牌1个，对图书进行分类上架，及时向居民免费开放。

【数字阅读推广】 2020年，贺兰县图书馆以“我们的节日”为活动主题，开展了一系列文化惠民活动，为了让更多的读者享受到移动阅读带来的便捷，在开展活动的同时推广数字阅读。鼓励现场读者只要拿出手机，扫描关注“书香贺兰”订阅号，就能免费领取一份奖品，共开展阅读推广活动8次。“书香贺兰”订阅号打造成了集移动阅读于一体的数字媒介。“关注书香贺兰，畅享数字阅读”成为贺兰县图书馆的热点工作。

【文化扶贫】 2020年，贺兰县图书馆建立贺兰县图书馆欣荣村分馆，投资70万元，建设面积208平方米，配置图书5000册、自助借还设备2套、公共数字文化一体机1台、超星数字图书借阅机1台、音响1套，开通了20兆Wi-Fi，内设阅览座席42个、休闲座椅16个，采取文化馆、图书馆共建共享，分时服务模式。充分发挥文化在“扶志”“扶智”中的作用。依托欣荣村分馆，开展群众阅读活动，开设“四点半红领巾小课堂”，聘用2名大学生志愿者长期为留守儿童进行课业辅导，为外出务工人员解决后顾之忧。

文化馆

【概况】 2020年，贺兰县文化馆坚持以习近平新时代中国特色社会主义思想为指导，充分发挥文化馆职能，整合社会文化资源，推动文化繁荣，组织开展丰富多彩的文化活动，不断提高管理能力和服务水平，全县群众文化工作取得新的突破。

【制度完善】 2020年，贺兰县图书馆把提高全馆人员业务素质作为推进工作的强劲动力，坚持常抓不懈，着力提高服务水平。坚持日常学习不放松，及时学习党的政策方针及全县工作要求，学习了《论党的宣传思想工作》《习近平关于“不忘初心、牢记使命”重要论述摘编》、注重业余文化队伍建设，加强对各乡镇、街道社区文化专干辅导、培训，为全县各类文化活动开展，打下了坚实的基础。

【文化活动创新】 2020年，贺兰县文化馆开展各项文化惠民活动2099场次，其中文化活动673场次，送电影下乡1426场次，概算总投资12373万元。推进乡村旅游集聚区综合服务体系项目，扩展旅游体系多元化，衍生生态旅游产业链条。

【文化惠民】2020 年，贺兰县文化馆开展“美丽乡村”文化大集暨文化科技三下乡 12 场次、“民宿 + 民俗”文旅融合过大年系列活动 8 场次，开展“迎新春”文化惠民文艺巡演 3 场次、组织并参演“童心筑梦快乐成长”贺兰县少儿春晚、“金鼠迎春欢乐贺兰”首届乡村春晚、“文化之春”戏曲春晚暨“民宿 + 民俗”文旅融合过大年。“庆七一”慰问演出 2 场次，送戏下乡惠民文艺巡演（戏曲专场）7 场次，“送戏下乡”文化惠民文艺演出 50 场次，“文化惠民·乡村文艺”巡演 300 场次。

【文旅深度融合】2020 年，贺兰县文化馆推进乡村文化旅游繁荣兴旺。“首届乡村文化旅游节”启动仪式 3 场次。“寻味行动”启动仪式，文艺演出进景区 8 场次。第三届“中国农民丰收节”6 场次。贺兰县全域旅游推介暨宁夏百瑞源枸杞博物馆国家 AAAA 级旅游景区揭牌 2 场次；“迎中秋·庆国庆”文艺演出进景区 11 场次。

【书法作品展】2020 年，贺兰县文化馆举办 2020 年“迎新春”、“庆七一”、“迎中秋·庆国庆”“这是个好地方”群众美术书法作品展，弘扬了中华优秀传统文化，营造健康向上的节日文化氛围。

【文艺演出】2020 年，贺兰县文化馆“严打黑恶犯罪·弘扬社会正气”扫黑除恶专题文艺巡演 10 场次。“健康人生·绿色无毒”禁毒专题文艺巡演 10 场次。“共创健康促进县·争做健康贺兰人”专题文艺演出 2 场次。“移风易俗深化年”专题文艺巡演 8 场次。“塞上儿女一家亲·同心共筑中国梦”民族团结专题文艺巡演 15 场次。“七五”普法专题文艺巡演 10 场次。

【文化遗产挖掘】2020 年，贺兰县文化馆开展非物质文化遗产“德才兼备以德为先”新时期传承人培训，组织非遗传承人参加自治区“民族团结月”启动仪式非遗展示，组织非遗传承人进景区。对贺兰县文化遗产保护成果进行了广泛宣传。

乡镇（场）与街道

Xiang Zhen (Chang) Yu Jiedao

习岗镇

【脱贫攻坚】 2020年，贺兰县习岗镇有建档立卡户3户4人，人均收入全部超过国家脱贫标准，“两不愁三保障”均已达标，深入开展“四查四补”工作，边缘户10户19人全部纳入政策兜底保障范围内，累计发放临时救助资金2.7万元、慈善总会帮扶资金0.8万元。完成危房改造26户，建设抗震宜居房30户，安装自来水60户。

【扫黑除恶专项斗争】 2020年，贺兰县习岗镇全面贯彻落实中央及区市县扫黑除恶专项斗争会议精神，加强问题线索排查办理及重点行业领域乱象治理工作。全国扫黑办举报平台交办1件，办结1件。县扫黑办交办核查的问题线索11件，办结11件；中央第20督导组转办习岗镇信访案件27件全部办理答复。对辖区44家重点企业（商店）强化监管力度，推进扫黑除恶专项斗争深入开展。

【基础设施建设】 2020年，贺兰县习岗镇投资400万元对新胜小康村和桃林塞上农民新居基础设施进行改造提升，新建环保厕所25座、公共厕所3座；投入225万元实施为民服务发展专项资金项目9个。

【民生保障】 2020年，贺兰县习岗镇转移劳动力2776人，新增小老板45人、小企业12家，提供就业岗位215个。办理被征地养老保险712户1091人，发放临时救助25.13万元、失地农民项目扶持资金800万元、低保185万元、高龄津贴110万元、优抚金3.6万元、党内关爱资金4.79万元。

【历年遗留问题化解】 2020年，贺兰县习岗镇强化上下联动，积极推进解决塞上名居Ⅰ期、德胜花园Ⅱ期、东湖之春不动产登记，塞上名居Ⅱ期建设集资款遗留问题，金竹柳公司拖欠土地流转费，桃林新村改造，德胜花园上下水改造、道路硬化以及新胜小康村停车难等一大批老百姓关注的烦心事和揪心事。大棚房整治审计工作稳步推进，其中一、二类问题审计已初步完成，三类问题审计有序进行。

【项目建设】 2020年，贺兰县习岗镇共谋划项目17个，概算总投资7.1亿元，年度计划投资2.59亿元。已开工建设项目13个，其中政府投资类10个，社会投资类3个，完成固定投资3200万元、招商引资3500万元，完成招商引资项目2个。

【产业融合示范区建设】 2020年，贺兰县习岗镇以创建产业融合示范园为目标，在和平9社新建集瓜菜种植、休闲采摘、餐饮娱乐、亲子互动、冷链仓储配送于一体的田园综合服务中心。形成以新平园区六期为核心的“生产+采摘+销售”现代农业采摘园，以特色种植为主的樱桃、水蜜桃、草莓、火龙果、鲜食番茄等特色设施果蔬产业，打造集休闲观光采摘及电商销售于一体的三产示范样板；引进设施樱桃种植专家团队，指导企业在五星村种植露地樱桃 200 亩，新平园区种植设施樱桃 25 栋，繁育种苗 2 万株，为设施农业提质增效开辟路径。

【农业基础设施建设】2020 年，贺兰县习岗镇持续推进新平园区改造提升工程，投入资金 239 万元实施了新平园区六、七期及天缘种业旧棚改造项目，争取“四好园区”项目 40 万元资金，实施了有机肥替代化肥项目，争取为民服务发展资金项目、财政奖补项目等，在全镇设施园区硬化道路 8 条 19800 平方米，安装路灯 85 盏。

【重点工程建设】2020 年，贺兰县习岗镇征地拆迁及棚户区改造 849 户安置房源 833 套。贺立公路征地工作已全部完成，流动宣传 210 次。

【农村环境整治】2020 年，贺兰县习岗镇着力打造、整顿提升 1 个标杆村、2 个提升村、8 个一般整治村，投工投劳 2300 人次，动用机械 690 台次，整治院落 650 余个。清理垃圾堆放点 290 处、生活垃圾 8700 吨，清理河道 21.3 公里、淤泥及漂浮物 900 余吨，整治乱堆乱放 138 处，规范废品收购站 71 家。清理“散乱污”25 家，摸排危房 308 户，拆除 304 户，拆除违章建筑 48 处、私搭乱建 51 处。清理残垣断壁 79 处，新增绿化面积 230 亩。整改完成自治区环保督察组反馈问题 2 个。在全市人居环境综合整治考核中 7 月份排名第四、8 月份排名第九，全县考核第二，获得奖励资金 80 万元。结合新时代文明实践站建设，建设积分超市 11 个，开展卫生评比 41 次，评选“红黑榜”32 次，评选美丽庭院、卫生整洁户 233 户，晾晒脏乱差家庭 181 户，兑换积分 8.23 万分，总计金额 9.5 万元。

【文明城市创建】2020 年，贺兰县习岗镇依托新时代文明实践站开展志愿活动 450 余次，获评市级“美丽庭院”1 户、县级 5 户，新增自治区“最美家庭”1 户、县级“文明家庭”11 户。绿化空地 80 余亩，铲除墙面小广告 300 平方米，粉刷楼道 25 栋，规划停车位 327 个，硬化路面 5453 平方米，完成了德胜花园基础设施改造。

立岗镇

【项目建设】2020 年，贺兰县立岗镇紧扣“米粮小镇”发展定位，调整优化“一轴两带多业态”产业布局，全年建设项目 14 个，概算总投资 2.46 亿元。已开工项目 10 个，完成固定资产投资 6000 万元。落实招商引资项目 4 个，计划总投资 1.25 亿元，实际到位资金 5300 万元。积极争取中央区市项目 7 个，争取资金 2131 万元。加快推进“东粮西菜”板块建设，东区重点发展优质粮食，累计播种水稻 7 万亩，小麦 0.8 万亩，玉米 3.6 万亩，新建稻渔立体综合种养基地 4100 亩，种植生态稻面积 1.5 万亩。西区重点以蔬菜公园为载体发展有机蔬菜，蔬菜种植面积 4.2 万亩，新扩建标准化种植基地 0.2 万亩，扩建有机蔬菜基地 500 亩，新增大拱棚设施 100 亩，申报永久性蔬菜基地 1 个。开工建设高品质食用椒、兰丰生态种养和鑫金元奶牛循环种养项目，进一步搭建农产品精深加工、冷链物流仓储平台。引进宁夏振新、嘉日康诚等资源利用企业落户立岗，积极争创“无废乡镇”。围绕乡村旅游、健康养老、现代农业等领域，重点扶持通义稻香村、阿里生态农场等一批项目落实落地，成功举办“粽情端午 玩转立岗”首届乡村旅游文化节、第三届“农民丰收节”、贺兰航空体育科普节等农旅活动，打造乡村旅游精品线路。

【污染防治】2020 年，贺兰县立岗镇贯彻落实“一河一策”、压紧压实河湖长制责任，开展渠道清淤 38.2 公里，清运河道垃圾 108 吨，打通河道“肠梗阻”15 处，处理河道病死动物 271 头。开展“清洁田园”巡察活动，细化 62 个秸秆禁烧巡查网格，安排专人分时间、分路段、分片区 24 小时巡查。实行“散乱污”企业动态清零，排查“散乱污”企业 2 家，全部得到有效整改。

【人居环境整治】2020年，贺兰县立岗镇以开展“十大专项行动”为抓手，对标督战台账，完成问题整改158处，清运生活垃圾4100车、建筑垃圾4300吨，清理乱堆乱放412处、沟渠33条，整治私搭乱建72处，增配垃圾箱300个。结合拆违拆危工作，动态更新危房、违建底数，拆除危房375栋，残垣断壁1090处，分步实现保留庄点54个。全面铺开改水改厕、基础设施配套等重点工作，建成管网式厕所95户、三格式厕所1108户，室内改造132户，搬迁上楼50户，完成兰光、先进、兰丰3座村级公厕建设任务，持续巩固提升美丽乡村建设质量和水平。制定印发《立岗镇农村人居环境整治工作实施方案》《农村环境长效管护机制》《康洁公司月度考核管理办法》，形成“周督查、月考核”闭环机制。全面运行“积分超市”“道德红黑榜”“笑脸公示牌”，完成环境卫生评比72次，兑换积分2.32万分。积极推行“美丽庭院”创建，指导各村设置奖励资金，由村民自主评选、奖励“美丽庭院”30个，在贺兰发布、米粮立岗等微信平台推送“美丽庭院”系列报道14期，永华村积极争创银川市“美丽庭院示范村”。

【脱贫攻坚】2020年，贺兰县立岗镇深入开展“四查四补”，查损补失，集中梳理受疫情影响就业情况，协助企业发布用工需求信息120条，帮助154人就近就便就业，4人申报公益性岗位。对已登记的21户45人建立“一户一策”档案，细化政策兜底保障措施。严格按照“六个一批”改造要求，摸排“四类”人口危房11户。针对10户未脱贫建档立卡户、2户存在返贫风险的监测户，分析查找增收乏力原因，有针对性地进行增加低保3人、提标低保1人、临时救助9人、集中养老托养1人。在政策、产业、教育、金融等扶贫方式上多点发力，开展就业技能培训1期45人。加强控辍保学，对接爱心企业捐赠图书300本，受惠儿童120余人。发放春节慰问、务工补贴、雨露计划、产业分红65.42万元，小额信贷21笔105万元，实施慢性病、重特大疾病救助19人，企业结对帮扶10人。

【民生保障】2020年，贺兰县立岗镇开展就业创业指导培训3期，办理“4050”灵活就业179份，新培育小老板、小企业36家，带动就业118人，转移劳动力5514人，实现增收7635.78万元。积极推进各类惠民政策，认证社保、医保1023人，办理养老保险资格认证2432人、被征地农民养老保险13人、“铁杆庄稼保”参保2435人，为2807名65岁以上老人免费注射流感疫苗，累计发放农村低保、高龄津贴、老龄、残疾人等各类补贴535.54万元。建成新时代文明实践站（所）16个，推出“田间地头普科技”“文化惠民润心田”等10个志愿服务项目，开展主题理论宣讲9场，组织“雷锋月”“文明公筷”等志愿活动127次，人民群众获得感、幸福感进一步得到提升。

【社会综治】2020年，贺兰县立岗镇纵深推进扫黑除恶、安全生产、信访、司法行政等重点工作。细化工作流程，建立“一会一档”，做到“一线索一档案一装袋”，累计排查线索41条，其中问题线索2条，行业治乱线索39条，全部办理完毕。民族团结坚持思想引领，召开宗教活动场所“三定”学习会议2次，集中排查辖区内23处宗教活动场所书籍，宗教和顺、民族团结局面进一步得到巩固。开展“安全生产月”专项行动，组织消防培训、演练3次，开展安全生产检查40余次，检查场所76处，完成问题、隐患整改147条。办结“12345”信访热线138件，信访业务智能辅助平台信访件32件，成功化解金竹柳、叶生林宅基地等一批信访积案。开展矛盾纠纷排查30次，调解纠纷49起，解答法律咨询200人次，开展“送法下乡”活动7次，推广“12348”法律热线，通义村成为全县首批“无诉”村居，乡村治理新体系逐步完善。

金贵镇

【基层党组织建设】2020年，贺兰县金贵镇着力培育壮大村集体经济。雄英村、关渠村及金贵村党支部通过种植经营征而未用或流转土地，村集体收入达到100万元以上；银河村和潘昶村以申请项目资金建设村级集体资产进行出租的方式，村集体收入达到70万元以上，积极探索金贵村“125”乡村治理模式和银河村德治、法治、自治的“三治”乡村治理模式。银河村获评国家级依法治理先进村和自治区乡村治理示范村。

【脱贫攻坚】2020年，贺兰县金贵镇围绕未脱贫建档立卡户脱贫、防边缘户返贫及挂牌督战村的工作目标，坚持问题导向，严格落实脱贫攻坚主体责任，扎实开展“四查四补”，排查问题31个，整改销号26个，长期坚持4个。组织本地13家企业和500多名群众举办招聘会，帮助223人（其中47人为建档立卡户）实现“家门口就业”。落实交通补助、驾驶证补贴、固定收益分红、“多代多人”住房补贴等扶贫政策资金109万元。实现建档立卡户城乡居民基本医疗保险、扶贫保全覆盖。扶贫小额贷款完成128户569万元。走访固原市3个县区20个乡镇50多个行政村150余名贫困户，宣讲房屋不动产证办理政策，银光村办理房产证197户、江南村办理房产证351户。为银光村149户和江南村108户移民更换自来水管；争取项目资金120万元，实施银光村小广场提升改造、江南村移民楼前绿化提升改造以及墙体瓷砖修补工程。

【项目谋划】2020年，贺兰县金贵镇持续推进乡村振兴战略，把稳增长、调结构的着力点集中到重点项目建设上，促进农业增产农民增收。强化项目谋划储备，抢抓机遇，积极谋划，全镇共谋划项目22个，总投资5.9亿元，年度投资3.2亿元。加大招商引资力度，坚持把招商引资作为“头号工程”，开展走出去招商活动3次，接待考察12次，健全项目推进机制，紧盯重点项目，建立“一个项目、一名领导、一套班子、一抓到底”的推进机制。发挥邻近银川独特区位优势、交通优势，打造研学旅游标签，兰健欢乐谷、牡丹花乡、黄河玉米村被评定为“贺兰县第二批研学基地”。丰富金贵特色农业旅游观光线路，“五一”“十一”假期、农民丰收节等时间节点游客总量突破4.1万人次。

【人居环境整治】2020年，贺兰县金贵镇坚持“绿水青山就是金山银山”的发展理念，扎实推进环境保护和生态治理，努力使山更绿、水更清、天更蓝。以人居环境整治“十大攻坚行动”为抓手，整治“散乱污”小企业小作坊33家，搬离污染严重的养殖场6家。清理二排沟、银星干沟杂草、生活垃圾3000吨。完成户改厕1402户，拆除危房768处、违建153处、残垣断壁77处，整改自治区党委生态环保督察组反馈问题5个。完成春季植树绿化500亩，秋季植树绿化面积400亩。争取项目资金250万元，实施了关渠和通昌村农村人居环境整治和美丽乡村建设项目。赴其他市县及兄弟乡镇人居环境观摩4次。评选金贵镇“最美庭院”105户，11个行政村设立“红黑榜”评比制度，上榜304户，其中“红榜”192户，“黑榜”112户，积分兑换3万元。

【民生服务保障】2020年，贺兰县金贵镇常态化开展疫情防控，建立镇村两级联防联控机制，成立12个普查组，设立防疫卡点23个，落实“四包一”工作机制。开展拖欠民营企业账款专项整治，累计清欠民营企业账款24笔4000万元。持续开展扫黑除恶专项斗争，捣毁传销窝点11个22人。发放低保953户1381人、临时救助254户、高龄补贴728户34.8万元。新增小企业40家，带动就业300人。

【矛盾纠纷化解】2020年，贺兰县金贵镇坚持“党政领导、信访牵头、分管包抓、共同参与”的工作思路，深入开展“百日攻坚”和“清零”行动，力争做到“矛盾不上交、平安不出事、服务不缺位”。深入排查矛盾纠纷，坚持每周在全镇范围开展1次矛盾纠纷排查，对排查出的矛盾纠纷认真梳理、分析研判、提出对策，严格落实“六包一”和“七个一”工作机制。认真办理来信来访，共收到网上信访管理平台转办件45件，办结43件，共收到银川“12345”平台工单542件，办结527件，收到银川市政民互动业务平台信件1件，办结1件；收到网络舆情督办单9件，已全部办结。市委巡察移交信访件21件，全部办理答复。

洪广镇

【基层党组织建设】2020年，贺兰县洪广镇积极推进党组织书记和村委会主任“一肩挑”，落实村“两委”联审机制，补选4名村（居）“两委”成员。开展软弱涣散和后进村党组织整顿专项整治，研究制定“一村一策”方案，查找问题10个，整改销号8个，结合村“两委”换届摸排工作逐村调研，与54名村干部进行谈心谈话，了解思想动态及各项工作开展情况，为换届选举做好准备工作。

【党员教育管理】2020年，贺兰县洪广镇发展党员10名，其中疫情防控期间火线发展党员1名。举办入党积极分子和发展对象培训班3天45人，党员领导干部讲党课8次。

【制度落实】2020年，贺兰县洪广镇严格落实“三会一课”、民主评议党员、“三务公开”等制度，每月召开一次“主题党日活动”，广泛开展学习教育。壮大村集体经济，探索“帮带共建，抱团取暖”模式建成广荣村制冰场并投入使用，增加村集体收入26万元。成立金山村劳务经济协会和农机合作社，村集体和农户得“双赢”。

【脱贫攻坚】2020年，贺兰县洪广镇紧盯25户91名贫困人口，扎实开展“四查四补”和脱贫攻坚“回头看”问题整改，扎实推进贫困村销号，贫困人口脱贫和贫困村出列建立防贫返贫监测预警机制，实行动态管理，不断完善“一户一档”，巩固提升精准脱贫成果。全面落实兜底保障政策，实现托管15户、兜底保障302人、老年饭桌59人、邻里照料18人。全面实现产业补助、雨露计划、金融扶贫等扶贫政策落地落实。办理劳务移民（吉荣苑）不动产登记证185户。

【住房安全】2020年，贺兰县洪广镇抓实抓细住房安全保障工作，全面摸排鉴定，经鉴定，四类重点对象存量危房78户（其中C级21户、D级57户），实施危房改造21户。暖泉农场存量危房168户，（C级102户、D级66户），D级危房全部拆除。

【项目建设】2020年，贺兰县洪广镇共谋划项目28个，开工建设项目24个。完成招商引资总投资30330万元，完成固定资产投资1.03亿元。

【产业扶贫】2020年，贺兰县洪广镇引进宁夏冠名食品加工专业合作社、伟之杰农业公司，盘活广荣村土地。完善基础设施，盘活闲置厂房，引进欣惠丰农副产品加工、宁夏荣耀制衣有限公司等企业，实现新型工业企业落地生根，提供就业岗位500个。

【农业产业基础改善】2020年，贺兰县洪广镇优化种植结构，种植小麦5223亩，玉米40119亩，水稻10955亩。持续增加优质牧草、青贮玉米、特色瓜菜等高效经济作物种植。整体布局、精准布点，投资500万元实施2020年农田水利建设1.82万亩，整合土地平整等项目，实施土地改良等工程，大幅提升农业生产条件。

【生态环境整治】2020年，贺兰县洪广镇充分发挥基层党组织核心作用，落实四级包抓责任制，全力开展人居环境整治工作。拆除危旧房屋619户，拆除清理残垣断壁、私搭乱建等356处，完成房屋维修5户，完成改厕1852户。对正源街与银汝路转盘周边环境进行重点整治。实施2020年春季林网绿化建设工程，补植，种植各类树木37220棵。实施河道保洁整治行动，拉网式排查，整治河道长度 31 公里，清理岸坡垃圾、杂草等 1300 立方米。

【精神文明建设】2020 年，贺兰县洪广镇建立“妇女劝导队”、“巾帼志愿服务队”发挥引导劝导和志愿服务作用。积极探索“义务巷长制”、“笑脸积分制”、“红黑榜制”、积分银行等创新机制，促进群众自觉转变观念。12 个新时代文明实践站（所）阵地和积分超市，发布志愿服务项目 231 个，开展积分评比及兑换 38 次，评选最美家庭 6 户、健康家庭 4 户、最美庭院 27 户、文明家庭 11 户，获评市级最美庭院 3 户。

【历史遗留问题化解】2020 年，贺兰县洪广镇积极化解洪鑫苑农民新居历史遗留问题，实施天然气接入工程，回购芙蓉鑫苑三栋商住楼。发放低保、高龄、临时救助等资金惠及 2323 户 4818 人。办理被征地农民养老保险 486 户 1458 人。举办就业、创业培训 4 期 104 人。

【社会治理】2020 年，贺兰县洪广镇深入推进扫黑除恶专项斗争，打造镇级综治警务中心，强化基层治理。打造移民村“廉情诊所”，全面监督村务运行。落实安全生产责任制，重点整治道路交通、消防安全等问题。加强依法治县和“七五”普法教育，调解各类矛盾纠纷，做好司法服务工作。积极开展禁毒宣传教育，加强管理帮教。

常信乡

【概况】2020 年，贺兰县常信乡农民人均可支配收入突破 18000 元，同比增长 9.5%。完成固定资产投资入库 1.2 亿元，完成招商引资到位资金 1.7 亿元。

【党的建设】2020 年，贺兰县常信乡做好困难党员的关爱慰问，发放党内关爱资金 3 人 1.51 万元。深入学习党的十九大、十九届四中及五中全会精神，坚持理论武装头脑、理论指导实践。组织召开基层党建专题会议 8 次，全面推进“一抓两整”示范乡创建，落实“六项行动”。培养村级后备干部 44 人，吸纳致富带头人 54 人，接收入党积极分子 26 名，吸收发展对象 9 名，转正党员 11 名。发挥第一书记作用，实施壮大村集体经济项目 5 个，完成村集体经济收入 260 余万元。聚焦疫情防控，发动党员参与防疫工作累计 2950 人次，捐款 1022 人次 104706 元，结合市委巡察反馈问题整改，进一步规范并指导各党支部落实“三会一课”、主题党日、党费收缴、书记讲党课、党员学习教育等制度要求。广泛开展谈心谈话，详细了解各村“两委”班子成员思想动态和“进退意愿”，初步确定现任班子成员的进、退、留、转意向，确保换届工作有序开展。

【现代农业提档升级】2020 年，贺兰县常信乡围绕“渔米小镇”高质量发展目标，坚持抓项目建设复工复产及疫情防控工作两不误，全年实施农业产业项目 16 个、续建项目 1 个，推动适水渔业、有机水稻、瓜菜种植向“做优”“做精”“做强”转变。围绕做优适水产业，推动天荣公司工厂化白对虾生物絮团养殖技术取得重大突破，实现白对虾工厂化养殖 1095 公斤 / 亩。寇家湖白对虾首次试养实现外塘养殖 240 公斤 / 亩。围绕做精优质水稻，新建新华村 2000 亩稻渔稻蟹立体种养，有机稻面积达到 1.12 万亩，稻渔立体生态种养面积达到 1.15 万亩。围绕做强瓜菜产业，新建朝天椒、西红柿等蔬菜基地 2000 亩，带动当地 600 多名农民就近打工挣钱。特色建设上实现新提升。坚持以品牌引领提升农产品市场占有率，加快推进“互联网 + 现代农业”步伐。广银有机米、蟹田米、鸭田米生态有机品牌 1—9 月实现天猫、京东等电子商务平台网上销售额突破 1200 万元。以推动水产养殖实现科学高效养殖为导向，重点推动科海渔业、蓝湾等发展名特优新水产品养殖，大力推广低碳高效流水池、低排污等技术，提升专业化水平。以推动天荣公司优质辣椒粉、韩式泡菜远销国外。广银公司胚芽米项目投产达效。以休闲采摘为导向，建成四十里店村、广银公司、金河湾等休闲采摘园6个。新增粮改饲面积8500亩。按照“三带一轴”全域旅游发展思路，沿109国道不断夯实产业基础、创新经营模式、健全联农带农机制，全力打造集生产、加工、服务为一体的“稻渔空间”主题农业公园，一、二、三产业深度融合发展，大地景观游进一步聚焦人气。

【生态环境优化】2020年，贺兰县常信乡深入落实贺兰县农村人居环境整治“十大专项行动”，拆除存量危房、土坯房800户2824间，拆除残垣断壁及废弃圈舍466户1367间，拆除违章建筑8户29间。清理乱堆乱放9800余处、各类垃圾21000吨。完成改水改厕1180户。配置垃圾箱400个。评选“最美庭院”1374户次，高标准完成四十里店、旭光等6个保留村庄环境整治。坚持秸秆禁烧疏堵结合，传唤、训诫40余人，处罚15人，收缴罚金8600元。投入资金120万元，清理林带、沟渠杂草50千米。认真落实乡村两级App巡河制度及水源地保护，清淤整治团结沟、四清沟12公里，清理沟道垃圾5吨。更换、新建河湖长制度牌37块。清理退出典农河水源地禁养区鱼池2366亩。切实加强防尘抑尘，关停取缔“散乱污”企业1家。拆除清理博大置业拌和站、废品收购站及汽车修理铺100间，整改落实自治区党委环保督察组移交反馈案件2件。围绕主干道路两侧、村庄巷道等完成春、秋两季绿化植树495亩，其中新植294亩、补植201亩。

【脱贫攻坚】2020年，贺兰县常信乡对标“两不愁三保障”，扎实开展四查四补。针对全乡12户建档立卡户、9户边缘户给予政策兜底保障，办理农村最低生活保障3户3人，增人提标8户10人，居家照料4户4人，52人给予临时救助，发放救助金45000元。加强政策兜底保障力度。新增办理农村最低生活保障174户182人，办理重疾重残最低生活保障75户77人，实现重残、重疾（癌症）低保办理全覆盖。建设完成四类人员危房改造25户，修缮房屋2户。发放困难救助资金60.6万元。落实疫情期间困难群众基本生活保障，为12户建档立卡户、9户残疾群众、45名特困群众、25户因灾困难群众发放防寒服、棉裤、棉鞋等物品225件，发放棉被、棉褥子、毛毯125件。

【民生保障】2020年，贺兰县常信乡民生保障更加完善，核实低保人员933户1142人，发放低保金3459302元，发放高龄津贴3462530元，发放失能老人生活补贴7人9450元；救助特困供养人员26人129948元；救助孤儿2人11244元；发放残疾人生活补贴482人406600元；护理补贴505人共362640元。帮扶困难退役军人救助11人16000元，帮扶2名困难优抚军人到工人疗养院进行疗养。开展“送戏下乡惠民演出”累计68场，放映红色教育影片68场，观看群众1680人次；实现人口和计划生育信息网络全覆盖，全员人口信息入库率达98%以上，育龄妇女信息入库率达100%。确认奖励扶助对象142人，兑现奖扶资金17.04万元，兑现少生快富提前奖扶59户111人13.32万元。争取财政部门公益事业财政奖补项目，实施新民、于祥等休闲广场4个，硬化道路8条3883.7米，外墙粉刷7075平方米，铺设面包砖7986平方米，渠道拓宽1590米，配套张亮、新华电力设施及安装变电，砌护围墙2877.7米。建设高标准农田16500亩，改造中低产田8600亩，建设畦田8100亩。平田整地8700亩，新开斗沟、农沟96条33.9公里，清淤斗沟、农沟230条87.5公里，砌护斗渠、农渠240条92.6公里，整修农路470条175公里，配套建筑物3120座。

【社会治理】2020年，贺兰县常信乡将扫黑除恶专项斗争作为一项重大政治任务来抓，年内党委会议研究8次，入各村走访调研60余次，专题研究15次，听取各村党支部汇报并分析存在的问题，制定解决方案。建立线索举报奖励机制，鼓励群众积极参与线索的举报。定期开展扫黑除恶应知应会知识学习，组织测试5次。全力做好信访工作，接待来信来访群众60人次，处理矛盾纠纷138件，受理“12345”市长督办热线251人次。处理信访平台移交信访案件29件，办结率100%。

加强安全生产隐患整治，组织各村治保主任、企业负责人参加安全生产各类培训 2 次，累计参与人数 60 人，突出加油站、冷库、在建工地和集贸市场、蔬菜园区人员居住密集场所等重点领域，有针对性地开展排查整治。发生各类安全生产事故 25 起，同比下降 37%。

南梁台子管委会

【党的建设】 2020 年，贺兰县南梁台子管委会坚持“三会一课”制度，各支部定期召开党员大会、支委会，不断丰富支部主题党日活动，从内容、标准上进一步完善和规范党员目标管理，从严要求党员，加强学习。开展主题党日活动 36 次，讲党课 10 次、组织党员集中学习 60 次，吸收 2 名正式党员、5 名预备党员，入党积极分子 6 名，完成 226 名党员一人一档整理工作。加强村干部队伍建设，在隆源村探索实行村党支部书记、主任“一肩挑”，切实增强“领头雁”引领带动作用。开展村“两委”换届选举摸排工作，全面了解掌握村干部及后备人选情况，为 2021 年按期完成换届选举奠定基础。加强后备干部培养。通过思想引导、实践锻炼、设岗定责等方式切实加强村级后备力量的帮带培养，培育党员产业致富带头人 5 名，培养村级后备干部 9 名。为铁西村争取自治区扶持壮大村集体经济项目 100 万元，为铁东村争取为民服务发展项目 25 万元。加强后进村党组织整顿。制定了隆源村后进村党组织“一村一策”整顿方案，严格按照整顿措施，责任到人，持续加强整顿。强化监督执纪问责，坚持运用监督执纪“四种形态”，加大对疫情防控、环境综合整治、扫黑除恶专项斗争等重点工作的督查频次，坚持抓早抓小，挺纪在前，让“咬耳扯袖”“红脸出汗”成为常态。开展督查 6 次，下发督查通报 6 期，对 1 名在疫情防控工作中履职履责缺位的村干部给予诫勉的问责，对 3 名推进卫生厕所改造工作不力的干部进行约谈。加强新时代文明实践站建设，组织 4 支志愿者服务队开展志愿者活动 96 次，将积分兑换与家庭文明建设、移风易俗、巾帼脱贫、乡村振兴等工作结合，打通宣传群众、教育群众、服务群众“最后一公里”。

【脱贫攻坚】 2020 年，贺兰县南梁台子管委会按照场不漏村、村不漏户、户不漏人原则，共查找出 18 项 69 条整改问题，对查找问题每月实时更新，全部整改到位。建立“两类”不稳定人口常态化管理机制，摸排上报边缘易致贫 5 户 13 人，经层层审议享受兜底政策 2 户 5 人。发放 2020 年春季雨露计划补助 34 人 51000 元。发放建档立卡户疫情期间务工补贴 39 人 23500 元；发放慈善总会对未脱贫建档立卡户及边缘户捐助资金 15800 元。发放建档立卡户 10 人驾驶证培训补贴。发放 2020 年建档立卡户光伏产业分红资金 46500 元。按照贫困村脱贫出列标准对隆源村基础设施、基本公共服务、产业发展、村集体经济收入、三率一度等情况进行验收，完成村、管委会两级程序，上报县脱贫攻坚领导小组审核。

【产业扶持】 2020 年，贺兰县南梁台子管委会实施隆源村蔬菜基地扶贫产业园二期工程和梅花鹿扶贫产业园项目二期建设，在已有土地流转、劳务用工、托管分红的基础上，积极探索蔬菜五联模式、梅花鹿“企业 + 农户”养殖模式。发挥村“两委”班子、致富带头人示范带动作用，隆源村村委会在扶贫园区托管梅花鹿 2 头，部分群众在扶贫产业园托管梅花鹿 40 余头，引导移民逐步融入扶贫产业发展之中，由“输血式”扶贫向“造血式”转变。组织建档立卡户群众在扶贫产业园务工，每日用工量 100 余人，人均收入 110 元左右，采取“党员 + 合作社 + 农户”模式，在隆源村打造 150 亩“党员帮扶责任田”，解决群众“等、靠、要”思想。

【疫情防控】 2020 年，贺兰县南梁台子管委会积极发挥基层党组织战斗堡垒作用，把对外省返乡人员的排查作为防控工作的重中之重，各村按小组划分网格，地毯式排查跟踪，将防控措施落实到户、落实到人。利用宣传标语、村级广播、电子显示屏、微信群等多种方式广泛宣传新型冠状病毒感染的肺炎相关预防知识。

【扫黑除恶专项斗争】2020 年，贺兰县南梁台子管委会加大摸排和精准打击力度，将扫黑除恶专项斗争工作与脱贫攻坚、乡村振兴相结合，深入开展宣传工作，全面发动和鼓励群众大胆检举揭发身边的涉黑涉恶势力线索，切实提升广大群众的获得感、安全感和幸福感。联合派出所开展扫黑除恶专项斗争宣传活动，发放宣传材料 10000 份。积极开展线索摸排，填写摸排表 6000 份。

【矛盾纠纷排查】2020 年，贺兰县南梁台子管委会排查矛盾纠纷 40 次，排查出纠纷 18 件，调解成功 17 件，积极发挥驻村法律顾问作用，提供法律援助初审服务 8 次，代写法律文书 19 份，提供法律咨询 60 余人次，举办法治讲座 4 场。

【安全生产】2020 年，贺兰县南梁台子管委会狠抓道路交通、工矿企业、防汛减灾、农村消防、食品药品等重点领域的安全隐患排查治理工作。悬挂宣传横幅 40 条，发放各类宣传资料 2000 份，组织消防应急知识培训 1 次，组织安全生产隐患排查 8 次，排除安全隐患 6 处，全场没有发生安全生产事故。

【“好婆婆”“好媳妇”“最美南梁人”评选】2020 年，贺兰县南梁台子管委会开展最美人物评选活动，倡导村民提升意识，以摆事实、讲道理的“软”方式解决乡村不文明的现象。共评选出“最美人物”34 人。

【农村环境整治】2020 年，贺兰县南梁台子管委会严明标准，对照“六堆六边一顶”专项整治标准，持续推进，逐一抓好落实。共出动人力 1260 人次，机械 270 台次，清理垃圾 1150 吨，清理残垣断壁 47 处；植树造林 349.11 亩，栽植树木 40744 棵，划定车位 50 余处；拆除 22 个垃圾池，配备 350 个垃圾箱；发放改厕宣传彩页 3500 份，建成铁东村污水处理站并投入使用，完成改水改厕 1474 户；危房改造工作全部完成，其中 C 类维修 19 户，D 类翻建 8 户。累计拆除危房 203 处，违建 12 处，残垣断壁 47 处，有效地提升了辖区整体环境。采取环境卫生积分制，让村民自觉参与到农村人居环境整治中。制定《南梁台子对康洁公司保洁工作考核制度》，定期督查整治进度和质量，确保整治效果。实地督查 16 次，下发限期整改通知单 77 份。通过每周督查、半月点评、每月评比等形式，让农村人居环境整治中“红红脸”“出出汗”成为常态，以督查促整改，以考核促提升督促。在全场 21 个社实现“红黑榜”全覆盖，评选最美庭院 42 户，其中 1 户被评选为市级“最美庭院”。

京星农牧场

【理论武装】2020 年，贺兰县京星农牧场始终把党建工作放在首位，按照中央、自治区、银川市和贺兰县的统一部署，紧密结合党建工作实际和业务工作需要，以理论学习中心组为龙头，以党支部为基础，以党员领导干部为重点，持续强化理论武装，从严从实开展党内主题教育和集中教育活动。组织党员干部和职工深入学习贯彻习近平新时代中国特色社会主义思想、党的十九大精神；扎实开展“不忘初心、牢记使命”主题教育，特别是习近平总书记来宁视察重要讲话精神，确保用党的最新理论武装头脑、指导实践、推动工作、规范行为。召开专题会议学习贯彻全国“两会”、自治区党委十二届十次全会和贺兰县十四届八次会议精神，教育引导广大党员干部领会精神实质，自觉践行“四个意识”、增强“四个自信”。以党总支中心组学习、党支部“三会一课”和主题党日活动为主要载体形式，科级党员干部深入开展讲党课、谈体会活动，积极营造推进思想建设的良好氛围。通过集中教育和自学活动，场党总支把方向、谋全局、促发展的能力进一步提升，一些农户长期关注和反映的问题得到了有效回应和积极解决，党组织的凝聚力、战斗力和号召力进一步得到发挥，广大党员、干部的理想信念、宗旨意识和群众观念进一步强化，立足岗位做贡献、履职尽责当先锋的意识和能力得到不断提升。

【党的建设】2020年，贺兰县京星农牧场坚持抓实基层，打牢基础，全面推进基层党组织规范化建设，健全完善基层组织体系，激发基层组织活力，切实发挥党组织和党员干部服务中心、凝聚人心、推动工作、服务发展的作用。把履行党建责任与“建设黄河流域生态保护和高质量发展先行区”的战略引领结合起来，紧紧围绕业务工作特点和发展规律，发挥党组织宣传人、发动人、凝聚人的优势，引导和带动广大党员职工发挥聪明才智，积极投身以生态修复、农田建设、扫黑除恶、安全生产、脱贫攻坚、农村人居环境整治、项目工程为重点的建设当中。

【作风建设】2020年，贺兰县京星农牧场通过扎实开展“不忘初心、牢记使命”主题教育，大力倡导比奉献、比创新、比干劲、比业绩，发挥党员先锋模范带头作用；通过推行党员干部公开廉政承诺、廉政谈话提醒制度，使党员干部知敬畏、存戒惧、守底线，营造积极向上、敢于担当的良好氛围，按照领导班子好、党员队伍好、工作机制好、工作业绩好、群众反映好的标准，基层党组织建设得到有效加强，“三会一课”制度得到有效落实。全年共开展主题党日活动12次，党员干部职工撰写各类心得体会文章共31份，签订廉政建设责任书6份，党员领导干部公开廉政承诺5份。根据贺兰县审计局审计报告（贺审报〔2020〕5号）要求，对存在的挪用银川市秸秆禁烧和综合利用专项资金与违规发放工资及补助的问题进行了自查整改，全部整改完毕，违规发放的钱款全部退回。

【疫情防控】2020年，贺兰县京星农牧场持续开展疫情防控工作安排部署，做到包片到人，层层压实责任，严格落实“四包一”“四服务”工作制度，联合道路交通运输部门及时封闭通往河滩渡口道路，设置稻草墩路障、警示标志等，严格落实“三返”人员摸排工作、境外入宁人员和外来人员举报制度、联防联控机制等。悬挂宣传横幅标语20条，发放疫情防控宣传单6660份张，制作道路警示牌18个，为打赢疫情防控阻击战提供了有力保障。

【生态修复】2020年，贺兰县京星农牧场大力开展滨河大道以东土地的收回工作。按照银川市滨河大道以东土地禁止种养的实施意见，认真对农户土地面积和土地类型进行调查核实，建立工作台账，干部职工深入村队社员家中做好群众思想工作，确保该项工作的顺利开展和避免群体性上访事件的发生，全面完成土地面积控实工作。深入开展大气污染、水污染防治及保护“母亲河”活动。巡河380次，整治河道环境，累计共投入人力300余人次，投入车辆及机械32台次，清理河沟道60余公里，完成整治面积10万平方米，清理垃圾50吨。紧紧围绕农村人居环境整治三年行动总体要求和部署，以贺兰县创建全国文明城市为契机，扎实推进农村人居环境整治“十大专项攻坚行动”向纵深迈进。按照“收拾屋子、打扫院子、整顿村子”行动要求，集中清理院落175户，清理垃圾1000吨，拆除残垣断壁12处，拆除整治督查图斑32处，新建围墙300多米，投放垃圾箱80个，完成15户三隔式户改厕建设任务。推广稻田养蟹、稻田养鱼、稻田养鸭等生态立体种养模式。发展稻渔产业750亩，投入资金100万元，完成田园综合体项目区道路硬化和渠道砌护工程。

【社会管理】2020年，贺兰县京星农牧场建立健全治安防控网络，与各生产队签订社会管理综合治理、安全生产、道路交通、食品安全、消防安全等目标管理责任书。完善机关值班制度，实行24小时值班。邀请消防指导员到开展消防安全知识培训2次，发放、张贴各类宣传材料300份，播放警示教育电教片3场次，受教育人数200多人次。落实完善双排查制度，强化安全防范，组织开展安全生产大检查10余次，认真组织开展“5·12防灾减灾日”及“安全生产月”等活动，节假日期间严格遵守相关值班制度，全年未发生重大安全生产事故。积极开展普法相关工作，宣讲3次，发放宣传材料300份，解决信访案件5件，组织开展“网络安全宣传周”“网络普查活动”“预防新型网络犯罪”等活动，发放各类宣传材料500份，张贴宣传海报40份，悬挂横幅8条。

【秋冬农田水利建设】2020年，贺兰县京星农牧场紧紧抓住全市2020年秋季农田水利基本建设启动会契机，以高标准农田建设、农业高效节水、农村人居环境整治、现代农业发展为核心，深入实施“藏粮于地、藏粮于技”战略，以灌排设施整治、中低产田改造为重点，建设高标准农田0.5万亩，改造中低产田0.15万亩，清淤支斗农沟3条3.5公里，清淤支斗农渠50条25公里，砌护渠道0.57公里，整修农路两条1.26公里。

【扫黑除恶专项斗争】2020年，贺兰县京星农牧场根据确定的13类重点打击涉黑涉恶的黑恶势力内容，确保各项工作有序推进、有的放矢，通过LED电子屏、便携式拉杆音响、道旗、微信群、微博等形式宣传扫黑除恶专项斗争取得的战果，更换破损的宣传道旗10余面，发放宣传册200本、扇子200把。

【民生保障】2020年，贺兰县京星农牧场为15名退役军人建立了一户一档，方便做好日常服务工作。认真做好低保户的核查工作，七一前夕慰问困难老党员与困难户，送去米面油等慰问品。八一前夕，慰问消防官兵，送去价值2000元的慰问金和消暑慰问品，共建军民鱼水情。以新时代文明实践站为载体，结合农村人居环境整治工作，通过创新积分评比、晒好“红黑”榜、评选“最美家庭”“最美庭院”等举措，搭建为农户办实事的民生平台。

富兴街街道

【概况】2020年，贺兰县富兴街街道党工委下设9个社区党委，2个社区党总支部，69个党支部，其中67个小区（网格）党支部、1个红色物业党支部（家豪物业党支部）和1个新兴经济党支部（雷锋纪念馆党支部），共有直管党员2436人。辖区面积47.7平方公里，下辖利民、居安、马家寨、天鹅湖、如意湖、花园等11个社区居民委员会，人口19.8万。

【机构设置】根据中共贺兰县委办公室、贺兰县人民政府办公室关于印发《贺兰县富兴街街道办事处职能配置、机构设置和人员编制规定》的通知（贺党办〔2020〕59号），街道办事处设置党政机构和事业单位7个，核定行政编制11名，事业编制15名。

【基层党组织建设】2020年，贺兰县富兴街街道办事处调整优化社区党组织设置，构建“社区党委（党总支）+网格（居民区）党支部+楼栋党小组”的三级社区组织链条，将如意湖、团结等5个党组织升格为社区党委，将花园、金河2个党组织升格为党总支。在天鹅湖、利民、马家寨、花园、如意湖等5个社区推进“红色物业”，全面构建“双向进入、交叉任职”的“红色物业”联动服务机制。严把党组织“生力军”质量关，发展党员21名，为党组织注入了新鲜血液。接转国有企业离退休党员322名，将辖区内有党员的65家企业、社会组织纳入街道社区党组织兜底管理。团结社区以“红融商圈”引领新兴经济组织，擦亮“党建+商圈”的“红色名片”，为黄河商贸、大图复印等11家“共产党员商户”进行了授牌，为统筹推进“两新”党组织党建工作奠定了扎实的基础。11个社区以“四优四提”吹响城市党建引领社区治理现代化的号角，形成了“互学互促、竞相发展、全面开花”的社区治理新局面。利民社区红色物业“三升级”，使老旧小区在党组织的引领下焕发新活力。如意湖社区探索出“红网格益路行”党建引领社区治理品牌，通过“七管七有”“局包社区”增添了治理新活力。花园社区打造“134”红心家园党建品牌，实现物业与小区党组织阵地共建、小区共治、成果共享。居安社区打造“一楼一品”楼栋党建，实现“一把钥匙服务一把锁”。天鹅湖社区推行“微网格”，让在职党员下沉到具体楼栋、商户，实现志愿服务直达家门口。

【结对共建】2020 年，贺兰县富兴街街道办事处与全县 70 余个机关企事业单位建立结对关系，通过组织融合、工作融合、力量融合、资源融合“四个融合”，梳理解决各项民生问题，协调解决车辆乱停乱放、道路没有指示牌信号灯、绿化带裸露、房屋漏雨等问题 75 项，聚焦居民“急难愁盼”，实现要事共商、实事共办、难事共解。建立完善街道、社区、居民小区三级党建联席会议制度，各社区与 75 家共建单位签订共驻共建协议书，梳理共治资源清单 67 条，治理需求清单 154 条，服务项目清单 150 条，协商解决城市党建、社会治理、民生服务等事项，实现共建共治共享。扎实开展机关企事业单位党组织和在职党员“双报到、双报告”工作，全县 1900 余名在职党员干部到居住地社区“认领”服务项目，把党组织服务触角延伸到社区的每个“神经末梢”。

【民生保障】2020 年，贺兰县富兴街街道办事处全力打造 15 分钟便民服务圈，建设集阅读、网络、健康、视听、亲子于一体的多功能党群活动服务站，新打造太阳城社区便民服务站。共计办理公共服务事项 17000 余件。核查低保户 444 户 569 人，受理新增低保 27 人。临时救助 4 期 59 人，发放金额 153000 元。为 1504 名残疾人发放生活补贴 222400 元，护理补贴 447760 元。核查公共租赁住房 1088 户，新增 2 期 33 户。发放退役军人双拥卡 1800 张，为军属、烈属、退役军人家庭悬挂光荣牌。城乡居民养老保险参保 158 人，养老保险人员定期领取待遇资格 33 人，办理老年证293 人。积极开展技能职业培训 14 期 615 人，新增就业 1033 人，新增创业实体 983 户，带动就业 1736 人。办理生育服务证 1846 本，审核上报独生子女保健费 1163 户 47.715 万元，上报失独家庭 16 户 24 万元，独生子女伤残家庭 19 户 20.88 万元。

【疫情防控】2020 年，贺兰县富兴街街道办事处坚持“外防输入、内防反弹”两手抓，立足常态化，保持领导、组织、机制、人员和标准“五个不变”，坚持带班值班、信息报送、工作汇报、动态防控、应急响应、重大聚集活动报备等制度。筑牢联防联控、群防群治的严密防线，成立 75 个临时党支部和 80 个临时党小组，“四级堡垒”构筑起遏制疫情传播的“铜墙铁壁”。落实“一张网”查疑点、补漏点、攻难点的“1+3”摸排方式，做到底数清、情况明。严把境外来贺兰、返贺兰人员信息、查验、隔离、监管“四个关口”，落实“防在境外、控在口岸、管在落地、守在社区”工作措施，与机场专班做好对接手续，提醒境外返回人员居家留观注意事项和报备要求。加强第一入境地隔离期满返回人员的管理工作，落实好健康监测等管理措施。加强外来人员管控，对进入小区的快递、外卖、家政、装修、搬家、房屋中介等生活服务业人员以及其他外来人员，查验健康码，凭“绿码”通行。成立由街道 10 名干部组成“快速响应应急队伍”，统筹社区、共建单位、公安部门、物业公司四方力量组建“一小区一专班”，实行小区联守、人员联查。组建“四包一”专班组 2369 个，为居家隔离人员提供“四服务”。加大宣传力度，提高小区居民群众做好常态化疫情防控思想认识，社区在排查重点人员的同时，挨家挨户全面宣传减少聚集性活动，排摸小区住户动态，为社区居民牢牢筑起安全墙。

【平安建设】2020 年，贺兰县富兴街街道办事处营造扫黑除恶专项斗争的浓厚氛围，及时总结经验，完善长效机制，确保扫黑除恶工作常态化，摸排 88 条问题线索，均已办结。严厉打击传销。摸排出租房屋，联合社区民警打击查获传销 211 户 420 人，解除房屋租赁合同 1100 余份，创建无传销楼宇 2920 个，无传销小区 153 个，无传销社区 7 个。发放出租房屋房主告知书 800 份，上报疑似

“精神传销”有害培训机构15家。排查矛盾纠纷440次60件，调处60件，调处率100%。开展安全知识讲座及培训35场，各类消防应急演练21场次，禁毒宣传44场。

【文明城市创建】2020年，贺兰县富兴街街道办事处对照文明城市测评体系对标对表实行清单化管理、精细化落实。派发《创建全国文明城市知识手册》、张贴通告、发放宣传彩页39000份，发放居民入户调查问卷1100份，开展集中宣传教育280余次，制作宣传展板330余块，拉挂横幅130余条。

【“小巷管家”精准化管理】2020年，贺兰县富兴街街道办事处吸纳党员、离退休老干部、保洁人员、物业保安等1100余人的“小巷管家”队伍，通过每日巡、经常访、随手做、实时报、及时记，共巡查1520次，解决居民实际问题168件，排查安全隐患641处，下发整改通知书600处。

【“贺兰格格”网格化管理】2020年，贺兰县富兴街街道办事处建立“1+2+X”的网格治理模式，凸显“小网格、大服务”，对老旧小区进行托管，实施护栏安装、埋设电缆、上下水维修等基础改造，安装设置67块公益广告信息栏。联合综合执法局对银河西路自建房周边开展卫生整治，拆除铁栅栏整治卫生死角30余处，拆除旱厕4处，新建护栏90多米；朔方新村侵占道路违章建筑全部拆除，清理垃圾50余车。对美洁小区进行集中整治，建造300平方米的智能车棚，安装16个充电桩，对小区大门周边进行700平方米的路面硬化，安装更换小区路灯和单元楼道灯60个，切实把为民服务落到实处。

【“共治共享”多元化管理】2020年，贺兰县富兴街街道办事处以志愿服务创新文明实践活动，注册志愿者23211人。开展“小小脚印在社区”“我们一起的日出”“公益洗衣”“爱心义剪”等贴近群众、贴近生活、贴近实际的“三贴近”服务22300次；对居民楼道、电线杆及广告牌上的1300余处小广告进行清理；对路边废弃小黄车进行合理规放467次，清理私搭乱建335处；对公园、广场、垃圾堆放点等区域集中整治600余处，实现和谐社区共建、幸福成果共享。

【居民文化生活】2020年，贺兰县富兴街街道办事处不断丰富活跃群众文化生活，挖掘文体工作者、志愿者、中老年退休人员组建11支363人的舞蹈、声乐队伍。积极组织开展“身边战疫模范”“相伴共读 书香润德”“我们的节日”等主题活动483场，文化演出136场；开展“好婆婆”、“好媳妇”“移风易俗示范户”“抗疫模范”“最美志愿者”等评选活动620人次，发放移风易俗宣传资料，签订承诺书12000余份。

【民族团结】2020年，贺兰县富兴街街道以“我们都是石榴籽”为主题打造石榴籽驿站活动中心，成立民族团结进步促进会。

荣　誉

Rongyu

2020年度贺兰县获县级以上表彰的先进集体一览表

表1

奖　项	获奖单位	颁奖单位	获奖时间
全国双拥模范县	贺兰县	全国双拥工作领导小组 退役军人事务部 中央军委政治工作部	2020.10
第二次全国污染源普查先进集体	银川市生态环境局贺兰分局	国务院第二次全国污染源普查领导小组办公室	2020.9.27
抗击新冠肺炎疫情全区先进基层党组织	贺兰交巡警大队党支部	中共宁夏回族自治区委员会	2020.9
自治区双拥模范县	贺兰县	自治区党委 自治区人民政府 宁夏军区	2020.9
宁夏回族自治区科学技术进步奖三等奖	贺兰县农业技术推广服务中心	宁夏回族自治区人民政府	2020.8
自治区文明村	贺兰县金贵镇银河村	自治区精神文明建设指导委员会	2020.4
首批自治区级乡村治理示范村镇	贺兰县金贵镇银河村	自治区党委农办 宣传部 农业农村厅 民政厅 司法厅	2020.8.24
首批自治区级乡村治理示范村镇	贺兰县常信乡四十里店村、金贵镇银河村	自治区党委农办 宣传部 农业农村厅 民政厅 司法厅	2020.8.24

续表 1

奖　　项	获奖单位	颁奖单位	获奖时间
2019 年自治区第四次全国经济普查先进集体	贺兰县金贵镇	宁夏回族自治区第四次全国经济普查领导小组	2020.3
2019 年自治区第四次全国经济普查先进集体	贺兰县富兴街街道办事处	宁夏回族自治区第四次全国经济普查领导小组	2020.3
2019 年自治区第四次全国经济普查先进集体	贺兰县洪广镇	宁夏回族自治区第四次全国经济普查领导小组	2020.3.4
2019 年自治区第四次全国经济普查先进集体	贺兰县工业园区管委会	宁夏回族自治区第四次全国经济普查领导小组	2020.3.4
2019 年度全区农田水利基本建设“黄河杯”竞赛二等奖	贺兰县扶贫和农发中心	宁夏回族自治区农田水利基本建设指挥部	2020.1
乡村振兴示范县	宁夏回族自治区贺兰县	自治区党委农办	2020.3.13
2020 年自治区健康“细胞”示范点（户）（健康单位）创建成功	贺兰县公安局	自治区爱国卫生运动委员	2020.9.17
2019 年自治区社区戒毒社区康复示范点	洪广镇人民政府	宁夏回族自治区禁毒委员会	2020.8.4
2019 年度自治区铁路护路联防工作先进集体	洪广镇人民政府	自治区铁路护路联防工作领导小组	2020.10.13
“青春无毒、健康成长”2020 全区青少年禁毒知识竞赛一等奖	贺兰县	自治区禁毒委 自治区教育厅	2020.11
转移就业示范县	贺兰县	区就业工作领导小组	2020.3.9
宁夏第五届青少年科学节电子制作锦标赛“优秀组织单位”	贺兰县金贵镇银光小学	PEW 国际电子创新大赛组委会、宁夏青少年科技辅导员协会	2020.9
2019 年度全区工业稳增长工作先进单位	贺兰县发改局	宁夏制造强区建设领导小组（宁夏工信厅）	2020.1
银川市创建全国民族团结进步示范市先进集体	贺兰县委组织部	中共银川市委 银川市人民政府	2020.1

续表 1

奖　　项	获奖单位	颁奖单位	获奖时间
2019 年度全市脱贫攻坚先进集体	贺兰县扶贫和农发中心	中共银川市委	2020.8.31
银川市创建全国民族团结进步示范市先进集体	贺兰县委统战部	中共银川市委 银川市人民政府	2020.10.19
2019 年度银川市安全生产先进集体	贺兰县应急管理局	银川市人民政府	2020.4.14
2019 年度全市安全生产工作先进集体	贺兰县富兴街街道办事处	银川市人民政府	2020.4
2019 年度银川市节水型载体	贺兰县富兴街街道办事处	银川市人民政府	2020.10.2
2018—2019 年度平安医院工作表现突出集体	贺兰县司法局	国家卫生健康委、中央政法委、最高人民法院、最高人民检察院、公安部、民政部、司法部、市场监管总局、中国银保监会、国家中医药管理局	2020.11.22
平安铁路示范县（市、区）	贺兰县	宁夏回族自治区铁路护路联防工作领导小组	2020.1
全市禁毒工作先进单位	贺兰县富兴街街道办事处	中共银川市委	2020.10
宁夏“6·25”聚集型传销贺电	贺兰县公安局经侦大队	公安部经济犯罪侦查局	2020.7
心血管病高危人群早期筛查与综合干预项目 2019 年度先进项目点	贺兰县疾控中心	国家心血管病中心心血管病高危人群早期筛查与综合干预项目管理办公室	2020.10
2004—2019 年中国死因登记报告工作先进集体	贺兰县疾控中心	中国疾病防控中心慢性非传染性疾病预防控制中心	2020.3
银川市禁毒工作先进集体	贺兰县教育体育局	中共银川市委 银川市人民政府	2020.10
2019—2020 年度平安校园建设先进集体	贺兰一中	中共银川市委 银川市人民政府	2020.9
全国乡村旅游重点村	贺兰县常信乡四十里店村	文化和旅游部 发改委	2020.8

续表 1

奖　　项	获奖单位	颁奖单位	获奖时间
县级文化馆、图书馆、乡镇（街道）综合文化站、村（社区）综合性文化服务中心先进集体	贺兰县文化馆	中央宣传部办公厅 文化和旅游部办公厅 国家广播电视总局办公厅	2020.11.19
全国文化和旅游志愿服务线上大赛三等奖	贺兰县	文化和旅游部办公厅	2020.11.4
农家书屋和基层图书发行单位先进集体	贺兰县金贵镇金贵村农家书屋	中央宣传部办公厅 文化和旅游部办公厅 国家广播电视总局办公厅	2020.11.19
2020 年全国县级融媒体中心舆论引导能力建设十大典型案例	贺兰县融媒体中心	中国新闻出版研究院 全国县级融媒体中心舆论引导能力建设年会组委会	2020.12.4
全国模范法院	贺兰县人民法院	人力资源和社会保障部 最高人民法院	2020.1

贺兰县庆祝第 36 个教师节
先进集体名单

一、教育教学工作先进集体（5 个）

贺兰一中
贺兰四中
贺兰一小
贺兰三小
潘昶小学

二、教育信息化暨“互联网 + 教研”联盟优秀集体（6 个）

贺兰一中联盟
贺兰一小联盟
贺兰二小联盟
贺兰三小联盟
贺兰回小联盟
贺兰县幼联盟

三、德育工作先进集体（3 个）

贺兰四小
贺兰五小
贺兰七小

四、思想政治工作先进集体（3 个）

贺兰四中
贺兰一中
贺兰三小

贺兰县庆祝第 36 个教师节
先进个人名单

一、十佳班主任（10 名）

贺兰一中：任卫平
贺兰二中：郝维骞
贺兰三中：辛鹏举
贺兰四中：杨莉荣
贺兰一小：沈　娜
贺兰二小：韩唯丽
贺兰三小：朱丽芝
贺兰六小：李巧敏
银光小学：张　荣
铁西小学：黄学娟

二、十佳教师（10 名）

贺兰一中：鲁小刚
贺兰四中：葛晓祥
贺兰回中：张　辉
贺兰二中：刘晓英
贺兰二小：黄学萍
贺兰三中：田永科
贺兰五小：赫彩娟
县幼儿园：徐　婷
贺兰一小：卜　强
贺兰四小：邓丽荣

三、优秀教师（199 人）

贺兰一中（36 人）

祁学梅　丁红霞　杨宏秀　朱姗姗　魏艳萍
李圆圆　郝淑华　李　丹　牛富霞　刘素芳
彭　佳　张　燕　王　超　马佳鹏　马文兰
刘　宁　梁晨曦　伊俊英　杨天润　高　茹
张　丽　安　荣　黄丹凤　杨　薇　黄晓敏
吴奋勤　王淑萍　段冬梅　陈　辉　汪进辉
殷威丽　段莹莹　刘品荣　曹　灿　杨　辉
杨晓莉

贺兰回中（12 人）

陈淑华　贺思霞　周　红　邢艳梅　叶　芳
孙　燕　赵时峰　卢亚军　刘慧科　杨　雪
马　丽　张锐强

贺兰二中（16 人）

丁　雪　王　钗　马保忠　余振亚　丁学俊
方　莉　刘昌玲　王丽媛　闪福成　吉海燕
曹学文　朱朝晖　张　乐　保　佳　曹桂玲
唐振中

贺兰三中（8 人）

王　玲　刘光菊　杨晓军　王桂萍　祁　娣
张彩云　刘　锐　高亚妮

贺兰四中（20 人）
李艳荣 吴彩珍 张宽余 谭小荣 齐亚男
王 娟 高宁宁 李艳粉 王晓娟 曹文添
张 娟 魏艳梅 连露露 张彩霞 张立红
柳琴峰 欧龙江 糟艳琴 马学梅 赵 霞
贺兰一小（14 人）
吴 瑞 李 静 陈思颖 马虎林 董艳贞
赵 莉 班建芝 蔡炳娴 喜 洋 王红梅
缪 星 郑学军 桂 俐 闫东红
贺兰二小（13 人）
韩莹莹 张苗苗 李 馨 张 妮 马媛媛
高 丽 肖 丽 何亚茹 李梦颖 梁 涛
汤梦洁 杨佳君 吴 薇
贺兰三小（5 人）
邢佳楠 马小燕 张 菊 张永丹 王 娜
贺兰四小（7 人）
魏盘龙 郭 静 司鑫洁 熊丁谊 马 文
王荣荣 杜丽荣
贺兰五小（2 人）
南春妹 喇 越
贺兰六小（10 人）
杨 薇 张得芬 刘 婷 张静茹 胡占文
王肇升 吴玉娟 罗斯瑞 鄞 丽 闫 冬
贺兰七小（3 人）
俞 军 吴旭升 赵玉洁
贺兰八小（2 人）
郑 华 马彩梅
贺兰回小（11 人）
温永华 贺自倩 孙 丽 石 怡 孙莉勇
孙凤萍 朱丽娟 张 艳 梁 龙 曹丽娟
郭思思
奥莱小学（2 人）
胡小军 丁万民
德胜实验小学（2 人）
鲁文璟 王 莹
铁东小学（2 人）
王 琴 杨吻春
铁西小学（2 人）
叶 倩 穆朋花
暖泉农场小学（2 人）
白 兵 余 艳
金山小学（1 人）
化 军
常信小学（1 人）
杨自荣
欣荣小学（2 人）
王小丽 王 芸
立岗小学（1 人）
马占林
兰光小学（1 人）
马保军
民乐小学（1 人）
朱海燕
五星小学（1 人）
李红霞
潘昶小学（2 人）
刘亚男 樊 丽
新渠小学（1 人）
邓玉荣
银光小学（3 人）
白继华 李建红 张克玲
县幼教育集团（10 人）
连苗苗 郭 静 王小芳 化 娟 周 萍
王 佳 李 昭 柏云仙 闫 微 潘 虹
景博中学、民办幼儿园、培训机构（6 人）
焦 瑞 郭 荣 张克振 马 兰 刘燕林
陈 雪

四、优秀教育工作者（40 名）

贺兰一中（5 人）
刘长革 王建民 张国强 董建民 刘明慧
贺兰回中（3 人）
石学军 郭瑞华 张惠文
贺兰二中（2 人）
马 列 蔡海燕
贺兰三中（2 人）
周学军 高 霞
贺兰四中（3 人）
吴兴军 王占忠 张少军

贺兰一小（2 人）
袁　俊　王　艳
贺兰二小（2 人）
保学琴　王瑞仙
贺兰三小（1 人）
徐　璞
贺兰四小（1 人）
徐国庆
贺兰五小（1 人）
王　鹏
贺兰六小（2 人）
高文琴　李玉娟
贺兰七小（1 人）
张建荣
贺兰八小（1 人）
张　程
贺兰回小（2 人）
郑春燕　司彩霞
奥莱小学（1 人）
曹新梅
德胜实验小学（1 人）
朱海燕
暖泉农场小学（1 人）
杨文芹
铁西小学（1 人）
王　艳
银光小学（1 人）
马孝国
潘昶小学（1 人）
沈　森
县幼儿园（1 人）
杨　莉
体育中心（1 人）
徐轶闻
局机关（4 人）
张少忠　安建忠　谢占亮　海　军

五、优秀班主任（98 人）

贺兰一中（14 人）
王　明　王广峰　王水生　刘占东　李　薇　张彦尊　薛　智　吴学芳　安文海　王英霞　席建雄　张　洁　柳保强　张进财
贺兰回中（5 人）
吴建平　邓　伟　王　佳　姜小玉　马　军
贺兰二中（8 人）
丁学琴　杨志梅　刘桂芳　马　梅　赵　冰　王　娟　彭　瑶　张　婧
贺兰三中（5 人）
张龙举　宋　权　齐文风　邢　星　陈　芳
贺兰四中（8 人）
赵利聪　叶雪雯　马　慧　马　丹　朱　莉　韩风霞　杜　旭　杨亮亮
贺兰一小（7 人）
保阳阳　潘雪晴　陈　燕　王　珊　吴　芳　杨惠萍　戴　婕
贺兰二小（7 人）
杨思琦　唐绍芬　张　英　赵　楠　马玉荣　车　倩　王　丹
贺兰三小（4 人）
吴伟微　张丽燕　杨祎婷　贾学梅
贺兰四小（5 人）
柴　燕　朱慧慧　刘会玲　马海燕　吕文芬
贺兰五小（2 人）
姜盼盼　王彩霞
贺兰六小（7 人）
王学荣　乔银霞　沈文婷　刘　婷　郑　艺　魏亭亭　蒋　瑞
贺兰七小（3 人）
陈　梅　周丽娟　赵媛媛
贺兰八小（1 人）
熊　倩
贺兰回小（7 人）
吴文瑞　王晓雨　方惠娟　郭　秀　李常玲　马立芳　杨海燕
奥莱小学（2 人）
张雅丽　刘佳辉
德胜实验小学（2 人）
杨月霞　郑　瑶
暖泉农场小学（1 人）

戴玮玮
铁东小学（2 人）
汤海英　田风梅
铁西小学（1 人）
戴环环
欣荣小学（1 人）
王淑贤
银光小学（1 人）
张连珍
潘昶小学（1 人）
杨　桢
县幼儿园（3 人）
刘　娜　陈晶晶　杨丽荣
景博中学（1 人）
李自伟

六、师德先进个人（10 名）

贺兰七小：苏效珍
贺兰五小：姚　飞
奥莱小学：杨小艳
铁西小学：周银来
县幼儿园：赵　越
暖泉小学：郝　曦
欣荣小学：盛光文
德胜实验小学：杨富强
贺兰四小：姚美娟
铁东小学：杨立锋

七、思想政治工作先进个人（10 名）

贺兰一中：胡建明　陈艳玲
贺兰回中：陈　丽
贺兰四中：马　瑞
贺兰一小：陈伟稼
贺兰二小：任　荷
贺兰回小：李惠娟
德胜实验小学：黄　婷
民乐小学：肖　萌
欣荣小学：汪利纳

八、“互联网 + 教研”联盟优秀教研员（12 名）

贺兰一中联盟
贺兰一中：潘淑娇
贺兰四中：高　鹏
贺兰一小联盟
贺兰六小：李建勤
铁西小学：兰成虎
贺兰二小联盟
贺兰二小：李　娜
欣荣小学：王　玲
贺兰三小联盟
贺兰三小：周　欢
贺兰七小：尤瑞坤
贺兰回小联盟
贺兰回小：马海娣
德胜实验小学：李梦之
贺兰县幼联盟：黄瑞宁　张丽娜

九、信息化技术应用能手（18 名）

贺兰一中联盟
贺兰一中：马晓斌
贺兰二中：刘雨欣
贺兰三中：王　萍
贺兰一小联盟
贺兰一小：雷　乐
铁东小学：杨志婷
贺兰八小：李可新
贺兰二小联盟
贺兰二小：马鑫颖
兰光小学：余祥风
贺兰四小：宋鹏娇
贺兰三小联盟
潘昶小学：杨　扬
新渠小学：李嘉欣
银光小学：赵婷婷
贺兰回小联盟
贺兰回小：谢天星
五星小学：原　远
贺兰三中：甄淑静
贺兰县幼联盟：罗嘉霖　黄　燕　蔡阳阳

附　录

Fulu

一、统计公报

2020 年贺兰县国民经济和社会发展统计公报

贺兰县统计局　贺兰县社会经济调查队

2020 年，贺兰县深入学习习近平总书记视察宁夏时的重要讲话精神，贯彻落实中央及区市县一系列疫情防控和经济社会发展“六稳”“六保”的政策措施，有力应对疫情冲击，确保经济运行企稳回升，主要经济指标好于预期，质量效益明显改善，民生保障更加有力，高质量发展迈出了新步伐。

一、综合

全县实现地区生产总值（GDP）143.29 亿元[1]，同比增长 1.0%，低于上年 8 个百分点，分别低于全国、全区、银川市 1.3、2.9 和 2.2 个百分点。其中：第一产业增加值 21.29 亿元，增长 2.0%；第二产业增加值 37.56 亿元，下降 15.5%；第三产业增加值 84.44 亿元，增长 10.8%。三次产业结构比由上年的 12.8 ：32.6 ：54.6 调整为 14.9 ：26.2 ：58.9，产业结构逐步调整，三次产业对 GDP 增长的贡献率分别是 28.6%、–498.9%、570.3%，一产、三产分别拉动经济增长 0.3 和 5.7 个百分点，二产下拉 GDP5.0 个百分点。

全年居民消费价格总指数（CPI）为 101.8%，比上年同期上涨 1.8%，从调查的八大类商品和服务价格来看，食品烟酒类上涨 5.32%，衣着类上涨 0.44%，居住类上涨 1.9%，生活用品及服务下降 0.45%，交通和通信类下降 3.24%，教育文化和娱乐类上涨 0.69%，医疗保健类上涨 0.41%，其他用品和服务上涨 1.48%。商品零售价格总指数为 100.5%，工业生产者出厂价格总指数（PPI）为 97.4%，工业生产者购进价格总指数为 92.1%[2]。

全年规模以上服务业企业营业收入 39590.1 万元，同比增长 9.8%；利润总额 1866 万元。

全年完成一般公共预算收入 12.60 亿元，同比增长 4.2%，其中税收收入 9.93 亿元，同比下降 0.9%。财政支出降幅持续收窄，全年完成一般公共预算支出 35.60 亿元，同比增长 9.0%，其中八项支出 22.17 亿元，同比增长 6.4%。

二、农业和农村

全年完成农林牧渔业总产值 45.16 亿元，按可比价格计算，同比增长 2.3%。其中，农业产值 25.49 亿元，同比增长 1.8%；林业产值 0.27 亿元，同比增长 172.4%；畜牧业产值 11.20 亿元，同比增长 1.9%；渔业产值 6.93 亿元，同比增长 7.0%；农林牧渔服务业产值 1.27 亿元，同比增长 1.2%。

据调查队监测：全年粮食作物播种面积 31.11 万亩，同比下降 0.1%。其中小麦播种面积 6.75 万亩，同比下降18.1%；水稻15.01万亩，同比下降5.8%；玉米9.35万亩，同比增长35.5%。全年粮食总产量16.35万吨，同比增长3.0%。其中小麦产量2.46万吨，同比下降18.8%；水稻8.06万吨，同比下降5.5%；玉米5.83万吨，同比增长36.2%。全年牛出栏24875头，比上年同期增长3.4%；生猪出栏29378头，同比增长2.6%；家禽出栏70.13万只，同比下降25.6%；羊出栏11.09万头，同比增长49.4%。猪牛羊禽肉产量9789吨，同比增长2.4%，其中牛肉产量4036吨，同比增长3.4%；猪肉产量2383吨，同比增长0.8%；禽肉产量1496吨，同比下降23.5%；羊肉产量1874吨，同比增长40.5%。禽蛋产量9478吨，同比下降15.7%，鲜牛奶产量24.43万吨，同比增长0.8%。水产品产量5.80万吨，同比增长9.7%。

三、工业和建筑业

工业增加值同比下降10.4%。规模以上工业增加值下降13.4%，在规模以上工业增加值中，轻工业增加值下降0.8%；重工业增加值下降31.5%。分经济类型看，股份制企业增加值下降15.8%；外商及港澳台商投资企业增加值下降5.0%。分门类来看，制造业增加值同比下降15.5%，电力、热力、燃气及水的生产和供应业增加值同比增长10.5%。

规模以上工业中，六大高耗能行业增加值下降41.1%，占规模以上工业增加值比重为22.2%；高新技术企业增加值增长28.6%，占规模以上工业增加值比重为38.8%。电力、热力的生产和供应业增加值增长12.4%，石油、煤炭及其他燃料加工业增加值下降82.0%，化学原料及化学制品制造业增加值下降5.3%，非金属矿物制品业增加值下降1.1%，黑色金属冶炼和压延加工业增加值增长0.9%，有色金属冶炼和压延加工业增加值下降100.0%。全年规模以上工业企业销售产值下降15.0%，工业产销率为93.7%。工业企业营业收入104.87亿元，同比下降13.2%；营业成本84.76亿元，下降16.9%。实现利润总额5.72亿元，同比增长140.9%。全年69家规上工业企业中有27家亏损企业，亏损3.32亿元，企业亏损面39.1%，应收账款29.44亿元，资产负债率73.6%。

全县具有资质等级建筑业企业29个，实现建筑业总产值33.21亿元，同比下降20.4%。其中，国有及国有控股企业实现产值21.03亿元，下降19.4%；建安工程实现产值31.28亿元，下降23.9%。房屋建筑施工面积19.11万平方米，同比下降63.6%；房屋建筑竣工面积14.71万平方米，下降28.6%。具有资质等级的建筑企业实现利润总额0.20亿元，同比下降50.2%；实现增值税0.72亿元，同比增长1.7%。

四、固定资产投资和房地产业

全年全社会固定资产投资同比增长1.1%。从投资结构看，第一产业投资同比下降47.5%；第二产业投资同比下降13.9%，其中，工业技术改造投资同比下降16.8%，占工业投资的比重高达43.8%。第三产业投资同比增长5.9%。全县民间投资占比达74.5%，同比增长10.7%，拉动全县固定资产投资7.3个百分点，其中，房地产私人控股投资同比增长20.7%。

全年完成房地产开发投资46.22亿元，同比增长10.2%，其中，住宅开发投资34.37亿元，同比增长8.9%。商品房施工面积451.27万平方米，同比下降12.4%，其中，住宅施工面积334.37万平方米，同比下降10.2%。商品房销售面积135.92万平方米，同比增长19.3%，其中，住宅销售面积118.98万平方米，同比增长17.0%。商品房待售面积124.42万平方米，同比增长20.9%，其中，住宅待售面积45.20万平方米，同比增长8.6%。全年商品房销售额90.77亿元，同比增长27.5%，其中，住宅销售额81.56亿元，同比增长25.7%。

五、贸易

全年实现社会消费品零售总额140.59亿元，同比下降8.9%。分城乡看，城镇实现社会消费品零售额133.93亿元，同比下降8.4%，乡村实现消费品零售额6.66亿元，同比下降17.3%。分行业看，批发业实现消费品零售额21.32亿元，同比增长 5.6%，零售业实现消费品零售额 111.34 亿元，同比下降 11.7%，住宿业实现消费品零售额 0.43 亿元，同比下降 6.9%，餐饮业实现消费品零售额 7.50 亿元，同比下降 1.2%。分登记注册类型看，国有经济、集体经济、私营经济、个体经济和股份制经济实现消费品零售总额同比分别下降 17.4%、17.3%、7.6%、17.3%和 5.0%，其他各种经济实现消费品零售总额同比增长 2.1%。

从全县限额以上批发和零售业商品分类零售情况来看，除中西药品类同比增长 19.7%外，其他类商品同比下降居多，其中，粮油、食品类同比下降 26.4%，饮料类同比下降 7.4%，烟酒类同比下降 88.6%，服装、鞋帽、针纺织品类同比下降 39.2%，化妆品类同比下降 4.2%，日用品类同比下降 9.3%，石油及制品类同比下降 1.5%，汽车类同比下降 4.9%。

六、交通运输、邮电和旅游

全县拥有公路客运车辆 177 辆，5295 个客位；公路货运车辆 2921 辆，可载重 45526 吨位。全县公交运营线路 14 条，其中，通往银川的 8 条，县域内 3 条，通往乡村的 2 条，专线 1 条；共有运营车辆 183 台，日发 732 班次，日客运量约 4.98 万人次。2020 年，共优化延伸 319、401、707、709 路 4 条线路，线路优化调整后增加成本 194.7 万元 / 年。

2020 年完成邮政业收入 2645 万元，同比增长 17.8%；其中，邮政业务收入为 347 万元，比上年下降16.23%；包裹快递业务收入为 617 万元，同比增长 71.72%；全年订销报纸杂志收入共计 331 万元。年末移动电话用户 36.05 万户，同比增长 10.24%。互联网宽带接入用户 12.8 万户，增加 1.2 万户。全年实现旅游总收入 0.57 亿元，同比下降 64.2%，接待游客 143 万人次，同比下降 20.6%。

七、金融和保险

全年金融机构人民币各项存款余额 221.01 亿元，比年初增加 27.5 亿元，同比增长 14.2%，其中：住户存款余额 170.87 亿元，较年初增加 27.79 亿元，同比增长 19.4%；非金融企业存款余额 27.56 亿元，较年初增加 2.92 亿元，同比增长 11.83%。人民币各项贷款余额 148.55 亿元，比年初增加 27.7 亿元，同比增长 23.0%，贷存比率为 67.2：100。

全县实现保费收入 23122 万元，同比增长 10.74%。其中，车险收入 6325 万元，农险收入 3386 万元，商业非车险收入 970 万元。全年支付各项赔款及给付额 8045 万元，同比增长 17.68%。

八、教育和科学技术

全县共有幼儿园 70 所，在园幼儿数 14169 人，同比增长 4.58%，专任教师 571 人，比上年减少 195 人，其中，民办幼儿园 38 所，在园幼儿数 7055 人，专任教师 514 人，幼儿教师学历合格率 96.11%（按专任教师中学前教育专业毕业人数计算）。共有小学 25 所，招生 4467 人，在校学生 24182 人，同比增长 2.37%，专任教师 1158 人，其中，民办小学 1 所，即银川西夏德胜小学，在校学生数 1282 人，专任教师 98 人；小学教学点 2 个，分别为贺兰县南梁台子北台子教学点和贺兰县南梁台子育才教学点，小学学龄儿童入学率为 100%，小学生人均校舍建筑面积 10.04 平方米；人均图书 21 册；每百名学生拥有计算机 18 台；小学体育运动场（馆）面积达标的学校比例为 100%。共有中学 8 所，在校学生数 15416 人，专任教师数 1013 人，其中民办中学 1 所，即贺兰县景博中学（有限公司），在校学生 1029 人，专任教师数 94 人；全县仅自治区交通学校 1 所中等职业教育学校，招生 955 人，在校生 1870 人，专任教师 82 人，生师比为 22.8：1；专任教师学历合格率为 100%。双师型教师占专任教师和专业课教师的比例分别为 48.78%和 60.61%。

全年县本级财政共投入科普经费 101.66 万元，其中人员经费 20.47 万元；开展实用技术培训 16 场，培训各类人员 1300 人次；全县共有学会 7 个，企业科协 15 个，街道科协 1 个，乡镇（场）科协 7 个，农技协 13 个，市级科普示范基地 28 个，自治区级科普示范学校 3 个，市级科普示范学校18个，科普示范社区11个，农村科普示范基地55个，科普e站100个（乡村e站73个，社区e站11个，校园e站16个）。全县自治区认定的技术创新中心4家；新认定国家高新技术企业2家，累计18家；新培育科技型中小企业35家，累计67家；新认定自治区农业高新科技技术企业2家，累计5家；新认定自治区小巨人企业新认定2家，累计8家。截至11月有效发明专利拥有量112件，万人拥有量4.25件。

九、文化、卫生和体育

全县拥有艺术表演团体10个，民间文艺社会组织23家，文化馆1个，公共图书馆1个，博物馆0个。广播电台1座，电视台1座，电视综合人口覆盖率均达到90%。

全县有卫生机构179个，其中，公立医院2个、民营医院4个、乡镇卫生院8个、社区卫生服务站11个、村卫生室52个、妇幼保健计划生育服务中心1个、疾病预防控制中心1个、卫生监督所1个、其他民营医疗机构99个。卫生机构床位1099张，其中，公立医院床位626张、乡镇卫生院床位107张、妇幼保健计划生育服务中心床位65张、民营医院床位301张。卫生技术人员1778人，其中执业医师及执业助理医师715人，注册护士781人。截至2020年底，全县已认定医疗保险定点医疗机构61家，其中二级医院7家，乡镇卫生院8家，社区8家，诊所37家；定点零售药店181家，全年新增30家。城乡居民基本医疗保险门诊大病暂定为30个病种。全年共接种国家免疫规划疫苗10种97796剂次，接种率达到99.81%。

全县目前有体育总会、农民体育协会、老年人体育协会、社会体育指导员协会等22个体育组织。全县举办大型群众体育活动10次，经常参加体育锻炼的人数达到112468人，占总人口的38%以上。2020年培养三级社会体育指导员147人，全县共有社会体育指导员947人。

十、人民生活和社会保障

根据城乡一体化住户调查，按常住地分，城镇居民和农村居民人均可支配收入分别为35195.1元和17248.8元，分别增长4.6%和8.3%。全县城镇常住居民和农村常住居民人均生活消费支出分别为22156.1元和15266.2元，分别增长3.1%和2.7%。生态移民地区农村居民人均可支配收入9103.0元，比上年增长453.1元，增幅为5.2%。

全县每百户居民家庭拥有家用汽车59辆；拥有计算机51台，其中接入互联网的计算机38台；拥有移动电话281部，其中接入互联网的移动电话259部；拥有彩色电视机106台、电冰箱106台、洗衣机105台、空调13台、热水器97台。

全县企业职工基本养老保险参保人数57374人；机关事业单位养老保险参保人数7034人，失业保险参保人数33142人，工伤保险参保57395人；城乡居民养老保险参保118703人；截至2020年底实际参保人数为224701人，任务完成率为104.68%。其中居民实际完成184811人，完成自治区下达任务179133人的103.17%；城镇职工实际完成39890人，完成自治区下达任务35530人的112.27%。生育保险参保人数32287人，完成任务的115.3%。全年征缴城镇职工基本养老保险基金50450.35万元；征缴机关事业单位养老保险基金6671.34万元，征缴职业年金4939.19万元；征缴失业保险费1079万元；征缴工伤保险基金618.45万元；征缴城乡居民养老保险1937.74万元；为37543人发放养老保险待遇，累计发放养老金64591.48万元。本年对全县城乡居民养老保险基础养老金进行了调整，调整后我县城乡居民基础养老金达到了每人每月255元，居全区较高水平。

全县拥有中心敬老院、第二敬老院、宁夏归德林医养服务中心、通义老来乐敬老家园、贺兰县幸福里阳光康养中心5家敬老院，共有床位数773张，收住特困人员、优抚对象及其他人员共366人。其中中心敬老院为收养性社会福利单位，设置床位数330张，收住特困人员、优抚对象及其他人员198人；拥有日间照料中心12个，共有床位226张；老年饭桌18个，共有床位56张。全县享受城乡低保人员共计5315户7056人，其中移民享受社会救助政策 1243 户 1564 人次，发放城乡低保金 3214.2 万元；全县建档立卡户享受城乡低保待遇共 728 户 1134 人，2020 年全年新增城乡低保对象 829 户 1034 人，取消 384 户 418 人，提标 431 户 816 人，降标 148 户 208 人；全县累计救助建档立卡户 903 人次，发放临时救助资金 47.53 万元；发放城乡高龄津贴共计 1319.15 万元，惠及群众 1775 户 1798 人；发放农村五保分散供养、集中供养金、城市三无人员生活供养金共 372.28 万元，惠及群众 290 人。全县共批准临时救助 4220 人次，发放救助金 387.18 万元；全年中福在线销售 328 万元，其中视频彩票 293 万元，纸质彩票 31 万元，刮刮乐 4 万元。

全年实现城镇新增就业 3968 人，城镇登记失业率控制在 3.2%以内，城镇失业人员再就业 2697 人，城镇就业困难人员实现就业 453 人；全县农村劳动力转移就业 22396 人，实现劳务收入 2.6 亿元。

十一、自然资源、环境保护与安全生产

全县面积 1204.71 平方公里。全年完成造林面积 1402.3 亩，森林抚育面积 3000 亩。年末全社会用水量 5.13 亿立方米，其中农业灌溉用水 4.83 亿立方米，工业用水 0.11 亿立方米，生活用水 0.14 亿立方米，生态环境用水 0.05 亿立方米。年末建成区绿化覆盖面积 1299.69 公顷，年末建成区园林绿地面积 243.04 公顷。

全年平均气温为 9.9℃，比历年平均值偏高 0.4℃。年极端最高气温为 37.1℃，出现在 7 月 27 日；年极端最低气温为 -20.1℃，出现在 12 月 31 日。年总降水量为 200.5 毫米，比历年平均值偏多 25.4 毫米。年一日最大降水量为 26.2 毫米，出现在 8 月 29 日。降水主要集中在 7、8、9 月份。年十分钟最大平均风速为 5.6 米／秒，分别出现在 3 月 2 日和 9 日；年瞬间极大风速为 14.2 米／秒，出现在 8 月 7 日。年日照时数为 2726.9 小时，较历年平均值偏少 267.2 小时。无霜期为 164 天。年内出现雪 11 次，积雪 2 次，雾 3 次，扬沙 1 次，霾 40 次。本年气温偏高，其中 6、8—10、12 月平均气温较历年同期平均值偏低，其他月份均偏高；降水偏多，其中 6、8、9、11 月降水较历年同期平均值偏多，其他月份均偏少；日照偏少，其中 2、4 月日照较历年同期平均值偏多，其他月份均偏少。

全年发生生产安全事故 8 起，共发生道路交通领域生产安全事故 7 起，死亡 3 人，受伤 7 人，工矿商贸 1 起，死亡 1 人，事故起数同比上升 14.3%，死亡人数同比下降 33.3%。亿元 GDP 生产安全事故死亡率为 0.028，在自治区下达的指标范围内。

注释

[1] 地区生产总值、各产业增加值增速按可比价格计算。

[2] 消费价格指数取自银川市调查队，为全市数据。

[3] 电信、移动、互联网数据为联通公司、电信公司、移动公司提供数据之和。

[4] 保费收入为人保财险贺兰支公司、中国人寿贺兰支公司提供数据之和。

[5] 所有部门统计数据均来源于各部门、各单位，由数据提供单位予以解释。

二、文献选编

中共贺兰县委员会 关于制定国民经济和社会发展第十四个五年规划和二〇三五年远景目标的建议

（贺党发〔2021〕1号）

（2021年1月8日中国共产党贺兰县第十四届委员会第九次全体会议通过）

“十四五”时期是我国全面建成小康社会、实现第一个百年奋斗目标之后，乘势而上开启全面建设社会主义现代化国家新征程、向第二个百年奋斗目标进军的第一个五年，也是贺兰勇立潮头、守正创新，推动经济社会高质量发展的关键时期。县委深入学习贯彻习近平总书记视察宁夏重要讲话精神、党的十九届五中全会、自治区党委十二届十二次全会、市委十四届十一次全会精神，紧密结合全县实际，全面分析当前面临的新形势新任务，就制定我县国民经济和社会发展第十四个五年规划和二〇三五年远景目标提出以下建议。

一、全面建成小康社会，奋力开启现代化建设新征程

1. 决胜全面建成小康社会取得决定性成就。“十三五”时期是贺兰县全面建成小康社会决胜阶段。面对错综复杂的国内外形势和艰巨繁重的改革发展稳定任务，在党中央、国务院和区市党委政府的正确领导下，在历届班子历任领导多年努力打下的基础上，县委、县政府统筹做好稳增长、调结构、促改革、惠民生、防风险各项工作，全县经济运行总体平稳，脱贫攻坚取得决定性胜利，改革创新成效显著，社会事业稳步发展，人民生活显著改善，为“十四五”发展奠定了坚实基础。综合经济实力稳步提升。2020年全县地区生产总值达到143.29亿元，年均增长5%。社会消费品零售总额达到140.59亿元，年均增长2.7%。三次产业比重由2015年的13.2：56.1：30.7调整为14.9：26.2：58.9，一产做精、二产做优、三产做大的良好态势初步形成。城乡居民收入水平不断提高，2020年城乡居民人均可支配收入分别达到35195元和17249元，比2015年分别增长10647元和5621元，年均增速分别达到7.4%和8.2%。脱贫攻坚取得历史性成就。现行标准下，全县1720户8035名建档立卡贫困人口全部实现脱贫退出，贫困发生率从2014年的12%降为0，脱贫攻坚任务如期完成。生态环境质量不断提升。扎实打好蓝天、碧水、净土保卫战。主要污染物减排超额完成任务，黄河贺兰段出境断面连续3年保持Ⅱ类水质。高质量完成农村人居环境整治任务，四十里店村、新平村入选中国美丽休闲乡村，银河村、通义村被评为全国文明村镇。全面深化改革成效显著。服务型政府建设卓有成效，在全区率先成立县级行政审批服务管理局，全县行政许可相对集中率达到96.5%，2019年入选全国营商环境百强（区）县。扎实推进税费改革、综合医改、行政执法等重点领域改革，稳步推进国家农村承包土地经营权抵押贷款试点，农村“三变”

改革基本完成，村集体财务会计委托代理服务实现全覆盖，获批国家农村宅基地管理制度改革试点县。深入推进现代化生态灌区建设试点，水权改革走在全区前列。民生福祉得到显著改善。教育事业蓬勃发展，成功创建自治区“互联网 + 教育”和人工智能助推教师队伍建设示范县，高考上线率实现“十二连升”。医疗改革不断深化，“互联网 + 医疗健康”建设稳步推进，全面推行“先住院、后付费”诊疗服务模式，医共（联）体建设实现全覆盖。新冠肺炎疫情防控取得重大战略成果，实现疑似病例、确诊病例、死亡病例“零发生”。文化事业繁荣发展，县融媒体中心建设经验入选全国县级融媒体中心舆论引导能力建设十大典型案例，中国篮球发展联盟联赛、全国冰钓大赛等全国大型赛事永久落户贺兰，建成村级综合文化服务中心 61 个。社会保障体系更加完善，城镇登记失业率控制在 3.2%以内。扎实推进“双拥”工作，成功创建全国双拥模范县。社会治理取得突出进展。打造新时代枫桥经验“贺兰样板”，成立全区首个行政争议协调化解中心，常信司法所建设经验走向全国。实现“一村一居一法律顾问”线上线下服务和基层综治中心全覆盖。扎实开展历史遗留问题“清零”行动，中央巡视组移交信访件办结销号率达到 98.8%，县法院破解执行难“七个率先”模式在全国推广。“平安贺兰”建设再上台阶，荣获自治区禁毒示范县称号。宗教事务依法管理水平全面提升，成功创建自治区民族团结进步示范县。党的建设纵深推进。“不忘初心、牢记使命”主题教育成效明显，政治建设深入推进，正风肃纪持续加力，高压反腐力度不减，党风政风持续好转，政治生态持续向好。

2. 贺兰高质量发展面临的新机遇新挑战。当前和今后一个时期，我国发展仍然处于重要战略机遇期，在新发展阶段和新发展格局下，贺兰县发展所面临的机遇和挑战都有新的发展变化。

从机遇看，我国进入高质量发展阶段，在新发展格局下，党和国家关于加快构建以国内大循环为主体、国内国际双循环相互促进的新发展格局，建立区域协调发展新机制、实施创新驱动发展战略、黄河流域生态保护和高质量发展、全面构建现代化产业体系等一系列重大战略举措，为贺兰实现高质量发展提供了战略引擎。习近平总书记自十八大以来两次视察宁夏，并赋予了宁夏建设黄河流域生态保护和高质量发展先行区的时代重任，自治区、银川市坚持以先行区、示范市建设统领美丽新宁夏建设、引领现代化建设，在黄河流域率先走出一条生态良好、生产发展、生活富裕的文明发展道路的决策部署，为实现贺兰高质量发展明确了战略指引。我县作为首府银川的“北大门”，产业和贸易融合程度高、土地资源丰富、交通区位便利、营商环境优良、区域辐射带动作用较强，与银川同城融合的发展趋势为贺兰实现高质量发展拓展了战略空间。我们要立足资源环境承载能力的提升，充分发挥“亦城亦县”比较优势，抢抓机遇、乘势而上，主动融入银川主城区，积极构建市县同城联动空间发展格局，强化首府银川北翼高质量服务功能保障区定位，拓展城市发展空间，提升城市内在品质，增强人口吸纳能力，打造生态宜居的都市现代农业服务区。

从挑战看，发展不足仍然是最大的短板，经济总量不大、结构不优仍然是最为突出的问题。生态治理任重道远、资源利用效率有待提高、生态产品价值实现机制有待健全。财政金融、社会治理、要素市场化、政府职能转变等重点领域关键环节改革任务仍然严峻。人民日益增长的美好生活需要和不平衡不充分的发展之间的矛盾依然存在，城乡发展尚不均衡、民生保障水平还有待提高、脱贫富民还需持续用力，这些仍然是我县在改革发展过程中亟须解决的重要问题。

从整体看，机遇与挑战并存，我们要善于在危机中育先机、于变局中开新局，抓住机遇，应对挑战，准确识变、科学应变、主动求变，强化战略思维，增强战略定力，着力在补短板、锻长板上下功夫，努力走出一条具有贺兰特色的高质量发展之路。

3. 到二〇三五年基本实现现代化远景目标。展望 2035 年，在全区率先基本实现社会主义现代化，在全面建成经济繁荣、民族团结、环境优美、人民富裕的美丽新宁夏中展现贺兰新作为。综合实力大幅跃升，经济总量和城乡居民人均收入实现翻一番以上，基本实现新型工业化、信息化、城镇化、农业现代化，建成现代化经济体系；全面塑造发展新优势，科技创新、技术创新、人才创新、机制创新成为贺兰产业发展主要动能；生态环境根本好转，生态经济取得显著成效，广泛形成绿色生产生活方式，单位 GDP 能耗等指标达到区内领先水平；基本实现治理体系和治理能力现代化，人民平等参与、平等发展权利得到充分保障，法治贺兰、平安贺兰建设达到更高水平；民族团结实现大进步，中华民族共同体意识扎根全民，宗教与社会主义社会相适应，民族团结和谐，宗教和顺健康，各族人民守望相助一家亲；教育、医疗、卫生、文化、体育、社会保障水平迈上新台阶，人民素质和社会文明程度达到新高度，文化软实力得到显著增强；城乡面貌根本改观，城乡发展差距显著缩小，基本公共服务在全区率先实现均等化；人民生活更加美好，人的全面发展、全体人民共同富裕取得更为明显的实质性进展。

二、“十四五”时期经济社会发展指导思想和主要目标

4.“十四五”时期经济社会发展指导思想。高举中国特色社会主义伟大旗帜，深入贯彻党的十九大和十九届二中、三中、四中、五中全会精神，坚持以马克思列宁主义、毛泽东思想、邓小平理论、“三个代表”重要思想、科学发展观、习近平新时代中国特色社会主义思想为指导，全面贯彻党的基本理论、基本路线、基本方略，统筹推进“五位一体”总体布局，协调推进“四个全面”战略布局，持续贯彻落实习近平总书记视察宁夏重要讲话精神，坚定不移贯彻新发展理念，坚持稳中求进工作总基调，以推动高质量发展为主题，以深化供给侧结构性改革为主线，以改革创新为根本动力，以满足人民日益增长的美好生活需要为根本目的，以争当建设黄河流域生态保护和高质量发展先行区示范县为总体目标，统筹发展和安全，主动融入以国内大循环为主体、国内国际双循环相互促进的新发展格局，坚持“产业强县、生态立县、融合活县、和谐安县”，聚力实施“八大工程”，坚决守好促进民族团结、维护政治安全、改善生态环境“三条生命线”，走出一条高质量发展新路子，加快城市国际化、生态园林化、治理现代化进程，为实现经济繁荣、民族团结、环境优美、人民富裕奋斗目标，确保全面建设社会主义现代化新贺兰开好局、起好步。

5.“十四五”时期经济社会发展基本原则

——坚持党的全面领导。坚决维护党中央集中统一领导，坚持和完善党领导经济社会发展的体制机制，坚持党总揽全局、协调各方，不断提高贯彻新发展理念、构建新发展格局能力和水平，为实现贺兰县高质量发展提供根本保证。

——坚持以人民为中心。坚持人民主体地位，坚持共同富裕方向，始终做到发展为了人民、发展依靠人民、发展成果由人民共享，维护人民根本利益，激发全县人民积极性、主动性、创造性，促进社会公平，增进民生福祉，不断实现人民对美好生活的向往。

——坚持新发展理念。把新发展理念贯穿发展全过程和各领域，构建新发展格局，切实转变发展方式，推动质量变革、效率变革、动力变革，实现更高质量、更有效率、更加公平、更可持续、更为安全的发展。

——坚持深化改革开放。坚定不移推进改革，坚定不移扩大对内对外双向开放，加强治理体系和治理能力现代化建设，加强供给侧结构性改革，破除体制机制障碍，健全市场在资源配置中起决定性作用和更好发挥政府作用的体制机制，为发展提供持续动力。

——坚持系统观念。加强前瞻性思考、全局性谋划、战略性布局、整体性推进，统筹发展和安全，树立“一盘棋”思维，更好发挥各方面积极性，着力固根基、扬优势、补短板、强弱项，注重防范化解重大风险调整，实现发展质量、结构、规模、速度、效益、安全相统一。

6. 把握发展定位。按照自治区、银川市“十四五”规划决策部署，坚持一切从实际出发，立足发展不足的基本县情，以黄河流域生态保护和高质量发展先行区建设贯穿“十四五”规划始终，建设黄河流域生态保护和高质量发展先行区示范县、全国生态宜居样板县、西北地区城乡融合发展试验区、银川北翼高质量服务功能保障区。

7.“十四五”时期经济社会发展主要目标。锚定二〇三五年远景目标，紧紧围绕促进全县经济社会高质量发展的总体要求，从人民最关心最直接最现实的利益出发，因势利导、量力而为，以新作为奋力谱写新时代贺兰高质量发展新篇章！

——经济发展取得新成效。在质量效益明显提升的基础上，实现经济高质量可持续发展，增长潜力充分发挥，经济结构更加优化。地区生产总值年均增速保持在7%以上，人均地区生产总值年均增长5.8%左右，社会消费品零售总额年均增长6%左右，“以水定城、以水定地、以水定人、以水定产”的产业发展格局基本形成。以“6+3”主导产业为引领的产业体系不断优化升级，农业优势特色产业高质量发展；工业偏低偏小偏散问题得到优化，工业增加值年均增长6%左右。创新驱动能力不断增强，R&D经费投入强度达到2%以上。

——生态文明建设实现新进步。建设黄河流域生态保护和高质量发展先行区示范县建设取得重要成果，生态系统建设取得显著成效，生产生活方式绿色转型成效显著，森林覆盖率达到13.6%以上。污染防治攻坚战不断取得重要成果，污染物排放总量持续降低，土壤污染风险有效防控，单位GDP用水量、煤炭消耗、电力消耗、建设用地面积等指标完成自治区下达任务，空气质量稳定达到国家二级标准，城乡人居环境明显改善，生态园林化城市建设取得实质进展。生态产品价值加速转换，生态保护和经济发展双赢新格局基本形成，GEP占地区生产总值比重超过50%。

——改革开放迈出新步伐。重要领域、关键环节、要素市场化改革取得突出成效，现代化市场体系更加健全，“放管服”改革持续深化，营商环境建设走在全区前列。开放通道支撑体系更加完善，开放型经济加快发展，对外开放的质量和水平不断提高，对内对外开放合作更加务实有效，外向型经济发展、招商引资取得明显成效。

——民生福祉达到新水平。城乡居民人均可支配收入与经济发展实现同步增长，增速分别达到7%和8%以上。就业更加充分更有质量，城镇调查失业率控制在4%以内，人民生活水平和质量普遍提高。教育现代化取得重要进展，劳动年龄人口受教育年限明显增加。医疗、社保、住房等公共服务体系更加健全，健康贺兰建设全面推进，人均民生投入、基本公共服务水平达到全区中上水平，人民群众的获得感、幸福感、安全感明显提升。

——社会治理效能得到新提升。法治贺兰、平安贺兰建设成果丰硕，民主法治更加健全，社会管理体制更加完善，社会治理格局更加优化，乡村、社区、宗教、校园、企业、社团等领域治理更加严密，城市精细化治理水平和城市治理能力不断提高，重大风险防范化解能力、突发事件应急处置能力、自然灾害防御能力明显增强，社会治理的精细化、科学化、法治化水平显著提升。

三、主动作为，争当建设黄河流域生态保护和高质量发展先行区示范县

8. 示范引领黄河长久安澜保障区建设。实施黄河流域生态保护修复工程，在入黄排水沟按照干流堤防标准建设加固堤岸，促进防洪保障线、抢险交通线、生态景观线、生态旅游线有机统一。加强黄河薄弱堤岸和隐患河段治理，加快险工险段治理，确保河道排水通畅。加快完善贺兰山东麓防洪体系建设，加大金山拦洪库加固力度，提高行洪能力。探索应用“互联网+”，建立常态化排查机制。创新泥沙综合处理技术，到2025年，县域内防洪沟道及导洪堤全面达到现行防洪设计标准。开展黄河滩区生态修复和岸线利用专项整治，推进黄河银川段（永宁—贺兰段）干流探底综合整治修复、黄河流域滨河湿地生态保护修复、黄河流域三丁湖湿地类型保护区生态修复等工程的落地实施，统筹区域生态修复和环境综合治理，

打造河道水生态带、滩涂湿地生态带。加快黄河滩区综合整治，积极争取国家滩区生态治理试点。加强小型微型水利设施建设，统筹推进城市建设与河湖湿地建设，持续开展海绵城市建设，强化降水积蓄，到 2025 年海绵城市建成区面积提高到 40%。

9. 示范引领节水型社会建设。建立水资源动态优化配置机制和分区分类管控体系，完善水资源消耗总量和强度双控制度，将水资源利用纳入效能目标管理考核。加快推进水价水权水市场改革，积极培育水权水市场。探索项目建设水资源论证准入制度，加强规划水资源论证，严格建设项目水资源论证。严格执行取水许可制度，对取用水总量超过控制指标的片区，暂停审批建设项目新增取水。严格水功能区监督管理，对排污总量超过水功能区限制纳污总量的片区，限制审批新增取水和入河排污口。建设现代化生态灌区，推广农业适水种植、量水生产模式。开展再生水循环利用试点，探索推进中水回用一体化、再生水处理回用等资源利用模式。加强城镇节水，全面推广普及节水器具，严控新建高耗水服务业项目，全面实行绿化区喷灌、滴灌等节水灌溉技术。深入开展节水型单位和居民小区建设活动，加大城镇供排水管网改造。推行合同节水管理，探索第三方节水服务。推行节水产品认证，将节水产品纳入政府采购目录。

10. 示范引领生态保护修复和环境污染防治。组织实施黄河流域生态保护和高质量发展规划及国土绿化和湿地保护等专项规划，大力实施水涵养工程，严格保护地下水资源，开展水源地保护专项行动，强化地下水超采区治理。落实水土保持工程，强化湿地管护，实行湿地总量管理。加强农业、城市生态系统建设，推动实现生产空间集约高效、生活空间宜居适度、生态空间山清水秀。推进“蓝天工程”，严格煤炭消费总量控制，严格工业污染源达标排放，强化扬尘治理。落实“碧水工程”，扎实推进水体治理，加强工业废水治理，强化城乡污水处理设施建设。实施“净土工程”，综合防治土壤污染，深化工业废弃物防治，落实农村污染和农业面源污染治理，大力整治垃圾污染。严控增量用能准入，实施提升工业能效、资源综合利用等技术改造。深入推进工业、建筑业、交通等重点领域节能，扎实开展用能单位节能降耗工作。加快产业园区绿色低碳循环改造，加强重点行业废水、废气废渣和余热余压循环再利用。着眼全产业链整体效益配置资源能源，推进资源集成高效利用。

11. 示范引领县域经济高质量发展。保持制造业基本稳定，巩固壮大实体经济根基。补齐产业链供应链短板，推动制造业延链补链强链。强化园区经济“主战场”作用，深化产城融合，推动功能复合、配套完善、宜居宜业。深化园区体制机制改革，鼓励市场主体参与园区运营建设。实施贺兰工业园区智慧园区建设项目，切实提高精细化管理水平。完善暖泉片区基础设施配套。力促军民融合产业园邻里中心项目落地建设。大力发展互联网数字经济。推动生产性服务业专业化发展，加强现代服务业集聚区建设。加快电子商务发展，壮大培育本土电商平台。积极发展社区、家政、养老服务、体育健身、文化娱乐等服务业态，加快布局健康、养老、文化等“幸福产业”。支持文创设计、电竞赛事、网络直播等创意产业发展，推出一批融入黄河、贺兰山文化元素的文化产业新业态，积极培育“绿色饭店”“智慧乡村”“最美民宿”等新业态。围绕季节性消费热点和重要节假日，举办年货节、旅游节、文化节等各类主题购物节会，推动消费转型升级。以龙头企业为依托，以国家级现代农业产业园为支撑，建设国家农业绿色发展先行区的示范区。加快“农业公园”“蔬菜公园”“渔业公园”提档升级，实现特色农产品产量品质双提升。强化与长三角、粤港澳大湾区、京津冀等地区对接力度，推进“互联网+”农产品出村进城工程试点，搭建优质农产品产销平台，加快农产品走出去步伐。建设生态型工业体系，加快传统园区向生态工业园区转变，促进再生资源产业发展。大力发展生态型都市现代农业，建立健全生态循环农业生产经营体系。

四、优化空间，打造市县同城联动发展格局

12. 积极推动市县同城发展。积极推动贺兰与银川主城区“市县同城”一体化发展，实现交通互联互通、基础设施共建共享、公共服务市县统筹，建立健全“市县同城”发展体制机制。依托连通贺兰和银川主城区便捷快速的“三纵一横”交通干线，着力构建市县同城四大走廊，沿线重点发展高质量生产性和生活性服务业，促进产业和人口集聚发展。主动对接银川主城区基础设施建设项目，重点推进信息基础设施、能源设施、水利设施一体化建设。加强贺兰与银川在就业、教育、医疗等公共服务资源的整合与共享，切实提升公共服务水平。

13. 建设银川北翼高质量服务功能保障区。以高质量服务银川城市功能拓展和产业发展为目标，立足贺兰区位优势与现有产业基础，以贺兰工业园区“德胜片区”和金贵镇为核心，在银川北部建设高质量服务功能保障区，打造公共服务高地和产业发展成本洼地。实施德胜片区城市改造工程，推动适宜产业入园集群集聚发展，导入高品质商业综合体，打造银川北部集商住、休闲、娱乐、文化产业于一体的高端商圈。进一步发挥金贵镇区位及交通优势，积极承接银川市商贸、物流、冷链、建材、家居等功能，推动城市服务产业集群集聚发展，将金贵镇建设成为银川与贺兰中心城区的配套商贸服务中心。

14. 打造县域综合服务中心。提高县城在人口和经济方面的承载能力，提升城市品质，完善县城宜居宜业宜游综合功能。优化提升城市空间利用效率，加强规划引领，推动工业企业入园集聚发展。加快提升城市交通效率和商业密度，建设具有宁夏特色和贺兰元素的主题街区。以“城市园林化”为目标，以创建全国森林城市为载体，实施城市生态绿化、小微公园、生态修复等重点工程，构建城市立体生态环境体系，推动生态宜居城市建设。巩固全国卫生城市和文明城市创建成果，加快推进贺兰县城基础设施补短板，全面提升县城的承载能力。

15. 优化新型工业发展载体。优化提升贺兰工业园区，将贺兰园区打造成黄河流域生态保护和高质量发展示范园区。实施德胜片区“退二优二”发展战略，持续推动食品加工企业集群集聚发展，加快发展数字经济，把德胜片区打造成全国绿色食品聚集区、自治区高新技术产业开发园区和智能制造示范区。按照暖泉片区“腾笼换鸟，绿色发展”工作思路，加快低端落后产能淘汰和长期停产企业出清，加快精密制造、生物医药和精细化工升级改造，推动新材料产业建链、补链、延链、强链，将暖泉片区打造成为全区绿色发展示范区。到 2025 年，将贺兰工业园区打造成年产值“两百亿级”工业园区。加快建设军民融合产业园，着力推进电子信息产业集群发展，加强与央企军工集团战略合作对接，推动构建高新技术创新成果市场化平台和孵化器，在全区率先培育壮大军民融合领军企业和优势产业，打造全区电子信息产品生产基地、集散地和区内外影响力显著的军民融合产业基地，力争到 2025 年打造年产值“五十亿级”产业园区。

五、优先发展，全面实施乡村振兴战略

16. 实现巩固拓展脱贫攻坚成果同乡村振兴有效衔接。实施移民致富提升行动，建立健全农村低收入人口持续帮扶和稳定脱贫防范返贫长效机制，确保贫困村、贫困人口退出后，现有帮扶政策和投入力度保持总体稳定。加快制定脱贫攻坚与乡村振兴有效衔接规划方案，形成工农互促、城乡互补、全面融合、共同繁荣的新型工农城乡关系。开展新型职业农民培育认证，加快构建有文化、懂技术、善经营、会管理的新型职业农民队伍。提升脱贫农户基本技能，拓宽脱贫农户稳定就业渠道，构建脱贫农户增收长效机制。促进小农经济与现代农业有机衔接，鼓励新型农业经营主体发展多种形式的联合与合作，提高农户抵御自然风险的能力。

17. 发展高效节水现代农业。坚决贯彻落实习近平总书记关于“以水定产”的发展理念，大力发展节水农业、高效农业，加快实施现代化生态灌区工程，提高水资源利用效率。落实藏粮于地、

藏粮于技战略，优化粮食种植结构，实现粮食产业节水稳产。提升“稻渔空间”示范引领作用，持续做精做细稻渔空间乡村生态观光园，加大稻渔立体生态种养的占比，推动水稻产业做强做优，稻鱼、稻蟹、稻鸭等生态立体种养面积扩大到4万亩左右。按照“稳粮、扩菜、优渔、增畜、靓酒”思路，深化农业供给侧结构性改革，调优、调高、调精贺兰特色优势农业产业，重点打造饲料、粮油、肉类、乳制品和葡萄酒等优势特色农产品加工产业，积极培育农副产品精深加工企业，补全上下游产业链条，形成农业全产业链发展模式。巩固提升贺兰县国家级现代农业产业园。

18. 提高农业综合竞争力。提升农业可持续发展水平，推进节水灌溉技术、设备的引进、研发和集成，打造全区高效节水农业示范县。加大高标准农田建设力度，打造全区高标准农田建设示范区。建立健全农产品质量安全标准体系、监管体系和追溯体系，争创国家农产品质量安全县。强化品质提升和品牌培育，以“贺兰山下”区域公用品牌为引领，加快品牌资源的整合提升。深化农业一二三产有机融合，高起点实施贺兰县现代农业高质量发展三年行动，从基础设施、产业发展、联农带农等方面入手，发展乡村旅游、休闲采摘、特色民宿、创意农业等新产业、新业态，加快产业深度融合，着力建设一批工业和农业产业融合发展示范性工程。以农业公园、蔬菜公园、渔业公园为核心，积极发展精品农庄、旅游酒庄和康养基地。加强深化产学研结合，加强农业绿色生态、提质增效技术研发应用，深入实施现代种业提升工程，创建自治区级农业科技推广示范基地。加快发展智慧农业，推动5G、北斗导航、遥感和物联网等技术在农业农村应用，建设智慧农（牧）场。将贺兰打造成黄河生态经济带的优质“菜篮子”、市民休闲的后花园，把总书记点赞的“好地方”建设得更好更美。

19. 启动实施乡村建设行动。增强小城镇生活居住和公共服务功能，带动镇域范围和周边农村地区产业融合升级。加强村庄规划引导，推动实用型村庄规划的落实落地，优化农房、产业、基础设施和绿化布局，以黄河沿岸和贺兰山东麓沿线为重点，建设风光旅游型、特色农业基地型、历史文化型、综合精品型等各具特色的村庄民居。实施农村人居环境整治工程，全面提升贺兰乡村风貌，建立健全农村厕所管护运维机制，持续提升农村生活污水和垃圾治理能力，争创全区人居环境整治示范县。完善农村基础设施，加强乡村水、电、路、气、通信等设施建设，强化农村能源供给保障，加快实施数字乡村战略。

20. 持续深化农业农村改革。深化农村集体产权制度改革，探索集体资产股份占有、收益、转让、继承、退出等条件和程序，培育“股份农民”，加快推进农村产权流转交易市场体系建设。深化农村土地制度改革，落实第二轮土地承包到期后再延长30年政策，稳定农村土地承包关系。创新规划管理，创新指标使用方式，充分利用耕地、宅基地和集体建设用地等存量用地，探索发展农村新产业新业态，促进城乡要素流动，盘活农村资源。积极稳慎推进农村宅基地管理制度改革试点，探索宅基地所有权、资格权、使用权分置有效实现形式，高标准完成国家农村宅基地改革试点任务。深化农村金融体制改革，探索农村各类产权抵押贷款新机制，完善农业保险制度，设立财政出资的涉农信贷风险补偿基金。深化农村人才制度改革，大力推进农村人才队伍建设，建立健全人才发展激励机制，打造扎根基层的农技推广人才队伍。

21. 争创西北地区城乡融合发展试验区。建立健全城乡融合发展体制机制，促进城乡要素双向畅通流动，加快推动城市基础设施向农村延伸、城市公共服务向农村拓展、社会事业向农村覆盖、城市文明向农村辐射，构建疏密有致、分工协作、功能完善的城镇协调发展新体系。健全农业转移人口市民化机制，维护进城落户农民土地承包权、宅基地使用权、集体收益分配权，支持引导其依法自愿有偿转让上述权益。建立城市人才入乡激励机制，制定金融、社会保障等激励政策，吸引各类人才返乡入乡创业。完善城乡用地统筹协调机制，加快落实促进现代农业、新型农业经营主体、农产品加工业、休闲农业和乡村旅游等用地支持政策。鼓励财政支持城乡融合发展及相关平台和载体建设，发挥财政资金“四两拨千斤”作用，撬动更多社会资金投入。完善乡村金融服务体系，建立健全农业信贷担保体系，加快完善农业保险制度。鼓励工商资本带动人力、财力、物力以及先进技术、理念、管理等进入农业农村，为乡村振兴注入新动能。

六、创新驱动，积极推动产业高质量发展

22. 大力实施创新驱动战略。围绕“6+3”主导产业发展，坚持创新在贺兰“十四五”现代化建设全局中的核心地位，加快推动科技创新，打造创新平台提升支撑力、加快成果转化提升竞争力、优化创新环境提升吸引力，增强高质量发展内生动力。加快提升技术创新能力，鼓励和引导企业加大创新投入力度，积极培育国家、自治区级高新技术企业和科技型企业。激发人才创新创业活力，充分发挥人才在创新战略中的积极作用，着力培育壮大创新人才队伍，加快构建人才服务体系。着力推动科技创新平台建设，创建一批国家级和自治区级重点实验室、工程技术（研究）中心和企业技术中心，打造一批以工业园区和重点企业为支撑的创新小高地，构建共性技术支撑和供给体系。

23. 加快构筑新型工业体系。立足工业园区升级改造传统产业，加快产业链升级改造步伐，稳定提升产品价值链，集群发展绿色食品产业、有序发展生物医药产业、绿色发展精细化工产业、做优做强现代纺织产业。加快培育电子信息、新型材料、高端装备制造等新兴工业产业，切实加大产业引进和培育力度，推动全县工业体系转型升级。加大工业园区基础设施建设、服务配套建设，不断提高园区吸引力和综合承载力，为转型升级、实现高质量发展注入新动能。着力完善园区管理体制机制，加快落地“管委会＋公司”运营管理模式，深化园区共建共享机制，强化贺兰工业园区与银川经开区合作。推广“产业＋基金＋基地”融资模式，引导产业集群集聚发展，以改革创新激发园区发展活力，释放园区发展潜能。

24. 积极培育发展现代服务业。推动生产性服务业向专业化和价值链高端延伸，高质量发展现代物流业，积极培育新型服务业态，鼓励发展面向工业设计、生产制造的软件与信息技术服务业，加快工业全产业链的集成化和智能化。推动生活性服务业向高品质和多样化升级，重点发展汽车销售及后市场服务业，大力发展现代商贸服务业，创新发展金融服务业。促进夜间经济加快发展，打造一批特色鲜明的地标性夜间经济、假日经济集聚区。积极发展数字新经济，推进数字产业化和产业数字化，创新发展智慧农业，引领发展智能制造，加快建设数字园区，促进数字经济和实体经济深度融合。大力发展文化旅游业，推动文旅产业全域化发展和全业态融合，提升文旅产业管理服务水平，打响特色文化旅游品牌。

七、厚植基底，统筹推进基础设施建设

25. 构建外通内畅交通体系。加快完善公路网络，推动实施 109 国道改线、银川市北二环改扩建等工程，形成“五纵四横三联一环”便捷快速的对外联系通道和衔接顺畅的内部干线公路网络。积极推进贺兰黄河大桥建设，支撑跨河联动发展。积极配合包银高铁建设，加强贺兰县与邻近沙湖和银川高铁站等交通枢纽的联系。继续推进“四好农村公路”建设，因地制宜推动农村公路加宽改造，规划实施旅游专线公路，加强乡村旅游节点与干线公路的衔接。推进城乡公交客运一体化建设，稳步推进“一核四副多点”的城乡客运场站和公交专用道建设。优化完善城乡货运物流基础设施，加快建设贺兰县级物流配送中心、65 个建制村物流服务点，加快实施乡镇综合运输服务站，实现区域农村物流网络与干线物流网络有效衔接。

26. 补齐水利设施短板。以共建“互联网＋城乡供水”示范省区为抓手，全面建成城乡一体化的供水网络体系。积极开展城乡供水工程信息化建设和改造，构建科学调度、精准管理、智能高效、安全可控的城乡供水工程“信息网”，加强全

渠系、全灌域管控和调度。推动城乡水务一体化，对源水、供水、排水、治水、中水回用等涉水事务统一管理。推进农业灌排水网建设，实施城乡供水一体化工程，因地制宜建设“五小水利工程”，探索“投建管服”一体化新模式，不断提升农业用水保障能力。完善防洪减灾设施建设，强化以黄河为中心的河洪防御，不断完善河洪、山洪与城市防汛抗旱相互协调的水防灾减灾体系，全面提升黄河贺兰段防洪标准，到2025年实现黄河干流达到50年一遇的防洪标准。

27. 完善能源保障网络。优化完善电网供应保障，加强电力网络建设，提升城市电网、改造农村电网，构建安全、坚强、智能、绿色的现代化电力网络。进一步强化完善主网架，推动实施城市配电网、农村电网改造等工程。推动传统能源升级改造，大力实施煤改电、煤改气替代项目。积极推广成熟先进节能减排技术应用，推进实施节能改造和超低排放改造，实施城际管道互联和储气调峰设施工程，建立稳定的输气储气设施体系，提高油气保障供应能力。

28. 推动新型基础设施建设。加快以5G网络和数据中心为重点的新一代信息基础设施建设，进一步完善5G基站布局，到2025年实现县域5G全覆盖。大力推进千兆光纤扩网布局，推动IPv6规模化布局，逐步构建“物联、数联、智联”三位一体的信息支撑体系。着力实施大数据战略，加快构建大数据中心，建设数据互联共享的云平台，促进全县数据资源跨层级、跨部门协同共享。围绕“智慧贺兰”建设目标，建设综合管理决策平台，整合城市管理、经济运行、市民生活等全方位信息，深化公共服务和民生领域信息应用，重点在城市管理、道路交通、教育、公共卫生、就业和社保、社区服务、应急、消防、综合执法、市场监管、水利等领域加强信息化建设，提升规范化管理水平。

29. 加强市政公用设施建设。实施集中供热工程，完善燃气储气配套设施，优化液化天然气、液化石油气局域供气网络，发展热电联产及清洁能源集中供热。实施城市管网综合改造，构建源头减排、雨水蓄排、排涝除险的排水防涝系统，完善市政管网设施。推动垃圾无害化资源化处理，健全垃圾分类及收运体系，推广垃圾回收及再生利用模式。探索建立工业固废管理制度，加强对工业企业固体废物的环境监管。积极推进管网“雨污分流”，提升城市管网承载能力，减少污泥进入垃圾填埋场填埋量。大力推进老旧小区改造，配套完善养老托育、卫生保健、生活服务等城市公共服务和基础设施，合理布局城市停车场、公共厕所等设施，不断完善和提升城市功能。

八、绿色发展，争创全国生态宜居样板县

30. 构建生态安全空间格局。严守生态保护红线、永久基本农田、城镇开发边界“三条控制线”，构建更加清晰的生态、农业和城镇三类空间。加强空间用途管制，优先开展生态功能受损区域生态保护修复，按照主体功能实行分区准入管制，建立覆盖全县的生态环境分区管控“三线一单”体系，严格落实重点生态功能区准入清单、负面清单制度，确保生态环境功能不降低、面积不减少、性质不改变。

31. 统筹推进生态治理和修复。坚持系统化修复，实施国土绿化提升工程，推动黄河流域生态系统建设，加快形成水清、岸绿的生态格局。加强湿地生态保护修复，推进我县黄河流域滨河湿地和三丁湖湿地生态保护修复工程，加强黄河、典农河贺兰段水生态综合治理，改善水生态环境质量。加大贺兰山生态修复和综合治理工程、水源涵养提升工程、绿色生态廊道建设工程、黄河河道滩区综合提升治理工程等一系列重大生态工程的投资力度。

32. 促进生态与经济共融发展。大力发展生态农业经济，积极推行集约化种养模式，发展种养结合循环农业和有机农业，扩大绿色、有机、无公害农产品供给。加快发展生态文旅经济，依托贺兰山东麓山地资源、葡萄长廊旅游资源、苏峪口国家森林公园和滨河等湿地资源，推动生态旅游业与休闲农业、健康养生产业、文化产业融合发展，创新发展园林城市经济，高水平打造如意湖人文水岸经济，加快构建全域旅游发展格局。积极发展生态服务经济，大力培育节能环保服务业，培育一批循环经济专业性服务企业，推进建立循环经济信息和技术服务体系。

33. 促进经济社会低碳发展。加大节能减排力度，实施重点耗能行业节能改造行动，引导企业实施新一轮大规模技术改造。推广清洁生产技术，加大工业绿色产品研发和应用。推动能源体系转型发展，积极发展可再生能源，大力推进农村地区生物质能源开发和利用，推进形成新能源快速发展的能源供应格局，持续优化能源消费结构。推行绿色生产和生活方式，开展节约型机关、绿色家庭、绿色学校、绿色社区建设。大力发展绿色交通体系，优化城市慢行系统，加快电动汽车充电基础设施建设，提升共享交通出行业态，引导城乡居民树立绿色低碳观念，转变消费模式。

34. 健全生态文明体制机制。强化环境保护责任体系，形成齐抓共管的环境保护工作格局。健全资源监督管理体制，实行资源总量管理和全面节约制度。推动资源指标向资源利用效率高、效益好的行业、项目倾斜配置，加快形成资源环境价格机制。健全自然资源产权制度，构建政府监管与社会监督相结合的监管体系，促进绿水青山向“金山银山”的转化和生态产品价值向经济发展优势转化。完善生态环境立体监测网络，重点建设园区空气质量、入河及排污口、饮用水水源等自动监测站，健全环境风险预警系统，推进智慧监管平台建设，建立生态环境一体化智慧监管系统。

九、人民至上，不断改善城乡居民生活品质

35. 切实提高人民收入水平。实施城乡居民收入提升行动，完善居民收入增长长效机制，着力提高低收入群体收入，扩大中等收入群体。推进薪酬制度改革，健全企业工资正常增长和支付保障长效机制，落实机关事业单位工资水平动态调整机制。完善要素分配政策制度，健全各类生产要素由市场决定报酬机制，多渠道增加城乡居民财产性收入。落实惠农富农政策，大力发展农村集体经济，加大税收、社保、转移支付等调节力度，增强政策精准性。

36. 促进更加充分更高质量就业。强化就业优先政策，千方百计稳定和扩大就业。坚持分类施策，着力培育新的就业增长点，鼓励多渠道灵活就业。统筹做好各类重点群体就业，统筹城乡就业，加强对就业困难人员的就业援助。鼓励创业带动就业，完善和落实创业激励政策，加强创业孵化基地、创业园区等创业平台建设。完善全方位公共就业创业服务，建设统一规范的人力资源市场，实施公共就业服务能力提升计划，全面推进“互联网 + 公共就业创业服务”。落实保障农民工工资支付条例，全面实施劳动合同制度。加强职业技能培训，完善市场配置资源、劳动者自主选择、政府购买服务和依法监管的职业培训工作机制。更加注重缓解结构性就业矛盾，促进技能人才供给与产业转型升级互补。

37. 大力发展教育事业。实施基础教育质量提升行动，发展优质普惠的学前教育，进一步完善政府主导、社会参与、公办民办并举的办园体制，建设以公办幼儿园和普惠性民办幼儿园为主体，城乡全覆盖、质量有保证的学前教育公共服务体系。推动义务教育优质均衡发展，进一步整合优化教育资源布局，推进中小学标准化建设。鼓励有条件的学校推进小班化教育。持续吸引高层次、急需紧缺的名校长、名教师，加强城乡学校结对帮扶。完善控辍保学工作机制，确保小学阶段适龄儿童入学率保持 100%，初中适龄青少年入学率保持在 99%以上。实施高中阶段教育普及攻坚计划，通过集团化办学、引进知名专家、深度联盟等，提升现有高中教育教学质量。创新发展现代职业教育，积极推进校企合作产教融合，打造“校企一体化”职业技能实训基地。深化体教融合，落实实施青少年体育活动促进计划。深入实施“互联网 + 教育”工程，构建校内校外、线上线下、课堂家庭全覆盖的优质教育资源供给体系。

38.健全多层次社会保障体系。深入实施全民参保计划，提高基本养老、基本医疗保险、工伤保险入库率。积极落实低收入家庭、特困家庭等群体的保障政策。构建多层次养老服务体系，统筹推进城乡养老服务基础设施规划建设，加强公办保障性养老机构建设，切实履行保基本、兜底线的职能。支持社会力量兴办医养结合机构。健全医养结合机制，统筹布局医疗卫生和养老服务资源。完善智慧养老体系，配置智慧养老服务设施。统筹救助体系建设，完善社会救助制度。加快社会福利事业发展，优化青年发展环境，完善农村留守儿童、妇女和老年人关爱服务体系，完善退役军人优抚安置制度，健全儿童福利和残疾人帮扶制度。加强住房保障，多渠道筹集保障性住房房源，鼓励和引导社会资本参与保障性安居工程建设。

39. 加快建设“健康贺兰”。实施全民健康水平提升行动，开展全民健康行动计划。深化医药卫生体制改革，推进医疗、医保、医药“三医联动”改革，更好保障人民群众就医需求、减轻医药费用负担。加强食品药品的监督执法检查力度，组织开展食品药品的监督执法检查。推进县域综合医改，组建贺兰县医疗健康集团，有效落实分级诊疗制度。健全卫生健康服务体系，加强公共卫生应急体系建设，进一步完善常态化疫情防控机制。强化覆盖全民的公共卫生服务，推进城乡基本公共卫生服务均等化。健全中医药产业高质量发展政策体系，加快中医药产业发展。持续开展改善医疗服务行动计划，完善远程医疗制度，加快推进家庭医生签约服务。创新“互联网 + 医疗健康”服务，推广“基层检查、上级诊断”的服务模式。实施“全民健身”系列工程和行动，加大全民健身步道、社会足球场、体育公园等公共体育场地设施建设，加快推进全民健身基础设施行政村以上全覆盖。

40. 繁荣发展文化事业和产业。坚持以社会主义核心价值观引领文化建设，加强社会主义精神文明建设，大力弘扬爱国主义、集体主义和社会主义思想，推动形成适应新时代要求的思想观念、精神面貌、文明风尚、行为规范。完善公共文化服务体系，扩大文化惠民工程覆盖面，推动基本公共文化服务向乡村延伸。深化文化体制改革，加强文化市场体系建设，扩大优质文化产品供给。健全非物质文化遗产保护制度，推动非物质文化遗产产业化。深化文化体制改革，加强文化市场体系建设，扩大优质文化产品供给。挖掘黄河文化价值，发展黄河生态文化产业，推动文化和旅游融合发展，培育“文化 +”新业态。

十、统筹兼顾，推进治理体系和治理能力现代化

41. 建立健全“五治”融合综合治理体系。以政治强引领，完善党委领导社会治理体制机制，加强县、乡镇、村（社区）三级党建引领社会治理的责任落实和协调联动。建设以基层党组织为核心、群团组织为纽带、各类社会组织为依托的基层工作体系。以法治强保障，坚持依法执政、依法行政共同推进，坚持法治政府、法治社会一体建设，全面推进依法治县，运用法治思维和法治方式分析解决社会治理中的问题。以德治强教化，加强社会公德建设，引导居民自觉遵守文明规范。规范职业道德建设，开展文明行业创建活动。弘扬家庭美德建设，推进家德家风教育。注重个人品德建设。以自治强活力，完善基层群众自治制度，调动城乡群众、企事业单位、社会组织自主自治的积极性，打造人人有责、人人尽责的社会治理共同体。以智治强支撑，把智能化建设作为社会治理现代化的重要抓手，实施大数据战略，不断提高社会治理能力和水平。

42. 强化县域社会治理。深入开展乡村治理，健全完善村民自治制度，落实好“一村一法律顾问”，增强道德引领乡村治理能力。深入开展社区治理，进一步提升城乡社区网格化服务管理水平，把资源、服务、管理下沉到网格。深入开展宗教治理，健全“三化”问题治理长效机制，提高基层宗教治理能力。注重运用法治思维和法治方式加强宗教治理。深入开展校园治理。坚持和完善党对教育工作的全面领导，加强立德树人的根本任务。加强校园内部治理和外部防范，保障师生健康安全。深入开展企业治理，健全企业守法经营、诚信经营等举措，切实提升企业治理水平。深入开展社团治理，全面加强党对社团治理的领导，健全社团内部治理机制。

43. 建设“平安贺兰”。以总体国家安全观为统领，坚定维护国家政权安全、制度安全。严密防范和打击敌对势力渗透、破坏、颠覆、分裂活动，守好维护政治安全生命线。正确处理新形势下人民内部矛盾，坚持和发展新时代“枫桥经验”，构建源头防控、排查梳理、纠纷化解、应急处置的社会矛盾综合治理机制。完善舆论监督制度，健全重大舆情和突发事件舆论引导机制。坚持人民至上、生命至上，把保护人民生命安全摆在首位，全面提高公共安全保障能力。完善和落实安全生产责任制，严防重特大安全事故。建立食品药品质量安全监管制度，开展食品药品专项治理和质量提升行动。提升洪涝干旱、森林草原火灾、地质灾害、地震等自然灾害防御工程标准。完善应急管理体系，加强应急物资保障体系建设，有效提高防灾、减灾、抗灾、救灾能力。完善社会治安防控体系，大力推动警力下沉、重心下移、保障下倾，做实社区农村警务。从严控制政府债务风险，严格制定资金平衡方案，确保政府债务可防可控。扎实做好金融风险化解，建立权责清晰的金融监管体制和常态化风险摸排机制。

十一、深化改革，持续增强发展新动力

44. 全面推行“放管服”改革举措。进一步精简行政审批事项，全面实行政府权责清单制度，向基层乡镇下放更多审批权限。深化园区项目审批改革，做到“园区事、园区办”。进一步放宽市场准入，继续推进“证照分离”改革，促进企业准营准入高效便捷。持续提高监督监管质效，建立健全适合高质量发展要求、全面覆盖、保障安全的事中事后监管制度。加快推进“互联网 + 监管”系统建设，提高监管的精准性和有效性。完善“双随机、一公开”市场监管制度，推动日常监管“双随机、一公开”常态化。健全“一窗受理”“一门办理”工作机制，推进政务服务标准化、规范化、便利化。深入推进“互联网 + 政务服务”，实现更大范围“一网通办”“掌上办”，大幅提升政务服务便利度。

45. 切实降低各类要素成本。推进土地要素市场化配置，建立健全城乡统一的建设用地市场，落实好农村集体经营性建设用地入市制度。盘活现有土地资源，健全弹性工业用地市场供应体系，探索增加混合产业用地供给。支持企业通过资本市场多渠道融资，帮助中小企业解决融资难、融资贵问题。完善政府融资性担保体系，推动“政银企保”合作。落实好各项减税降费政策，降低涉企保证金和社保费率，进一步减轻企业税费负担，有效降低企业各类“隐性成本”。进一步放开价格管理权限，将要素定价权交给市场。

46. 健全市场竞争机制。严格落实竞争审查制度，抵制垄断和不正当竞争，健全优胜劣汰市场化退出机制。优化民营经济发展环境，构建亲清政商关系，促进非公有制经济健康发展和非公有制经济人士健康成长。重视和支持产权保护，破除制约民营企业发展的各种壁垒。弘扬企业家精神，推动企业发挥更大作用实现更大发展。持续推进政务诚信、商务诚信、社会诚信和司法公信建设，提高全社会诚信意识和信用水平，维护信用信息安全。建立健全公平竞争工作协调机制，组织开展政府采购和招投标领域专项整治，坚决消除各类不合理限制和壁垒。严厉打击破坏市场经营秩序的黑恶势力，用良法善治推动营商环境不断优化。

十二、双向开放，开拓合作共赢新局面

47. 拓展对内合作空间。依托中心城区、德胜、奥莱、金贵四大商圈板块，主动承接银川城市产业外溢，更好地为银川提供高品质服务供给，打造与银川城市功能互补、融合互动的高品质服务集聚区。依托军民融合产业园等产业发展载体，大力发展“飞地经济”或同城化产业园区。依托贺兰工业园区、军民融合产业园等产业发展载体，加强与京津冀、长三角、粤港澳大湾区的交流合作，积极承接电子信息、新材料、高端装备制造、生物医药等产业。积极发挥政府在对口合作中的引导带动作用，加强与闽在农业、制造业、现代服务业、科教文卫等多领域合作，推动合作共建

产业园区和开放平台。完善招商引资工作机制，强化园区载体作用，着力从“建链、延链、补链、强链”需求出发，科学谋划一批质量高、效益好的招商项目。积极开展以商招商、以企招商，发挥园区已有重点产业、骨干企业的带动作用，吸引产业链条整体转移和关联产业协同转移，促进专业化分工和社会化协作。

48. 加大对外开放力度。积极融入共建“一带一路”大格局，深化务实合作，促进共同发展。加强与“一带一路”沿线国家在旅游、文化、技术创新、教育等方面合作，推动共建技术研发平台、海外旅游服务窗口等协作载体，创造资源共建共享、合作共赢的新局面。加快“走出去”步伐，积极扩大县内枸杞、蔬菜、加工食品、精细化工、机械装备、新材料等产品出口，支持打造一批出口品牌。支持有实力、有意愿的企业与“一带一路”沿线国家在装备制造业、农业开发、能源资源等重点领域开展对外投资合作。鼓励有实力的企业通过新建、参股、并购等方式“走出去”。依托电商创业园，搭建“走出去”海外服务平台，提供信息咨询、法律咨询、语言翻译、市场推广、融资保障、交流培训等综合性服务。

十三、坚持党的全面领导，为实现“十四五”规划和二〇三五年远景目标而奋斗

49. 发挥党的领导核心作用。坚持和完善党领导经济社会发展的体制机制，全面贯彻党的基本理论、基本路线、基本方略，调动一切积极因素，团结一切社会力量，形成推动规划落实的强大合力。坚决贯彻党中央的决策部署和区市党委的工作要求，运用专业思维、专业素养、专业方法谋划工作。全面落实全面从严治党“两个责任”，改进干部作风，强化责任担当，激发党员干部的奋斗精神。锲而不舍落实中央八项规定精神，持续纠正形式主义、官僚主义。强化对权力运行的制约和监督，坚持严管厚爱结合、激励约束并重，认真落实容错纠错机制，严肃查处诬告陷害行为。一体推进不敢腐、不能腐、不想腐，营造风清气正的良好政治生态和干事创业环境。聚合各方面力量，动员各阶层广泛参与，带领全县人民在全面建设社会主义现代化国家新征程中开好局、起好步。

50. 落实好“十四五”规划建议。编制我县“十四五”规划纲要和专项规划要贯彻本次全会精神，落实本《建议》提出的发展理念、主要目标、重点任务、重大举措。规划中既要有明确反映创新、协调、绿色、开放、共享发展理念的指标，也要有政府履行职责的约束性指标，强化责任落实和督查反馈，把全会确定的各项决策部署落到实处。建立政策协调和工作协同机制，完善规划实施监测评估机制，建立健全责任明确、分类实施、有效监督的规划实施制度，确保各项目标任务全面落实。

实现“十四五”规划和二〇三五年远景目标，前景光明，任重道远。全县各级党组织和广大党员干部群众，要更加紧密团结在以习近平同志为总书记的党中央周围，改革创新、勇于担当、同心同德、顽强奋斗，为谱写新时代贺兰高质量发展新篇章而努力奋斗！

贺兰县贯彻落实自治区“工业稳增长 24 条”实施方案

（贺政办发〔2020〕27 号）

为深入贯彻《自治区人民政府办公厅关于印发〈自治区工业经济稳增长二十四条意见〉的通知》（宁政办规发〔2020〕1 号）（以下简称自治区“工业稳增长 24 条”）和《银川市贯彻落实自治区“工业稳增长 24 条”实施意见》（银政办发〔2020〕16 号，以下简称银川市“工业稳增长 40 条”）精神，支持我县工业企业积极应对新冠肺炎疫情不利影响，稳定工业经济增长预期，确保完成县委政府提出的工业经济发展目标任务，为全面建成小康社会提供强有力支撑，特制定本实施方案。

一、深入学习宣传，全面落实自治区和银川市工业稳增长政策

（一）提高政治站位，广泛学习宣传自治区“工业稳增长 24 条”和银川市“工业稳增长 40 条”。自治区“工业稳增长 24 条”、银川市“工业稳增长 40 条”是深入贯彻中央经济工作会议精神，坚持稳中求进工作总基调，加快工业转型升级的具体举措；是贯彻落实习近平总书记在统筹推进新冠肺炎疫情防控和经济社会发展工作部署会议上的重要讲话精神，统筹抓防治疫情和经济建设的有力之举；是进一步激发市场主体活力，确保工业经济实现量的合理增长和质的稳步提升的“强心剂”。各园区、各部门要切实提高政治站位，充分认识自治区和银川市工业稳增长政策重要意义，加大对各项政策措施的宣传力度，提高企业对政策的知晓、理解、分析和运用能力，提振企业信心，全力支持工业企业保经营、稳增长、促发展；结合落实中央、区市最新政策精神，积极主动做好惠企政策解读，通过电视、网络、门户网站、公众号等媒介广泛开展宣传工作，帮助企业吃透政策精神，营造推动工业稳增长的浓厚氛围。（牵头单位：县委宣传部；责任单位：发改局、科技局、人社局、财政局、市场监管局、贺兰工业园区管委会、银川军民融合产业建设服务中心、融媒体中心）

（二）紧密结合实际，全面贯彻落实好自治区“工业稳增长 24 条”和银川市“工业稳增长 40 条”。各相关单位要积极对接自治区、银川市相关厅局，结合实际，严格落实区市工业稳增长政策措施，强化沟通协调，形成合力，狠抓落实；建立面向“重点企业、重点项目、重点问题的稳增长”三个重点包抓工作机制，全面落实工业稳增长各项目标任务。（牵头单位：县发改局；责任单位：科技局、财政局、人社局、贺兰工业园区管委会、银川军民融合产业建设服务中心）

二、切实加大意见措施落地，着力降低企业成本

（三）扩大优势产业电价补贴范围。贯彻落实《进一步降低优势产业用电成本促进产业结构调整优化方案》（宁发改运行〔2019〕276 号），督促符合产业政策的深加工企业以及其他行业鼓励类企业积极申报，争取列入自治区享受电价补贴企业名单。对电力需求侧管理不达标的企业，监督企业整改达标后争取列入自治区电价补贴企业名单。（牵头单位：县发改局；责任单位：供电公司）

（四）提高优势产业增量用电补贴标准。积极宣传增量用电阶梯式电价补贴政策，督促企业结合补贴政策及自身的生产经营情况制定最优用能方案，支持企业享受自治区增量用电补贴标准提

高 2 分 / 千瓦时的电价补贴政策。（牵头单位：县发改局；责任单位：供电公司）

（五）提高电力直接交易占比。结合全县电力直接交易降低用能成本实际情况，向未参与或未全电量参与电力直接交易的企业宣传参与电力直接交易带来的改革红利，力争实现符合电力直接交易条件的企业全电量参与直接交易。（牵头单位：供电公司；责任单位：县发改局）

（六）降低企业创新成本。组织企业开展自治区和银川市研发投入后补助奖励项目申报，帮助企业争取自治区一般企业最高 10%，高新技术企业、科技型中小企业最高 15%，银川市 10%的研发费用补助，及时兑现县级相应承担的财政配套资金（自治区需配套 30%，银川市需配套 80%），组织企业申报市级高新技术产品认定并争取补助（银川市对科技型企业自主生产的高新技术产品按照销售额给予 1%补助）；组织企业申报市级科技创新券补助（银川市对企业向科技服务机构购买数字化、智能化改造等科技服务发生的费用，给予最高 70%的创新券补助）。（责任单位：县科技局）

（七）降低企业融资成本。协调各银行机构对有发展前景但受疫情影响暂遇困难的工业企业，不抽贷、不断贷、不压贷。鼓励银行业金融机构对中小微企业贷款给予临时性延期还本付息、展期、续贷和优惠利率贷款，对落实上述政策成效明显的银行业金融机构，通过争取自治区服务业引导资金给予奖励。帮助自治区防疫用品重点生产企业、49 家科技型中小企业争取 2020 年新增贷款 50%财政贴息。（牵头单位：县财政局；责任单位：科技局，驻县各金融机构）

（八）全力保障天然气供应。加快银川市应急调峰储气设施建设项目、凯添天然气二唐渠至暖泉路段储气调峰站管道铺设项目等项目建设，提升天然气应急保供能力。积极协调自治区发改委和中石油天然气公司，增加贺兰供气量 3000 万立方，确保天然气稳定供应。（责任单位：县发改局，凯添天然气公司）

（九）积极有效清理拖欠。严格落实国务院督察组及区市清欠工作要求，制定清偿方案和还款计划，明确具体任务的时间表、路线图。严格控制新增账款，强化督查，落实清偿资金来源，优先清理受疫情影响较大、有发展前景但暂时受困的中小企业逾期欠款，对已纳入地方政府隐性债务存量范围的拖欠中小企业账款，限时化解，优先偿还。确保 2020 年 6 月底将无分歧欠款全部清偿完毕。（牵头单位：县发改局；责任单位：审计局、财政局、各相关单位）

三、切实扩大投资，着力夯实稳增长基础

（十）加大项目推进力度。全面实施《贺兰县 2020 年县处级领导包抓重点项目工作实施方案》（贺党办〔2020〕7 号），加大重点项目服务力度，着力协调解决项目前期手续问题，确保全县 43 个重点项目如期开工、竣工、投产、达效。对苏州巨峰股份有限公司年产 30000 吨覆铜板专用绝缘树脂、5000 吨水溶解性环氧树脂、6000 吨专用固化剂等 12 个重点工业项目实行动态管理、滚动调整，准确反映投资完成量，确保工业投资实现稳步增长。（牵头单位：县发改局；责任单位：审批服务管理局、自然资源局、住建局、市生态环境局贺兰分局、贺兰工业园区管委会、银川军民融合产业建设服务中心）

（十一）鼓励企业加大技改投入。实施新一轮技术改造三年行动计划，建立工业企业技术改造项目库，制定实施《贺兰县 2020 年落实自治区下达技术改造综合奖补资金计划工作方案》，对符合《宁夏回族自治区工业企业技术改造投资指导目录（2018 年）》（宁政办发〔2018〕51 号）且完成统计入库的技术改造项目，按照设备投资的 5%—10%给予奖励，单个项目奖励不超过 200 万元。（牵头单位：县发改局；责任单位：财政局、统计局、贺兰工业园区管委会、银川军民融合产业建设服务中心）

（十二）加快重点科技项目实施和创新平台建设。聚焦无人装备、智能保障、空间信息等先导产业，谋划实施一批重点科技创新项目，布局 1—2 个自治区级科技创新平台，以科技创新布局抢占新一轮产业发展先机，加快新兴产业培育，为我县工业经济发展打造新的增长极。（牵头单位：县科技局；责任单位：发改局、贺兰工业园区管委会、银川军民融合产业建设服务中心）

（十三）强化招商引资工作。把招商引资作为“头号工程”，压紧压实园区、乡镇、部门主体责任，组建专业化招商团队，开展委托招商、定向招商、精准招商。深化与浙江上虞区、银川经开区合作，探索建立利益联结机制，对接项目落地。抢抓东部产业转移契机，吸引深圳等地智能电子终端企业入驻。确保招商引资实际到位资金同比增长 10%。（牵头单位：县商务和投资促进局；责任单位：各招商引资责任单位）

四、深化园区改革，加快培育经济发展增长极

（十四）提升园区效能。继续深化工业园区管理体制改革，加快建设“管委会 + 公司”运营机制，推进园区低成本、循环化改造。积极推进园区“区域评”及成果运用。全面推行一站式服务模式，实现“园区的事情园内办”。坚持“亩产论英雄”，推进空置厂房和闲置低效用地“二次开发”，全面提高园区企业投资强度、产出密度、效益高度和环保水平，力争将贺兰工业园打造成为自治区绿色园区、高新技术园区。（牵头单位：贺兰工业园区管委会、银川军民融合产业建设服务中心；责任单位：编办、发改局、审批服务局、人社局、财政局）

（十五）优化园区布局。围绕打造自治区特色农产品加工聚集区、自治区新型材料生产地和集散地、自治区智能制造示范区战略目标，贺兰工业园区要加快德胜片区特色农产品加工和电气机械制造智能化改造进程，加快暖泉片区淘汰低端落后产能和长期停产企业出清，全面改造提升生物医药、精细化工产业。军民融合产业建设服务中心要围绕无人装备、智能保障、智慧纺织、空间信息、网络信息等新经济领域，全面推进装备制造和现代纺织产业跨入“民参军”基础领域。（牵头单位：县发改局、贺兰工业园区管委会、银川军民融合产业建设服务中心；责任单位：商务和投资促进局）

五、加大企业培育，切实推动产业集群化发展

（十六）培育一批科技型龙头骨干企业。建立科技型企业培育库和培育机制，形成科技型小微企业到国家高新技术企业的提档升级梯队，对取得科技型企业资质的企业给予相应支持。新培育国家高新技术企业 2 家、自治区小巨人企业 1 家、自治区科技型中小企业 15 家，对工业稳增长形成有力支撑。（牵头单位：县科技局；责任单位：贺兰工业园区管委会、银川军民融合产业建设服务中心）

（十七）推动制造业数字化发展。制定《贺兰县促进工业自动化发展实施方案》，加快实施“互联网 + 工业”、传统产业“两化”融合、智能化改造赋能、智能产业培育等专项行动，充分运用互联网、云计算、人工智能、3D 打印、虚拟现实等数字化技术改造提升传统产业，促进传统产业“老树发新芽”，推动工业数字化转型。对企业围绕产前、产中、产后首次使用生产过程控制系统、制造执行管理系统等关键核心软件，按软件开发投入的 10%，给予总额不超过 10 万元奖励。（牵头单位：县发改局；责任单位：网信办、科技局、贺兰工业园区管委会、银川军民融合产业建设服务中心）

（十八）实施企业梯度培育计划。建立“小升规、规改股、股上市”企业后备培育库，加强对后备企业的精准培育和服务。对当年升规入库且 3 年内未获得过升规入库奖励的工业企业一次性奖励 5 万元。对在全国证券交易场所挂牌上市的企业，完成股份制改造及上市申报的奖励 50 万元，成功上市后再奖励 150 万元。对在全国中小企业股份转让系统（新三板）挂牌的企业，完成股份制改造及挂牌申报的奖励 20 万元，成功挂牌的再奖励 60 万元。对在其他股权交易所挂牌交易的企业，挂牌成功后奖励 20 万元。对参与母公司股改，母公司在全国证券交易场所挂牌上市的，奖励子公司 20 万元；母公司在全国中小企业股份转让系统（新三板）挂牌的，奖励子公司 10 万元。

新迁入我县企业3年内成功上市的，除享受企业上市各项奖励外，另奖励100万元。对在自治区政府批准的区内区域股权交易市场挂牌的企业，一次性奖励20万元。（牵头单位：县发改局；责任单位：贺兰工业园区管委会、银川军民融合产业建设服务中心）

（十九）帮助企业开拓市场。鼓励企业加大“走出去”力度，做好本地区优质企业产品推荐推广和产销对接，组织企业参加形式多样的产品推介、展览展销、协作配套、产品工序对接等活动，开拓国内外市场，提高本地工业产品市场竞争力和占有率。企业参加自治区各部门组织的国内外重点展会的，经申请给予参展企业展位费30%的一次性补助，国外重点展会最高补助金额不超过5万元，国内重点展会最高补助金额不超过3万元。（牵头单位：县商务和投资促进局；责任单位：发改局、贺兰工业园区管委会、银川军民融合产业建设服务中心）

（二十）推动绿色发展。加快淘汰落后产能，实施产业绿色化改造、资源循环化利用、企业清洁化生产，加快培育自治区级以上绿色工厂1~2家。（牵头单位：市生态环境局贺兰分局；责任单位：县发改局、贺兰工业园区管委会、银川军民融合产业建设服务中心）

六、强化保障措施，全面推进任务落实

（二十一）加强组织领导。建立由县政府分管副县长为联席会议召集人的贺兰县工业稳增长联席会议制度，加强对工业经济运行工作的领导，联席会议办公室设在发改局，办公室主任由发改局分管工业和信息化工作的副局长担任，领导小组实行席位制。针对重大问题，适时召开成员单位联席会议，统筹谋划协调推进工作任务。建立工业经济稳增长工作台账，各责任单位每月月底前向联席会议办公室报送工作推进情况。（牵头单位：县发改局；责任单位：政府督查室、贺兰工业园区管委会、银川军民融合产业建设服务中心、各有关单位）

（二十二）加强运行分析。建立完成全县工业经济运行监测分析机制、企业重大问题协调解决机制，发改局、统计局、各工业园区每月进行一次运行情况通报。县统计、发改、财政、税务等部门和单位要加强数据资源共享，为全县工业经济运行精准分析提供数据。（牵头单位：县发改局；责任单位：统计局、财政局、人社局、税务局、贺兰工业园区管委会、银川军民融合产业建设服务中心、融晟公司）

（二十三）加强协调服务。狠抓优化营商环境“1+9”方案和156项重点任务落实，深入推进县处级领导“进百企”活动，通过县处级领导包抓企业，带动全县各部门千方百计支持帮助企业解决实际困难，不断提高达产率、满产率。（牵头单位：县发改局；责任单位：各有关部门、贺兰工业园区管委会、银川军民融合产业建设服务中心）

（二十四）加强政策引导。建立县级支持工业经济发展的财政投入增长机制，设立5000万元工业发展专项资金，且每年以不低于财政预算收入增长的比例递增，用于及时兑现县委政府出台的各类工业经济扶持政策。（牵头单位：县财政局；责任单位：发改局、各有关部门、贺兰工业园区管委会、银川军民融合产业建设服务中心）

本实施方案有效期自发布之日起至2022年12月31日现有政策中与本方案见不一致的，按本方案执行，本方案中企业同一项目符合多项政策的，按照就高原则不重复享受。《贺兰县关于支持实体经济加快发展的政策意见》（贺党发〔2017〕19号）、《贺兰县推进“四个10”工程实施方案》（贺党办发〔2018〕92号）同时废止。